Niederdeutsche Sprache

Germanistische Lehrbuchsammlung

Herausgegeben von Hans-Gert Roloff

Band 26

PETER LANG
Bern · Frankfurt am Main · New York · Paris

Dieter Stellmacher

Niederdeutsche Sprache

Eine Einführung

PETER LANG
Bern · Frankfurt am Main · New York · Paris

CIP-Titelaufnahme der Deutschen Bibliothek

Stellmacher, Dieter:
Niederdeutsche Sprache : eine Einführung / Dieter Stellmacher.
- Bern ; Frankfurt am Main ; New York ; Paris : Lang, 1990
(Germanistische Lehrbuchsammlung ; Bd. 26)
ISBN 3-261-04145-5
NE: GT

© Verlag Peter Lang AG, Bern 1990
Nachfolger des Verlages der Herbert Lang & Cie AG, Bern

Alle Rechte vorbehalten.
Nachdruck oder Vervielfältigung, auch auszugsweise, in allen Formen
wie Mikrofilm, Xerographie, Mikrofiche, Mikrocard, Offset verboten.

Druck: Weihert-Druck GmbH, Darmstadt

Vorwort

In der Germanistischen Lehrbuchsammlung erscheint nun auch ein Band zur niederdeutschen Sprache. Damit wird der Teil der Niederdeutschen Philologie etwas eingehender berücksichtigt, dem man an anderen Stellen oft nur wenig Platz einräumt, im Zusammenhang mit der Darstellung der zweiten Lautverschiebung etwa oder bei einer Übersicht zu den deutschen Mundarten.

Die niederdeutsche Sprache kann hier relativ ausführlich behandelt werden, von ihren Anfängen vor 1000 Jahren bis in unsere Gegenwart hinein. Es wird eine systematische Einführung in den Gegenstandsbereich versucht, vom Altniederdeutschen über das Mittelniederdeutsche und die Übergangszeit zum Neuniederdeutschen in seinen vielfältigen arealen Bezügen und grammatischen Bereichen. Diese Überblicksdarstellung erlaubt verschiedene Akzentsetzungen, läßt sich doch das eine oder andere Gebiet nach den persönlichen Bedürfnissen beim Selbststudium oder entsprechend den Unterrichtsgegebenheiten besonders hervorheben. Großzügige Literaturhinweise mit z.T. entlegenen Titeln sollen die selbständige und weiterführende Beschäftigung mit dem Stoff erleichtern.

Ich habe viel zitiert, mitunter vielleicht zu viel. Mir kommt es aber darauf an, in einem Buch mit Einführungscharakter auf wichtige wissenschaftliche Literatur, wo immer es angebracht ist, original zu verweisen und nicht, wie es oft geschieht, nur summierend zu referieren. Der Leser soll mit den Zitaten an die Texte herangeführt werden und sie nach Möglichkeit selbst prüfen.

Ein Buch zum Niederdeutschen muß auch niederdeutsche Texte enthalten. In diesem Sinne habe ich für die älteren Sprachperioden Textbeispiele zusammengestellt, anfangs mit einer wörtlichen Übertragung, später mit der Erläuterung bestimmter schwer verständlicher Wörter. Für das Neuniederdeutsche ist auf solch eine gesonderte Textpräsentation verzichtet worden; dafür habe ich mich um die Wiedergabe längerer Textausschnitte überall da bemüht, wo es sich aus dem Sachzusammenhang ergeben hat. Auch unter diesem Aspekt mag meine Zitierpraxis gesehen werden.

Bei der Vorstellung der niederdeutschen Dialekte im Kapitel 5.3 fällt den Mundarttexten allein eine Illustrationsaufgabe zu. Die – meist literarischen – Belege für die einzelnen Mundartgebiete der Dialektverbände wollen also Sprachzeugen sein, sie sind ganz bewußt nicht nach der literarischen Qualität ausgewählt worden. Deshalb findet sich literarisch Gelungenes neben sehr Trivialem, allgemeine Sachprosa neben kirchlichen Texten (Predigtausschnitten). Auf diese Weise erhalten der Leser und der Studierende einen Eindruck von der Breite des Geschriebenen im modernen Niederdeutschen, das wohl als die deutsche Mundart mit der in Umfang und Vielfalt am meisten ausgebauten Schriftlichkeit genannt werden kann.

Die Anmerkungen sind dem Ende der jeweiligen Kapitel angefügt worden.

Das ständige Umblättern erschwert zwar das flüssige Lesen, es erfüllt aber auch eine methodische Aufgabe: Wer sich dem Stoff eher in allgemeiner Weise nähert, um überhaupt erst einmal etwas vom Niederdeutschen zu erfahren, kann den Anmerkungsapparat getrost überschlagen. Wer aber die erste Information ergänzen und vertiefen, auch überprüfen möchte, dem ist die Mühe des Umschlagens vielleicht zuzumuten.

Die Aufblähung des Anmerkungsapparats ergibt sich auch aus der Belegung der Beispielsätze und -wörter in den Abschnitten zur Grammatik. Auch das mag dem einen oder dem anderen des Guten zuviel sein. Es ist aber zu bemerken, daß es sich um Sprachbeispiele handelt, die nicht für das Exempel konstruiert worden sind. Das von mir gehandhabte philologische Auszeichnungsprinzip ist mundartgrammatischen Betrachtungen angemessen und darf nicht gering veranschlagt werden.

Die wissenschaftliche Arbeit am Niederdeutschen läßt sich in vieler Weise rechtfertigen: in wissenschaftlich-systematischer, in kultureller, in politischer. Eine allgemeine, aber weitreichende Begründung hat ein Außenstehender vorgenommen, kein Philologe, ein Historiker und Publizist: Vilem Fuchs anläßlich einer Veranstaltung zum zehnjährigen Bestehen des Instituts für niederdeutsche Sprache zu Bremen am 10. November 1982: „Ein bemerkenswerter Weg scheint mir jener zu sein, den Sie seit Jahren eingeschlagen haben: der Weg zur Erkenntnis des eigenen Volkes, der Weg des Hineinlauschens in seine Sprache, der Beobachtung seiner Bräuche, seiner Lebensart, der Erforschung seiner Vergangenheit in den Bedingungen seiner konkreten Existenz im Norden Deutschlands. Hier wird Geschichte hautnah erlebt und mitvollzogen. Es wird kaum jemand befürchten müssen, das Studium des Niederdeutschen und der Niederdeutschen könne je umschlagen in eine Richtung, die beim Studium und bei der Mystifizierung großer Einheiten, ganzer Nationen zumal, leichter eintreten kann. Sicherlich, auch die Beschäftigung mit regionalen Fragen schützt nicht vor einem Abgleiten in nationalistisches Vokabular und in nationalistische Politik, allzumal da, wo nationale Minderheiten in Fehde liegen mit dem eigenen zentralisierten Staat oder mit einer fremden Mehrheit, die Druck auf die freie nationale Entfaltung anderssprechender und anders strukturierter Nationalität ausübt – vielleicht, um sie zum Aufgeben ihres Brauchtums, ihrer Sprache, ihrer Eigenheiten zu bewegen; vielleicht, um sich für Unbill zu rächen, die die jetzt Herrschenden früher erfahren mußten, als die ihnen heute untertane Minderheit noch unter anderen politischen Machtverhältnissen Teil eines selbst unterdrückenden Volkes gewesen war; vielleicht, weil die jetzt Herrschenden befürchten, jene in ihrem Lande kleine Minderheit könne als fünfte Kolonne im Dienst oder in Verbindung mit dem größten Teil ihrer Nation jenseits der Staatsgrenzen die Integrität des Staates erschüttern, der sie oft gegen ihren Willen angehören. Gott sei Dank betreiben Sie Ihre Arbeit weder in Tirol noch im Baskenland, weder in Siebenbürgen noch in Mazedonien, weder auf Korsika noch unter Flamen und Wallonen." (Fuchs 1983, S. 13).

Ich danke Herrn Prof. Dr. Willy Sanders, Bern, für die kritische Lektüre des Kapitels zum Altniederdeutschen; Frau Ingrid Schröder, Hamburg, für eine

Durchsicht der Ausführungen zum Mittelniederdeutschen; Frau Dr. Annemarie Hübner, Hamburg, und Herrn Doz. Dr. Lars-Erik Ahlsson, Uppsala, für Übersetzungshilfen; meinen Mitarbeitern Heinz-Wilfried Appel und Frank Schnibben für die Mithilfe beim Korrekturlesen.

Göttingen, im Herbst 1989　　　　　　　　　　　　　　　　D. Stellmacher

Inhaltsverzeichnis

1. Einführung 11
2. Das Altniederdeutsche 19
3. Das Mittelniederdeutsche 39
4. Die Übergangszeit 69
5. Das Neuniederdeutsche 89
   1. Die Sprachformen 89
   2. Wer spricht Platt? 98
   3. Die niederdeutschen Dialekte 104
6. Grammatisches, Ausbau und Ausbausprache
   im Niederdeutschen 145
7. Zur Schreibung des Niederdeutschen
   („Plattdeutsche Rechtschreibungslehre") 193
8. Schluß 201
9. Abkürzungsverzeichnis 205
10. Verzeichnis der Karten und Abbildungen 207
11. Literaturverzeichnis 219
12. Namen- und Sachregister 233

1. Einführung

Die Darstellung von Beschaffenheit, Verbreitung und Geschichte des Nd. ist Aufgabe der Sprachwissenschaft. Sie wird sich dabei von der Auffassung sprachlicher Heterogenität leiten lassen. Ihrzufolge äußert sich reale Sprachlichkeit stets in verschiedenen, miteinander existierenden und einander beeinflussenden Formen.

Als sprachliche Existenzformen gelten die Standardsprache, die Dialekte sowie die Sondersprachen (unterteilt in sozialgebundene Gruppen- und sachbezogene Fachsprachen). Jede dieser sprachlichen Existenzformen ist grundsätzlich mündlich und schriftlich einsetzbar, es stehen sich folglich immer zwei sprachliche Realisationsformen gegenüber.

Die Koexistenz und anhaltende Influenz der Sprachformen bewirken eine dem Sprachträger nicht in jeder Weise bewußte Durchmischung. Dadurch kommt es, vor allem bei nichtstandardisierten Sprachformen, zu unterschiedlichen Einschätzungen aktueller Sprachproduktionen, den sog. sprachlichen Aktionsformen. Auf die Bitte, den hochdeutschen Satz *Das Kind liegt in der Wiege und weint* in ein „sauberes Niederdeutsch" zu übersetzen, ist die Aktionsform *Dat Kind licht in de Weeg un weent* als unnd., weil von der Standardsprache infiziert, abgewiesen worden; nd. hätte es heißen müssen: *Dat Gör runkst in de Eija un blarrt*[1].

Was der eine als passendes Nd. bezeichnet, mißfällt dem anderen, der allein hochsprachenfreie Texte als Dialekt gelten lassen will. Immer wieder wird die wissenschaftsgerechte Auffassung der sprachlichen Heterogenität von den im allgemeinen Wissen weit verbreiteten Homogenitätsvorstellungen angegriffen. Nach ihnen richtet sich auch die traditionelle Sprachpflege, wenn sie den realen Sprachverwendungen Vorbilder präsentiert. Genau das ist dann die Ursache für die vielfach erwiesene Erfolglosigkeit solcher sprachpflegerischer Anstrengungen.

Die sprachliche Heterogenität ist ein Grundbegriff der Mehrsprachigkeitsforschung. Darunter versteht man nicht nur das Nebeneinander zweier oder mehrerer standardsprachlicher Existenzformen, etwa die Beherrschung von Deutsch, Englisch und Französisch bei einem sprachbegabten Menschen oder das Vorhandensein von mehr als einer Hochsprache in einem Land (z.B. die Viersprachigkeit in der Schweiz), sondern vor allem auch das Verhältnis von Standardsprache und vitalem Dialekt, so wie es in weiten Teilen Nord- und Süddeutschlands der Fall ist. Diese Formen individueller und kollektiver Mehrsprachigkeit sind nach ihrer Funktionalität (Bilingualismus vs. Diglossie), dem Sprachbezug (innerhalb einer Sprache vs. verteilt auf verschiedene Sprachen) und dem Ausgestaltungsgrad (Koordination vs. Komposition) zu unterscheiden. Dabei ergeben sich manche sprachraumspezifische Modifikationen und weitere Differenzierungen wie die sog. mediale Diglossie in der Deutschschweiz (man *schreibt* Standardsprache und *spricht* Mundart[2]) oder die verborgene Zweisprachigkeit in Norddeutschland (weil man dem Nd. nicht überall und sofort begegnet).

Wird die sprachliche Heterogenität als wissenschaftliche Grundannahme ernstgenommen, gelangt man unausweichlich zur Beachtung der Mehrsprachigkeiten auch im Verhältnis von Standardsprache und Dialekt.

Das Nebeneinander mehrerer Sprachformen innerhalb einer Nationalsprache hat in der Linguistik verschiedene Modellierungen erfahren. Bekannt sind das von der Prager Schule beschriebene System von Systemen und das von Uriel Weinreich entwickelte Diasystem[3]. Beide gehen in der Erklärung von Sprache davon aus, daß die zusammengefaßten Sprachformen untereinander Übereinstimmungen und Abweichungen aufweisen, was durch die Raumbindung, die Funktionsweite, die Sprecherzuordnung und die zeitliche Prägung zu bestimmen ist[4]. Auf diese Weise lassen sich die sprachlichen Existenzformen sicher voneinander abheben und − bei diachroner Betrachtung − Kriterien für den Sprachwandel gewinnen.

Unter Sprachwandel wird sowohl die Veränderung sprachsystemischer Gegebenheiten verstanden als auch der Wandel des Sprachstatus, dem in der Regel Ab- und Ausbauprozesse in der Gebrauchsweise der Sprachformen vorausgehen.

Den für die Geschichte einer Sprache wichtigen Status darf die sprachwissenschaftliche Forschung nicht vernachlässigen. Als ein primär außersprachlich begründetes Charakteristikum von Sprachformen reagiert der Sprachstatus auf die unterschiedlichen sprachlichen Gebrauchsweisen.

Der Sprachstatus kennzeichnet eine Sprache als überregional oder regional, als Kommunikationsmittel von Handel und Wissenschaft oder von Familie und Freundeskreis. Um eine Sprachform statusmäßig zu verändern und beispielsweise für die weitläufige und anspruchsvolle Kommunikation auszubauen, sind mehrere Entwicklungen geboten, normalerweise schließt eine verbindliche Standardisierung einen derartigen Ausbauprozeß ab. Für eine gewisse Zeit wird die Standardsprache dann gemäß dieser Bestimmung funktionieren, bis ihr eine andere Sprachform wieder Gebrauchsweisen abnimmt und strenggesehen einen Prozeß der Dialektisierung einleitet. An der Geschichte des Nd. vom Mittelalter bis in die Neuzeit hinein lassen sich solche Vorgänge anschaulich nachzeichnen (siehe Kap. 4).

Weil die am meisten entwickelte, die ausgebaute, d.h. standardisierte Sprache innerhalb der diasystemischen Sprachformen auch über das größere Prestige verfügt, wird ihr Einfluß auf die zurückgebliebenen, im Ausbau behinderten, d.h. nichtstandardisierten, dialektalen Sprachen nicht gering sein. Das hat jede linguistische Beschreibung von Dialekten zu beachten.

Im allgemeinen Wissen einer Sprachgemeinschaft vermag eine ehemalige Standardisierung, also ein einstmals gehobener Sprachstatus, noch lange Zeit nachzuwirken. Hinsichtlich des Nd. stellt sich das in der Aussage dar, Nd. sei eine Sprache, kein Dialekt[5]. Am Beispiel der für das Nd. gebrauchten Sprachbezeichnungen kann das verdeutlicht werden.

Die norddeutschen Dialekte (Ktn. 3, 4) werden heute *niederdeutsch* und *plattdeutsch* genannt. Den Bezeichnungen kommen funktional und sozial unterschiedliche Konnotationen zu. *Plattdeutsch* ist die populäre Benennung, während *Niederdeutsch* heute eher den philologischen Fachausdruck abgibt. Beide Bezeichnungen sind nicht sehr alt, wurde doch für das frühe Nd. bis zum 16. Jh. *sassesch* (mitunter auch *westfelesch*) gebraucht. Die Begrifflichkeit von Nd. findet sich in latinisierter Form in einer Bremer Urkunde von 1482: *in vulgari Almanico Basso;* die Bezeichnung entfaltete sich im Nordwesten des Kontinentalgermanischen, dem heutigen Niederländischen, wo *nederduytsch* mit *nederlandsch* konkurrierte und letzteres erst im Gefolge des Wiener Kongresses 1815 zur Bezeichnung der Sprache des neugeschaffenen Königreichs der Niederlande avancierte.

Die deutschen Sprachen sind seit Justus Georg Schottel (1612-1676) in eine „HochTeutsche Sprache" (die „Haubt- und Ertzsprache") und eine „NiederTeutsche Sprache" eingeteilt worden. Damit wurde die alte Opposition von Oberländisch und Niederländisch, bezogen auf die Topographie des gebirgigen Südens und des flachen (platten) Nordens, berufen[6]. Die topographische Referenz von *platt* 'planus' gilt als nachgeordnet, voraufgeht ein auf die Bedeutung 'deutlich, gerade heraus' gerichtetes Verständnis von *platt*, so daß Plattdeutsch „als verständliches, vertrautes heimisches deutsch (lingua vernacula, popularis) ... zur kennzeichnung gegenüber dem als literatursprache der zeit bedeutenderen hochdeutschen" verwendet wird[7]. Eine sich daraus allmählich entwickelnde Bedeutungsverschlechterung (Pejoration) ist verantwortlich, daß *Plattdeutsch* schließlich im Sinne von platt, ungebildet, derb Verwendung findet. Agathe Lasch (1879-1942?) nennt das früheste Beispiel von Plattdeutsch auf nd. Boden, einen pommerschen Beleg von 1656 und bemerkt dazu: „Die neu aufgenommene bezeichnung paßt gut in den zusammenhang, nachdem das niederdeutsche aufgehört hat, schriftsprache zu sein, und fast ausschließlich scherzhaften und satyrischen zwecken dient"[8].

Die deutschen Wörterbücher des 19. Jhs. verzeichnen mit Bezug auf *Plattdeutsch* beide Bedeutungen: „Deutsch, so wie es in dem plattern Theile von Deutschland, in Niederdeutschland besonders in den untern Ständen gesprochen wird"[9]. Jacob Grimm (1785-1863) greift das 1857 in einem Brief an den Greifswalder Orientalisten Johann Gottfried Ludwig Kosegarten, den Verfasser eines „Wörterbuches der Niederdeutschen Sprache älterer und neuerer Zeit" (1856-1860), mit der selbstbeantworteten Frage auf: „Wenn sich aber das volk bei Ihnen oder sonst in Norddeutschland des gegensatzes bewusst wird, wie drückt es ihn aus? sagt es hochdüdsch und nederdütsch, oder hochdüdsch und plattdütsch? ... wahrscheinlich würden schriftsteller niederdeutsch vorziehen ..., das volk plattdeutsch"[10].

Auf eine Neubewertung von *Plattdeutsch* weist Trübners Deutsches Wörterbuch (1954) hin: „Der verächtliche Sinn schwand dahin, je mehr die Mundarten in ihrem Wert anerkannt wurden"[11]. Allerdings darf das nicht gar zu pauschal festgestellt werden, denn im Ruhrgebiet wird der „Ausdruck Platt ... selbst von alten Plattsprechern in diskriminierendem Sinn auf die gesprochene Umgangssprache bezogen"[12].

Platt gilt als Bezeichnung für den Dialekt noch im Mitteldeutschen (im Süden heißt es *Dialekt*), für ihn und die Umgangssprache gleichermaßen im Ruhrgebiet[13]. Am nichtnd. Gebrauch von *Platt* fällt jedoch auf, daß es bei dieser Kurzform bleibt, die Zusammensetzung *Plattdeutsch* ist im Norden üblich[14] und wird als Synonym zu *Niederdeutsch* gegenwärtig kaum noch in abschätziger Weise verwendet. Unter *Plattdeutsch* versteht man, wie bei Umfragen immer wieder festzustellen ist[15], die alte Sprache Norddeutschlands; *Niederdeutsch* hat als Philologenbezeichnung dagegen im Lande kaum Fuß fassen können, wird aber mitunter als Oberbegriff für die plattdeutschen Dialekte genutzt und erscheint bezeichnenderweise häufig in Verbindungen wie *niederdeutsche Sprache, niederdeutsches Theater, niederdeutsche Autoren*.

Bei den Bemerkungen zum Sprachstatus ist die Rolle der Sprachgeschichte bereits angesprochen worden. In den Blick gerät sie vor allem bei der Einteilung in Sprachepochen, die historischen Stadien einer Sprache, die ihre Veränderungen im Laufe der Geschichte am auffälligsten markieren.

In den europäischen Sprachen wird normalerweise eine Dreiteilung vorgenommen, Altes, Mittleres und Neues bezeichnend. So läßt sich auch die 1000-jährige Geschichte des Nd. unterteilen: Alt-, Mittel- und Neund. Im Vergleich zu den beiden nahverwandten Sprachen Deutsch und Niederländisch ergibt sich aber eine aus der Statusdifferenz herrührende nd. Besonderheit: Während das Deutsche und das Niederländische in jeder Epoche in standardsprachlichen oder quasi-standardsprachlichen Existenzformen vorkommen, tritt das Nd. heute allein mit dialektalem Status auf, so daß der sprachgeschichtliche Gleichlauf der drei Sprachen durchbrochen erscheint und dem Nd. eine Sonderstellung zufällt; graphisch läßt sich dieser Sachverhalt so wiedergeben:

Niederländisch	Niederdeutsch	(Hoch-)Deutsch
Neunl.	(Neund.)	Neuhd.
Mittelnl.	Mittelnd.	Mittelhd.
Altnl.	Altnd.	Althd.

Für jede dieser Epochen muß die Sprachgeschichte nicht nur den Zeitrahmen ermitteln, sondern auch den Status der untersuchten Sprache und die ihn verändernden räumlichen, sozialen und funktionalen Faktoren. Dabei erweist es sich, daß die drei nd. Sprachperioden nicht in bruchloser Tradition aufeinander folgen, sondern so etwas wie selbständige Erarbeitungen von Schriftsprachen sind, die auf der mündlichen Sprache aufbauen.

Die and. Epoche reicht vom 9.-12. Jh. und bezieht sich auf ein Gebiet vom Niederrhein bis zur Elbe und von Holstein bis ins Sauerland. Die mnd. Epoche erstreckt sich vom 13.-17. Jh. und beschert dem Nd. seine weiteste Verbreitung und als Hansesprache hohes Ansehen. Als Folge der deutschen Ostkolonisation vergrößert sich der nd. Sprachraum bis ins Baltikum hinein; Raumgewinn wird auf Kosten des Ost- und Nordfriesischen erzielt, im Südosten zeichnen sich jedoch auch erste Verluste ab.

Vom Ende des 17. Jhs. an rechnet man mit dem Nnd., der verlustreichsten Epoche in der Geschichte des Nd., weil der Weg in eine moderne Standardsprache aufgegeben und die Weiterexistenz nur auf dialektalem Niveau möglich wurde.

Von einer strengen Standardisierung und eigentlichen Standardsprache ist erst im jüngeren Abschnitt der Sprachgeschichten die Rede. Die mittelalterlichen Sprachen des Nd., Deutschen und Niederländischen sind keine Ergebnisse bewußter Kodifikation, eher überregionale Prestigesprachen, auf die die Kennzeichnung der Quasi-Standardisierung erlaubt ist. Überhaupt ist im Blick auf die Sprachepochen und die jeweiligen Sprachstatus das sprachwissenschaftliche Grundgesetz von Integration und Differentiation, dem Standardisierung und Dialektisierung als einander ablösende und niemals zur Ruhe kommende Entwicklungen entsprechen, zu beachten. Eine standardisierte sprachliche Existenzform kann dialektisiert werden, wenn die Sprachträger die Normen nicht mehr für verbindlich ansehen und auf ihre Befolgung verzichten. Und Dialekte können ihren Status in Richtung auf eine Standardsprache hin verändern, ausbauen, wenn regionale Varianten zu einer Gemeinsprache integriert werden, was wiederum nur über ganz bestimmte Standardisierungen möglich ist[16]. Auf diese Vorgänge wird in der Darstellung der Geschichte des Nd. Wert zu legen sein.

Die wissenschaftliche Bearbeitung der nd. Sprache (und Literatur) ist Aufgabe der Germanistik, wenn man dieses Wissenschaftsgebiet nicht auf die Beschäftigung mit dem Hochdeutschen und seiner Literatur sowie seine historischen Vorstufen beschränkt. Ein weitergefaßtes Germanistikverständnis schließt den Bereich des Nd. ein, der unter dem Namen „Niederdeutsche Philologie" auf eine mehr als einhundertjährige Tradition zurückschauen kann.

Nd. Sprachzeugnisse haben nie auf gelehrtes Interesse von seiten der Philologen, Historiker und Bibliothekare verzichten müssen. Freunde des Nd. suchten immer wieder Gelegenheiten, auf seine Lage hinzuweisen und seinen Rückgang als erste Landessprache zu beklagen. Als kritikwürdige Sprachmode betrachtet der aus Rostock gebürtige Professor Johann Lauremberg (1590-1658) die Übernahme des Hochdeutschen in Norddeutschland, der eine ärgerliche hoch-, niederdeutsche Mischsprache vorausgegangen sei:

> Dat gröteste Verdreet und ergerlickste Sake
> Is de vermengde Rede, und allemodsche Sprake,
> – – –
> – – –
> Wen averst einer de vermengde Sprake hört,
> So werd he in sinen Verstande gantz verstört.[17]

Deshalb sein Rat und der Appell, das Nd. wieder zu Ehren zu bringen und von der törichten Mode abzulassen:

> Wat kan man bringen her vör Argument und Gründe,
> Darmit jemand van juw richtig bewisen kunde,
> De Mening, dat van der Hochdüdschen Sprake mehr
> Als van unser Nedderdüdschen tho holden wehr?[18]

In diesem Sinne bekennt er selbst:

> Ick spreke als myns Grotvaders older Möme sprack.[19]

50 Jahre später wendet sich der aus Nordschleswig stammende Theologe Bernhard Raupach (1682-1745) in seiner Rostocker Dissertation gegen die „unbillige Verachtung der Plat-Teutschen Sprache" (1704), indem er die Reinheit des Nd. preist, das sich vor dem Hochdeutschen in keiner Weise zu verbergen brauche: „Wenn wir ... über die Reinheit streiten wollen, zweifle ich wirklich, welcher dieser beiden Sprachen, der hochdeutschen oder aber der niederdeutschen, dieser Siegespreis zuzuerkennen ist? Denn die Oberdeutschen haben in den allermeisten Fällen eine so gezierte und weniger reine Redeweise angenommen, daß man glauben könnte, da sprächen nicht mehr die Nachkommen jener tapferen Germanen von einst, sondern eher zarte Mädelchen"[20]. Raupach sieht seine Arbeit als ein „Dienst am heißgeliebten Vaterland", denn eine Wissenschaft vom Nd. gebe es noch nicht, er wolle deshalb „ein wenig versuchen, der plattdeutschen Sprache Ansprüche und Vorzüge ... zu beweisen", und zwar „nach meinen geringen Geisteskräften"[21].

Von einer wirklichen Wissenschaft vom Nd. läßt sich erst seit dem letzten Viertel des 19. Jhs. sprechen. In Zirkeln zur Lektüre alter nd. Texte und Sammlung plattdeutschen Wortguts haben sich in Hamburg, Stettin und Kiel Interessierte zusammengefunden, denen bald andernorts Gleichgesinnte nachfolgten. Akademische Fürsprecher gab es im 18. Jh. in Göttingen und Rostock. Nicht wenige Philologen norddeutscher Universitäten bezogen ab der zweiten Hälfte des 19. Jhs. nd. Studien in ihre Arbeiten zur deutschen Sprache und Literatur ein. An der Universität Bonn hat man bereits 1886 Johannes Franck (1854-1914) zum Extraordinarius für nd. und niederländische Sprache und Literatur ernannt.

Die älteste norddeutsche Universität, die von Rostock, richtete 1920 eine Professur für Nd. Philologie ein und besetzte sie mit dem aus dem ostbrandenburgischen Warthe-Bruch stammenden Hermann Teuchert (1880-1972)[22]. Mit dem 1910 nach Hamburg berufenen Niedersachsen Conrad Borchling (1872-1946), dem eigentlichen Vater der Nd. Philologie, wirkte Teuchert bahnbrechend für das neue Fach; Borchling und Teuchert erwirkten ihm Achtung und Ansehen in akademischer Forschung und Lehre, so daß sich das Fach heute als eigenständige germanistische Disziplin an den traditionellen Universitäten Norddeutschlands behauptet[23].

Die Entwicklung der Nd. Philologie verlief in ihren Teilgebieten Mittelalterforschung, Sprachwissenschaft und Literaturwissenschaft ziemlich ungleichmäßig. Ist im mediävistischen und linguistischen Bereich mit den allgemeinen philologischen und dialektologischen Entwicklungen durchaus Schritt gehalten worden, so kann man das der literaturwissenschaftlichen Arbeit nicht bescheinigen. Dialektliteratur — das ist ja die nnd. verfaßte Literatur — war und ist nur beiläufiger Gegenstand literaturwissenschaftlichen Forschens. Als Folge davon ergab sich eine „enge Symbiose, wo nicht Identität von Literaturproduzenten und Literaturbetrachtern", und sie „machte Distanz zur Sache zunichte, förderte dafür Eingeweihtenmentalität, ideologische Fixierung und Selbstbeschränkung"[24].

Eine respektable Summe von Geschichte, Methoden und Ergebnissen der Nd. Philologie ist das 1983 im Berliner Erich Schmidt Verlag erschienene *Handbuch zur niederdeutschen Sprach- und Literaturwissenschaft*. Unter Mitarbeit zahlreicher Fachgelehrter herausgegeben von Gerhard Cordes und Dieter Möhn (Cordes/Möhn 1983)[25].

Für die fortlaufende Information auf dem Gebiet der Nd. Philologie sind die vom 1874 gegründeten Verein für niederdeutsche Sprachforschung herausgegebenen Jahrbücher („Niederdeutsches Jahrbuch") unerläßlich; bis zum Jahre 1989 sind 112 Bände (darunter einige Doppelbände) erschienen[26].

Anmerkungen

1 Niekerken 1948/50, S. 345.
2 Im 19. Jh. war das auch noch bei bestimmten Gelegenheiten in Norddeutschland der Fall, wie Friedrich Engels aus dem Bremer Umland zu berichten weiß, wo auf Gerichten nd. verhandelt und hochdeutsch protokolliert worden ist (Engels 1841).
3 Vachek 1966, S. 28; Weinreich 1954, S. 390.
4 Vgl. hierzu das sog. Sprachformenmodell in Stellmacher 1981a, S. 91.
5 Dazu Stellmacher 1981a, S. 5ff.
6 Siehe dazu Sanders 1974b, S. 2-6.
7 Lasch 1917, S. 137f.
8 Ebd., S. 145.
9 Joachim Heinrich Campe, Wörterbuch der Deutschen Sprache, 3. Theil, Braunschweig 1809, S. 658.
10 Nd. Jb. 23 (1897), S. 129.
11 Trübners Deutsches Wörterbuch, hrsg. von W. Mitzka, Bd. 5, Berlin 1954, S. 148.
12 Menge 1985a, S. 151, Anm. 9.
13 Menge 1985b, S. 196; zur Geschichte von *Platt* als Sprachkennzeichnung vgl. Sanders 1982, S. 26f., auch Bichel 1972.
14 Hierher paßt die als unangemessen interpretierte Benennung des Obersächsischen als *Plattdeutsch* bei Leo Tolstoi. An zwei bisher kaum beachteten Stellen äußert sich der große russische Dichter zu der von ihm sehr geschätzten Dialogsprache in Wilhelm von Polenz' Roman „Der Büttnerbauer" (1895) und kennzeichnet sie als derbes, mutiges Arbeiter-Plattdeutsch („... grubym, mužestvennym rabočim platdejč") im 1901 verfaßten Vorwort zum „Büttnerbauer" (zit. nach L.N. Tolstoi, Gesammelte Werke, 15. Bd., Moskau 1964, S. 276 [russisch]). Diese Charakterisierung der Sprache des Romans gibt auch Siegfried Hey wieder in seinem Bericht über den Besuch „Beim Grafen Tolstoi", in „Die Gesellschaft" Bd. 2, Nr. 4, Jg. 17 (1901), S. 204-210, wo es heißt: „Der Dialog im 'Büttnerbauer' ist zum großen Teil Plattdeutsch, das Tolstoi gut liest und versteht. Er liebt die deutschen Dialekte, weil sie kräftig und rauh sind" (S. 208f.).
Offensichtlich begreift Tolstoi *Plattdeutsch* im Sinne von Dialekt, evtl. auch als Umgangssprache und meint wohl die Mundart des arbeitenden Volkes, die von Polenz

so gut getroffen habe. Daß Tolstoi die Sprachbezeichnung in deutschem Gewande übernimmt und nicht in russischer Übersetzung wiedergibt, läßt allerdings auf eine beträchtliche Verbreitung dieser Bezeichnung schließen, die wohl auch als spezifisch deutsch betrachtet wurde.

15 In Schuppenhauer 1976 verwenden 54% der Beiträger *Niederdeutsch* und *Plattdeutsch* ohne erkennbare Differenzierung nebeneinander: 38% gebrauchen nur *Plattdeutsch*, 7% nur *Niederdeutsch*. Manche Äußerung der Befragten läßt eine Bedeutungsunterscheidung zwischen Platt- und Niederdeutsch vermuten (z.B. diese: „Mit der plattdeutschen Sprache bin ich schon als Kind in Magdeburg in Berührung gekommen; mit der niederdeutschen Sprache allerdings erst, als ich meinen Wohnsitz nach Bremen verlegt habe" [S. 249], ohne sie allerdings ausgeführt zu finden oder schlüssig nachvollziehen zu können.

16 Die hier als sprachwissenschaftliches Grundgesetz angeführte Formel geht auf Vorstellungen von Hugo Schuchardt zurück; vgl. auch Sonderegger 1979, S. 202ff.

17 Niederdeutsche Scherzgedichte von Johann Lauremberg 1652. Mit Einleitung, Anmerkungen und Glossar von Wilhelm Braune. Halle/S. 1879, 3. Scherzgedicht, V. 89f., 105f.

18 Ebd., 4. Scherzgedicht, V. 557-560.

19 Ebd., V. 556.

20 Bernhard Raupach, De Linguae Saxoniae inferioris neglectu atque contemtu injusto – Von unbilliger Verachtung der Plat-Teutschen Sprache. Übersetzung: Sievert Graf Wedel. Bearbeitung: Wolfgang Lindow. Leer 1984 (Niederdeutsch gestern: Eine Sprache in Pro und Contra III), S. 127.

21 Ebd., S. 65; über Wert und Unwert des Nd. ist besonders im 19. Jh. heftig gestritten worden, siehe dazu Stellmacher 1983.

22 An dieser Universität erhielt 1930 der Pastor und Bibelübersetzer Ernst Voß (1886-1936) einen Lehrauftrag für Praktische Theologie und plattdeutsche Sprache.

23 Vgl. dazu im einzelnen Stellmacher 1981a, S. 98ff.

24 Schuppenhauer 1984, S. 4 (Anm. 5).

25 Dazu folgende, mir bekannt gewordene Rezensionen: Das Argument 26 (1984), S. 783f. (U. Ammon); Deutsche Literaturzeitung 105 (1984), S. 972-975 (H.J. Gernentz); Moderna språk 78 (1984), S. 87f. (G. Korlén); Eulenspiegel-Jahrbuch 24 (1984), S. 168f. (W. Wunderlich); Neuphilologische Mitteilungen 86 (1985), S. 414-418 (G. Krogerus); Quickborn 75 (1985), S. 20-26 (E. Dittmer/F.W. Michelsen); Zeitschrift des Vereins für hamburgische Geschichte 71 (1985), S. 292-295 (B. Kappelhoff); Germanistik 26 (1985), S. 12f. (A. Mihm); Beiträge zur Namenforschung 20 (1985), S. 84f. (D. Rosenthal); Göttingische Gelehrte Anzeigen 238 (1986), S. 98-109 (H. Blume); Südniedersachsen 14 (1986), S. 124f. (P. Wagener); Beiträge zur Geschichte der deutschen Sprache und Literatur 108 (1986), S. 252-260 (J.E. Härd); Leuvense Bijdragen 76 (1988), S. 516-524 (T. Sodmann).

26 Andere wichtige Periodika für nd. Kultur und Nd. Philologie sind: *Quickborn*. Zeitschrift für plattdeutsche Sprache und Dichtung. Hrsg. von der Vereinigung Quickborn e.V., Hamburg (seit 1908); *Niederdeutsche Mitteilungen*. Begründet von Erik Rooth, Lund (von 1945-1974); *Niederdeutsches Wort*. Beiträge zur niederdeutschen Philologie. Veröffentlicht von der Kommission für Mundart- und Namenforschung des Landschaftsverbandes Westfalen-Lippe unter Mitarbeit des Germanistischen Instituts der Universität Münster (seit 1960); *De Kennung*. Zeitschrift für plattdeutsche Gemeindearbeit. Begründet vom Arbeitskreis „Plattdeutsch und Kirche" an der Theologischen Akademie Celle (seit 1978); *Jahresgabe der Klaus-Groth-Gesellschaft*. Herausgegeben im Auftrage der Klaus-Groth-Gesellschaft (seit 1958).

2. Das Altniederdeutsche

Die traditionelle wissenschaftliche Bezeichnung für die älteste Sprachstufe des Nd. ist *altsächsisch*. Obwohl schon Jacob Grimm in seiner „Deutschen Grammatik" den systematischeren und Stammesassoziationen vermeidenden Terminus *altniederdeutsch* „schicklicher" findet[1], benutzen er selbst und die meisten nachfolgenden Philologen die Bezeichnung *altsächsisch*, oft in völliger Synonymie zu *altniederdeutsch*.

Doch in jüngeren Veröffentlichungen setzt sich *altniederdeutsch* immer mehr durch, was nicht nur aus analogischen Überlegungen (vgl. die üblichen sprachgeschichtlichen Periodenbezeichnungen wie Alt-, Mittel-, Neuhochdeutsch, Alt-, Mittel-, Neuniederländisch, Alt-, Mittel-, Neuenglisch usw.) begrüßenswert ist, sondern auch dem falschen Schluß vorbeugt, im Übergang vom „Altsächsischen" zum Mittelniederdeutschen würde die sächsische Sprachgrundlage des Nd. aufgegeben[2].

Allerdings weist die Bezeichnung *altniederdeutsch* auch eine Schwierigkeit an, nämlich die offene Grenze im Westen, wo für die alte Zeit eine sichere Unterscheidung zwischen Nd. und Niederländisch nicht möglich ist[3].

Bei der Periodisierung des And. werden zwei Stufen unterschieden: (1) eine Art Vorstufe und (2) die eigentliche and. Sprachperiode. (1) reicht vom 5. bis 8. Jh. und bezieht sich auf die Zeit vor der Eingliederung der Sachsen ins Frankenreich; (2) erstreckt sich von 800 bis 1200 und meint die Epoche mit den meisten and. Sprachzeugen (die Verluste and. Textzeugen sind jedoch erheblich; die bischöflichen Skriptorien und die Bibliotheken wichtiger Kulturzentren wie Münster, Osnabrück, Paderborn, Minden, Verden, Bremen sind verschollen, die Schätze der meisten Klosterbibliotheken nicht in unsere Zeit hinein gerettet worden).

Die Vor- oder Frühstufe ist sprachlich kaum belegt; die sog. Weserrunen, 1927 und 1928 im Unterwesergebiet bei Baggerarbeiten zutage gefördert[4], enthalten einige wenige diese Sprachstufe repräsentierende Ritzungen (z.B. *dede* 'machte, stellte, setzte'; *lokom her* 'hier schaue ich, hier bin ich auf Wacht'), sonst gilt: „Die Runeninschriften auf deutschem Boden sind gewöhnlich Namen, Widmungen, soweit man sie überhaupt richtig lösen kann"[5].

Für das And. (genauer das älteste Ostwestfälische) stehen zahlreiche Personennamen. Eine ergiebige Quelle sind die Corveyer Traditionen („Traditiones Corbeienses"), Namenslisten von Mönchen aus der 815 gegründeten westfälischen Benediktinerabtei Corvey, die bereits 1843 herausgegeben worden sind. And. Personennamen wie die männlichen *Baldrîc, Ecbert, Widukind* und die weiblichen *Helburg, Sahsin, Thiadgard* hat Wilhelm Schlaug wörterbuchmäßig zusammengestellt (Schlaug 1962). Die Namen und die in ihnen erkennbaren nordseegerm. (ingwäonischen) Merkmale, z.B. die Verdumpfung von *a* > *o*, die Palatalisierung von *a* > *e*, gelten als spärliche Reflexe gesprochener Sprache im And.

Bei den obigen Bemerkungen zur Sprachbezeichnung klang bereits Stammesgeschichtliches an. Die Sachsen, sie tragen ihren Namen von der sie charakterisierenden Waffe, dem *sahs* (einem Kurzschwert), werden schon im 2. Jh. n.Chr. bezeugt. Bei ihnen handelt es sich um einen Zusammenschluß verschiedener germ. Völkerschaften, die nach geläufiger Auffassung gegen 200 aus dem Nordelbischen nach Süden und Westen vordrangen und im 8. Jh. ihre größte Ausdehnung erreichten. Für diese Zeit wird auch eine interne Gliederung in drei Heerschaften (*heriscefti*) ausgemacht: Westfalen, Engern, Ostfalen. Sie grenzen sich durch starke ständische Unterschiede von den Northliudi, das sind die Nordelbinger, ab, die ihrerseits in Stormarn, Holsten und Dithmarscher unterteilt sind.

In das für die Sachsen in mehrfacher Hinsicht entscheidende 8. Jh. fällt auch die Verschärfung des sächsisch-fränkischen Gegensatzes mit weitreichenden sprachlichen Konsequenzen. Durch die politisch-kirchliche Einbindung der Sachsen in das fränkische Karolingerreich erfolgte die Zurückdrängung nordseegerm. Spracheigenheiten und die Öffnung für südliche, fränkisch-„deutsche" Einflüsse (man muß sich aber hüten, diese Sprachbewegung allein als das Ergebnis eines sprachlich aktiven Südens und eines passiven Nordens zu bewerten)[6].

Die Raumgliederung des And. ist schwierig und folgt nicht ausschließlich der sächsischen Stammesgliederung. Man unterscheidet einen Nord- und Südraum, wobei dieser in einen westlichen und östlichen Bezirk unterteilt ist. Namhafte westliche Schreiborte sind Essen, Werden, Freckenhorst, Corvey; östliche sind Hildesheim, Bad Gandersheim, Halberstadt, Merseburg.

Eine sprachgeographische Gliederung des And. wird immer fragwürdig bleiben, weil sich nicht alle Quellen sicher lokalisieren lassen.

Für das And. des 9. Jhs. werden diese Grenzen gezogen: im Süden gegen das Mitteldeutsche (die hd.-nd. Sprachscheide), im Westen gegen das Niederfränkische und Friesische (einschließlich der heutigen niederländischen Provinzen Overijssel, Drente, Groningen), im Norden wiederum gegen das Friesische sowie gegen das Dänische, im Osten begrenzen ostelbische Slawen das and. Sprachgebiet (allerdings mit nennenswerten westelbischen Ausgriffen zwischen Lüneburg und Magdeburg), vgl. auch Kt. 1[7].

Nicht nur für die äußere Geschichte der Sachsen, sondern auch für die and. Sprache von einschneidender Bedeutung war die Christianisierung, die — wie die der Friesen — „lange vor der Eroberung des Landes durch Karl den Großen" einsetzte und von britischen Missionaren betrieben worden ist, denen „die Erinnerung an die stammesmäßige Verbundenheit mit ihren festländischen Brüdern nie verloren gegangen" war[8].

Ein fränkischer Feldzug gegen die Friesen Ende des 7. Jhs. schuf die politischen Voraussetzungen für die breite Missionierung der heidnischen Germanen im Nordwesten des Kontinents. Die „vierschrötige Bekehrungspraxis" hatte mit der Taufe Widukinds im Jahre 785 im nordfranzösischen Attigny einen entscheidenden ersten Erfolg errungen; ausgebaut wurde er durch kirchenorganisatorische Maßnahmen (Errichtung der Bistümer Münster, Osnabrück, Paderborn, Minden, Hildesheim, Halberstadt, Verden im 9. Jh.) und damit in Verbindung stehende ideologisch-psychologische Beeinflussungen (wie die wirkungsvolle Verknüpfung von Lehre und Wundererfahrung bei den Reliquientranslationen).

Als erstes nahm der sächsische Adel den neuen Glauben an, die Bauern wurden durch eine strenge Abgabenregelung (Kirchenzehnt) eng an die neue Kirche gebunden. Daher verwundert es nicht, daß die erhaltenen and. Prosadenkmäler nahezu ausnahmslos kirchlich-katechetischer Natur sind.

Von der Bekehrungspraxis zeugt das „Altsächsische Taufgelöbnis" aus der Wende des 8. zum 9. Jh., einer „Zeit der Erwachsenentaufe, ... die noch die namentliche Abschwörung (des heidnischen Glaubens, D.St.) fordert, die aber doch das Bekenntnis des Täuflings selbst, und in der Muttersprache, verlangt"[9]. War auch das persönliche Bekenntnis im Wechselgespräch zwischen fragendem Priester und antwortendem Täufling erwünscht, eine auf Bekehrung zielende Taufpraxis verdient das nicht genannt zu werden[10]. Und die Sprache des sog. Altsächsischen Taufgelöbnisses ist ein englisch-nd. Gemisch, in den Worten von Agathe Lasch: „für Sachsen bestimmt ... der fremde Missionar hat es abgefasst in einer Form, die das Sächsische nur ungefähr trifft"[11].

Lange Zeit hat man dem Versepos „Heliand" die Aufgabe zugeschrieben, die Sachsen an christliche Überlieferung zu gewöhnen, ja den Text sogar als frühes Dokument einer nd. Kirchensprache gewertet; aber das beurteilt man jetzt zurückhaltender: „Daß diese Dichtung als Werkzeug der unmittelbaren Glaubensausbreitung eine Rolle gespielt hat, daß sie überhaupt zu diesem Zweck verfaßt worden ist, wird von der Forschung nicht mehr einhellig vorausgesetzt. Welchem heidnischen Publikum, und wenn doch: bei welcher Gelegenheit sollten ihm die fast sechstausend Verse dieses Werkes vorgetragen worden sein?"[12]. Wie dem auch sei: der „Heliand" ist *das* Zeugnis des And., sowohl aus sprach- als auch aus kulturwissenschaftlicher Sicht ein überragendes Denkmal.

Überkommen ist es auf uns um 860 in zwei fast vollständigen Handschriften und drei Fragmenten:

M (München, 9. Jh.)
C (London, Codex Cottonianus, 10. Jh., das sog. Quattuor evangelium)
P (Prag, 9. Jh.)
V (Vatikan, 9./10. Jh.)
S (Straubing, 9. Jh.).

Das Verhältnis der Handschriften untereinander ist nicht sicher zu klären. Festzustehen scheint allein, daß die vollständigen Handschriften M und C von einer gemeinsamen Vorlage abstammen. Das Fragment S ist erst 1977 in einer Straubinger Gymnasialbibliothek entdeckt worden; es ist kein neuer, von der Überlieferung unabhängiger Textzeuge, weist aber eine gewisse Nähe zu M und lautgeschichtlich bemerkenswerte Befunde auf[13].

Eine genaue Entstehungszeit des Epos ist ebensowenig anzugeben wie der Verfasser und eine Antwort auf die Heimatfrage; die „Wann, Wer, Wo" haben dann auch die Forschungsbemühungen um das and. Denkmal immer wieder bewegt[14]. Nicht minder umstritten ist sein Sprachcharakter, vor allem die Bewertung der auffälligen „unniederdeutschen" Elemente im Lautlichen. Die sich hieraus ergebende Frage hat der Heliand-Forscher Erik Rooth (1889-1986) so beschrieben: „Daß die Heliandsprache wie das Altsächsische überhaupt eine eigentümliche Mischung zweier Grundelemente, eines, wie man früher sagte, 'anglofriesischen' (d.h. ingwäonischen oder „echtsächsischen", D.St.) und eines 'deutschen' (d.h. fränkischen, D.St.) Elementes, darstellt, gehört zu den ältesten und sichersten Beobachtungen der Heliandphilologen. Im Heliand stehen so ausgeprägt anglofriesische Erscheinungen wie *ōđar, ađar, ûs* und die Einheitsendung *-ađ* im Pl. Präs. Ind. neben fränkischen wie die Diphthonge *uo, ie, io* und die Endung *-o* in N. Sg. der sw. Mask. Wie ist das möglich?"[15]. Die Antwort sieht der schwedische Germanist darin, daß „die Heliandsprache wie das literarische Altsächsi(s)ch überhaupt als in der Wurzel 'ingwäonisch', d.h. echtsächsisch, in der Orthographie aber frankonisiert betrachtet werden kann"[16]. Das setzt ein prinzipiell and. Lautsystem als Teil einer überdialektalen Dichtersprache voraus, denn in Eigennamen fehlen die unnd. Graphien weithin. „Weil die Eigennamen dem Volke nahe standen, weil die Aussprache des Volkes massgebend war, während die kirchlichen Denkmäler, das grosse, für das fränkische Christentum werbende Gedicht (der Heliand, D.St.) an der Spitze, der fränkischen Kultur entwachsen waren"[17], deshalb realisiert eine Namenschreibung wie *Londfrid* den ingwäonischen, „echtsächsischen" Übergang von *a > o* vor Nasal (fränkisch lautete der Name *Landfrid*), deshalb auch treten in der Literatursprache des Heliand „unniederdeutsche" Diphthongschreibungen auf, z.B. *buok* 'Buch', *liet* 'ließ', *lioht* 'licht' statt *bōk, lēt, liaht*[18].

Für die Erklärung des fränkischen Einflusses auf das And. ist Verschiedenes geltend gemacht worden: die einfache Übernahme fränkischer Schreibgewohnheiten (E. Rooth), die graphische Differenzierung geschlossen und offen ausgesprochener and. *e*- und *o*-Laute (W. Foerste, G. Cordes), die sprachsoziologisch motivierte Bevorzugung der Frankonismen durch den sächsischen Adel (W. Mitzka)[19]. Eine Entscheidung in dieser Sache ist nur möglich, wenn nicht allein alle and. Denkmäler geprüft sind, sondern auch die and. Spuren im Ahd.[20].

Die and. Textsorten werden in vier Gruppen eingeteilt[21]: (1) Bibeldichtung (Heliand und Genesisbruchstücke), (2) Klein- und Merkversdichtung (Spruchartiges, Segensformeln), (3) kirchliche und weltliche Gebrauchsprosa (Taufgelöbnisse, Beichtspiegel, Psalmenfragmente, Predigttexte [früher als Beda-Homilie benannt], Heberegister [das sind klösterliche Güter- und Abgabenverzeichnisse]), (4) Glossen, d.h. volkssprachige Einzelwörter und erklärende Angaben in lateinischen Texten (Prudentius-Glossen). Alle diese Textzeugen geben Schriftsprache wieder, Gesprochenes läßt sich nur ansatzweise erschließen[22].

Erstaunlicherweise sind die kleineren Denkmäler des And. (2-4) aus dem 10./11. Jh. weniger fränkisch geprägt als die Hauptdichtung in dieser Sprache aus dem 9. Jh. Eigentlich wäre es genau umgekehrt zu erwarten gewesen, daß nämlich die späteren Sprachzeugnisse den allgemein stärker gewordenen „deutschen" Einflüssen auffälliger Ausdruck geben. Ob das vorliegende Ergebnis nun ein letztes Aufflackern der alten „saxonica lingua" ist oder die Wiedergabe einer

Gleichgültigkeit den Volkssprachen gegenüber (angesichts stärker werdender lateinischer Schriftlichkeit), das läßt sich wohl nicht entscheiden. Immerhin: „Neben dem tiefen Graben, der Latein und Volkssprache trennte, nahmen sich die mundartlichen Unterschiede (sächsisch-fränkisch oder nd.-hochdeutsch, D.St.) innerhalb der Volkssprache selbst offensichtlich als ganz zweitrangig aus"[23].

Um einen Eindruck vom And. des 9. Jhs. zu vermitteln, seien einige Heliand-Verse zitiert[24], unterlegt von einer wörtlichen, gefolgt von einer freien Übertragung.

1. Text mit Interlinearübersetzung

```
       Thô   telêt   that  liuduuerod      / aftar  themu   lande   allumu,
       [da   zerteilte (sich) die Leuteschar  auf    das     Land    ringsum]
2900   tefôr         folc  mikil,           / sîđor  iro     frâho   giuuêt
       [auseinanderging Volksmenge            seit   ihr     Herr    ging/wanderte]
       an    that    gebirgi  uppan,        / barno          rîkeost,
       [in   das     Gebirge  hinauf         (der) Geborenen Mächtigster]
       uualdand   an   is   uuilleon.       / Thô  te  thes  uuatares  stađe
       [waltend   nach seinem Willen         da   zu  des   Wassers   Gestade]
       samnodun  thea  gesîđos  Cristes,    / the  he  imu  habde  selbo gicorane,
       [sammelten (sich) die Begleiter Christ's  die er sich hatte selbst erkoren]
       sie  tuelibi  thurh  iro  treuua  gôda:  / ni  uuas im  tueho  nigiên,
       [die zwölf   wegen ihrer Treue    guten     nicht war ihnen Zweifel irgendein]
2905   nebu  sie  an  that  godes  thionost   / gerno    uueldin
       [sondern sie/die in dem Gottes Dienste    gerne    wollten]
       obar  thene  sêo  sîđon.              / Thô  lêtun sie  suîđean  strôm,
       [über den    See  setzen                da   ließen sie (den) starken Strom]
       hôh   hurnidskip                      / hluttron   ûđeon,
       [(das) hohe gehörnte Schiff            die hellen Wellen]
       skêđan      skîr   uuater.            / Skrêd    lioht    dages,
       [scheiden (das) schiere Wasser         (es) schritt/wich (das) Licht des Tages]
       sunne  uuarđ  an  sedle;              / the  sêolîđandean
       [Sonne wurde/ging zur Ruhe             die  Seefahrer]
2910   naht  nebulo  biuuarp;               / nâđidun   erlos
       [Nacht (und) Nebel umgab               streben  die Männer]
       forđuuardes  an  flôd:                / uuarđ  thiu  fiorđe  tîd
       [vorwärts    in (der) Flut             ward   die   vierte  Zeit]
       thera  nahtes  cuman —                / neriendo   Crist
       [der   Nacht   gekommen                heilende   Christ]
       uuarode  thea  uuâglîđand — :         / thô  uuarđ  uuind  mikil,
       [gewahrte die Wogen-/Seefahrer         da   wurde (der) Wind groß]
       hôh  uueder  afhaban:                 /
       [hohes/r Wetter/Sturm erhob (sich)]
```

2. In der dem Geist und der Sprache des and. Epos folgenden hochdeutschen Nachdichtung von Karl Simrock aus dem Jahre 1856 lauten diese Verse so[25]:

> Da verliefen sich die Leute über all dem Lande,
> Das Volk zerfuhr, da ihr Fürst entwichen war
> Hinauf ins Gebirge, der Gebornen Mächtigster,
> Der Waltende, nach seinem Willen. An des Wassers Gestad
> Sammelten die Gesellen sich, die er selbst sich erkoren,
> Die zwölf, ob ihrer Treue. Sie zweifelten nicht:
> Im Dienste Gottes wollten sie gerne
> Über den See setzen. Sie ließen in schneller Strömung
> Das hochgehörnte Schiff die hellen Wogen
> Schneiden, die laute Flut. Das Licht des Tages schied,
> Die Sonne ging zum Sedel, und die Seefahrer hüllte
> Nacht und Nebel. Ihr Nachen trieb
> Vorwärts in der Flut. Die vierte Weile
> Der Nacht war genaht. Der Notretter Christ
> Sah den Wogenden nach. Der Wind wehte mächtig,
> Ein Unwetter erhob sich. (S. 94).

Der Überblick zum And. wird abgeschlossen mit einer kurzen Darstellung der grammatischen, syntaktischen und lexikalischen Verhältnisse sowie Hinweisen zu Studienliteratur.

1. Lautliches

Es ist, wie dargelegt, aus der Textüberlieferung nur vorsichtig auf die gesprochensprachlichen Verhältnisse des And. zu schließen, dennoch ermöglichen die Texte eine Rekonstruktion der Phonem-Graphem-Verhältnisse. Sie erlaubt bei den Vokalen diese Phonemsysteme[26]:

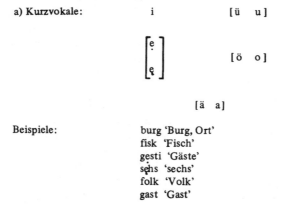

Beispiele:
burg 'Burg, Ort'
fisk 'Fisch'
gesti 'Gäste'
sęhs 'sechs'
folk 'Volk'
gast 'Gast'

In den eckigen Klammern stehen Varianten, die graphisch nicht geregelt in Erscheinung treten (so wird z.B. zwischen altem ę und Umlauts-ę in der Schrift nicht unterschieden). Das zweistufige Dreiecksystem der and. Kurzvokale kommt mit den Grundvokalen *i – u, e – o* und *a* aus, wobei „die Phoneme /e/ und /o/ bzw. /i/ und /u/ (die Wahl der Symbole ist bedeutungslos) jeweils die allophonischen Varianten [e i] und [o u] aufwiesen. Deren Verteilung war komplementär, abhängig in erster Linie vom Vokalismus der Folgesilbe, unter bestimmten Bedingungen auch vom Konsonantismus"[27].

b) Langvokale: ī   [ụ̄ ū]

ẹ̄   [ọ̄ ō]

ę̄   [ǭ̣ ǭ]

[ā̈ ā]

Beispiele: mīn 'mein'
hūs 'Haus'
mẹ̄ri 'berühmt'
stę̄n 'Stein'
blōd 'Blut'
lǭf 'Laub'
māg 'Verwandter'

In diesem System fällt die starke Besetzung bei den Mittellagenvokalen auf, eine Voraussetzung für die neue Diphthongierung mit Hilfe der "fränkischen" Digraphen < *ie, uo* >. Daran wird ein wichtiger Unterschied des And. zum Ahd. erkennbar. Obwohl sich die Vokalsysteme beider Sprachen in der Substanz ähneln, sie unterscheiden sich in der Besetzung einzelner Phonemstellen. So gibt es z.B. and. und ahd. die Langvokale /ē/ und /ō/. Im And. stehen diese auch für die Monophthongierungsprodukte der germ. /ai/ und /au/. Dagegen werden im Ahd. die germ. Diphthonge nur in bestimmten Umgebungen monophthongiert (vor *r, w, h* bzw. vor *h* und allen Dentalen).

c) Diphthonge: [ia io]   [*iü *iu]

ei   eu

[*äü *au]

Beispiele: liaht 'licht'
liud 'Leute'
eislīk 'schrecklich'
treulōs 'treulos'
glau 'klug'

Es ist zu beachten, daß die mit * versehenen Diphthonge nicht belegt, sondern erschlossen sind.

d) Konsonanten: p t [k c]
b d [g g]
[f ƀ] [ƥ ɖ] [s z] x h
w j
m n
l
r

Beispiele: pīpa 'Pfeife' tō 'zu'
krūd 'Unkraut' pik 'Pech'
bet 'besser' dor 'Tor'
god 'Gott' folk 'Volk'
wulƀos 'Wölfe' than 'dann'
  (ƥ ≈ <th> im Anlaut)
mūɖ 'Mund' sēr 'Schmerz'
thurh 'durch' hār 'Haar'
watar 'Wasser' jung 'jung'
man 'Mensch' naht 'Nacht'
land 'Land' reht 'recht, gut, wahr'.

Um das System richtig zu verstehen, sollte berücksichtigt werden, daß es Laut- und Schreibvarianten ([s z], aber <k c>) verbindet, so daß ein Blick auf das Graphemverzeichnis (S. 26f.) geraten ist.

Der and. Konsonantismus unterliegt verschiedenen Entwicklungen, die in den einschlägigen Hand- und Lehrbüchern zu den alten Sprachstufen des Deutschen ausführlich dargestellt sind. Zusammenfassend soll dazu das wiedergegeben werden, was W. Sanders in seinem Abriß zur „Altsächsischen Lautlehre" schreibt: „Überblickt man die Entwicklung des (and.) Konsonantismus im ganzen, so fällt außer der Abwehr der zweiten 'hd.' Lautverschiebung, die an der Grenze des sächs. Stammesgebietes verebbte, ein konservativer Grundzug ins Auge. Tatsächlich bilden die unverschobenen *p, t, k* und *d* den markantesten Einschnitt im (altdeutschen) Sprachraum; hinzu kommt die charakteristische Distribution *b – ƀ (v) – f* für hd. *b*, die das (And.) mit einem weiteren (anglofriesischen, altniederfränkischen), bis ins (Fränkisch-Mitteldeutsche) sich erstreckenden Bereich verbindet. Andere ... auffallende Erscheinungen wie Erhaltung von inlautendem /j/ (as. *i, e*), Bewahrung des germ. /þ/ (ɖ, *th*) usw. können lediglich eine chronologische Verzögerung der Sprachabläufe von S(üd) nach N(ord) dokumentieren; mit dem Mnd. ist hier der Anschluß gewonnen (/j/ geschwunden, statt ɖ, *th* nun *d* wie schon früh im Ahd.)"[28].

Die graphemische Wiedergabe der ermittelten and. Phoneme ist abhängig von den Lautpositionen (im Wort) und den verschiedenen textlichen Überlieferungen. Hinsichtlich der Vokalschreibungen ergeben sich in der Heliandhandschrift M bei den betonten Vokalen diese Phonem-Graphem-Entsprechungen (wobei nur die Fälle angeführt werden, in denen das Vokalphonem durch unterschiedliche Schriftzeichen realisiert wird)[29]:

Phonem	Grapheme
$\begin{bmatrix} e \\ \dot{e} \end{bmatrix}$	< e a i >
	< e >
/o/	< o u >
/u/	< u o >
/ē/	< e ie >
/ę̄/	< e ei >
/ā/	< a e >
/ō/	< o uo >
/ǭ/	< o a >
/ia/	< ia io eo >
/iu/	< iu io >
/eu/	< eu iu >

Bei den Konsonantengraphemen sind folgende Varianten ermittelt worden:

        < f ~ ƀ b u >
        < th ~ đ d, s >
        < k, c, q, ki >
        < g, i, h, ch >
        < i, gi, g >

2. Morphologisches

Die Behandlung morphologischer Erscheinungen gerät am übersichtlichsten bei der Vorstellung von Paradigmen zur Deklination und Konjugation. Deshalb werden nachfolgend, wie in der traditionellen, junggrammatisch orientierten Grammatik üblich, einige wesentliche Paradigmen vorgestellt[30].

Deklination der Substantive:

a) st. *a*- und *o*-Klasse in allen Genera

		Mask.			*Fem.*	
Sg.	Nom.	dag	'Tag'		geva	'Gabe'
	Gen.	dages			geva	
	Dat.	dage			gevu	
	Akk.	dag			geva	
	Instr.	dagu			–	
Pl.	Nom.	dagos	'Tage'		geva	'Gaben'
	Gen.	dago			gevono	
	Dat.	dagum			gevon	
	Akk.	dagos			geva	
		Neutr.				
Sg.	Nom.	graf	'Grab'	Pl.	gravu	'Gräber'
	Gen.	graves			gravo	
	Dat.	grave			gravum	
	Akk.	graf			gravu	
	Instr.	gravu			–	

b) schw. *an*- und *ōn*-Klasse in allen Genera

		Mask.		*Fem.*	
Sg.	Nom.	bodo	'Bote'	tunga	'Zunge'
	Gen.	boden		tungun	
	Dat.	boden		tungun	
	Akk.	bodon		tungun	
Pl.	Nom.	bodon	'Boten'	tungun	'Zungen'
	Gen.	bodono		tungono	
	Dat.	bodon		tungon	
	Akk.	bodon		tungun	

		Neutr.				
Sg.	Nom.	herta	'Herz'	Pl.	hertun	'Herzen'
	Gen.	herton			hertono	
	Dat.	herton			herton	
	Akk.	herta			hertun	

Deklination der Pronomen:

a) ungeschlechtige Personalpronomen der 1. und 2. Pers.

Sg.	Nom.	ik 'ich'	Pl.	wī 'wir'	Sg.	thū 'du'	Pl.	gī 'ihr'
	Gen.	mīn		ūser		thīn		iuwar
	Dat.	mī		ūs		thī		iu
	Akk.							

Ostfälische Texte haben exklusive Akkusativformen: *mik, ūsik, thik, iuwik.*

b) geschlechtiges Personalpronomen

		Mask.		*Fem.*		*Neutr.*	
Sg.	Nom.	hē	'er'	siu	'sie'	it	'es'
	Gen.	is		ira		is	
	Dat.	imu		iru		imu	
	Akk.	ina		sia		it	
Pl.	Nom.	sia	'sie'	sia	'sie'	siu	'sie'
	Gen.	iro		iro		iro	
	Dat.	im		im		im	
	Akk.	sia		sia		siu	

c) einfaches Demonstrativpronomen (bestimmter Artikel)

		Mask.		*Fem.*		*Neutr.*	
Sg.	Nom.	thē	'der'	thiu	'die'	that	'das'
	Gen.	thes		thera		thes	
	Dat.	themu		theru		themu	
	Akk.	thena		thia		that	
	Instr.	thiu		thia		thiu	
Pl.	Nom.	thia	'die'	thia	'die'	thiu	'die'
	Gen.	thero		thero		thero	
	Dat.	them		them		them	
	Akk.	thia		thia		thiu	

d) verstärktes Demonstrativpronomen (mit *s*-Erweiterung)

		Mask.	*Fem.*	*Neutr.*
Sg.	Nom.	*these 'dieser'	thius 'diese'	thit 'dieses'
	Gen.	theses	thesara	theses
	Dat.	thesemu	thesaru	thesumu
	Akk.	thesan	thesa	thit
Pl.	Nom.	thesa 'diese'	thesa 'diese'	thius 'diese'
	Gen.	thesaro	thesaro	thesaro
	Dat.	thesum	thesum	thesum
	Akk.	thesa	thesa	thius

e) Possessivpronomen

		Mask.	*Fem.*	*Neutr.*
Sg.	Nom.	mīn 'mein'	mīn 'meine'	mīn 'meines'
	Gen.	mīnes	mīnara	mīnes
	Dat.	mīnumu	mīnaru	mīnumu
	Akk.	mīnan	mīna	mīn
	Instr.	mīnu	–	mīnu
Pl.	Nom.	mīna 'meine'	mīna 'meine'	mīn 'meine'
	Gen.	mīnaro	mīnaro	mīnaro
	Dat.	mīnum	mīnum	mīnum
	Akk.	mīna	mīna	mīn

Entsprechend deklinieren auch *thīn* 'dein', *sīn* 'sein'.

Resthaft findet sich in der and. Pronominaldeklination noch der Dual, die Form für die Zweiheit, also *unk* 'unser beider', *ink* 'euer beider'.

f) Reflexivpronomen

Ob das And. ein selbständiges Reflexivpronomen besessen hat, ist umstritten; der Heliand kennt es nicht. In reflexivpronominaler Funktion werden der Dat. Sg. des geschlechtigen Personalpronomens (*imu, iru*) und der Akk. Sg. des Personalpronomens der 1., 2. und 3. Pers. gebraucht (*mi, thi, ina, sia, it*).

Deklination der Adjektive:

a) st. Deklination

		Mask.	*Fem.*	*Neutr.*
Sg.	Nom.	gōd 'guter'	gōd 'gute'	gōd 'gutes'
	Gen.	gōdes	gōdara	gōdes
	Dat.	gōdumu	gōdaru	gōdumu
	Akk.	gōdana	gōda	gōd
Pl.	Nom.	gōda 'gute'	gōda 'gute'	gōd 'gute'
	Gen.	gōdaro	gōdaro	gōdaro
	Dat.	gōdun	gōdun	gōdun
	Akk.	gōda	gōda	gōd

b) schw. Deklination

		Mask.	*Fem.*	*Neutr.*
Sg.	Nom.	gōda 'gute'	gōda 'gute'	gōda 'gute'
	Gen.	gōden	gōdun	gōden
	Dat.	gōdon	gōdun	gōdon
	Akk.	gōdon	gōdun	gōda
Pl.	Nom.	gōdon 'guten'	gōdun 'guten'	gōdun 'guten'
	Gen.	gōdono	gōdono	gōdono
	Dat.	gōdon	gōdon	gōdon
	Akk.	gōdon	gōdun	gōdun

Gesteigert werden die Adjektive in der ersten Steigerungsstufe (Komparativ) mit den Suffixen *-ir, -or, -ar,* in der zweiten Stufe (Superlativ) mit *-ost, -ist*:

liof	–	lioƀora	–	lioƀost
'lieb		lieber		am liebsten'
wis	–	wisera	–	wisost
'weise		weiser		am weisesten'

Unregelmäßige Steigerungen liegen in diesen Beispielen vor:

gōd	–	betara	–	besto
'gut		besser		am besten'
luttil	–	minnara	–	minnista
'klein		minder		am mindesten'
mikil	–	mēra	–	mēsta
'groß		mehr		am meisten'
uƀil	–	wirsa	–	wirsista
'schlecht		schlimmer		am schlimmsten'

Die and. Adverbbildung erfolgt meistens durch den Endungszusatz *-o* an das Adjektiv, also: *lang – lango*.

Konjugation der Verben:

Die Formenbildung bedient sich einer kleinen Zahl typischer Endungen, mit denen die Personalformen im Sg. und Pl. des Präs. und Prät. im Ind. und Opt. realisiert werden:

		neman 'nehmen'	folgon 'folgen'
Präs. Ind.			
Sg.	1. Pers.	nimu 'ich nehme'	folgon 'ich folge'
	2. Pers.	nimis	folgos
	3. Pers.	nimid	folgod
Pl.	1., 2., 3. Pers.	nimad 'wir, sie nehmen, ihr nehmt'	folgod 'wir, sie folgen, ihr folgt'

Prät. Ind.

Sg. 1. Pers.   nam 'ich nahm'   folgoda 'ich folgte'
     2. Pers.   nāmi   folgodos
     3. Pers.   nam   folgoda

Pl. 1., 2., 3. Pers.   nāmun 'wir, sie nahmen, ihr nahmt'   folgodun 'wir, sie folgten, ihr folgtet'

a) st. Verben

Maßgebend ist die Ablautung bei der Bildung des Prät., nach der sechs Reihen unterschieden werden (die sog. Ablautreihen). Die ablautenden Vokale bezeichnen den Infinitiv, Sg. Prät., Pl. Prät., Part. Prät.

1. Ablautreihe $\bar{\imath} - \bar{e} - i - i$

    drīvan '(ver)treiben'   —   drēf 'trieb'   —
    drivun 'trieben'   —   gidrivan 'getrieben'

2. Ablautreihe $io/\bar{u} - \bar{o} - u - o$

    kiosan 'wählen'   —   kōs 'wählte'   —   kurun 'wählten'   —
    gikosan 'gewählt'
    lūkan 'schließen'   —   lōk 'schloß'   —   lukun 'schlossen'   —
    gilokan 'geschlossen'

3. Ablautreihe $e/i - a - u - o/u$

    werpan 'werfen'   —   warp 'warf'   —   wurpan 'warfen'   —
    giworpan 'geworfen'
    bindan 'binden'   —   band 'band'   —   bundun 'banden'   —
    gibundan 'gebunden'

4. Ablautreihe $e - a - \bar{a} - o$

    neman 'nehmen'   —   nam 'nahm'   —   nāmun 'nahmen'   —
    ginoman 'genommen'

5. Ablautreihe $e - a - \bar{a} - e$

    gevan 'geben'   —   gaf 'gab'   —   gāvun 'gaben'   —
    gigevan 'gegeben'

6. Ablautreihe $a - \bar{o} - \bar{o} - a$

    faran 'fahren'   —   fōr 'fuhr'   —   fōrun 'fuhren'   —
    gifaran 'gefahren'

Die ehemals reduplizierenden Verben werden in eine eigene Reihe zusammengefaßt, mitunter auch als 7. Ablautreihe geführt. Die Verben *gangan* 'gehen', *haldan* 'halten', *hētan* 'heißen', *hrōpan* 'rufen', *lātan* 'lassen', *stōtan* 'stoßen' können in drei Gruppen geordnet werden:

1) ē/ā – ē – ē – ē/a

    hētan – hēt – hētun – gihētan
    lātan – lēt – lētun – gilātan

2) ō – io – io – ō

    stōtan – stiot – stiotun – gistōtan
    hrōpan – hriop – hriopun – gihrōpan

3) a – e – e – a

    haldan – held – heldun – gihalden
    gangan – geng – gengun – gigangan

b) schw. Verben

Hier erfolgt die Bildung des Prät. durch Anfügung eines *d*-Suffixes, das in Abhängigkeit von der Lautumgebung mit *-t* wechseln kann. Nach der Beschaffenheit des Präteritalsuffixes werden zwei Klassen auseinandergehalten, die *jan*- und die *ōn*-Klasse: *nerian* 'retten' – *nerida* 'rettete', *makon* 'machen' – *makoda* 'machte'.

c) unregelmäßige Verben

Darunter werden Verben gefaßt, die Unregelmäßigkeiten im Formenbau zeigen, also weder in der Stammbildung noch in der Vergangenheitsbildung den vorgenannten Verbtypen zuzuordnen sind. Das betrifft *wesan* 'sein', *dōn* 'tun', *willian* 'wollen'.

wesan flektiert im Prät. nach der 5. Ablautreihe (*was* 'war' – *wārun* 'waren'), im Präs. gelten diese Sonderformen:

Sg.	1. Pers.	bium 'bin'
	2. Pers.	bis(t)
	3. Pers.	is(t)
Pl.	1., 2., 3. Pers.	sind(un) 'sind'

dōn hat im Prät. sowohl reduplizierte Bildungen als auch Formen der 5. Ablautreihe und von schw. Verben:

Präs.	Sg.	1. Pers.	dōm 'tue'
		2. Pers.	dōs
		3. Pers.	dōt
	Pl. 1., 2., 3. Pers.		dōd 'tun'
Prät.	Sg.	1. Pers.	deda 'tat'
		2. Pers.	dādi
		3. Pers.	deda
	Pl. 1., 2., 3. Pers.		dādun 'taten'

willian hat den eigentlichen Opt. zum Ind. umgedeutet (wohl „unter dem Eindruck der im Wort enthaltenen Wunschbedeutung"[31]).

Präs.	Sg.	1. Pers.	williu 'will'
		2. Pers.	wili(s)
		3. Pers.	wil(i)
	Pl. 1., 2., 3. Pers.		williad 'wollen'
Prät.	Sg.	1. Pers.	welda 'wollte'
		2. Pers.	weldes
		3. Pers.	welda
	Pl. 1., 2., 3. Pers.		weldun 'wollten'

3. Syntaktisches

Die Neubearbeitung von Holthausens „Altsächsischem Elementarbuch" beschränkt sich auf Wort- und Formenbildung, Schrift und Lautsystem, das Syntaktische hat Gerhard Cordes (1908-1985), nur geringfügig verändert, der 50 Jahre alten Vorlage entnommen — ein auffallender Hinweis auf das Forschungsdefizit in der and. Syntax[32].

Unter den Überschriften „Wortgefüge" und „Satzgefüge" werden bei Holthausen/Cordes syntaktische Beobachtungen mitgeteilt: zum objektiven und partitiven Gen. (*drohtines gibed* 'Gebet zum Herrn', *tehan embar honiges* 'zehn Eimer Honig'), Dat. des Interesses (*wārun imo friund* 'sie wurden ihm freund'), Akk. des Objekts (*ik drinkū ina* 'ich trinke ihn/den Kelch'); zur Negation (einfache: *thes si ni mahtun farstandan* 'dieses konnten sie nicht verstehen'; doppelte: *ne ik io mannes ne warth wis* 'ich ward des Mannes nicht kund'); zu den Präpositionen und Konjunktionen.

Bei den Satzgefügen werden Sätze behandelt, die von einem Imperativ- oder Optativsatz abhängen, und Sätze, bei denen diese Abhängigkeit nicht vorliegt, also: *saga ūs, hwat thū sis* 'sage uns, was du seist'; *thes sia ni mahtun forstandan ēr it Krist seggian welda* 'dessen sie nicht verstehen konnten, bevor es Christus sagen wollte'.

Ein formalisierter Abriß zu syntaktischen Erscheinungen im And. findet sich bei Rauch 1985.

4. Lexikalisches

Der sich auf ca. 4000 Wörter belaufende and. Wortschatz gibt in keiner Weise die ehemalige lexikalische Vielfalt wieder. Entsprechend der Überlieferung herrscht das gehoben-poetische Wortgut der Bibeldichtung vor. Unverhältnismäßig stark sind auch christlich-kirchliche Lehnbildungen wie *hēliand* 'Erlöser, Heiland', *gôd-spell* 'gute Botschaft, Evangelium', *hēlago gēst* 'Heiliger Geist, spiritus sanctus', *cristinhēd* 'Christenheit' vertreten.

Römische Kultur und fränkische Reichsorganisation geben weitere Quellen für lexikalische Beeinflussungen ab (z.B. *mûra* 'Mauer, lat. murus', *keminada* 'heizbares Zimmer, lat. caminata', *kalk* 'Kalk, lat. calx'; *heritogo* 'Anführer, Herzog', *scepino* 'Schöffe', *urkundeo* 'Zeuge'). Demgegenüber fehlen Gesprochensprachliches und Wörter niederer Sprecherschichten, die den eigentlichen and. Grundwortschatz gebildet haben dürften.

Bei aller Begrenztheit des and. Wortschatzes sind dennoch wortgeographische Gegensätze erkennbar, meist als Oppositionen zwischen einem westlichen (westfälischen) und östlichen (ostfälischen) Typ, die die Weser voneinander trennt. In diesem Sinne stehen sich westliches *mol* und östliches *wandawerpa* 'Maulwurf' gegenüber, oder die kirchensprachlichen Heteronyme westliches *offern* − östliches *oppern* 'opfern'.

Insgesamt ist anzunehmen, was auch für das Lautliche und Morphologische gilt: „daß die (and.) Sprache eine Art Mittelstellung zwischen dem Ingwäonischen einerseits, dem Binnendt., andererseits eingenommen hat. Die keineswegs massive ingw. Basis könnte ihre Erklärung in der ... Deutung des Ingwäonischen als sprachsoziologischer Grundschicht finden ...; die autochthonen, 'dt.' Gemeinsamkeiten werden sich seit der politisch-kirchlichen Einschmelzung der Sachsen ins (fränkisch-karolingische) Reich zunehmend vertieft haben"[33].

Wortschatzbereicherung verlief auch im And. über verschiedene Wortbildungsarten: Zusammensetzungen, Präfixbildungen, Ableitungen.

Die Zusammensetzungen werden nach dem Verhältnis der komponierten Elemente zueinander in Kopulativ- und Determinativkomposita sowie in sog. exozentrische Zusammensetzungen (Bahuvrihi) unterteilt.

Kopulativkompositum: *gisun-fader* 'die Söhne und der Vater'; Determinativkomposita: *ēo-sago* 'Gesetzesausleger', *siluvar-skat* 'Silbermünze', *wīh-dag* 'Feiertag', *kind-jung* 'jung', *eli-lendi* 'ausländisch', *up-ōd* 'himmlisches Gut'; exozentrische Komposita: *frō-mōd* 'frohgemut', *gōd-sprāki* 'wohlredend'.

Die and. Präfixbildungen erreichen vor allem Verben, Nomina sind seltener: *af-gevan* 'aufgeben, verlassen', *ant-geldan* 'entgelten', *bi-haldan* 'festhalten', *far-lor* 'Verderben', *for-lōgnian* 'verleugnen', *gi-bed* 'Gebet', *gi-skuldian* 'verschulden', *ovar-āt* 'Übermaß im Essen', *ovar-drepan* 'übertreffen', *umbi-lōkon* 'umherschauen', *widar-wegan* 'aufwägen gegen'.

Ableitungen werden mit Hilfe von Suffixen gebildet: *brodar-skepi* 'Brüderschaft', *dūk-an* 'Taucher', *ēn-fald* 'einfach', *gadu-ling* 'Stammesgenosse', *gōd-i* 'Güte', *gōd-līk* 'gut, herrlich', *kind-isc* 'jung', *kusk-ida* 'Keuschheit', *lof-sam* 'lobwürdig', *mōd-ig/ag* 'zornig', *skudd-inga* 'abschütteln', *strīd-in* 'streitbar', *twēn-tig* 'zwanzig', *wār-hēd* 'Wahrheit'[34].

Substantivische Verkleinerungsformen − Diminutive − sind in den and. Glossen belegt. „Das Altsächsische hat ... Diminutive sowohl mit *kin* als *lin* gebildet. In der späteren Zeit traten die Bildungen mit *lin* mehr und mehr zurück und die Diminution mit *kin, ken* erlangte die Herrschaft"[35]: *skipi-kin* 'Schiffchen' (zu *skip*), *stukki-lin* 'Stückchen' (zu *stukki*); *sek-il* 'Säckel' (zu *sakk*), *steng-il* 'Stengel' (zu *stanga*), *arm-ilo* 'Armring' (zu *arm*).

Für das Studium des And. stehen nicht wenige Hilfsmittel bereit. Die erste

„brauchbare Grundlage"[36] der Bibeldichtung legte 1830/40 J. Andreas Schmeller vor: „Heliand oder die altsächsische Evangelien-Harmonie", 1. Lieferung Text, 2. Lieferung Wörterbuch und Grammatik nebst Einleitung und zwei Facsimiles (aus M und C).

Einen Paralleldruck von C und M bietet die Heliand-Ausgabe von Eduard Sievers (1878), die Edward Schröder 1935 um die P- und V-Fragmente ergänzte. Sie ist nach wie vor die für wissenschaftliches Arbeiten maßgebende Ausgabe.

Ein ausführliches Wörterverzeichnis ist der Hêliand-Ausgabe Moritz Heynes (1883) beigegeben. Das findet sich auch in den mehrfach aufgelegten Ausgaben des Heliand (später vermehrt um die Genesis) von Otto Behaghel, 1. Auflage 1882, 9. Auflage 1984 (bearbeitet von B. Taeger), die sich besonders in germanistischen Seminaren bewährt haben. Auf den Seiten 211-216 der 9. Auflage ist das zuletzt entdeckte Heliand-Fragment S abgedruckt (genaugenommen handelt es sich bei S nicht um einen zusammenhängenden Textabschnitt, sondern um mehrere Bruchstücke, so daß die Bezeichnung *Fragment* nur bedingt zutrifft).

Eine knappe Sammlung ausgewählter Heliand-Kapitel ist die von B. Taeger betreute Studienausgabe „Der Heliand in Auswahl" (1984 als Nr. 95 der Altdeutschen Textbibliothek erschienen). Das zuverlässigste Wörterbuch zum And. hat Edward H. Sehrt geschaffen: „Vollständiges Wörterbuch zum Heliand und zur altsächsischen Genesis" (2. Aufl. 1966). Ergänzungen aus später aufgefundenen Textquellen enthält Ferdinand Holthausens „Altsächsisches Wörterbuch" (1954), das demnächst in einer Neubearbeitung zur Verfügung stehen wird[37].

Vom (Hoch-)Deutschen zum And. führt das kleine Bändchen von Oskar Priese: „Der Wortschatz des Heliand. Ein Deutsch-Altniederdeutsches Wörterbuch" (1899). Ein and. etymologisches Wörterbuch hat Samuel Berr erarbeitet: „An Etymological Glossary to the Old Saxon *Heliand*" (1971).

Hochdeutsche Heliand-Übersetzungen sind die bereits genannte von K. Simrock, zu ergänzen ist die von Felix Genzmer: „Heliand und die Bruchstücke der Genesis. Aus dem Altsächsischen und Angelsächsischen übertragen" (Reclam). Eher als Kuriosität einzustufen ist die Übertragung der Heliand-Verse 1-1401 „in das heutige Plattdeutsch" von Johannes Kruse (1938).

Ein Textbuch mit einem fast die Hälfte des Gesamtumfanges belegenden Wörterverzeichnis (Glossar) stammt von Moritz Heyne, Kleinere altniederdeutsche Denkmäler. Mit ausführlichem Glossar. Paderborn ²1877 (Neudruck Amsterdam 1970). Mit jeweils kurzen textgeschichtlichen Einführungen werden Psalmenübertragungen, Glossen, Heberollen (das sind Steuerlisten) und geistliche Texte präsentiert.

Um die Verwandtschaft der „altsächsischen und angelsächsischen Mundart" vorzuführen, hat Heinrich Leo einen Abschnitt des Heliand nach Schmellers Ausgabe seinen für den Universitätsunterricht gedachten Sprachproben vorangestellt.

Auf and. Grammatiken ist bereits verwiesen worden. Zu nennen wären noch die Spezialuntersuchung zur Deklination von W. Schlüter „Untersuchungen zur Geschichte der altsächsischen Sprache. I. Theil. Die schwache Declination in der Sprache des Heliand und der kleineren as. Denkmäler" (1892); dann die Syntaxstudien von John Thies „Die Stellung von Subject und Prädicatsverbum im Hêliand. Nebst einem Anhang metrischer Excurse" (1880) und vor allem die umfangreiche „Syntax des Heliand" von Otto Behaghel (1897). Die Erscheinungsdaten dieser Studien liegen doch schon bedenklich weit zurück. Eine heutigen Ansprüchen genügende Syntax ist, wie dargestellt, noch zu erarbeiten. Die in den genannten neueren Handbüchern ausgebreiteten Daten bieten dafür eine gewisse Grundlage und sind auf jeden Fall für die Arbeit am And. heranzuziehen.

Anmerkungen

1 Grimm 1822, S. 202.
2 Dazu Sanders 1974a, S. 26; Scheuermann 1977, S. 179 (Anm. 14); Scheuermann 1985, S. 1109f.
3 In Konsequenz dessen hat der belgische Niederlandist Maurits Gysseling einen Teil kleinerer and. Zeugnisse in sein „Corpus van Middelnederlandse teksten (tot en met het jaar 1300), reeks II: Literare handschriften, deel 1, Fragmenten" ('s-Gravenhage 1980) aufgenommen.
4 Zur Echtheitsproblematik und Bestätigung der Runenknochen (die runenlosen Knochen gelten als rezente Fälschungen) siehe Bonte/Pieper 1981, bes. S. 76.
5 Lasch 1930/31, S. 170.
6 Willy Sanders in Goossens 1973, S. 30f.; Hartig 1985, S. 1069f.; Scheuermann 1985, S. 1110; zum Sachsenstamm allgemein Krüger 1983, S. 443-485.
7 Siehe zur and. Raumbildung Willy Sanders in Goossens 1973, S. 31f.; Hartig 1985, S. 1072f.; der Aussagewert der Lautverschiebungsgrenze als ahd.-and. Trennlinie wird für die „drei großen kontinental-westgermanischen Sprachgruppen" des Niederfränkischen (Schreibort Xanten), des Altniederdeutschen/Altsächsischen (Schreibort Essen) und des Althochdeutschen (Schreibort Köln) anhand von Personennamenmaterial eindrucksvoll bestätigt und damit die „Nordgrenze des Althochdeutschen" in ihrem westlichen Teilstück positiv belegt (Tiefenbach 1984).
8 Patze 1977, S. 653.
9 Lasch 1935, S. 100.
10 Die Abrenuntiatio diaboli und Professio fidei vollzog sich nach dem aus dem 9. Jh. bezeugten „Taufgelöbnis" in dieser Weise:
Forsaichistu diobolae?
– ec forsacho diabolae
end allum diobolgelde?
– end ec forsacho allum diobolgeldae.
end allum dioboles uuercum?
– end ec forsacho allum dioboles uuercum
and uuordum, Thunaer ende Uuoden ende
Saxnote ende allvm them unholdum the hira
genotas sint.
gelobistu in got alamehtigan fadaer?
– ec gelobo in got alamehtigan fadaer.
gelobistu in Crist godes suno?
– ec gelobo in Crist gotes suno.
gelobistu in halogan gast?
– ec gelobo in halogan gast
(Basler 1923, S. 221). Die Übersetzung des Textes von der Entsagung des Teufels und dem Bekenntnis des Glaubens lautet so:

>   Entsagst du dem Teufel?
>   – Ich entsage dem Teufel.
>   und allem Götzendienst?
>   – und ich entsage allem Götzendienst.
>   und allen teuflischen Werken?
>   – und ich entsage allen teuflischen Werken und
>   Worten, Donar und Wotan und Saxnot und allen
>   den Unholden, die ihre Genossen sind.
>   Glaubst du an Gott, den allmächtigen Vater?
>   – ich glaube an Gott, den allmächtigen Vater.
>   Glaubst du an Christus, Gottes Sohn?
>   – ich glaube an Christus, Gottes Sohn.
>   Glaubst du an den Heiligen Geist?
>   – ich glaube an den Heiligen Geist.

11 Lasch 1935, S. 133.
12 Rauch/Eichhoff 1973, S. VIIf.
13 Auffallend an S ist die größere Zahl nordseegerm., sog. ingwäonischer Kennzeichen besonders im Vokalismus, wo sich u.a. die ingwäonische Spaltung von westgerm. *a* in *e* und *o* findet: *creht* 'Kraft', *hond* 'Hand'; bemerkenswert ist auch das Verbprät. *cam*, also Ausfall des Labiodentals, womit sich das And. an die Seite des Spätenglischen und Altfriesischen stellt (zu diesen Erscheinungen siehe Taeger 1979/82; J.A. Huisman zieht daraus den Schluß, „daß S im Übergangsgebiet zwischen dem altfriesischen und dem altniederländischen Sprachbereich entstanden ist" [Huisman 1986, S. 228]).
14 Übersichten dazu finden sich in Rathofer 1976 und bei Wolfgang Huber in Cordes/Möhn 1983, S. 337-339.
15 „Über die Heliandsprache", in Rauch/Eichhoff 1973, S. 200.
16 Rooth 1949, S. 24.
17 Rooth 1957, S. 37f.
18 Vgl. hierzu die für die Geschichte des And. aufschlußreiche Kontroverse zwischen Gerhard Cordes und Erik Rooth (Cordes 1956, Rooth 1957, Cordes 1959).
19 Vgl. dazu die einschlägigen Beiträge und Ausführungen in Rauch/Eichhoff 1973, Klein 1977.
20 Eine vorbildliche Arbeit in dieser Richtung ist Klein 1977.
21 Sanders 1985b.
22 Sanders 1985c.
23 Klein 1977, S. 327f.
24 Nach Behaghel 1910, 35. Kap., Verse 2899-2914.
25 Zur Wertung der Simrockschen Arbeit sowie der jüngeren und älteren Heliand-Übertragungen siehe Moser 1976, S. 294-297.
26 Nach Klein 1985.
27 Willy Sanders in Goossens 1973, S. 36.
28 Ebd., S. 46.
29 Vgl. die diesen Anführungen zugrundeliegenden umfassenden Darstellungen bei Klein 1985, Abb. 87.1 (Vokalgrapheme) und unter 2.3.1. (Konsonantengrapheme).
30 Es wird hier bewußt nicht versucht, jede in den Grammatiken behandelte Erscheinung zu berücksichtigen, sollen doch nur die Hauptzüge einer and. Morphologie sichtbar werden; zu vergleichen sind Gallée 1910, Holthausen 1921, Willy Sanders in Goossens 1973, Cordes 1985a.
31 Willy Sanders in Goossens 1973, S. 60.
32 Eine Begründung für den Syntax-Verzicht gibt Cordes 1969, S. 215.
33 Willy Sanders in Goossens 1973, S. 64f.; siehe zur and. Lexikologie auch Sanders 1985a.
34 Siehe hierzu die mit vielen Beispielen versehenen Ausführungen von Zanni 1985.
35 Seelmann 1920, S. 56.
36 Piper 1897, S. XLIX.
37 Vgl. dazu Sanders 1986.

3. Das Mittelniederdeutsche

Anders als beim And. ist für die mittlere Epoche des Nd. die Sprachbezeichnung heute nicht mehr umstritten. Früher konkurrierten für das Nd. vom 13. bis 17. Jh. Bezeichnungen wie *düdesch, (nedder-)sassesch, nedderlendesch, oostersch*[1]. Seit Jacob Grimm hat sich der Terminus *Mittelniederdeutsch* eingebürgert. Man meint damit nicht in strengem Sinne eine standardisierte Sprache, sondern einen Oberbegriff für mehrere miteinander verwandte Schreibsprachen und unterscheidet die Frühzeit (bis zur Mitte des 14. Jhs.), die klassische Periode (zwischen 1350 und 1550) und die Spätzeit (bis 1650). Das 12. Jh. gilt als eine Epoche des Übergangs vom And. zum Frühmnd., für diese sprachgeschichtlich interessante Periode sind uns leider keine Texte überliefert. Neueren Forschungen zufolge ist das Mnd. jedoch nicht allein als Fortsetzung and. Sprachlichkeit zu verstehen, sondern in Teilen auch der altniederländischen.

Die interne Periodisierung relativiert die griffige Gleichsetzung von Mnd. und Sprache des Hansebundes. Aber selbst für die mittlere Epoche des Mnd., die durch die Hansesprache „mit ihrer überregionalen, tendenziell schriftsprachlichen Geltung"[2] gekennzeichnet sein soll, ist belegt, daß das Nd. für Funktionen verwendet wurde, „die mit der Hanse nichts zu tun hatten; auf der anderen Seite war etwa vor 1370 auch das Lateinische als 'Hansesprache' anzusehen, und später stehen neben dem Mnd. lübischer Prägung im Hanseraum weitere Schreibsprachen zur Verfügung: so z.B. im Kölner Drittel das Westfälische und Ribuarische, in Preußen das Ostmitteldeutsche, und in der letzten Phase des Bestehens der Hanse ist das Hochdeutsche als Hansesprache zu betrachten"[3].

Trotz dieser zutreffenden Präzisierung erfaßt die Kennzeichnung Hansesprache den herausragenden und sprachgeschichtlich bedeutendsten Aspekt mnd. Sprachformen.

Das Frühmnd. existiert in verschiedenen regionalen Schreibsprachen, so daß sich diese Sprachstufe durch eine große Anzahl sprachlicher Varianten auszeichnet; es stehen z.B. „im Lübischen des 14. Jhs. ... die Pronominalformen *us/uns*, die Einheitspluralendungen *-et/-en* sowie die Typen *mer/men* 'aber', *eder/ofte/efte* 'oder' nebeneinander"[4]. Für die Ausbreitung hochdeutsch-ostfälischer und westlicher Sprachmerkmale im Frühmnd. werden zwei „Strömungen" verantwortlich gemacht: die ostfälische, die etwa das hochdeutsche *oder* an die östliche Nordsee und westliche Ostsee vermittelt, und die westfälische/westliche, durch die z.B. *vaken* 'oft', *bit/bet* 'bis', *derde* 'dritte' in den Norden gelangen.

Im klassischen Mnd. tritt die Variantenvielfalt zugunsten großräumigerer Vereinheitlichung zurück. Das bereitet der lübischen Norm den Boden.

Die Grundlage der von dem Hansevorort ausgehenden integrierten Sprachform bildet die Sprache des nördlichen Nd. Ihr wichtigstes „Kennzeichen ... ist der Einheitsplural der Verben im Präs. Ind. auf <-en>. Nach anfänglichem Nebeneinander von <-et> und <-en> überwiegt in der Lübecker Kanzlei seit der Mitte des 14. Jhs. die Endung <-en>, seit etwa 1400 gilt <-en> dort fast ohne Ausnahme ... Ein weiteres Hauptmerkmal der lübischen Schriftsprache ist die Pronominalform *uns*. Nach einem Nebeneinander von *us* und *uns* zu Beginn der Lübecker Überlieferung überwiegt im 14. Jh. zunächst die nasallose Form *us*; um 1400 herum setzt sich *uns* durch ... In (manchen) Fällen steht die lübische Norm des 15. Jhs. im Gegensatz zum älteren Schreibgebrauch: *vaken* 'oft' ersetzt *dicke*, *efte* 'oder' wird häufiger als *ofte*, *eft* 'ob, wenn' überflügelt *oft*"[5].

Im Spätmnd. geht die Vereinheitlichung des Mnd. weiter, gleichzeitig wird zunehmend Hochdeutsches übernommen. Zu einer völligen Durchsetzung des Mnd. mit dem südlicheren Deutsch kommt es gleichwohl nicht, weil der Norden schließlich das Hochdeutsche zur Standardsprache macht und sich die Mühe der Integration nichtnd. Elemente nicht mehr leistet. Erst mit der Statusveränderung zur Mundart differenziert sich das Mnd. zu der bekannten dialektalen Vielfalt, die das Neund. kennzeichnet.

In diesen Abläufen wird das bereits auf Seite 15 angesprochene sprachgeschichtliche Grundgesetz von Integration und Differentiation sichtbar. Auf die Sprachgestalt bezogen bedeuten Integration Standardisierung, d.h. Vereinheitlichung und Vereinfachung, Differentiation aber Dialektisierung, also Verschiedenheit und Verfeinerung. Nicht selten überschneiden sich diese Prozesse (wie im Spätmnd.), so daß nicht ein säuberlich voneinander abgehobener Übergang von einem integrierten Mnd. zu einem differenzierten Nnd. auszumachen ist. Dennoch vermag das sprachgeschichtliche Grundgesetz die Geschichte des Nd. zu erhellen, weil es die Sprachstatusveränderung (vom Standard zum Dialekt) besonders deutlich anzeigt[6].

Die räumliche Begrenzung des Mnd. ist — bis auf die westliche — problemlos: Im Osten grenzt es an das Slawische (der germ.-slawischen Sprachverschiedenheit wegen wird hier von einer Sprachgrenze ersten Grades gesprochen), in dieser Richtung liegen die bedeutendsten mittelalterlichen Raumgewinne des Nd. (wenn auch nicht immer im Sinne gesprochener bäuerlicher Umgangssprache). Im Norden grenzt Mnd. an das Nordgerm. und Friesische (da es sich hier um eine innergerm. Grenzziehung handelt, wird eine Sprachgrenze zweiten Grades angenommen); auf Kosten des Nord- und Ostfriesischen sowie des Südjütischen dehnt sich das Nd., befördert durch die 1440 erfolgte Vereinigung Schleswigs und Holsteins, auch nordwärts aus, erwähnenswert ist die zeitweilige mnd. Dominanz im Schriftverkehr schwedischer und dänischer Handels- und Verwaltungseinrichtungen. Im Süden bildet die Grenze zum Hochdeutschen wie schon im And. eine markante Sprachscheide; Verluste erleidet das Mnd. im Südwesten, wo ein schmaler Streifen an das Fränkische abgetreten wird, vor allem aber im Gebiet von Harz, Saale und Elbe, dem sog. Südelbostfälischen, das zwischen 1350 und 1450 zum Hochdeutschen wechselt (in diesem Gebiet befindet sich auch Wittenberg, als Lutherstadt später sprachgeschichtliche Bedeutung erlangend). Im Westen ist keine Abgrenzung mit Hilfe einer sog. sprachlichen Bruchstelle möglich[7], es gibt ein Kontinuum verwandter Mundarten und regionaler Schreibsprachen. „Wenn nun auf eine Abgrenzung zwischen dem Mnl. (= Mittelniederländischen, D.St.) und dem Mnd. ... nicht verzichtet werden soll, dann ist die Grenzziehung zwischen beiden zwischen dem Geldrisch-Kleverländischen und dem Westfälischen vorzunehmen. Diese Grenze ist sicherlich nicht schärfer ausgeprägt als die Grenze zwischen dem West- und dem Ostfälischen, die sog. Wesergrenze. Eine eindeutige Grenzziehung ist zwischen dem Klevischen und dem Westfälischen nicht möglich: sowohl im Süden als auch im Norden des sächsisch-fränkischen Übergangsstreifens gibt es Mischareale, bei denen der Versuch der Zuordnung zum Mnl. bzw. zum Mnd. als müßig erscheint"[8].

Somit kann für den mnd. Sprachraum „die gegenüber der and. Periode erhebliche räumliche Ausweitung (festgehalten werden). Nach Osten, Norden und Nordwesten ist der Geltungsbereich des Nd. stark erweitert, nach Südwesten und Südosten hin dagegen etwas eingeschränkt"[9].

Eine Übersicht zum mnd. Sprachraum mit Gebietsgewinnen und -verlusten und Angaben zur Sprachfunktion findet sich in Peters 1984, sie wird hier als Kt. 2 abgebildet.

Dem Mnd. charakteristisch ist seine „schichtenspezifische Differenziertheit" (R. Peters). Damit meint man eine raumabhängige Gebrauchsweise der Sprache, wo die geschriebene eine andere Verbreitung hat als die gesprochene.

Zuerst zum geschriebenen Mnd. Seit dem ersten mnd. Zeugnis, der Mescheder Urkunde (Mesch.Urk.) aus dem Jahre 1207 (nd.-westfälische Einsprengsel in einen lateinischen Text) dominiert Sachprosa (juristische, historische, religiöse), wodurch sich die mnd. Textlichkeit auffällig von der mittelhochdeutschen unterscheidet. Hinzu tritt die Existenz stabiler Schriftdialekte, deren Benennung mit Hilfe dialektgeographischer Bezeichnungen erfolgt: Westfälisch, Ostfälisch, Elbostfälisch, Ijsselländisch (zwischen dem Nd. und Niederländischen), Nordniederdeutsch (Groningisch-Ostfriesisch, Nordniedersächsisch, Ostelbisch, Märkisch-Brandenburgisch). Hervorgehobene Schreiborte sind Soest, Dortmund, Münster, Osnabrück, Bielefeld, Paderborn, Minden; Hannover, Hildesheim, Braunschweig, Goslar, Göttingen; Magdeburg, Halle; Bremen, Stade, Hamburg, Lüneburg; Lübeck, Wismar, Rostock, Stralsund, Stettin, Danzig; Riga, Reval; Berlin, Zerbst.

Die herausragende Rolle unter diesen Zentren mnd. Schreibens spielt Lübeck. Die auch als Königin der Ostsee apostrophierte Travestadt erreicht mit ihrer ostelbischen Schreibsprache auf nordnd. Grundlage einen weiten Kommunikationsradius. Der relativ geringe Anteil Westfalens am Lübischen verwundert, ist die deutsche Zuwanderung in den alten slawischen Marktort (um 1080 civitas Liubice, aus L'ubici 'Leute des L'ub(a)') doch zu beträchtlichen Anteilen aus Westfalen erfolgt. Man erklärt das so, „daß die ersten Siedler im Ostholsteinischen aus der westlich angrenzenden, (nordniedersächsisch) sprechenden Nachbarschaft stammten. Die Sprache der ältesten Bevölkerungsschicht wird die sich herausbildende lübische Stadtsprache entscheidend geprägt haben. Als dann westf.(älische) Siedler in Lübeck und an der Ostsee erscheinen, finden sie schon eine Stadtmundart (nordniedersächsischer) Prägung vor"[10].

Die Hoch-Zeit lübischen Sprachvorbildes setzt mit dem Übergang der Ratskanzlei im hansischen Schriftverkehr vom Lateinischen zum Nd. ein, um 1370. Damit fördert die nd. Hansesprache Ausbildung und Festigung einer mnd. Norm, die wir uns aber nicht als eine moderne Standardisierung vorstellen dürfen. Ergänzend zu den oben genannten lübischen Merkmalen finden sich Vereinheitlichungen wie im personalpronominalen Einheitskasus *mi/di* 'mir/dir', die Schreibung <*a*> für das tonlange $\bar{o}$ (z.B. *baven* statt *boven* 'oben', *bade* statt *bode* 'Bote'), erhalten blieben dennoch zahlreiche Varianten, bes. im Kleinwortschatz, indem für 'zwischen' *twisschen, tusschen*, für 'ohne' *sunder, âne*, für 'oder' *edder, offte, effte* verwendet werden.

Diese Sprache hat zwei Gebrauchsschwerpunkte: 1. als Rechts-, Handels- und Amtssprache (hier wirkt sich Lübecks Stellung als Hansevorort sowie Gerichts-Oberhof und damit Appellationsinstanz für etwa 100 Hansestädte nachhaltig aus; das lübische Recht ist bis zum 17. Jh. von vielen Städten des Ostseeraumes übernommen worden) und 2. als Literatursprache. Nach der Erfindung des Buchdrucks entwickelt sich die 1226 reichsfrei gewordene Stadt zu einer führenden Druckerstadt. „In der Zahl der niederdeutschen Frühdrucke folgt die Hansestadt gleich auf Köln, wobei die Wirkungsgeschichte der Lübecker Drucke die der Kölner weit überragt ... Der Buchdruck in Lübeck war ein durchaus erfolgreiches merkantiles Unternehmen"[11]. An seiner Spitze stehen Steffen Arndes und die Mohnkopfdruckerei (so genannt nach ihrem Druckerzeichen: drei Mohnköpfe in einem Schild), noch weitere sieben Drucker (die oft auch als Buchhändler tätig waren) sind namentlich bekannt[12]. Ihre Druckarbeiten dienen zu einem großen Teil religiös-geistlichen Zwecken, sie erreichen sie mit der Aufnahme von Themen großer europäischer Literaturgeschichte in ihre Verlagsprogramme. Auf diese Weise ballen sich im ausgehenden 15. Jh. in der in Lübeck bearbeiteten Literatur Titel wie „Des dodes danz" (1489/96, Totentanz), „Gregorius Lubicensis" (1492, eine nüchterne Prosabearbeitung der Gregorius-Legende[13]), „Dat Narrenschyp" (1497, die nd. Bearbeitung von Sebastian Brants „Narrenschiff") und „Reinke de vos" (1498, die wirkungsmächtige originelle Aufnahme des Reineke-Fuchs-Stoffes). „Das umfänglichste Druckwerk aus einer Lübecker Druckerei überhaupt und für die Geistesgeschichte Norddeutschlands besonders wichtige Werk"[14] ist die Lübecker Bibel von 1494. Damit hat sich Lübeck und die lübisch-mnd. Schreibsprache unübersehbar nicht nur in die Sprachgeschichte, sondern auch in die (nieder-)deutsche Literaturgeschichte eingetragen.

Die Bewertung der lübischen Ausgleichs- und Einheitssprache wird in der nd. Sprachgeschichte nicht einheitlich vorgenommen. Auffassungen von einer „tendenziellen Schriftsprachlichkeit" (also Verschiedenheit) stehen andere gegenüber, die an der Einheit der mnd. Schriftsprache festhalten[15].

Allerdings, der „Grad der Durchsetzung der lübischen Norm ist ... regional abgestuft ... Von (ihrer) Geltung ... in Westfalen kann kaum die Rede sein. Westfalen orientiert sich seit dem 14. Jh. verstärkt nach Westen"[16] mit der Folge, daß z.B. die Sprache des lübischen Hansekaufmanns Hildebrand Veckinchusen in Brügge zu Anfang des 15. Jhs. nicht ausschließlich lübisch, sondern auch niederländisch-westfälisch geprägt ist (dafür stehen Kennzeichen der westlichen Schreibsprache wie *sal* 'soll', *elk* 'jeder', *op* 'auf', *tot* 'bis')[17]. Kaum Einfluß gewinnt das Lübische in der Mark Brandenburg, deren Landesherren die hansische Politik der märkischen Hansestädte bereits im 15. Jh. unterbinden.

Es ist schon mehrfach angeklungen, daß der Schwerpunkt mnd. Schreibens in der Abfassung juristischer und administrativer Texte liegt, im Verfertigen von Chroniken und erbaulicher Literatur. Zu den Verwaltungstexten im weiteren Sinne zählen die Stadtrechte (das älteste auf nd. Boden ist das Braunschweiger Jus Ottonianum aus dem Jahre 1227) und der stark beachtete „Sachsenspiegel" Eikes von Repgow (um 1225); hier wurde „das mündlich tradierte 'sächsische' Landrecht, ergänzt durch das Lehnrecht, systematisch niedergelegt; 'Sachsen' bedeutet zunächst den südöstlichen Bereich ('Ostfalen'), doch hat das Buch als vorbildlich auch in das übrige Gebiet gewirkt. Das ursprünglich im elbostf. Schriftdialekt geschriebene Werk wurde mehrfach überarbeitet und ist auch in md., obd. und nl. Hs. überliefert"[18]. Die hervorragende Leistung Eikes läßt diesen in den Augen mancher Betrachter zum Schöpfer der mnd. Literatur werden. Als ihr „Klassiker" gilt weiterhin unbestritten der Braunschweiger Zollschreiber Hermann Bote (1460-1520).

Die Chronikliteratur wird am nachhaltigsten durch die „Sächsische Weltchronik" (1231) repräsentiert, eine umfassende Ausdeutung sächsischer Geschichte.

Die führende Stellung des Lübischen in der Geschichte des Mnd. darf nicht übersehen lassen, daß die schreibsprachlichen Besonderheiten der mnd. Regionalsprachen die Textüberlieferung einschneidend zu prägen in der Lage sind, so daß eine Kenntnis der auffälligsten Merkmale für die Textzuordnung vonnöten ist[19].

Das Westfälische läßt sich so erkennen: es schreibt *o* vor *r* + Konsonant <a>: *karn* 'Korn', *wart* 'Wort'; *i, u* bleiben in offener Silbe erhalten: *witen* 'wissen', *sune* 'Sohn'. Der Wandel von *ft* > *cht* tritt gehäuft auf, also *kracht* 'Kraft'. Im Gegensatz zu anderen mnd. Regionalsprachen erscheinen *i, e, ü* vor *n,l* + Konsonant gesenkt: *brengen* 'bringen', *mensche* 'Mensch (*minsche*)', *vrönt/ vrent* 'Freund (*vrünt*)', *sölve* 'selbst (*sülve*)', hierzu auch *bet* 'bis'; *r*-Metathese in *derde* 'dritte (*dridde, drüdde*)'. Westfalismen in Kleinwörtern: *hent, winte* 'bis', *mer* 'aber', *nin* 'kein', *no* 'noch', *ofte* 'oder', *sall* 'soll', *sünder* 'ohne', *tüsschen* 'zwischen', *wante* 'denn, weil', *wattan* 'obwohl'.

Die westfälische Binnengliederung stellt den Nordwesten (Münster) und den Südosten (Soest, Paderborn) als Kernbereiche heraus, denen sich der Südwesten (Dortmund) und Nordosten (Osnabrück, Bielefeld) von Fall zu Fall anschließen.

Eine starke Sprachgrenze trennt im Mittelalter das Westfälische vom Ostfälischen, was eindrucksvoll alte Handwerkerbezeichnungen veranschaulichen: westfälisch *lôer, lapper/lepper, pelser, radeker/redeker* gegenüber ostfälisch *gerwer, olt-/schôbôter, körsener/körsenwer(ch)te(r), rademaker/stellemaker* 'Gerber, Schuhmacher, Kürschner, Wagenmacher'[20].

Als ostfälische Eigenheiten können folgende Sprachmerkmale angeführt werden: Senkung von *i, e* zu *e, a* vor *r* + Konsonant: *kerke* 'Kirche', *barg* 'Berg'; Hebung von *e* zu *i* vor Nasal: *hinne* 'Henne', *a* zu *e* vor *r* + Konsonant: *derf* 'darf'. Kürzung oder Ausbleiben tonlanger Vokale vor Konsonant + *er, el, en, ch*: *better* statt *beter* 'besser', *leppel* statt *lepel* 'Löffel', *wetten* statt *weten* 'wissen', *leddich* statt *ledig* 'leer'. Entrundung von *ouw* zu *auw*: *hauwen* statt *hou-*

wen 'hauen'. Rundung in den Personalpronomen *öt* 'es', *öme* 'ihm', *öne* 'ihn', *öre* 'ihr', *öm* 'ihnen' (statt *et, eme, ene, ere, em*). Reduzierung des *ge*-Präfixes beim Part. Prät. (obwohl meist noch *ge*- geschrieben): *emaket* 'gemacht'. Einheitskasus auf *-k* in den Obliquen der Personalpronomen: *mik/mek* 'mir, mich', *dik/dek* 'dir, dich', *üsek/ösek* 'uns', *jük/gik* 'euch'. Bei Kleinwörtern sind diese Ostfalismen hervorhebenswert: *ane* 'ohne', *edder* 'oder', *ift/icht* 'ob, wenn', *sünder* 'aber', *twisschen* 'zwischen', *wur* 'wo'.

Eine besondere Stellung kommt dem Elbostfälischen zu, der bevorzugten Einbruchstelle für Mitteldeutsches, wodurch z.B. *hinder* statt *achter* 'hinter', *von* statt *van* 'von' und *oder* statt *edder* 'oder' in den Norden gelangen und dem Ostfälischen in manchem einen nichtnd. Anstrich verleihen.

Das Nordniederdeutsche verfügt über die größte räumliche Geltung aller mnd. Regionalsprachen und ist als Träger des Lübischen zur wichtigsten Variante des Mnd. aufgestiegen. Da es West- und Ostfälisches übernommen hat, sind eigene Kennzeichen, will man sie nicht gerade in dieser Mittel- und Ausgleichsstellung sehen, kaum anzugeben. Gewisse Eigenständigkeiten beweisen die nordnd. Schriftdialekte im Westen, Osten und Süden, das (1) Groningisch-Ostfriesische, (2) das Baltische, (3) das Südmärkisch-Brandenburgische.

(1) duldet verschiedene Doppelformen wie *derde/drüdde* 'dritte', *hem/em* 'ihm', *ende/unde* 'und', *nin/nen* 'kein', *sal/schal* 'soll', *de selve/de sülve* 'derselbe', *vrent/vrünt* 'Freund', *wal/wol* 'wohl'.

(2) wechselt zwischen *sal/sölen/schal/schölen* 'soll, sollen', *vrünt/vrönt* 'Freund' und kennt Formen wie *derde* 'dritte', *von* 'von'.

(3) hat die öffnenden Langdiphthonge $\bar{i}^e$, $\bar{o}^e$ und $\bar{u}^e$ (aus $\bar{e}^4$, $\hat{o}^1$, $\hat{o}^1$), die schriftlich jedoch monophthongisch wiedergegeben werden: <*dep*> statt [di^{e}p] 'tief', <*möde*> statt [mö^{e}de] 'müde', <*moder*> statt [mü^{e}der] 'Mutter'. Andere Kennzeichen sind *gans* statt *gōs* 'Gans', *det* statt *dat* 'das', *bet* 'bis', *met* 'mit', *rünt* statt *rint* 'Rind', *tüsschen/twisschen* 'zwischen', *deit/dut* 'tut', *teigen* statt *tögen* 'zeigen'.

Der für das Süd- und Mittelmärkische geltend gemachte starke niederländische Einschlag ist zu relativieren; er findet sich wohl im Wortschatz, aber kaum im Lautlichen[21].

Das lenkt den Blick auf die „Reflexe gesprochener Sprache" im Mnd. Auch hier gilt: „Es sind Ausnahmen, wenn in gesprochener Sprache vielfach vorkommende Assimilationen benachbarter Laute, Zusammenziehungen zweier oder mehrerer Wörter beim Schreiben beibehalten werden. Eine spätere Zeit hat solche *Sprechformen* zu vermeiden versucht und Vollformen geschrieben"[22]. Hinweise auf gesprochenes Mnd. liefern demnach gewisse Schreibnachlässigkeiten oder -versehen, wodurch Mundartlich-Mündliches auf das Papier gelangt. Danach können gesprochenes Mnd. anzeigen: Zusammenziehungen und Assimilationen wie *alset* < *als et* 'wie es', *dhazse* < *dhat so* 'daß sie'; Zetazismen wie *Zilly*, ein Ortsname am Harz (a. 944 *Kinlinga*, a. 1211 *Skillinge*, a. 1300 *Tzillinge*, mundartlich *Zillich*), *Ütze, Ütsche, Üsse* 'Kröte' (<germ. *ukion); Konsonantenschwächung (Lenisierung) von *p, t, k*, z.B. *stod dat* 'stoße das!', *obenbarlichken* 'offenbarlich', *marg* 'Mark'; *h*-Prothese in *eines havendes* 'eines Abends'; der Über-

gang von *ft > cht* in *Hecht* 'Heft', *Schacht* 'Schaft' (und hyperkorrekt: *hof tyden* statt *hoch tyden* 'Hochzeiten, Feste'); der assimilatorische Wandel von *nd, ld > nn, ll,* etwa *mit unnerscede* 'mit Unterschied', *Hillebrandus* 'Hildebrand'; Weglassen von zwischenvokalischem *d: birver lūde* 'biederer Leute', *tho Meyborch* 'zu Magdeburg'; Gutturalisierung von *nd,* so daß *gesynge* statt *Gesinde, Hange* statt *Hande, schingelen* statt *Schindel* geschrieben wird; Dentaleinschub zwischen Nasal/Liquid und *er: Honder* 'Hühner', *des donderdages* 'donnerstags', *kelder* 'Keller'; Ausfall von zwischenvokalischem *g: des avendes vilien* 'Vigilien', *Gutenswen* 'ON Gutenswegen bei Magdeburg'; Diphthongschreibung für $ô^1$, z.B. *tau* 'zu', *kou* 'Kuh'; der *s*-Plural beim Substantiv: *de mekens* 'Mädchen', *closters* 'Klöster', *susters* 'Schwestern'; starke Flexion des attributiven Adjektivs nach stark flektiertem Artikel und Possessivpronomen: *to behoef der armer lude* 'zum Nutzen armer Leute', *met syner rechter hand* 'mit seiner rechten Hand'. Reflexe gesprochenen Mnd. belegen auch Namen und Namengeschichten; einschlägige Beispiele finden sich hierzu wie zu dem ganzen Thema von gesprochenem Mnd. bes. in Bischoff 1981.

Um ein Bild vom Mnd. zu geben, folgen einige Textbeispiele.

Aus dem „Sachsenspiegel" (1225)

§ 1. Jewelk man den man sculdeget mach wol wegeren to antwerdene, man ne scüldege ine an der sprake, die ime angeboren is, of he düdisch nicht ne kan unde sin recht dar to dut. Scüldeget man ine denne an siner sprake, so mut he antwerden, oder sin vorspreke von sinent halven, als it die klegere unde die richtere verneme.

§ 2. Hevet aver he in düdeschem geklaget oder geantwerdet oder ordel gevunden vor gerichte, unde mach man's ine vertügen, he mut antwerden, in düdischem, ane vor dem rike, wende dar hevet manlik recht na siner bort.
(Des Sachsenspiegels 1. Theil, oder das Sächsische Landrecht nach der Berliner Handschrift v. J. 1369. Hrsg. v. C.G. Homeyer. Berlin 1861. 3. Buch, Artikel 71, S. 367).

Übersetzung:

§ 1. Jeder, den man beschuldigt, kann sich weigern zu antworten, wenn man ihn nicht in seiner Muttersprache beschuldigt (wenn er nicht Deutsch versteht und dies beschwört. Beschuldigt man ihn deshalb in seiner Sprache, so muß er antworten, oder es muß sein Vorsprecher für ihn dies tun, so daß es der Kläger und der Richter verstehen).

§ 2. Hat er aber auf deutsch geklagt oder geantwortet oder Urteil gefunden vor Gericht, und kann man ihm dies nachweisen, so muß er auf deutsch antworten, außer vor dem König, denn dort hat jeder Recht seiner Geburt entsprechend.
(Eike von Repgow, Der Sachsenspiegel. Hrsg. v. Clausdieter Schott. Zürich 1984, S. 218, 220)

Aus der „Sächsischen Weltchronik" (ca. 1230)

Nâ deseme grôten sege wart de koning Hinrîc van den vorsten unde van al Dûdischen hêrren keiser berôpen unde Augustus unde des landes vader gehêten unde wart maere over alde lant. De koning Hinrîc hadde ên wîf, de was gehêten Mechtilt; der brôdere wâren Wedekin unde Imnot unde Regenbern, de dat klôster tô Ringelêm stichten: ere vader was gehêten graeve Dîderîc. Bî dere gewan he drê sone, den grôten Otten, de nâ eme keiser wart, unde Hinrîke, de hertoge tô Beieren wart, unde Brûne, de biscope tô Kolne wart. Dô de koning Hinrîch gôden vrede hadde gemaket in sîneme rîke, he wolde tô Rôme varen unde wart sêk: he sande nâ den hêrren unde bescêd sînen sone Otten tô deme rîke. dat was torn sîneme brôdere Hinrîke. Dô starf de gôde koning Hinrîc unde wart begraven tô Quedelingeborch mît grôten êren.
(Das Zeitbuch des Eike von Repgow in ursprünglich niederdeutscher Sprache. Hrsg. v. H.F. Massmann. Stuttgart 1857, S. 298ff.)

Übersetzung:

Nach diesem großen Sieg wurde König Heinrich von den Fürsten und allen deutschen Herren zum Kaiser ausgerufen, Augustus und Landesvater geheißen, überall wurden ruhmvolle Berichte von ihm laut. König Heinrich hatte ein Weib, die hieß Mechtild; deren Brüder waren Wedekin und Imnot sowie Regenbern, die das Kloster zu Ringelheim begründeten; ihr Vater war Graf Diderich. Sie schenkte ihm (Kaiser Heinrich) drei Söhne, Otto den Großen, der nach ihm Kaiser wurde, und Heinrich, der Herzog von Bayern wurde, und Brun, der Bischof von Köln wurde. Als König Heinrich in seinem Reich alles wohl bestellt hatte, wollte er nach Rom reisen und wurde krank: er schickte nach den Herren und bestimmte seinen Sohn Otto zu seinem Nachfolger; das erregte den Zorn seines Bruders Heinrich. Da starb der gute König Heinrich und wurde begraben zu Quedlinburg mit großen Ehren.

Aus der Wiburger Korrespondenz (ca. 1385)

Vruntlike grote to voren. An de bederven lude borgermesters und rat to Revel, de do ich, Magnus van Alen, vruntliken groten. Item danke ich ju vor alle woldat, de gi mi deden, do ich was to Revel. Item schole gi weten dat Bent Bagbe und An... des kuniges bunder, quemen to mi und klageden, dat se weren unmaten övel handelt sunder ere schult; se wörden s... hen und er bart ut getogen, und worden bi dem barde let of de strate und worden set in de hechte. Dit klagede so ummaten sere und beden mi dat ich et scholde scriven to des rikes rade und to Boo Jonson und to mime heren her Karl. Nu en wil ich nicht so scriven, er ich wet wes ju hir ane witlich si; dat crivet mi to. God si mit ju, und gebeidet to mi alse to juweme steden vrunde. Gescreven to Wiborch, under minen ingesegel. H. Magnus van Alen, voget to Wiborch.
(Finlands medeltidsurkunder. Samlade och i tryck utgifna af Finlands Statsarchiv, hrsg. v. R. Hausen, Bd. 1. Helsingfors 1910, S. 401f.).

Übersetzung:

Freundliche Grüße zuvor. An die rechtschaffenen Leute, Bürgermeister und Rat zu Reval, die ich, Magnus van Alen, freundlich grüße. Desgleichen danke ich euch für alle Wohltat, die

hr mit tatet, als ich in Reval war. Desgleichen sollt ihr wissen, daß Bent Bagbe und An... des Königs Bauern, zu mir kamen und klagten, daß sie wären unmäßig übel behandelt worden ohne ihre Schuld; sie würden ... hin und ihr Bart (wurde) ausgezogen, und sie wurden am Barte von der Straße geleitet und wurden in Haft gesetzt. Das beklagten sie so sehr und baten mich, daß ich es sollte schreiben an des Reichen Rat und an Boo Jonson und an meinen Herren, Herrn Karl. Nun will ich nicht schreiben, bevor ich weiß, was euch hiervon bekannt sei; das teilt mir schriftlich mit. Gott sei mit euch und seht in mir euren beständigen Freund. Geschrieben zu Wiburg unter meinem Siegel.
H. Magnus van Alen, Vogt zu Wiburg.

Aus der hansischen Korrespondenz (1411)

An den erbaren man Hildebrand Veckinchusen to Brucghe sal disse bref.
 Minen wilghen deinst nu unde to allen tyden bereit an mynen leven vrunt Hildebrant Vockinchusen. Weten schole ghi, dat ic juwe breve wol vornomen hebbe also gy my schriven, dat gi my senden in schipper Noytte Stevenson 5 Hemborger tunnen engevers. Disse vorscreven schipper es, Got si ghelovet, myt leve wol overkomen unde dit gud en is noch nicht opgheschepet; wanner God gifft, dat et myt leve opkomet, so wil ic gerne dat beste darby doen myt alle mynen vormogen na utwysinghe juwer breve. Vort so wetet, dat hir de punttol wedder op is ghekomen unde men moet van dem M gr. 1 sl. to puntgelde geven. Vort so wetet, dat hir aldus langhe gude losunghe hevet ghewesen van wande. De laken hir hedde ghehad over somer, de solde wol rede gelt hebben ghekofft. Ic wil ju hirnest wol alle tidinghe toscriven. Nicht mer dan blivet ghesunt myt Gode. Grotet alle vrund sere. Ghescreven 8 daghe na sunte Peter unde Pauwels dach 1411 in Danczeke.
Lodewich Bucgendaell.
(Ludwig Buggendal in Danzig an Hildebrand Veckinchusen in Brügge, nach Stieda 1921, S. 69).

Übersetzung:

Dieser Brief ist für den ehrbaren Mann Hildebrand Veckinchusen zu Brügge.
 Meinen freundlichen Dienst jetzt und zu allen Zeiten gelobt meinem lieben Freund Hildebrand Vockinchusen. Ihr sollt wissen, daß ich eure Briefe gut verstanden habe, so wie ihr mir geschrieben habt, daß ihr mir geschickt habt mit Schiffer Noytte Stevenson 5 Hamburger Tonnen Ingwer. Dieser vorgenannte Schiffer ist, Gott sei gelobt, wohlbehalten angekommen und das Gut ist noch nicht gelöscht; wenn Gott es gibt, daß es wohlbehalten herauskommt, so will ich gern das beste dabei tun nach meinem ganzen Vermögen und nach den Anweisungen eurer Briefe. Des weiteren wisset, daß hier der Pfundzoll wieder gestiegen ist, und man muß von dem ... als Pfundzoll entrichten. Des weiteren wisset, daß hier ganz lange gute Preise für Gewandstoffe gewesen sind. Wer hier den Sommer über Laken gehabt hat, der hätte wohl bares Geld gehabt. Ich will euch hiernach wohl alle Nachrichten mitteilen. Bleibet vor allem gesund mit Gott. Grüßet sehr alle Freunde.
Geschrieben 8 Tage nach St. Peter und Paul im Jahre 1411 zu Danzig. Ludwig Buggendahl.

Aus der Lübecker Rechtsprechung (1490)

Ersamenn hernn, dat geschuldene ordell, vonn iw twuschenn Hans Warmbeckenn eins, Gothschalck Becker andernn deil ethliges kornes halvenn affgesprakenn, hebben wy enthfangen, Ludeth alsus: Hans Warmbeke, nha deme Juwe fulmechtige Symon Forste van Gothschalck Becker bescheid unnd rekenschop geeschet hefft van deme korne by geschworenen eydenn unde he dar van deith bescheidth unde rekenschop woe die rogge hen gekamen is, by syner eedenn, der hie overbodich is gewesenn todoende, unde gy die nicht hebben willen upnehmen, So Irkenne wy dath Gothschalck eede vorgebodenn hafft, dar is he affgescheidenn – Welck Iuwe affgesprakene ordell dath wy nha unßem rypem raede confirmeren bevestigenn und bestedigenn In krafft desses breves.
(Lübecker Ratsurteile. Hrsg. v. Wilhelm Ebel. Bd. 1: 1421-1500. Göttingen/Frankfurt/Berlin 1955, S. 284, Nr. 473).

Übersetzung:

Ehrsame Herren, das angefochtene Urteil, das in der Rechtssache Hans Warmbeck gegen Gothschalck Becker hinsichtlich einer gewissen Getreidemenge von Euch ergangen ist, haben wir empfangen. Es lautet folgendermaßen: Hans Warmbeck, da der von Euch bevollmächtigte Symon Forste Auskunft und Rechenschaft in Sachen des Getreides von Gothschalck Becker unter Eidesleistung gefordert hat, und dieser Auskunft und Rechenschaft über den Verbleib des Roggens unter Ableistung seiner Eide, zu denen er erbötig gewesen ist, gibt, aber Ihr sie nicht habt annehmen wollen, so erkennen Wir als Recht, daß Gothschalck sich vor Gericht zu eidlicher Aussage erboten hat, womit das Verfahren gegen ihn eingestellt ist.
Dieses Euer ergangenes Urteil (konfirmieren) bekräftigen und bestätigen wir kraft dieses Bescheides.

Aus der Lübecker Bibel (1494)

Men de slanghe was sneydigher wen alle de derte der erden, de ghod de here maket hadde; de sede to deme wive: „Worümme hefft juw god ghebaden, dat gy van alleme holte des paradises nicht eten schölen?" Deme antwerdede dat wyf: „Van der vrucht der böme de dar synt yn deme paradyse ethe wy, men van der vrucht des holtes dat dar is in deme middele des paradises heft uns god ghebaden dat wy nicht eten schölen, unde schölen dat ok nicht antasten, lychte darümme dat wy nicht sterven."
(1. Mos. 3, 1-3)

Übersetzung ins Hochdeutsche:

Aber die Schlange war listiger als alle Tiere der Erde, die Gott der Herr gemacht hatte; die sagte zu dem Weibe: „Warum hat euch Gott geboten, daß ihr nicht von allem Gehölz des Paradieses essen sollt?" Dem antwortete das Weib: „Von der Frucht der Bäume, die dort sind in dem Paradies essen wir, aber von der Frucht des Holzes, das dort in der Mitte des Paradieses ist, hat uns Gott geboten, daß wir nicht essen sollen, und sollen es auch nicht in Besitz nehmen, sonst könnten wir darum leicht sterben."

Übersetzungen ins Neuniederdeutsche:

Un de Slang weer listiger as all de Tire up dat Feld, de Gott maakt harr. Un se see to de Fru: „Segg mal! Is dat würklich so? Hett Gott seggt: 'Ji dörft nich vun all de Bööm in den Gaarn eten?'" Do see de Fru to de Slang: „Wiß dörft wi eten vun de Appeln, de an de Bööm in den Gaarn waßt. Blots vun de Appeln an den Boom, de merrn in den Gaarn steit – hett Gott seggt –, dar schüllt ji nicht vun eten. De dörft ji ok nich anrögen; denn sünst blievt ji doot."
(Johannes Jessen, Dat Ole Testament in unse Moderspraak. Göttingen ⁵1976, S. 11).

Un de Slang wöör achtertücksch, mihr as allens, wat dor rumloopen de up't Feld un wat Gott maakt harr. Sei möök sik an de Froo ran, so von achtern her, un se to ehr: Na, wo is't – stimmt dat, hett Gott würklich seggt, ji droevt nich von alle Bööm eten, de dor in'n Goorn sünd? De Froo antwuurt: Wi droevt von jedeneenen Boom eten, wat hei driggt. Bloots von den eenen Boom, merden in'n Goorn, dor hett Gott von seggt: Ji droevt dor nix van eten, ji droevt noch nich mol de Frucht anfooten, dat bedüüdt den Dood!
(Plattdüütsch Lektionar. Hrsg. v. Heinrich Kröger. Hermannsburg 1981, S. 74).

Aus dem „Reinke de vos" (1498)

De konnynck unde de konnygynne,
Se hopeden beyde up ghewynne.
Se nemen Reynken up eynen ort
Unde spreken: „segget uns nu vort,
Wor gy hebben den groten schat!"
Reynke sprack: „wat hulpe my dat,
Scholde ik nu wysen myn gud
Deme konnynge, de my hangen doet
Unde lovet den deven unde mordeneren,
De myt legende my besweren
Unde wyllen my vorretlyken myn lyff affwynnen?"
„Neen, Reynke", sprack de konnygynne,
„Myn here schal yw laten leven
Unde yw vruntlyken vorgheven
Alto malen synen ovelen mod.
Gy scholen vort an wesen vroet
Unde myneme heren alle tyd ghetruwe."
(Vers 2359-2375 nach der Ausgabe Prien/Leitzmann v. W. Steinberg. Halle/S. ³1960 [Altdeutsche Textbibliothek 8]).

Übersetzung:

Der König und die Königin
sie hofften beide auf Gewinn.
Sie nahmen Reynken zu einem (abgelegenen) Ort
und sprachen: Sagt uns sofort,
wo ihr den großen Schatz habt.
Reynke sprach: Was hülfe mir das,

sollte ich nun weisen mein Gut
dem König, der mich aufhängen (wird).
Und glaubt den Dieben und Mördern,
die mit Lügen mich beschweren
und wollen mir mein Leben nehmen durch Verrat.
Nein, Reynke, sprach die Königin,
mein Herr wird euch das Leben lassen
und euch freundlich vergeben,
was ihm seinen Sinn übel machte.
Ihr sollt fortan sein klug
und meinem Herrn allezeit treu.

Aus der Mindener Kirchenordnung (1530)

Wo vaken de Armen thobesökende sin. Idt schölen de kistenheren alle 8 dage edder 14 dage so vaken ydt nödt si mit dem Superattendente tho den krancken gan un dat sülvige gelt welcker yn der kasten si tho behove un na nottruft der armen vordelen un uthgeven un neinerleye weys beswerlich hyr ynne finden laten / Wente dat ys dat rechte werk / dat wi unsem negesten schüldich sin / dat wil Godt ock van uns hebben.
(Christlike Ordeninge der Erlyken Stadt Mynden, 1530)

Übersetzung:

Wie oft die Armen zu besuchen sind. Es sollen die Kastenverwalter alle 8 oder 14 Tage, so oft es nötig ist, mit dem Superintendenten zu den Kranken gehen und das Geld, welches in dem Kasten ist, zum Nutzen und nach Notdurft der Armen verteilen und ausgeben, und dies in keinerlei Weise beschwerlich empfinden. Denn das ist das rechte Werk, das wir unserem Nächsten schuldig sind, das will Gott auch von uns haben.
(Neudruck 1980, Übersetzt v. H. Niebaum, S. 89)

Hamburg 1346-1594

1) Vortmer juncfrowen, de vnechte boren sind, de scholen noch myd smyd noch myd parlen to der kerken gan, men slichter kledere sunder smyde vnde voder moghen zee brouken (1435).
2) Geleuet jemande, vmme dagelikes loen to arbeidende, de mach komen vppe de Trostesbrugge, sik dar togen vnde zeen laten, dar en islik vnser borger ... mit den ouereenkomen mach, na gelege-vnde wodanicheit des arbeides vnde erer vordracht en to lonende, dat eneme jeweliken vorbenomet frig stan schal sunder broke (1480).
3) Wol ok na dussem dage van buten inkumpt und dusser stadt borger wil werden, schal na gedanem eide deme gemeinen gude teien markstucke geven (1537).
(Hamburgische Burspraken 1346 bis 1594. Mit Nachträgen bis 1699. Bearb. v. J. Bolland. Teil 2: Bursprakentexte. Hamburg 1960, S. 40, 144, 307).

Übersetzung:

1) Ferner Jungfrauen, die unehelich geboren sind, die sollen weder mit Geschmeide noch mit Perlen zur Kirche gehen, sondern schlichte Kleider ohne Geschmeide und Pelzwerk mögen sie brauchen.
2) Beliebt jemand, um Tageslohn zu arbeiten, der kann auf die Trostbrücke kommen, sich dort zeigen und sehen lassen, wo ein jeder unserer Bürger mit ihm übereinkommen kann nach Lage und Beschaffenheit der Arbeit und ihrer Absprache ihn zu entlohnen, was einem jeden der vorgenannten ohne Einschränkung frei stehen soll.
3) Wer auch nach diesem Tage von außerhalb hereinkommt und dieser Stadt Bürger werden will, soll nach abgelegtem Eid dem gemeinen Wohl 10 Markstücke geben.

Rostock, 1582

Hefft uns Eyn Erbar Radt uth bevel H. Berent Pavels und H. Crystoffer Butsov anseggen laten Van wegen Eines Mannes Welker begert hirtho Rostock Wytte Sepe Tho Maken Dewyle he den Nycht de Sepe maken kan. Sunder Moth dar Weyde Aske tho hebben und dewyle den Yden tunne dersülvigen Aske Einen Lupesken Schilling tho Depgelde gifft alse hefft ein Erbar Radt sine gelegenheyt angesen und Eme Nagegeven. Dyt Erste Jar em de tunne Aske tho hebbende und tho gevende Einen Soslinck.
(Stadtarchiv Rostock, 1.15, Akzise-Diarien IV, Nr. 1793)

Übersetzung:

Hat uns ein ehrbarer Rat in Auftrag (durch) Herrn Berent Pauels und Herrn Christoffer Butsow mitteilen lassen von einem Manne, welcher begehrt hier zu Rostock weiße Seife zu machen. Da er nicht die Seife machen kann ohne dafür Waidasche zu haben, und da er für jede Tonne dieser Asche einen lübischen Schilling als Akzisegebühr gibt, hat ein ehrbarer Rat Gelegenheit gesehen, ihm diese zu erlassen. Für das erste Jahr ihm die Tonne Asche für einen halben Schilling zu überlassen.

Die Grammatik des Mnd. wird in einer Übersicht zum Lautlichen und Morphologischen, Syntaktischen und Lexikalischen vorgestellt.

1. Lautliches

Der Vielzahl mnd. Schreibsprachen entsprechend, müßten mehrere Laut- und Schreibsysteme aufgeführt werden. Das ist aus Gründen der Einfachheit und Übersichtlichkeit hier nicht zu leisten, so daß stattdessen eine Art Idealsystem präsentiert wird.

In bezug auf die Schreibung „lassen sich ... zwei 'orthographische' Strömungen feststellen. Die Schreibung der (mnd.) Frühzeit ist vergleichsweise lautgetreuer; sie läßt z.B. Assimilationen und Abschleifungen auch sichtbar werden. Im 15. Jh. ist die Schreibsprache dagegen stärker etymologisch geprägt. Wird in der frühen Periode *upme, sir, lanne, gellen* usw. häufig nach der Sprechsprache auch geschrieben, so werden später die Vollformen — in der Schrift — wieder hergestellt: also *up deme, sinner, lande, gelden*"[23]. Verzeichnisse vokalischer und konsonantischer Grapheme des Mnd. enthalten die Handbücher, z.B. in diesen Tabellen[24]:

Vokalische Grapheme

Graphem	Varianten
<a>	ae, aa, o
<e>	ee, ei, ey, i, y, ie
<i>	i, y
<o>	oe, oo, oi, oy, ou, ŏ, u, ů, a
<ǿ>	o, ð
<u>	v, w, ů
<y>	u, ɥ, ů
<ei>	ey, eig, ai, ay
<ou>	au, ow, aw
<ŏu>	ew, euw, oi

Konsonantische Grapheme

Graphem	initial	medial	final
<r>	r	r	r
<rr>		rr	
<l>	l	l	l
<ll>		ll	
<m>	m	m	m
<mm>		mm	
<n>	n	n	n
<nn>		nn	
<ng>		nch, gg, ncg, ng, nc, ngk	nch, gg, ncg, ng, nc, ngk
<v>	v, u, f, ph	ff, f, ph	f, ff
<w>	v, w	v, u, w	w
<s>	ʃ, z, s, sc	ʃ, z, s, sc	s
<ss>		ss, sz, sc, s, tz	
<g>	g, gh	g, gh	g, ch
<gg>		gg, ggh, gk, cg, cgk, ck, cq, chg	
<j>	j, y	j, y, g	
<ch>	ch	ch	ch
<h>	h	h	h
<p>	p, ph	p	p, ph
<pp>		pp	
<b>	b	b	b, p
<bb>		bb	
<t>	t, th	t, th, tt	th, t, dt, td
<tt>		tt, td, dt	
<d>	d, dh, th	d, dh, th	d, t
<dd>		dd, td	

<k>	k, c, q	k, c, ck	c, k, ck, gk, ch
<kk>		kk, gk, ch, chk	

Das mnd. Phonemsystem, abgesehen von regionalen, sozialen und zeitlichen Bestimmungen, ist einem idealen oder „overall"-System vergleichbar; für die *Kurzvokale* in diesem Bild:

```
    i       ü    u
    ẹ       ö    o
    ę
        a
```

Beispiele: *visch* 'Fisch', *sülver* 'Silber', *hunt* 'Hund', *helpen* 'helfen' (*ẹ* setzt altes *e* fort), *ęnde* 'Geist, Atem' (*ę* gibt Umlauts -*e* an, and. *andi*), *köppe* 'Köpfe', *kok* 'Koch', *dach* 'Tag';

für die *Langvokale:*

```
    ī       ǖ    ū
    ē       ȫ    ō
    ę̄       ǭ    ǭ
        ā
```

Beispiele: *tīt* 'Zeit', *hǖser* 'Häuser', *hūs* 'Haus', *klēt* 'Kleid' (*ē* setzt alten Diphthong fort), *sȫken* 'suchen' (*ȫ* gibt Umlaut von *ō* an, and. *sōkkian*), *blōt* 'Blut', *kę̄se* 'Käse' (*ę̄* gibt Umlauts-*e* an, and. *kāsi*) *bȫme* 'Bäume' (*ȫ* gibt Umlaut von *ǭ* an), *bǭm* (*ǭ* setzt alten Diphthong fort), *schāp* 'Schaf';

für die *Diphthonge:* ei oi ou

Beispiele: *ei* 'Ei', *vroide* 'Freude', *vrouwen* 'freuen'.

Der mnd. Vokalismus wird durch eine Reihe von Lautwandlungen bewegt. Ein auffälliger Unterschied zum And. ist die Abschwächung der Endsilbenvokale, wodurch ein Volltonvokal zu tonlosem ə wird: *dagos > dage* 'Tage', *hirdi > herde* 'Hirt', *sunu > sone* 'Sohn', *herta > herte* 'Herz'.

Viel diskutiert ist die sog. Zerdehnung; damit bezeichnet Agathe Lasch einen „vom akzent abhängigen vorgang, durch den ein kurzer vokal in betonter offener silbe zunächst zum kurzdiphthong wurde, *e > eè*. Durch weitere dissimilatorische und später z.t. wieder assimilatorische vorgänge, durch verschiebung des akzents und andere möglichkeiten ergaben sich dialektisch die verschiedensten kombinationen"[25]: Monophthongierung der Kurzdiphthonge im Nordniedersächsischen und Ostfälischen, Erhalt im Westfälischen. Die neuen Langvokale unterscheiden sich quantitativ und qualitativ von den alten Kürzen. Die für Westfalen noch heute typische Scheidung von altem *ā* und gedehntem *ā* (*schǭp* 'Schaf', *māken* 'machen') und der Zusammenfall dieser Laute im übrigen Nd. (*schǭp, mǭken* 'Schaf, machen') läßt die Monophthongierung der Kurzdiphthonge früher vermuten, als von Agathe Lasch angenommen (also vor dem 16. Jh.).

Der Dehnung steht eine Kürzung vor Konsonantenverbindungen und Vokal + Konsonant gegenüber: *hōden* 'hüten', aber *hödde* 'hütete', *kōpen* 'kaufen', aber *köfte* 'kaufte', *hēmel* > *hemmel* 'Himmel', *būten* > *butten* 'draußen' (ostfälisch).

Im nördlichen Nd. werden vom 13. Jh. an *i, e* vor labialen Konsonanten gerundet: *bin* > *bün* '(ich) bin', *twelf* > *twölf* 'zwölf'.

Ein mnd. Lautwandel ist die im And. nur begrenzt auftretende Verdumpfung von *a* > *o* vor *l* + Dental: *alt* > *olt* 'alt', *salt* > *solt* 'Salz'.

Charakteristisch für das Mnd. ist die Senkung alter Kurzvokale vor *r* + Konsonant; so kommt es zu *kerke* 'Kirche', *worst* 'Wurst', *vörste* 'Fürst', *borg* 'Burg'.

Eine differenzierte Entwicklung weisen die langen *e*- und *o*-Laute im Mnd. und in den nachfolgenden nd. Mundarten auf. „Die im Mnd. *e* und *o* geschriebenen Vokale lautgeschichtlich verschiedener Herkunft kennzeichnet man durch hochgestellte Zahlen: $ê^1$ (wg. $â$ + Umlaut), $ê^2$ (wg. *ai*), $ê^3$ (Umlaut von wg. *ai*), $ê^4$ (germ. $ê^2$, wg. *eo*), $ô^1$ (wg. $ô$), $ô^2$ (wg. *au*). $ê^1$, $ê^2$, $ô^2$ waren offene, $ê^3$, $ê^4$, $ô^1$ geschlossene Vokale. Das frühmnd. System der $ê$- und $ô$-Laute sieht dann so aus:

$ê^3$
$ê^4$ $ô^1$
$ê^2$ $ô^2$
$ê^1$ [$â$]"[26].

Auf die nachmnd. Entwicklungen dieser Vokale wird im Zusammenhang mit den neund. Dialekten eingegangen.

Die *Konsonanten*phoneme lassen sich dergestalt systematisiert wiedergeben[27]:

p   t   k
b   d   [g]   l   r
v   [z] [ǧ]   j
f   [s] [x]   h
m   n   ŋ

Als Beispiele können die auf S. 26 genannten herangezogen werden. Zu beachten ist die konsequente Entstimmhaftung der Verschluß- und Reibelaute im Auslaut: *līf* 'Leib', *dach* 'Tag', *rāt* 'Rat'. Der and. Frikativ [þ ð] hat sich im Mnd. zu einem stimmhaften dentalen Verschlußlaut gefestigt; die „orthographische Entwicklung führt von (th) ... über (dh) nach (d)"[28]: and. *thiof, ērða, dôð* > mnd. *dēf, ērde, dōt* 'Dieb, Erde, Tod'.

Abweichend vom And. ist im Mnd. in vielen Fällen der Nasal vor Frikativ wiederhergestellt worden, also *mund* statt *mūd* 'Mund' (siehe aber die Doppelformen *swinde/swīde* 'geschwind, heftig, stark' und die Regelform *suder, sūden* 'Süden'). Dagegen ist das anlautende *h* vor Konsonant, das bereits im Spätand. zu schwinden beginnt, im Mnd. vollends abgefallen, so daß sich anstelle der and. *hwat, hrōpan, hlūd* mnd. *wat, rōpen, lūt* 'was, rufen, laut' finden.

2. Morphologisches

Wie in der Übersicht zur and. Morphologie werden auch hier wieder Paradigmen vorgestellt. Der Vergleich der mnd. Beispiele mit den entsprechenden and. veranschaulicht die Veränderungen, die sich im Mnd. gegenüber dem And. vollzogen haben.

Deklination der Substantive:

a) st. in allen Genera

		Mask.				*Fem.*	
Sg.	Nom.	dach	'Tag'			gave	'Gabe'
	Gen.	dages				gave(n)	
	Dat.	dage				gave(n)	
	Akk.	dach				gave	
Pl.	Nom.	dage	'Tage'			gave(n)	'Gaben'
	Gen.	dage				gaven	
	Dat.	dagen				gaven	
	Akk.	dage				gave(n)	
		Neutr.					
Sg.	Nom.	graf	'Grab'	Pl.	Nom.	graf/grave	'Gräber'
	Gen.	graves			Gen.	grave	
	Dat.	grave			Dat.	graven	
	Akk.	graf			Akk.	graf/grave	

b) schw. in allen Genera

		Mask.				*Fem.*	
Sg.	Nom.	bode	'Bote'			tunge	'Zunge'
	Gen.	boden				tungen	
	Dat.	boden				tungen	
	Akk.	bode				tunge(n)	
Pl.	Nom.	boden	'Boten'			tungen	'Zungen'
	Gen.	boden				tungen	
	Dat.	boden				tungen	
	Akk.	boden				tungen	
		Neutr.					
Sg.	Nom.	herte	'Herz'	Pl.	Nom.	herten	'Herzen'
	Gen.	herten			Gen.	herten	
	Dat.	herten			Dat.	herten	
	Akk.	herte			Akk.	herten	

Im allgemeinen ist eine Vereinfachung im Formensystem des mnd. Substantivs festzustellen. Genus- und Kasusanzeigen haben sich weitgehend auf die Stellvertreter und Begleiter des Substantivs verlagert, auf Pronomen, Artikel und Adjektive.

Deklination der Pronomen:

a) ungeschlechtige Personalpronomen der 1. und 2. Pers.

		Sg.		Pl.	
	Nom.	ik 'ich'		wĭ 'wir'	
	Gen.	mĭn(er)		u(n)ser	
	Dat.	mĭ/mik		ū(n)s/ösek	
	Akk.				
	Nom.	du 'du'		gĭ 'ihr'	
	Gen.	dĭn(er)		juwer	
	Dat.	dĭ/dik		jū(we)/jük	
	Akk.				

Nur in einigen südlichen Repräsentanten des Mnd., dem Südwestfälischen und Ostanhaltischen, werden in dieser Deklination Dat. und Akk. auseinandergehalten.

b) geschlechtiges Personalpronomen

			Mask.	*Fem.*	*Neutr.*
Sg.	Nom.		hē 'er'	sē 'sie'	it 'es'
	Gen.		is/sĭn(er)	ēr(e)/ērer	is
	Dat.		eme/en(e)	ēr(e)/ērer	eme/en
	Akk.		en(e)	sē	it
	Pl.	Nom.		sē 'sie'	
		Gen.		ēr(e)/ērer	
		Dat.		em/en/jüm	
		Akk.		sē	

c) einfaches Demonstrativpronomen (bestimmter Artikel)

			Mask.	*Fem.*	*Neutr.*
Sg.	Nom.		dē 'der'	dē 'die'	dat 'das'
	Gen.		des	der(e)	des
	Dat.		dem(e)/den	der(e)	dem(e)/den
	Akk.		den(e)	dē	dat
	Pl.	Nom.		dē	
		Gen.		der	
		Dat.		den	
		Akk.		dē	

Die Dat.: Akk.-Opposition beginnt sich abzuschwächen, ihr völliges Verschwinden ist aber erst im Nnd. festzustellen.

d) verstärktes Demonstrativpronomen

	Mask.	Fem.	Neutr.
Sg. Nom.	desse 'dieser'	desse 'diese'	dit 'das'
Gen.	desses	desser	desses
Dat.	dessem(e)	desser	dessem(e)
Akk.	dessen	desse	dit

Pl. Nom.		desse 'diese'
Gen.		desser
Dat.		dessen
Akk.		desse

e) Possessivpronomen

	Mask.	Fem.	Neutr.
Sg. Nom.	mīn 'mein'	mīn(e) 'meine'	mīn 'meines'
Gen.	mīnes	mīner(e)	mīnes
Dat.	mīnem(e)	mīner(e)	mīnem(e)
Akk.	mīnen	mīne	mīn

Pl. Nom.		mīne 'meine'
Gen.		mīner(e)
Dat.		mīnen
Akk.		mīne

Das Paradigma gleicht dem des st. Adjektivs. So werden auch *dīn* 'dein', *sīn* 'sein', *ēr(e)* 'ihr', *unse/ūse* 'unser', *jūwe* 'euer', *er(e)* 'ihr' dekliniert. Dualformen gibt es im Mnd. nicht mehr[29].

f) Reflexivpronomen:

Zwar ist auch im And. eine Reflexivform *sik* vermutet worden[30], regelmäßig tritt sie aber erst im Mnd. auf.

Deklination der Adjektive:

a) st. Deklination

	Mask.	Fem.	Neutr.
Sg. Nom.	gōt/gōder 'guter'	gōt/gōde 'gute'	gōt 'gutes'
Gen.	gōdes	gōder(e)	gōdes
Dat.	gōdem(e)	gōder(e)	gōdem(e)
Akk.	gōden	gōde	gōt

Pl. Nom.		gōde 'gute'
Gen.		gōder(e)
Dat.		gōden
Akk.		gōde

b) schw. Deklination

		Mask.	Fem.	Neutr.
Sg.	Nom.	gōde 'gute'	gōde 'gute'	gōde 'gute'
	Gen.	gōden	gōden	gōden
	Dat.	gōden	gōden	gōden
	Akk.	gōden	gōden	gōde

Pl.	Nom.	gōden 'guten'	
	Gen.	gōden	
	Dat.	gōden	
	Akk.	gōden	

Gesteigert werden die Adjektive im Komparativ mit dem Suffix *-er*, im Superlativ mit dem Suffix *-est*:

lēf	–	lēver	–	lēvest
'lieb		lieber		am liebsten'
wīs	–	wīser	–	wīsest
'weise		weiser		am weisesten'

Unregelmäßige Steigerungen kommen diesen Adjektiven zu:

gōt	–	beter	–	best
'gut		besser		am besten'
luttik	–	minner	–	minnest
'klein		minder		am mindesten'
vēle	–	mērer	–	mēst
'viel		mehr		am meisten'
ovel	–	wers	–	werst
'schlecht		schlimmer		am schlimmsten'

Adverb:

Das Mnd. zeigt die Adverbien durch die den Adjektiven angefügte Endung *-e* an: *lank* 'lang' > *lange*, *vast* 'fest, stark' > *vaste*. Adverbialisierende Funktion erfüllen auch „Suffixe variierender Herkunft, deren semantische wie räumlich-zeitliche Distribution noch unbekannt ist: *-en*, *-es*, *-inge*, *-ingen*, *-inges*, *-linge*, *-lingen*, *-linges*, *-lik*, *-like*, *-liken*, *-elken*, *-likes*, *-ken*, *-kes*"[31].

Konjugation der Verben:

Das System der Formenbildung ist dem im And. vergleichbar, verändert hat sich allein die substantielle Beschaffenheit der Verbendungen:

nemen 'nehmen'   *volgen* 'folgen'

Präs. Ind.
Sg.   1. Pers.   neme 'ich nehme'   volge 'ich folge'
      2. Pers.   nimst   volgest
      3. Pers.   nimt   volget
Pl.   1., 2., 3. Pers. nemet/nemen 'wir, sie   volget/volgen 'wir, sie folgen,
                        nehmen, ihr nehmt'   ihr folgt'

Prät. Ind.
Sg.   1. Pers.   nam 'ich nahm'   volgede 'ich folgte'
      2. Pers.   nēmest   volgedest
      3. Pers.   nam   volgede
Pl.   1., 2., 3. Pers. nēmen 'wir, sie   volgeden 'wir, sie folgten,
                        nahmen, ihr nahmt'   ihr folgtet'

a) st. Verben

Hier herrscht das gleiche Prinzip wie im And. (vgl. S. 31)

1. Ablautreihe $\bar{\imath} - \bar{e} - \bar{e} - \bar{e}$
   drīven 'treiben' – drēf 'trieb' – drēven 'trieben' – gedrēven 'getrieben'

2. Ablautreihe $\bar{e}/\bar{u} - \bar{o} - \bar{o} - \bar{o}$
   kēsen 'wählen' – kōs 'wählte' – kōren 'wählten' – gekoren 'gewählt'
   lūken 'schließen' – lōk 'schloß' – lōken 'schlossen' – gelōken 'geschlossen'

3. Ablautreihe $e/i - a - o/u - o/u$
   werpen 'werfen' – warp 'warf' – worpen 'warfen' – geworpen 'geworfen'
   binden 'binden' – bant 'band' – bunden 'banden' – gebunden 'gebunden'

4. Ablautreihe $\bar{e} - a - \bar{e} - \bar{o}$
   nēmen 'nehmen' – nam 'nahm' – nēmen 'nahmen' – genōmen 'genommen'

5. Ablautreihe $\bar{e} - a - \bar{e} - \bar{e}$
   gēven 'geben' – gaf 'gab' – gēven 'gaben' – gegēven 'gegeben'

In der 4. und 5. Reihe bereiten die *e*-Formen im Pl. Prät. Erklärungsschwierigkeiten; wahrscheinlich liegt eine Umlautübertragung aus dem Konjunktiv (Opt.) vor, denn im 13. Jh. heißt es noch *nāmen* und *gāven*, die *e*-Formen werden vom 14. Jh. an zahlreicher.

6. Ablautreihe $\bar{a} - \bar{o} - \bar{o} - \bar{a}$
   vāren 'fahren' – vōr 'fuhr' – vōren 'fuhren' – gevāren 'gefahren'

Die alten reduplizierenden Verben (vgl. S. 32) werden auch mnd. in drei Gruppen unterteilt, je nachdem ob der Präsensvokal $\bar{e}$, $\bar{a}/a$ oder $\bar{o}$ ist.

1. $\bar{e} - \bar{e} - \bar{e} - \bar{e}$
   hēten 'heißen' – hēt 'hieß' – hēten 'hießen' – gehēten 'geheißen'
2. $\bar{a}/a - \bar{e} - \bar{e} - \bar{a}$
   lāten 'lassen' – lēt 'ließ' – lēten 'ließen' – gelāten 'gelassen'
3. $\bar{o} - \bar{e} - \bar{e} - \bar{o}$
   rōpen 'rufen' – rēp 'rief' – rēpen 'riefen' – gerōpen 'gerufen'

b) schw. Verben

Sie bilden die Vergangenheit nicht mit Hilfe des Ablauts, sondern mit dem Suffix *-(e)de*, nach stimmlosen Konsonanten mit *-te,* das Vergangenheitspartizip geht auf *-(e)t* aus, also: *neren* 'retten, befreien' – *nerede* 'rettete' – *genert* 'gerettet'*, maken* 'machen' – *makede* 'machte' – *gemaket* 'gemacht'.

c) unregelmäßige Verben

Aus der großen Zahl dieser Verben soll die Entwicklung der bereits erwähnten Verben *wesen, dōn, willen/wellen* verfolgt werden.

Das *sein*-Verb hat die verschiedenen Formen im Präs. und im Prät. beibehalten, also Präs.

Sg.	1. Pers.	bin 'bin'
	2. Pers.	bist
	3. Pers.	is
Pl.	1., 2., 3. Pers.	sin 'sind'

Das Prät. folgt den Vorgaben der 5. Ablautreihe:

Sg.	1. Pers.	was 'war'
	2. Pers.	wērest
	3. Pers.	was
Pl.	1., 2., 3. Pers.	wēren 'waren'

Das Part. Prät. weist die Doppelformen *gewēsen* und *gewēs(e)t* auf.

dōn besitzt im Präs. Ind. diese Formen:

Sg.	1. Pers.	dō 'tue'
	2. Pers.	deist
	3. Pers.	deit
Pl.	1., 2., 3. Pers.	dōn/dōt 'tun'

Das Prät. wird schwach gebildet:

Sg.	1. Pers.	dede 'tat'
	2. Pers.	dēdest
	3. Pers.	dede
Pl.	1., 2., 3. Pers.	dēden 'taten'

Das Verb *willen/wellen* stimmt mit den Präterito-Präsentien überein:

Präs. Ind.
Sg. 1. Pers. wil 'will'
    2. Pers. wilt
    3. Pers. wil
Pl. 1., 2., 3. Pers. willen/willet 'wollen'

Prät. Ind.
Sg. 1. Pers. wilde 'wollte'
    2. Pers. wildest
    3. Pers. wilde
Pl. 1., 2., 3. Pers. wilden 'wollten'

3. Syntaktisches

„Die Syntax des Mnd. ist weitgehend unerforscht. Darum kann eine Übersicht nicht gegeben werden. Untersuchungen zur mnd. Syntax sind ein dringendes Desiderat"[32]. Weniger rigoros, wenn auch das Desiderat anzeigend, heißt es in einer anderen Darstellung: „Die mnd. Syntax ist noch nur sehr unvollständig erforscht. Allgemein wird man feststellen dürfen, daß die schriftsprachliche syntaktische Struktur des Mnd. sich in der Regel nicht wesentlich von der md. unterscheidet, während der Abstand zu der obd. bisweilen größer zu sein scheint; so kennt ... die mnd. Schriftsprache beim mehrgliedrigen Nebensatzprädikat fast ausschließlich Voranstellung des Finitums (Typ *schal ghedodet werden*), während in den obd. Texten aus derselben Zeit die Nachstellung sehr häufig vorkommt"[33].

Eine Übersicht zur mnd. Syntax wird sich also derzeit noch mit Einzelbeobachtungen begnügen müssen, wie sie in der wissenschaftlichen Literatur an verschiedenen Stellen aufgezeichnet sind. Eine auf solche Studien gestützte Darstellung bietet Härd 1985b, dem hier z.T. gefolgt wird.

Die Grundstruktur (Kernstellung) im Aussagesatz bildet die bekannte Abfolge Subjekt-Prädikat: *Ik lerde em vische vangen up eynen dach* (Reinke de vos, Altdeutsche Textbibliothek Nr. 8 (1960), V. 1451) 'ich lehrte ihn Fischfang an einem Tag'. Die die Grundstruktur erweiternden Satzglieder ergeben die auch das Nhd. kennzeichnende Abfolge: Objekt, Adverbialbestimmung.

Nicht selten wird aber die Grundstruktur auch durchbrochen, wobei sich dann das Prädikatsverb als stellungsfest erweist, das Subjekt aber an eine nachgeordnete Position rückt: *Dar sulvest en was neen pape ryker* (Reinke de vos, V. 1455) 'daselbst *war* kein reicherer Pfarrer'. In Fragesätzen hängt die Stellung des finiten Verbs von der Satzeinleitung ab; uneingeleitete Entscheidungsfragen setzen mit dem Verb ein: *wyl gy wedder umme ein hoen in alle de groten sunde ghaen* (Reinke de vos, V. 1650f.) '*wollt* ihr wieder eines Huhnes wegen eine große Sünde auf euch laden?'; in Ergänzungsfragen schiebt sich das Fragewort vor das Verb: *Wat helpen doch also vele wort* (Reinke de vos, V. 1878) 'was hel-

fen denn so viele Worte?'. Die gleiche Struktur wie Entscheidungsfragesätze haben auch die uneingeleiteten Nebensätze: *Ik segget vorware, queme he nu loß* (Reinke de vos, V. 1906) 'ich sage fürwahr, *käme* er jetzt los'.

Wenn auch keine syntaktische Notwendigkeit, so doch stark ausgeprägt erscheint im Mnd. bereits der Satzrahmen und seine strukturelle Voraussetzung, das mehrgliedrige Prädikat. In der Bibelsprache des 15. Jhs. (der Kölner Bibel) ist der Satzrahmen verbreiteter als in oberdeutschen Bibelübertragungen. Er ist bereits so leistungsfähig, daß er bis zu drei Glieder einschließen kann:

du en scholt *neen wijff* nemen
'du sollst kein Weib nehmen' = 1;

de mynsche is *vmmer na deme bylde godes* ghemaket
'der Mensch ist immer nach dem Bilde Gottes gemacht' = 2;

vnde Iacob hadde *alrede uppe deme berge syne wanynghe* vp gherichtet
'und Jacob hatte schon auf dem Berge seine Wohnung errichtet' = 3[34].

Mit diesen Rahmungen hat sich das Mnd. wesentlich an der Ausbildung und Festigung dieses syntaktischen Musters in der deutschen Standardsprache beteiligt.

Der mnd. Satzrahmen tritt substantiell in vierfacher Gestalt auf[35]:

1. finites Verb + Verbzusatz:

    leverst ... tho   'lieferst ... zu';

2. Modalverb + Infinitiv:

    will ... strîden   'will streiten';

3. Hilfsverb + Part. Prät.:

    hebbe ... gelecht   'habe ... gelegt';

4. Hilfsverb + Adjektiv/Adverb:

    is ... gôd   'ist ... gut'.

Bei den eingeleiteten Nebensätzen werden drei Strukturen unterschieden:

1. dem finiten Verb geht ein Satzglied voraus: dat gy *juwen om* bringen in den doet (Reinke de vos, V. 1920) 'daß ihr euern Ohm bringt in den Tod';
2. der Verbgruppe folgen freie Satzglieder, d.h. solche, die für die grammatische Struktur nicht notwendig sind: dat ik mod wanderen *over de see* (Reinke de vos, V. 3013) 'daß ich wandern muß über die See';
3. das finite Verbteil steht am Schluß, wie es für den deutschen Nebensatz kennzeichnend ist: Myn wyff, de syn medder *is* (Reinke de vos, V. 3005) 'mein Weib, das seine Muhme Muhme ist'.

Den Übergang von einer hypotaktischen zu einer parataktischen Konstruktion bilden Fügungen mit der Konjunktion *unde* zwischen Nebensätzen: *... de ok dat sulve scholen vertellen, dat Krekelput by Husterlo, dat de dar is unde hette alzo* (Reinke de vos, V. 2496-2498) 'die dasselbe sagen werden, daß Krekelput bei Husterlo, daß er dort ist und so heißt'.

Die bekannte Kongruenz zwischen Subjekt und Prädikat findet sich im Mnd. überall: *Reynke sprack* 'Reinke sprach', *se flogen* 'sie flogen'. Ausnahmen davon sind aber nicht selten: *dat din herte unde din licham vernyet werde* 'daß dein Herz und dein Leib erneuert werden' (nach Härd 1985b, S. 1242).

Die Kasusforderungen mnd. Präpositionen sind in der ältesten Darstellung zur mnd. Syntax recht ausführlich behandelt worden: in der Kopenhagener Dissertation von C.A. Nissen, 1884, *bi, in, twischen, under, up(pe)* und *vor* regieren den Dativ und den Akkusativ (z.B.: *vor deme paradîs* 'vor dem Paradies' ~ *he gink ... ut dem closter vor de dor* 'er ging aus dem Kloster vor die Tür'), während Präpositionen wie *sunder* 'ohne' oder *binnen* 'innerhalb' nur mit dem Akkusativ oder dem Dativ zu verbinden sind.

Der Genitiv findet sich besonders bei paarigen Präpositionen wie *van – wegen* oder *dor – willen: van uses hêren wegen* 'unseres Herren wegen', *dor Isegrims willen* 'Isegrims willen'.

In Nissens „Forsøg til en middelnedertysk syntax" werden außerdem die Kongruenz, Kasus, Modi, Konjunktionen und Negationen materialreich behandelt.

4. Lexikalisches

Vom mnd. Wortschatz läßt sich ein unvollständiges, aber buntes, weil aus vielen Einzelbeobachtungen zusammengesetztes Bild zeichnen[36]. Immer ist vom Charakter des Mnd. auszugehen, denn der „Bürger, genauer der städtische Großkaufmann ist der repräsentative Träger dieser Sprachform. Für den Bedarf insbesondere dieses Kreises ist die nd. Sprache, die im Anfang des 13. Jhs. praktisch schriftlos ist, lexikalisch ausgebaut worden. Das Hd. im Süden und Nl. im Westen haben ältere Schrifttraditionen"[37].

Beim Wortschatzausbau wirkten neben Sachgebietseinflüssen (Rechtswesen, Kirchlich-Theologisches, Berufssprachliches) auch die südlichen und westlichen Nachbargebiete mit, teilweise auch das Slawische, so daß eine eindeutige Zuweisung zum Nd., Binnendeutschen und Niederländischen nicht selten schwerfällt. Die binnendeutschen Übernahmen haben dem Mnd. seine ursprünglich wohl stärkere nordseegerm. Prägung genommen, und das Niederländische fungierte als kräftiger Vermittler romanischen Wortguts, z.B. *enten* 'propfen' lat. *imputare*[38].

Wortgeographische Unterschiede bestimmen die mnd. Schriftlichkeit. Das ist an den nd. Bibelfrühdrucken aufgewiesen worden. Die Kölner Bibeln (ca. 1478), die Lübecker Bibel (1494) und die Halberstädter Bibel (1522) bilden mit den Landschaften Rheinisch-Westfälisch, Nordniedersächsisch und Ostfälisch „ein in dialektgeographischer Hinsicht interessantes Dreieck"[39], in dem zumeist zwei Bereiche dem dritten gegenüberstehen, z.B. bei der Übersetzung von lat. *congregare,* das im Westen mit *ver-, vorgadderen,* im Osten mit *(vor-)sammelen* und im Norden überwiegend mit *vorsammelen* wiedergegeben wird[40]. Für die Bezeichnung des Einheimischen gebraucht jede Landschaft ihren Ausdruck, nämlich *heimischer* im Rheinisch-Westfälischen, *ingeborner* im Ostfälischen und *intogelink* im Norden (dabei scheinen *heimischer* und *ingeborner* Beispiele für den binnendeutschen Spracheinfluß darzustellen)[41].

Deutliche diatopische, also wortgeographische Differenzierungen weisen die mittelalterlichen Handwerkerbezeichnungen auf, von denen bereits oben Beispiele nach Åsdahl Holmberg 1950 gegeben worden sind.

Wechselseitige nachbarsprachliche Beeinflussungen treten in vielfältiger Weise zutage. In bezug aufs Nordische aller Existenzformen kann der mnd. Einfluß nicht hoch genug veranschlagt werden[42]; Nd. war hier vor allem abgebende Sprache, Nordisches ist nur in wenigen Fällen direkt ins Mnd. übernommen worden (wie z.B. das Rechtswort *schrae* 'Pergament'; Zunft(ordnung)'). Auf fast allen Kulturgebieten läßt sich im Nordischen der (m)nd. Einfluß nachweisen. Das gilt für die maritime Welt ebenso wie für Handel und Gewerbe, für Rechts- und Finanzwesen, aber auch für Nahrungsmittel- und Krankheitsbezeichnungen, z.B. *mumma* 'Bier' (mnd. *mumme* 'Mumme, Braunschweiger Bier'), *sovra* 'läutern, säubern' (mnd. *sûveren*), *stamet* 'feines, dünnes Wollzeug' (mnd. *stammête* 'feines Tuch'), *styver* 'kleine Münze, Heller' (mnd. *stûver* 'Stüber'), *frukost* 'Frühstück' (mnd. *vrôkost*), *bra* 'gut' (mnd. *braf* 'gut, tüchtig, schön'), *men* 'aber' (mnd. *men, man* 'nur, aber').

Lexikalische Entlehnungen erfahren in der aufnehmenden Sprache Änderungen; an der Wortgeschichte von *bleiben* ist das in Rosenthal 1984 materialreich untersucht worden. Demnach wurde das im 13. Jh. vom Nd. ins Nordische abgegebene Verb mit den Bedeutungen 'übrigbleiben' und 'erhalten bleiben' sowie einer ambivalenten Aktionsart (durativ und terminativ-eggressiv) im Schwedischen vor allem zum Ausdruck der Bedeutung von 'werden' entwickelt.

Auf verschiedene Weise, d.h. über direkte und indirekte Entlehnung ist Mnd. ins Slawische gelangt: polabisch-pomoranisch *bükweit* 'Buchweizen' (mnd. *bôkwête*), sorbisch *žurny* 'sauer, mühselig' (mnd. *sûr*), kaschubisch *tap* 'Zapfen' (mnd. *tappe*), polnisch *dyszel* 'Deichsel' (mnd. *dîssel*), masurisch *dek* 'Dach' (mnd. *dake*), russisch *bolt* 'Bolzen' (mnd. *bolte(n)*). In das Mnd. sind aus dem Slawischen gekommen *dornitze* 'heizbare Stube, Döns' (slaw. *dwarneiz(ia)*), *plit* 'Plattfisch' (slaw. *plita*), *jücke* 'Jauche, Brühe, Sauce' (slaw. *jucha*) u.v.a.m.[43].

Zahlreich, aber schwer auszumachen sind die hochdeutschen Übernahmen ins Mnd. Der hochdeutschen Dichtung ist die nd. schon früh gefolgt, was sich besonders an den hochdeutschen Reimen zeigt. „Zumal *hân, hât, gât, -lîn* sind bequeme hochdeutsche Reimsilben, die im 14. und 15. Jahrhundert zur ständigen Reimpraxis auch niederdeutscher Gedichte gehören"[44]. Eike stellt im „Sachsenspiegel" Nd. und Hochdeutsches im Reim zusammen, z.B.: *wat : hât* 'was : hat' (statt: *heft*), *schâf : af* 'Schaf : ab' (statt *schâp*), vgl. zahlreiche weitere Beispiele bei Roethe 1899.

Wortschatzvermehrung ergibt sich aus den verschiedenen Wortbildungsmöglichkeiten, aus Ableitung und Zusammensetzung.

Ableitungssuffixe sind *-e* (*hulde* 'Wohlwollen, Huldigung'), *-ing* (*stellinge* 'Stellung, Stallung'), *-dôm* (*rîkedôm* 'Reichtum'), *-(h)eit* (*môdicheit* 'Mut'), *-lik* (*temelik* 'gebührend'), *-schap* (*bûrschap* 'Bauernschaft, Bürgerrecht, -pflicht'),

-*erîe* (*vischerîe* 'Fischerei'), *-er* (*vischer* 'Fischer'), *-s(e)l-* oder *-els(e)* (*mâksel, makelse* 'Machwerk').

Diminutive, die im Heliand (aber nicht in den and. Glossen) fehlen, begegnen mnd. in verschiedener Form: *swâleke* 'Schwälbchen', *vedeke* 'Vaterschwesterchen', *vellekîn* 'Häutchen', *mûleken* 'Mäulchen'.

Präfixbildungen und Zusammensetzungen treten im Mnd. in großer Zahl auf: *over-dîken* 'bedeichen', *be-gravinge* 'Begräbnis', *van-varen* 'wegfahren', *vor-drîven* 'vertreiben'; *rekel-pennink* 'Rechenpfennig', *stucke-werk* 'Stückwerk', *wîh-voget* 'Stadtvogt'[45].

Für das Studium des mnd. Wortschatzes sind Hilfen vorhanden. Zwar nicht in dem Ausmaß wie fürs And., aber doch um die dringendsten lexikalischen Fragen zu beantworten.

Das wichtigste in mnd. Zeit gedruckte Wörterbuch ist der „Nomenclator latinosaxonicus" des aus der Pfalz stammenden Rostocker Professors Nathan Chytraeus, 1582 (ein Neudruck stammt aus dem Jahre 1974)[46].

Zu den ersten Aufgaben der sich im 19. Jh. konsolidierenden nd. Philologie zählte die Herausgabe eines mnd. Wörterbuches, das in 5 Bänden mit einem Nachtragsband von Karl Schiller und August Lübben von 1875 bis 1881 erschienen ist: „Mittelniederdeutsches Wörterbuch", Bremen (Schiller/Lübben).

Begonnen von August Lübben, vollendet von Christoph Walther wurde 1888 das „Mittelniederdeutsche Handwörterbuch", Norden, Leipzig, vorgelegt. Hier fehlen alle Belege, wie ein Vergleich des Lemmas *lunink* mit dem Schiller/Lübben zeigt:

lunink, *m. Sperling; luninges-krût, anagallis arvensis? luninges-tunge, polygonum aviculare, Wegetritt, Vogelknöterich.* (Lübben, Mnd. Handwörterbuch, S. 213).

lunink, *m. Sperling,* passer, luninck. *Voc. Locc. Br. Wb. 3, 100.* Ick byn geworden als eyn lunynck begrepen in dem nette van deme vogelvanger. *Pass. Chr. 271;* Unse zele is vorloset als eyn luninck van der iegher stricke. *Old. GB. C. 33^b;* vnde konde nicht slapen van wemode, also en luninck nicht rowen kan vnder dem dake. *Lüb. Gebetb. II.f. H 2^b;* sitte allene alse de luninghe vnder dem dake vnde ouerdencke dine overtredinghe. *Navolg. IV, 11.* Sprichw. alze de swalken vleghen, blyuen hyr de lunynghe. *Kiel. Mscr. nr. 114f. 15.* (als de swalwe vlucht, (avolat), so blift de lůnink. *Tunnic. nr. 1158).* = luninghes krût, Anagallis arvensis? nym grensink vnde lunyngk, campher: dyt schal tomale droghe wesen; stot dat to puluere etc. *Goth. Arzneib. f. 44^b, 1 (u. dazu Regel 2,7).* (Schiller/Lübben, 2. Band, S. 749).

Modernen lexikographischen Ansprüchen genügt am ehesten das 1928 begonnene und noch nicht abgeschlossene „Mittelniederdeutsche Handwörterbuch" von Agathe Lasch und Conrad Borchling, ab Band II herausgegeben von Gerhard Cordes, Hamburg/Neumünster; hier finden sich auch syntaktische Hinweise, was „das große Verdienst dieses Wörterbuches (ist), obwohl man hier natürlich die Belege, die so reichlich bei Schiller-Lübben vorkommen, vermißt"[47].

Gründliche Beschäftigung mit der mnd. Lexik und ihrer geographischen Verbreitung wird an den Beständen des Mnd. Wörterbucharchivs an der Universität Hamburg und dem lateinisch-mnd. Glossariencorpus an der Universität Münster nicht vorübergehen können.

Für die mnd. Grammatik stehen einige ältere, junggrammatisch organisierte Arbeiten zur Verfügung: A. Lübben, Mittelniederdeutsche Grammatik nebst Chrestomathie und Glossar, Leipzig 1882; dann vor allem die „Gründungsurkunde der modernen mnd. Philologie" (G. Korlén), Agathe Laschs „Mittelniederdeutsche Grammatik", Tübingen ²1974 (ein unveränderter Neudruck der Erstauflage von 1914). Eine kurze grammatische Darstellung bietet Robert Peters, Mittelniederdeutsche Sprache in Goossens 1973, S. 66-115.

Grammatische Teilfragen sind behandelt bei Chr. Sarauw, Die Flexionen der mittelniederdeutschen Sprache. Niederdeutsche Forschungen II, København 1924; Johannes

Schröder, Der syntaktische Gebrauch des Genitivs im Mittelniederdeutschen, Würzburg 1938; Erik Rudolf Magnusson, Syntax des Prädikatsverbums im Mittelniederdeutschen. Von der ältesten Zeit bis zum Anfang des fünfzehnten Jahrhunderts, Lund 1939 (Lunder Germanistische Forschungen 8); Gottfried Grunewald, Die mittelniederdeutschen Abstraktsuffixe, Lund/Kopenhagen 1944 (Lunder Germanistische Forschungen 13); Torsten Dahlberg, Mittelniederdeutsche Suffixabstrakta, Lexikalische und wortgeographische Randbemerkungen, Göteborg 1962 (Göteborger Germanistische Forschungen 6).

Zu nutzen sind auch die angegebenen Handbuchbeiträge. Textsammlungen bieten Wolfgang Stammler, Mittelniederdeutsches Lesebuch, Hamburg 1921; Agathe Lasch, Aus alten niederdeutschen Stadtbüchern. Ein mittelniederdeutsches Lesebuch, Dortmund 1925 (eine zweite, um eine Bibliographie erweiterte Auflage haben D. Möhn und R. Peters besorgt [Neumünster 1987]); Conrad Borchling/Hermann Quistorf, Tausend Jahre Plattdeutsch. Proben niederdeutscher Sprache und Dichtung vom Heliand bis 1900, Glückstadt 1927. Einen Überblick über die frühmnd. Textlage mit dialektaler und zeitlicher Einordnung, der Darstellung sprachlicher Besonderheiten und des geschichtlichen Zusammenhangs findet sich in Gustav Korlén, Die mittelniederdeutschen Texte des 13. Jahrhunderts. Beiträge zur Quellenkunde mnd. Grammatik des Frühmittelniederdeutschen. Lund/Kopenhagen 1945 (Lunder Germanistische Forschungen 19). Abgeschlossen, doch nicht zum Druck gelangt ist ein „Mittelniederdeutsches Elementarbuch" von Elof Colliander; das nur im Umbruch in der Bibliothek der Kommission für Mundart- und Namenforschung des Landschaftsverbandes Westfalen-Lippe in Münster vorhandene Manuskript hätte zu einem „Standardwerk in Forschung und Lehre" werden können[48].

Hilfreich für Studium und Forschung sind auch einschlägige Textsammlungen, z.B. Wilhelm Ebel (Hrsg.), Lübecker Ratsurteile, Band I 1421-1500, Band II 1501-1525, Band III 1526-1550, Göttingen/Frankfurt/Berlin 1955-1958; Jürgen Bolland (Bearbeiter), Hamburgische Bursprachen 1346 bis 1594 mit Nachträgen bis 1699. Teil 1: Einleitung und Register, Teil 2: Bursprakentexte, Hamburg 1960; Konstantin Höhlbaum/Karl Kunze/Hans-Gerd von Rundstedt/Walther Stein (Bearbeiter), Hansisches Urkundenbuch Band 1 bis 11, Halle/S. u.a., 1876-1916; die Hanserezesse von 1526 bis 1537, hrsg. durch die Historische Commission bei der Königl. Academie der Wissenschaften Leipzig und den Hansischen Geschichtsverein, 1870-1970. Darüber hinaus liegen mehrere stadtbezogene Text- und Urkundensammlungen vor, die etwa im akademischen Unterricht gute Dienste zu leisten vermögen.

Anmerkungen

1 Die Bezeichnungsabfolge *Altniedersächsisch, Mittelniedersächsisch, Neuniedersächsisch* für And., Mnd., Nnd. diskutiert Krogmann 1970, S. 227f.
2 Sanders 1982, S. 130.
3 Robert Peters, Das Mittelniederdeutsche und die Hansesprache. Zitiert aus der Vortragszusammenfassung im Kbl. 93 (1986), S. 56; auch Peters 1987a, besonders S. 85.
4 Peters 1985b, S. 1255.
5 Ebd., S. 1257; beim Einheitsplural findet sich im 13./14. Jh. die Mischform *-ent* in west- und ostfälischen Texten.
6 Zu dem von mir als sprachgeschichtliches Grundgesetz benannten Gegensatz von Differentiation und Integration siehe Einführung, Anm. 17. In der Formel sprachgestaltender Zentrifugal- und Zentripetalkraft hat Hugo Schuchardt diesem Gedanken bereits 1870 Ausdruck gegeben (Schuchardt 1928, S. 171f.).
7 Unter einer Bruchstelle wird eine „Scheide zwischen Dialektgruppen (verstanden), die genetisch nicht zusammengehören" (Goossens 1971, S. 137).
8 Peters 1984, S. 55.
9 Peters 1985a, S. 1211.
10 Peters 1985c, S. 1277.

11 Schwencke 1977, S. 25.
12 Siehe Gesenhoff/Reck 1985, S. 1283f.
13 Dazu Schwencke 1967.
14 Schwencke 1977, S. 9.
15 Vgl. Sanders 1982, Karl Bischoff in Cordes/Möhn 1983.
16 Peters 1985c, S. 1278.
17 Zum Veckinchusen-Briefwechsel siehe Stieda 1921.
18 Gerhard Cordes in Cordes/Möhn 1983, S. 368.
19 Vgl. dazu Peters 1985b, S. 1253ff.
20 Vgl. Åsdahl Holmberg 1950.
21 Siehe dazu die Untersuchung von Stellmacher 1968.
22 Bischoff 1985, S. 1263.
23 Niebaum 1985, S. 1221.
24 Ebd., Abb. 107.1, 107.2; die Variabilität im Graphematisch-Phonologischen veranschaulicht der Variablenkatalog in Peters 1987b.
25 Lasch 1974, S. 35.
26 Robert Peters in Goossens 1973, S. 84.
27 Nach Niebaum 1985, Abb. 107.7.
28 Ebd., S. 1226.
29 Ein Rest wird noch in der Form *jüt* 'ihr' im Märkisch-Sauerländischen des westlichen Mnd. gesehen.
30 Krogmann 1970, S. 221, 239.
31 Härd 1985a, S. 1229.
32 Robert Peters in Goossens 1973, S. 105. Syntaktisches fehlt gänzlich in Lasch 1974.
33 John Evert Härd in LGL 1980, S. 587.
34 Schildt 1972, S. 236f.
35 Kopplow 1981, S. 53.
36 Überblicke und Hilfestellungen finden sich bei Cordes/Möhn 1983 (besonders im 6. Kap. „Niederdeutsch und Nachbarsprachen – Interferenzen") und bei Bichel 1985a.
37 Bichel 1985a, S. 1232.
38 Frings/Müller 1966/68.
39 Ahtiluoto 1968, S. 628.
40 Ebd., S. 641.
41 Schöndorf 1987, besonders S. 230.
42 „Det lågtyska inflytandet på vårt språks ordförråd är ... oerhört starkt och var t.o.m. under de senare medeltiden så övermäktigt, att det hotade dess tillvaro som ett i någon mån självständigt tungomål" (Der nd. Einfluß auf den Wortschatz unserer Sprache ist unerhört stark und war sogar im späten Mittelalter so dominierend, daß er ihre Existenz als eine einigermaßen selbständige Sprache bedrohte, Hellquist 1929/30, S. 707).
43 Eine umfassende Übersicht zum nd. Einfluß auf den schwedischen Wortschatz gibt Hellquist 1929/30; vgl. auch das wörterbuchartige Verzeichnis des nd. und niederländischen Lehnguts im Schwedischen bei Törnquist. Zum Verhältnis Mnd.-Norwegisch siehe Simensen 1987. Zu diesem Problem weiter Krogmann 1970, S. 245-249, Robert Peters in Goossens 1973, S. 108-112, Cordes/Möhn 1983, Kap. 6, Ureland 1987, Thomas 1978.
44 Roethe 1899, S. 27.
45 Weiteres bei Cordes 1985b.
46 Zur nd. Lexikographie der ältesten Zeit vgl. de Smet 1981; über Nathan Kochhafe, hellenisiert Chytraeus (1543-1598), siehe Peters 1976.
47 Hyldgaard-Jensen 1974, S. 93.
48 So Gustav Korlén in Ureland 1987, S. 3.

4. Die Übergangszeit

Darunter wird die Periode in der Geschichte des Nd. verstanden, in der die mnd. Schriftsprache vom Hochdeutschen abgelöst wird und dieses sich in Norddeutschland als Standardsprache festzusetzen beginnt. Es ist die Zeit der Dialektisierung des Mnd., die ihren Schwerpunkt im 16. Jh. findet, für die insgesamt aber ein weiter gespannter Zeitraum anzunehmen ist.

Mit diesem Vorgang nicht zu verwechseln sind die alten nichtnd. Beeinflussungen, die im Norden an verschiedenen Stellen, im Lautlichen und Lexikalischen sowie im Namenschatz nachgewiesen werden können[1].

Der die Übergangszeit prägende Sprachenwechsel läßt sich an der lokalen Sprachgeschichte detailliert nachzeichnen; darauf waren dann auch die sprachwissenschaftlichen Bemühungen vieler Jahre gerichtet, indem städtische Kanzleisprachen und ihr Schreibusus in der Übergangszeit betrachtet wurden.

Für die Aufgabe nd. Schriftsprache und ihre Ersetzung durch das Hochdeutsche ist hervorzuheben, was mehrere Forscher ausdrücklich niederschrieben: Spracherlasse oder obrigkeitliche Verordnungen sind es meist nicht, die den Sprachenwechsel veranlassen[2]. Es sind verschiedene Gründe als Auslöser und Ursache festzuhalten und auch eine geographische Verschiebung, denn im südöstlichen Teil des mnd. Sprachgebiets der „Landschaft um die beiden wichtigen Städte Halle und Wittenberg"[3], wurde der Prozeß relativ früh eingeleitet, und zwar in der Schrift- und später auch in der Sprechsprache, während es sich sonst um eine schriftsprachliche Überlagerung und erst beträchtlich später um hd. Mündlichkeit handelt[4]. Das weist bereits einen Hauptgrund für diesen Sprachwandel auf: das integrierte Mnd. war ja überwiegend *Schrift*sprache und konnte demzufolge nur durch den schriftlichen Sprachgebrauch, den Schriftverkehr also, überleben. Als man sich hierin umstellte, wurde dem Mnd. der Hauptgrund für seine kommunikative Existenz entzogen. Wie das im einzelnen vorsichging, läßt sich an der Lübecker Kanzlei rekonstruieren: „Das früheste hd. Zeugnis findet sich aus dem Jahre 1498 in dem Verkehr des Lübecker Rats mit seinem Prokurator am Reichskammergericht ... In dem Übergang zur hd. Sprache folgen ... die Briefe nach auswärts. 1529/30 erscheint die erste hd. Beunruhigung in Briefen an Frankfurt a.M. und Nürnberg (bei sonst ausschließlich nd. schreibenden Sekretären!), 1533 wird der Briefverkehr mit Schweden in hd. Sprache geführt, 1548/49 folgen Braunschweig, Goslar, 1552 Hamburg und Stralsund, und im Jahre 1558 erscheint die hd. Sprache endgültig im Briefverkehr mit Reval. Etwas später erscheint der Übergang in den auswärtigen Urkunden ... Etwa um die gleiche Zeit (um 1545, D.St.) beginnt der Übergang zur hd. Sprache in den Prozeßakten für das Reichskammergericht ... Etwa zur gleichen Zeit (um 1565, D.St.) ist der Beginn des Überganges in der Sprache der Lübecker Ratsherren anzusetzen ... Das Niederdeutsche erlosch mit der Ratsherrengeneration, die in den 60er-70er Jahren des 16. Jahrhunderts geboren wurde. Gleichzeitig etwa beginnt die hochdeutsche Sprache in den Protokollen für das Oberstadtbuch und das Niederstadtbuch ... (In) den Bestallungen ... setzt sich die neue Sprache erst im letzten Jahrzehnt des 16. Jahrhunderts durch. Bei ... den Testamenten kommt die hd. Sprache etwa gleichzeitig zum Durchbruch ... Lange hält sich die niederdeutsche Sprache in den Burspraken"[5].

Diese Abfolge, der äußere Schriftwechsel geht dem inneren Kanzleiverkehr voran[6], ist typisch, ebenso daß sich fürstliche Kanzleien eher dem Hochdeutschen öffnen als städtische. Ein entsprechender Vergleich hat ergeben, daß die Schreibstuben der Fürsten annähernd ein Jahrhundert früher als die städtischen hochdeutsch beurkunden (diese zu Beginn des 16., jene zu Beginn des 15. Jhs.), die gänzliche Aufgabe des Nd. als Kanzleisprache findet dann aber bei den fürstlichen und städtischen gleichzeitig statt (etwa um 1570)[7]; das spricht sowohl für den grundlegenden Einsatz des Hochdeutschen in dieser Funktion als auch für die radikale Aufgabe alter Schreibgewohnheit.

Vom frühen 16. bis zur Mitte des 17. Jhs. reichen die Jahreszahlen, in denen norddeutsche Kanzleien den Übergang zum Hochdeutschen vollzogen haben: Berlin 1504, Brandenburg 1525, Cölln 1527, Spandau 1536, Güstrow 1540, Wittstock 1543, Wolgast 1543, Tangermünde 1547, Danzig 1550, Wernigerode 1550, Schwerin 1551, Osnabrück 1553, Riga 1560, Stendal 1564, Goslar 1565, Stettin 1565, Röbel 1567, Kiel 1570, Magdeburg 1570, Münster 1571, Wismar 1587, Bielefeld 1589, Halberstadt 1590, Reval 1590, Lüneburg 1592, Rostock 1598, Bochum 1599, Braunschweig 1600, Hamburg 1600, Schleswig 1600, Lingen 1605, Husum 1608, Dortmund 1610, Lübeck 1615, Flensburg 1626, Bremen 1630, Oldenburg 1635, Emden 1640. „Die meisten Übergänge zum Hd. erfolgten in den zwei Jahrzehnten von 1540-1560 ... Die Dauer des Übergangs innerhalb einer Kanzlei betrug durchschnittlich 25-30 Jahre, etwa eine Generation"[8].

Die unterschiedliche zeitliche Abfolge, die diese Zahlen wiedergeben, gestattet eine Einteilung Norddeutschlands in drei geographische Zonen: 1. ein Südost-Raum von Goslar bis Danzig, in dem der gesamte Kanzleiverkehr bis 1570 verhochdeutscht wurde; 2. ein Nordost-Raum von Göttingen – Hannover – Lüneburg – Wismar im Westen bis Stettin – Köslin – Stolp im Osten, wo bis 1570 nur der auswärtige Kanzleiverkehr in hochdeutscher Sprache abgewickelt wurde; 3. ein West-Raum von Bochum über Bremen, Hamburg, Lübeck bis Flensburg, in dem sich die Verhochdeutschung des auswärtigen Kanzleiverkehrs gegen Ende des 16. Jhs. vollzieht, während das Nd. im inneren Kanzleibetrieb noch 100 Jahre länger gebraucht wird[9].

Die wissenschaftliche Bewertung der sprachgeschichtlichen Vorgänge in der Übergangszeit darf sich nicht auf die „innere Sprachgeschichte" beschränken, sondern hat alle Bewegungen der „äußeren Sprachgeschichte"[10] beizuziehen und sich bewußt zu halten, daß Sprachgeschichte in jedem Falle auch Sprachideologiegeschichte ist.

„Der Sprachwandel, der sich in Norddeutschland im Laufe des 16. und 17. Jhs. vollzog, muß als Ausdruck einer Zeitbewegung im Zusammenhang mit dem

Aufkommen neuer Lebensformen und -bedingungen verstanden werden"[11]. Sie sind im einzelnen bekannt und in ihrer Wirkung in den untersuchten Gebieten, Kanzleien, Kirchen und Bildungseinrichtungen, aufgedeckt worden.

Als wohl wichtigste Ursache gilt die abnehmende wirtschaftliche, davon abhängig auch politische und kulturelle Macht des Hansebundes[12], für dessen Auflösung wie für seine Begründung kein festes Datum angebbar ist. Die allgemeine bürgerliche ökonomische Entwicklung, die der Hanse ihr Zwischenhandelsmonopol nahm, die nord-südlichen Handelswege entwickelte (und damit so mächtige Handelsmittelpunkte wie Nürnberg und Leipzig) und die Festigung neuer staatlicher Mächte – gemäß den Bestimmungen des Westfälischen Friedens von 1648 kontrollierte Schweden ab der Mitte des 17. Jhs. fast die gesamte deutsche Nord- und Ostseeküste, während im Westen die Niederlande (der alte hansische Widersacher) ihr „Goldenes Jahrhundert" erlebten –, dies alles führte dazu, daß sich die Städtegemeinschaft gleichsam überlebte und in den Niedergang auch ihre Sprache mit hineinzog. Weder das veraltete hansische Wirtschaften war mehr gefragt noch ihre als weiträumig geltende und dafür ausgebaute Verkehrssprache.

Diese Entwicklung wird in der Kanzleiforschung immer wieder als Hauptursache des norddeutschen Sprachenwechsels angeführt. „Aus dieser einheitlichen Macht (der alten Hanse, D.St.) war ein Städtebündnis geworden, das nur noch einen losen äußeren Zusammenschluß bedeutete. Jetzt war aus dem mächtigen Verband ein Vielfaches von Einzelstädten geworden und damit die Widerstandskraft stark gesunken. Die sprachliche niederdeutsche Einheit hatte ihren politischen Halt verloren, der sie gegen äußere Feinde bisher geschützt hatte. Einerseits hatte ein hochdeutscher (ostmd.) Dialekt immer mehr an Vorherrschaft gewonnen und durch die Reformation seine besondere Stoßkraft erhalten, andererseits war die starke Einheit des Nordens in viele Einzelteile zerfallen, und dadurch war der verhältnismäßig schnelle Niedergang der nd. Sprache erst ermöglicht. Hinzu kam, daß 'sich der (skandinavische) Norden längst von der hansischen Vormundschaft befreit hatte'. Der Norden war zu einer selbständigen politischen Macht geworden, die sich von dem Einfluß der Hanse freigemacht hatte und zu ihrem Gegner geworden war. Dieser Zerfall der politischen Einheit Niederdeutschlands hat der neuen eindringenden Sprache den Eingang erleichtert"[13].

Dem so beschriebenen Grund verwandt ist ein anderer: der Ausbau territorialstaatlicher Macht und deren Verwaltungen, die sich im Norden durchaus als die Nutznießer hansischen Niederganges fühlen konnten. Am Beispiel der Stadt Braunschweig ist das gut zu sehen.

Der 1031 zum ersten Mal urkundlich erwähnte Ort am Okerübergang in Ostfalen („Brunesguik") schloß sich im 14. Jh. der Hanse an (1368 wird Braunschweig als der deutschen Hanse zugehörig erstmals urkundlich genannt). Das schützte die Stadt wiederholt vor den Begehrlichkeiten der welfischen Herzöge; deren Belagerungen 1605 und 1615 konnte die Stadt mit Hilfe einer vereinigten hansisch-niederländischen Schutzmacht noch abwehren. Als aber 1671 die Stärke der Hanse erloschen war, gab sich der ehemalige Vorort im sächsischen Quartier dem Landesfürsten geschlagen und verlor an ihn Selbständigkeit und Vermögen[14].

Landesherrliche Macht erfuhr nachhaltige Stärkung durch die Reformation, die somit ebenfalls als eine, wenn auch mehr indirekte Ursache für den Sprachenwechsel und die Dialektisierung des Nd. zu gelten hat.

Dabei kam es zu durchaus widersprüchlichen Vorgängen, wenn sich die lutherisch gewordenen Städte — wie Braunschweig — eine nd. verfaßte Kirchenordnung gaben (die Kirchenordnungen des 16. Jhs. wurden durch die städtische Obrigkeit erlassen und regelten Gottesdienst, Schul- und Bildungswesen und soziale Angelegenheiten) und damit „die Aktualisierung einer traditionellen Demarkationslinie zu den Landesfürsten (vornahmen), deren Kanzleien ja schon früher zum Hochdeutschen übergegangen waren (und deren evtl. gleichzeitige Landeskirchenordnungen auch auf Hochdeutsch erlassen wurden)"[15]. Es ist also festzuhalten, daß das Nd. von der Reformation nicht gleich bedrängt worden ist und im 16. Jh. noch als anerkannte Kirchensprache fungierte, als Sprache von Predigt und Seelsorge, Gebet und Gesang, vor allem aber auch als Sprache der Bibel. „Die Zeit der großen niederdeutschen Bibelausgaben geht ... der Reformation unmittelbar voraus: Die Kölner Bibel erscheint um 1478, die Lübecker im Jahre 1494, die Halberstädter im Jahre 1522. Sie müssen trotz hoher Preise relativ weit verbreitet gewesen sein", obwohl sie von der offiziellen Kirche nicht gerade geschätzt waren[16].

Auch gibt es Stimmen, die den Einfluß des Nd. im kirchlich-religiösen Leben des 15./16. Jhs. geringer veranschlagen: „Da es plattdeutsche christliche Lieder, Gebet- und Erbauungsbücher und die sonntägliche plattdeutsche Predigt gab, war das Volk gerüstet, in seiner Sprache mit Gott und über Gott zu reden. Da aber für die hohen liturgischen Bereiche allein die lateinische Sprache zugelassen blieb und da die großen Bibelübersetzungen kirchenamtlich höchstens geduldet, aber nicht gefördert wurden, kann von einer Entwicklung des Plattdeutschen zur vollgültigen Kultsprache nicht die Rede sein. Wir bleiben in der Welt der Nebengottesdienste, der Beicht-, Kranken- und Sterbekammer"[17].

Mit dem Auftreten Luthers, seiner Auffassung von der Autorität der Heiligen Schrift und der kirchlichen Verkündigung (in der das Volk des Gotteswortes teilhaftig werde) sowie seinen Übersetzungsleistungen gewinnt die Volkssprache den traditionellen Kirchensprachen gegenüber (Hebräisch, Griechisch, Latein) an Ansehen. Luthers Botschaft erfaßte überdies breiteste Volksschichten, weil sie das ganze Leben der Menschen betraf und nicht nur einen religiösen Ausschnitt. Die erdrückende Autorität des Wittenberger Reformators verlieh seiner Sprache ein heute kaum noch nachzuempfindendes Gewicht, das sich auch in dem wissenschaftlich längst überholten, gleichwohl noch immer zitierten Ausspruch wiederfindet, Luther sei der Schöpfer der hochdeutschen Schriftsprache.

Da verwundert es nicht, daß im protestantischen Norddeutschland das Lutherwort als nahezu unantastbar galt („Die Gleichsetzung des Wortes Gottes mit dem Luther-Text"[18]). Nd. religiöses Schrifttum erschöpfte sich, so eine verbreitete Auffassung, darin, „die hochdeutsch geformten reformatorischen Aussagen ... nachzusprechen ... In dem Maße, wie die unverfälschte Lehre mit ihrem hochdeutschen Sprachgewand identifiziert wurde, kam das Niederdeutsche in den Geruch des Unkorrekten, Unkontrollierten, des Abweichlertums"[19]. Besondere Kritik erfuhr die Bugenhagen-Bibel, jene Wittenberger Übertragung der Lutherbibel ins Nd., für die der aus dem pommerschen Wollin stammende Schüler, Freund und Weggefährte Luthers, Johannes Bugenhagen (1485-1558), mit einigen Mitarbeitern verantwortlich war[20]. Es wird deshalb gut sein, auf die Sprache des Reformators in ihrer Beziehung zum Nd. etwas näher einzugehen.

Martin Luther (1483-1546) zählt in seiner landschaftlichen Abstammung zu den sog. Ostersachsen, der ostfälischen Sprachlandschaft zwischen Harz und Elbe, in der sich die Städte Eisleben, Mansfeld, Magdeburg befinden, wo Luther die ersten 15 Lebensjahre verbracht hat. So erklärt sich seine Aussage, „ich bin aber kein Thöring, gehöre zun Sachsen"[21], zu der seine mehrfach nachzuweisende Preisung sächsisch-niederdeutscher Art und Sprache ebenso paßt wie seine Vorbehalte gegenüber den Meißnern, den Obersachsen. „Luthers öffentliche Redesprache muß ... mit dem später so hochgelobten Meißnisch (mit Schwerpunkt im Gebiet Leipzig-Dresden) noch wenig zu tun gehabt haben" und: ... „Phonetisches Dialektlob spendete Luther neben dem Niedersächsischen und Brandenburgischen auch dem der Elternheimat westlich benachbarten Hessischen, aber offenbar niemals dem Meißnischen"[22].

Wenn auch angenommen werden kann, daß Luther in Predigten und im Gespräch Nd. einfließen ließ, er kannte und schätzte diese Sprache, so gilt unbestreitbar, daß es dem Reformator auf eine Sprachform mit weiträumiger Geltung ankam, die dialektale Zersplitterung des deutschsprachigen Raumes ihm immer ein Ärgernis war[23]. Auf der einen Seite griffen die traditionellen Gelehrtensprachen zu kurz, sie erreichten nur eine kleine, humanistisch gebildete Gemeinde, auf der anderen Seite standen die zahlreichen Dialekte der Ausbreitung seiner Lehre entgegen. Nichts lag deshalb näher, als daß sich der Wittenberger einer auf Überregionalität hin ausgebauten Sprachform bediente, die der „Sechsischen cantzley", sie aber wie ein Ostersachse aussprach. „Luther kann also durchaus derjenige gewesen sein, der in Deutschland den vorbildlichen Anfang gemacht hat mit dem Grundsatz 'Sprich wie du schreibst!' auf niederdeutscher Artikulationsbasis, also mit genau dem Rezept, das in der weiteren standardsprachlichen Entwicklung des Deutschen später den unwiderstehlichen Erfolg haben sollte"[24].

Hier stellt sich eine folgenreiche Verträglichkeit heraus, die ihren Grund im nd. Anteil an der Sprache der „Sechsischen cantzley" hat, dem Ostmitteldeutschen, die eine klassische Ausgleichssprache genannt werden kann. An ihrem Ausbau war ja neben dem Süden und Westen auch der Norden beteiligt. Und genau das ist niemals aus dem Auge zu verlieren. In der Übergangszeit hat das Hochdeutsche nicht nur die (m)nd. Schriftsprache verdrängt, sondern das Nd. auch die werdende Standardsprache der Deutschen beeinflußt, nicht zuletzt durch das eine längere Zeit anhaltende norddeutsche Nebeneinander beider (Schrift-)Sprachen, was in der hochdeutschen Schriftlichkeit zahlreiche nd. Interferenzen zur Folge hatte. „Auf allen untersuchten sprachlichen Ebenen — der graphischen, morphologischen, syntaktischen und lexikalischen — begegnen Interferenzen des Nd. im hd. Protokolltext ... So erscheint z.B. nichtdiphthongiertes /u:/ vorrangig in *hus, brut, bure* oder unverschobenes /k/ in *ick, kercke*. Neben diesen nd. Formen wird im gleichen Protokoll auch häufig die hd. Form *Haus, Braut, Bauer, ich, Kirche* verwendet"[25].

In nicht wenigen Fällen ist es Martin Luther selbst gewesen, der in seinen Texten norddeutsch-nd. Elemente süddeutschen vorzog und der werdenden Standardsprache einen kräftigen nördlichen Einschlag vermittelte, in der Schrift wie in der Rede. „Luther entscheidet sich für nördliches *Ufer* gegenüber südlichem *Gestade*, für *Lippe* gegen *Lefze*, für *Ernte* gegen *Schnitt*, für *pflügen* gegen *ackern* und *eren*, für *krank* gegen *siech*. In anderen Fällen wie bei *Knochen* gewährt er dem nördlichen Wort nur zögernd Zugang und verharrt meist noch bei *Gebein*. Mit *gefallen* schließt er sich dagegen eindeutig dem Wortgebrauch des Südens an, obwohl ihm das nördliche *behagen* im gleichen Sinne auch bekannt war"[26].

Damit gehört zur Luthersprache als konstitutives Element unübersehbar das Nd., so daß zugespitzt das Hochdeutsche auch als eine nd. Teilsprache bezeichnet werden kann[27]. Das erklärt nicht nur die willige und perfekte Übernahme dieser Sprachform im Norden, sondern auch die problemlose Übertragung der Lutherbibel ins Nd., *schyr van worde tho worde* (so in der Vorrede zur Wittenberger Ausgabe der Bugenhagenbibel von 1541), siehe die Ähnlichkeit bei der Übertragung des Eingangs zur Weihnachtsgeschichte (Lukas 2,1):

Luther 1522: Es begab sich aber zu der zeytt, das eyn gepott von dem Keyser Augustus ausgieng, das alle wellt geschetzt wurde.

Bugenhagen 1534: Idt begaff syck ðuerst to der tyd / dat ein bott van dem Keiser Augusto uthginck / dat de ganze werlt geschattet worde.

Diese Anlehnung an den Luthertext hat Bugenhagen eine langanhaltende schlechte Kritik eingebracht, ja man hat ihm Übersetzungsversagen und „Ent-eignung" des Nd. vorgeworfen[28]. Daß dem keineswegs so ist, erklärt sich nicht nur aus der „Verniederdeutschung" der Luthersprache[29], sondern auch aus der durchaus belegbaren sprachlichen Eigenständigkeit der Bugenhagenbibel.

Eine am Alten Testament (dem 1. Buch Mose) durchgeführte Stichprobe zur Ermittlung lexikalischer Abweichungen Bugenhagens vom Luthertext hat erbracht, daß sich Bugenhagen in 23% der untersuchten Fälle vom Luthertext unterscheidet. Mehrere Erklärungen sind dafür denkbar: das Lutherwort ist im Nd. nicht üblich (z.B. *dolmetscher*, stattdessen bei Bugenhagen *tolk*), es hat im Nd. eine andere Bedeutung (z.B. *abend*, stattdessen bei Bugenhagen *westen*), es ist im Nd. weniger geläufig (z.B. *abfertigen, gebären*, stattdessen bei Bugenhagen *hensenden, telen*)[30]. Bugenhagen hat sich bewußt dem Luthertext angeschlossen und ist ihm absichtlich in vielem gefolgt. Aber da, wo er Verständigungsprobleme vermutete, ist er ebenso bewußt von Luther abgerückt und hat dem Nd. den Vorzug gegeben. Ihm kann somit der Siegeslauf des Hochdeutschen im Norden nicht zugeschrieben oder gar angelastet werden. „Die Bugenhagenbibel muß ... vielmehr als Zeugin denn als Verursacherin einer sprachlichen Entwicklung angesehen werden, die zur Herausbildung der deutschen Standardsprache und der damit verbundenen Dialektisierung des Niederdeutschen geführt hat"[31].

Die bezeichnete Sprachentwicklung erhielt durch die Reformation einen starken Anstoß, wobei auch der Buchdruck, die erste, vieles verändernde Technik der Neuzeit, kräftig mithalf. Sind zwischen 1550 und 1559 noch 157 nd. theologische Drucke bezeugt, so verringert sich diese Zahl zusehends: von 1620 bis 1629 sind es noch 53 Drucke, von 1670 bis 1679 ist es nur noch einer, 1699 wird kein nd. Druck mehr angegeben[32]. Theologie und Kirche wurden Domänen des Hochdeutschen, das Nd. hatte eine weitere Position im kommunikativen Spektrum aufgeben müssen.

Dem Buchdruck und dem mit ihm einhergehenden Buchhandel fiel in der Übergangszeit eine bedeutende sprachgeschichtliche Aufgabe zu, die noch einmal vertiefend betrachtet zu werden verdient.

Die moderne Typographie beginnt um 1450 mit der Erfindung beweglicher Lettern aus Metall und des Handgießinstruments zum vielfachen Typenguß durch Johannes Gensfleisch zum Gutenberg – Johannes Gutenberg – aus Mainz (ca. 1394-1468).

Der erste erhaltene nd. Druck, ein bei Lucas Brandis zu Lübeck hergestellter Psalter, erschien um 1473. Seinen Höhepunkt erreicht das nd. Druckwesen im ersten Drittel des 16. Jhs. Dann ist eine deutliche Abnahme zu verzeichnen, ungeachtet erstaunlicher Aufschwünge um 1600 und um 1730[33], so daß dieses Fazit erlaubt ist: „Überhaupt tritt im Buchdruck seit den ersten Jahrzehnten des 17. Jhs. eine deutliche Verarmung der Vielfalt an literarischen Gattungen auf, die zur Zeit der mnd. Blüte noch vorhanden war. Hierin spiegelt sich die Einstellung der gebildeten Schichten einer Sprache gegenüber, der nach ihrem Rückgang als Schriftsprache nunmehr nur noch die Rolle einer Mundart zukam. Die große Epoche des mnd. Buchdruckes geht um 1620 zu Ende. Erst nach einem Interim von anderthalb Jahrhunderten wächst das Interesse an nd. Büchern gegen 1800 langsam wieder an"[34].

Die insgesamt nicht geringe Zahl nd. Drucke verbietet es, im Buchdruck (wie in der Reformation) eine primäre Bedeutung für den Untergang des Nd. als Schriftsprache zu sehen. „Der sprachliche Umschwung im Buchdruck ist zunächst nur eine Folgeerscheinung der allgemeinen Rezeption des Hd. Erst in der zweiten Phase dieses Vorgangs wird das anders. Die im 17. Jh. in immer größerer Zahl aus den norddeutschen Offizinen auf den Markt kommenden hd. Bücher haben (einschließlich der hd. Schulbücher, Gesangbücher, Hauspostillen) im nd. Sprachgebiet wesentlich zur Verbreitung und Festigung der nhd. Schriftsprache beigetragen"[35].

Literarisch gesehen ist die erste Hälfte des 16. Jhs. sogar ein Höhepunkt nd. Schriftlichkeit, und zwar durch Drucke verschiedenen Inhalts (Aufrufe, Flugschriften, Lehrbücher, Erbauungsliteratur). Der in der Reformationszeit entwickelte größere kommunikative Austausch zwischen Nord und Süd, die Publikationsmöglichkeiten und die allgemeine gesellschaftliche Unruhe („frühbürgerliche Revolution") haben aber auch die nd.-hochdeutsche Sprachgrenze zusehends durchlöchert und schließlich hochdeutsche Einflüsse auf alle Ebenen des Nd. zugelassen.

Ausdruck und Teil norddeutschen Sprachenwechsels in der Übergangszeit ist „Das Eindringen der hochdeutschen Sprache in die Schulen Niederdeutschlands" (Gabrielsson 1932/33). Dieser Prozeß schließt sich zeitlich unmittelbar an die erste Rezeptionsphase des Hochdeutschen an und vollzieht sich in zwei Etappen: in der schulischen Amts- und Verhandlungssprache und danach in der Unterrichtssprache. Bis auf Braunschweig und Schleswig-Holstein, wo Schulaufsichtsbehörden den Gebrauch nd. Lehrbücher und nd. Unterrichtssprache untersagten und das Hochdeutsche von Amts wegen einsetzten, erfolgte die Umstellung allmählich. „Vielfach geht der der veränderten Kirchensprache anzupassende Chorgesang, oft auch der Schreibunterricht, voran, dann folgt ein Fach dem andern ... Allgemein gehen die Lateinschulen den Schreib- und Rechenschulen, diese wieder den Winkelschulen voran. Andererseits sind es oftmals gerade von hd. Lehrern eingerichtete Privatschulen (Lübeck, Hamburg), die Anstoß und Vorbild geben"[36].

Eine große Rolle bei der Dialektisierung des Nd. im Bildungsbereich spielten aus Mitteldeutschland stammende Gelehrte, Theologen und Pädagogen. Auch die Anziehungskraft mitteldeutscher Universitäten, wie Wittenberg und Leipzig, auf norddeutsche Studenten hat sich in dieser Hinsicht ausgewirkt.

In Westfalen waren es weniger die lutherischen ostmitteldeutschen Einflüsse, die die Abkehr vom Nd. förderten, sondern der südwestdeutsche Humanismus[37].

Die zeitliche Verhochdeutschung des Schulwesens vergleicht sich den auf S. 70 genannten drei Zonen:

1.	Mark Brandenburg	1550
	Magdeburg	1580
2.	Braunschweig, Westfalen, Lüneburg	1630
	Mecklenburg, Pommern	1640
3.	Lübeck, Hamburg, Bremen, Schleswig-Holstein	1650
	Oldenburg	1670
	Ostfriesland	1680[38].

„Die Ursachen, die zur Aufnahme des Hd. als Schulsprache führen, sind im allgemeinen überall dieselben, nur wirken sie sich hier früher, dort später aus. Wann und wie die einzelne Stadt, die einzelne Schule den Übergang vollzieht, das wiederum hängt ganz von den lokalen Verhältnissen ab. Bewegende und beharrende Kräfte, fördernde und hemmende Momente, sprachzerstörende und spracherhaltende Tendenzen sind überall am Werk. Sie bilden, vereint ein 'Parallelogramm der Kräfte', in dessen Diagonale jeweils die sprachliche Entwicklung verläuft ... Nur wenn man unter stetiger Beachtung des politischen und wirtschaftlichen Geschehens, der geistigen Ideen, der kulturellen Wertungen jener Zeit überall den lokalen Bedingungen nachgeht, erhält man ein lebendiges Bild von jenem bedeutsamen sprachlichen Wandel, den Niederdeutschland und den die niederdeutsche Schule im 16. und 17. Jahrhundert durchmachte"[39].

Sprachlich manifestiert sich die Aufgabe des Nd. auf dreierlei Weise: zuerst wird der nd. Grundcharakter in der Schrift bewahrt, aber durch hochdeutsche Übernahmen ergänzt: die Präpositionen *van, nach, bei, zu, auf, durch;* die Pronomen *ich, mich, er, ihm, ihr, sie, sich, wir, mein, sein;* die Diphthonge *ei, au, eu;* Anredeformen wie *Burgermeister und Rathmanne, gnediger furst und herr;* formelhafte Wendungen wie *betzeugen offentlich, thun kunndt und bekennen;* Kanzlei- und Rechtswörter wie *Rechnung, empfangen, offentlich*.

In der zweiten Phase wird eine grundlegendere Verhochdeutschung des Nd. angestrebt; hier kommt es zu zahlreichen Hyperkorrektionen wie *Breiff* 'Brief', *diel* 'Teil', *-leich* '-lich'.

In der dritten Phase ist der Sprachcharakter hochdeutsch, wenn auch mit zahlreichen nd. Resten versehen[40].

Norddeutschland erfährt in der Übergangszeit seinen vielleicht einschneidendsten sprachgeschichtlichen Umbruch mit bleibenden Folgen für die gegenwärtige Sprachsituation. Diese sprachgeschichtlichen Vorgänge sind auch Auto- und Heterozentrierung genannt worden (U. Maas).

Autozentrierung meint die Emanzipation des Nd. im entwickelten Sprachgebrauch vom Latein und Orientierung an den eigensprachlichen Modernisierungspotentialen (das war im 14./15. Jh. der Fall). Während der Übergangszeit stellte sich eine neuerliche Heterozentrierung des Nd. ein, d.h. ein Abbruch der eigensprachlichen Integrationen und damit Standardisierung und Übernahme der vorwiegend hochdeutsch integrierten Sprache als Standardsprache in Norddeutschland. „Der Modernisierungsprozeß des Niederdeutschen war damit abgebrochen. Bereits um die Mitte des Jahrhunderts (des 16. Jhs., D.St.) hatten Intellektuelle wie Jakob Schöpper programmatisch die Perspektive der weiteren Modernisierung gewiesen: gewissermaßen von den Modernisierungspotentialen der *gesprochenen* niederdeutschen Sprache(n) aus die Aneignung der hochdeutschen Schriftsprache zu bewerkstelligen — also die kulturelle Weiterentwicklung durchaus als weitere Entfaltung des Autozentrierungsprozesses zu betreiben, der mit der bürgerlichen Revolutionierung des mittelalterlichen, auf das Lateinische gegründete Bildungssystem freigesetzt worden war. Die Entwicklung des 16. Jhds. zeigt demgegenüber einen Rückfall in die Heterozentrierung auf eine *andere* Bildungssprache (Sperrung von mir, D.St.)"[41]. Dieser „Rückfall" mit allen seinen Folgen, besonders der jahrhundertelangen Dialektisierung des Nd., war jedoch nur möglich, weil — wie schon mehrfach angedeutet — die neue deutsche Standardsprache zu einem Teil eben auch nd. Herkunft ist; Literaten nd. Abkunft an der Stabilisierung der Standardsprache wesentlich beteiligt waren[42]. Das verhinderte einen fremdsprachlichen Eindruck, wenn auch für viele Norddeutsche die „hochdeutsche" Standardsprache eine „fremde" Sprache darstellte, mit der man sich schwertat. Allerdings sind diese Schwierigkeiten weithin solche, die integrierte, standardisierte Sprachen den Benutzern immer aufzuerlegen pflegen.

Lange Zeit hat man diese Sprachgeschichte anders bewertet und gemeint, in einem nd.-hochdeutschen Vergleich die nd. Muttersprache gegen eine hochdeutsche Sprachmode verteidigen zu sollen. Ein eifriger Anwalt des Nd. in diesem Sinne ist der Rostocker Gelehrte Johann Lauremberg.

In seinen 1652 veröffentlichten „Veer Schertz Gedichten" geißelt er die Aufnahme des Hochdeutschen als verantwortungslose Modetorheit, gegen die es zu streiten gelte, indem der Wert der alten nd. Sprache und ihre Vorzüge gegenüber dem Hochdeutschen herausgekehrt werden sollen. Besonders im 4. Scherzgedicht "Van Almodischer Poësie, und Rimen" wird das in einem Streitgespräch zwischen einem Hochdeutschen und einem Niederdeutschen behandelt:

Der Hochdeutsche:

> Ja selbst in ewrem Land, bei ewren Landesleuten,
> In allen Cantzelein ist unsre Sprach gemein,
> Was Teutsch geschrieben wird, mus alles Hochteutsch sein,
> In Kirchen wird Gotts Wort in unsre Sprach gelehret,
> In Schulen, im Gericht, wird nur Hochteutsch gehöret;
> Ewr eigen Muttersprach ist bey euch selbst unwerth,
> Wer öffentlich drin redt, den helt man nicht gelehrt.
> Bei ewer Sprach kein Zier, kein Lieblichkeit man spüret,
> Ihr selbest ewer Wort wie Enten schnatter führet.
> An ewren Versen mir ganz nichtes misgefelt,
> Als nur die lepsche Sprach, die ist zu schlecht bestelt.

Der Niederdeutsche:

> Ick spreke als myns Grotvaders older Möme sprack.
> Wat kan man bringen her vör Argument und Gründe,
> Darmit jemand van juw richtig bewisen kunde,
> De Mening, dat van der Hochdüdschen Sprake mehr
> Als van unser Nedderdüdschen tho holden wehr?
> Unse Sprake blifft altidt bestendig und vest,
> Als se ersten was, even so is se ock lest.
> Juwe verendert sick alle völfftig Jahr,
> Dat könen de Schrifften bewisen klar.
>
> − − −
> − − −
>
> Men de Sprake in gantz Nedder Saxen Land
> Blifft unverrückt, und hefft bestand,
> Dar wert geredt van altomalen,
> In Meckelnborg, Pommern und Westfahlen,
> In den andern Landschoppen des geliken,
> Einerley Sprake, darvon se nicht wiken.
> Averst wen man reiset in juwen Landern,
> So höret man de Spraken sik verandern,
> In der Pfalz, Schwaben, Schwietz und Düringen,
> Gar underscheedlick se ere uthrede bringen.[43]

Die Übergangszeit ist sprachwissenschaftlich gut dokumentiert. Die sprachgeschichtlichen Übersichten in den einschlägigen Handbüchern gehen auf sie ein und nennen die Gründe dafür. Reichhaltiges Material findet sich in der lokalen Rezeptionsforschung, für die folgende Titel genannt werden können: Friedrich Hülsse, Das Zurücktreten der niederdeutschen Sprache in der Stadt *Magdeburg*. Magdeburg 1878 (Geschichtsblätter für Stadt und Land Magdeburg 13, 1878, S. 150-166); Willy Scheel, Zur Geschichte der *pommerischen* Kanzleisprache im 16. Jahrhundert. In: Nd. Jb. 20 (1894), S. 57-77; Wilhelm Beese, Die neuhochdeutsche Schriftsprache in *Hamburg* während des 16. und 17. Jh. Kiel 1902; W. Kahle, Die mittelniederdeutsche Urkunden- und Kanzleisprache *Anhalts* im 14. Jahrhundert. Diss. Leipzig 1908; Agathe Lasch, Geschichte der Schriftsprache in *Berlin* bis zur Mitte des 16. Jahrhunderts. Dortmund 1910; Louis Hahn, Die Ausbreitung der neuhochdeutschen Schriftsprache in *Ostfriesland*. Leipzig 1912; August Heuser, Die neuhochdeutsche Schriftsprache während des XVI. und XVII. Jahrhunderts zu *Bremen*. Diss. Kiel 1912; R. Wolff, Zur Einführung der hochdeutschen Schriftsprache in die herzoglich*pommersche* Kanzlei. Monatsblätter, hrsg. von der Gesellschaft für Pommersche Geschichte und Altertumskunde 27 (1913), S. 43f.; Otto Schütt, Die Geschichte der Schriftsprache im ehemaligen Amt und in der Stadt *Flensburg* bis 1650. Flensburg 1919; Kurt Böttcher, Das Vordringen der hochdeutschen Sprache in den Urkunden des niederdeutschen Gebietes vom 13. bis 16. Jahrhundert. In: ZfdM 16 (1921), S. 62-67, 17 (1922), S. 97-108; Franz Brox, Die Einführung der neuhochdeutschen Schriftsprache in *Münster*. Diss. Münster 1922; Max Lindow, Niederdeutsch als evangelische Kirchensprache im 16. und 17. Jahrhundert. Greifswald 1926; Agathe Lasch, „*Berlinisch*". Eine berlinische Sprachgeschichte. Berlin 1927; Hans Teske, Das Eindringen der hochdeutschen Schriftsprache in *Lüneburg*. Halle/S. 1927; Felix Merkel, Das Aufkommen der deutschen Sprache in den städtischen Kanzleien des ausgehenden Mittelalters. Diss. Leipzig 1930; Artur Gabrielsson, Das Eindringen der hochdeutschen Sprache in die Schulen Niederdeutschlands im 16. und 17. Jahrhundert. In: Nd. Jb. 58/59 (1932/33), S. 1-79; Wilhelm Heinsohn, Das Eindringen der neuhochdeutschen Schriftsprache in *Lübeck* während des 16. und 17. Jahrhunderts. Lübeck 1933; Gerhard Cordes, Schriftwesen und Schriftsprache in *Goslar* bis zur Aufnahme der neuhochdeutschen Schriftsprache. Hamburg 1934; Kurt Rastede, Das Eindringen der hochdeutschen Schriftsprache in *Oldenburg*. In: Oldenburger Jahrbuch des Vereins für Landesgeschichte und Altertumskunde 38 (1934), S. 1-107; Otto Brinkmann, Das Schriftwesen in *Bochum* bis zur Mitte des 17. Jahrhunderts und das Eindringen der hochdeutschen Schriftsprache. Diss. Münster. Bochum-Langendreer 1936; Paul Steinmann, Volksdialekt und Schriftsprache in *Mecklenburg*. Aufnahme der hochdeutschen Schriftsprache im 15./16. Jahrhundert. In: Mecklenburgisches Jahrbuch 100 (1936), S. 199-248, 101 (1937), S. 157-238; Gertrud Schmidt, Das Eindringen der neuhochdeutschen Schriftsprache in der *Riga*schen Ratskanzlei. Hamburg 1938; Eva-Sophie Dahl, Das Eindringen des Neuhochdeutschen in die *Rostocker* Ratskanzlei. Berlin 1960; Gerhard Kettmann, Zum Ausklang des Niederdeutschen in der *Wittenberger* Schreibtradition. In: Nd. Jb. 88 (1965), S. 68-71; Irmtraut Rösler, Untersuchungen zum Eindringen des Hochdeutschen im Norden des deutschen Sprachgebiets. In: Das Niederdeutsche in Geschichte und Gegenwart. Linguistische Studien. Reihe A (Arbeitsberichte), 75. Berlin 1980, S. 64-74; Hans Taubken, Niederdeutsch – Niederländisch – Hochdeutsch. Die Geschichte der Schriftsprache in der ehemaligen Grafschaft *Lingen* vom 16. bis zum 19. Jahrhundert. Köln/Wien 1981; Irmtraut Rösler, Die Durchsetzung des Hochdeutschen im Schriftverkehr *Mecklenburgs*. Ein Beitrag zur Ausbildung der deutschen Literatursprache. Diss. Rostock 1981; Winfried Bäse, Untersuchungen zum Übergang von Niederdeutsch zu Hochdeutsch in *Braunschweig* in der frühen Neuzeit. Braunschweig 1982 (Staatsexamensarbeit, masch.); Artur Gabrielsson, Die Verdrängung der mittelniederdeutschen durch die neuhochdeutsche Schriftsprache. In: Cordes/Möhn 1983, S. 119-153; Arend Mihm, Die kulturelle Ausrichtung des *Niederrheins* im 16. Jahrhundert und der Sprachwechsel zum Hochdeutschen. In: Wortes anst – Verbi gratia. Donum natalicium Gilbert A.R. de Smet. Hrsg. v. H.L. Cox u.a., Leuven/Amersfoort 1986, S. 331-340.

Die Dialektisierung des Nd. und die Übernahme des Hochdeutschen als Sprachstandard in Norddeutschland zählt also zu den tiefgreifendsten Schnitten in der Sprachgeschichte der Deutschen. Sie haben dazu geführt, daß fast bis zur Gegenwart ein Kampf um den Wert des Nd. bestanden hat, ein Pro und Contra um die Muttersprache der Norddeutschen[44]. In solchen oft mehr mit dem Herzen als dem Verstand geführten Auseinandersetzungen wurde allzu oft übersehen, worauf oben und in Verbindung mit Lauerembergs Scherzgedichten bereits hingewiesen worden ist: das Hochdeutsche ist eine Ausgleichssprache, an der das Nd. beteiligt ist. Eingehende, wenn auch ausschnitthafte syntaktische und lexikalische Studien haben das immer wieder bestätigt, z.B. die Untersuchung ausgewählter Erscheinungen des Einfachsatzes – Satzrahmen, Satznegation, Attribuierung, Verbkomplex – in der Zeit von 1470 bis 1530, wo der Beitrag des Nd. an der Ausbildung der deutschen Standardsprache nicht übersehen werden kann. Oder ein Beispiel aus dem Wortschatz, das die Mitwirkung aller deutschen sprachlichen Großlandschaften belegt: für die standardsprachlichen Handwerkerbezeichnungen *Fleischer, Tischler* und *Bäcker* sind jeweils das Ostmitteldeutsche, das Ostoberdeutsche und das Nd. als Gebersprachen zu betrachten[45].

Doch steht am Ende der Übergangszeit fest, daß dem Nd. in den nachfolgenden Jahrhunderten nur noch eine dialektale Existenz gegeben ist. Das reicht bis in unsere Zeit hinein, wenn auch nicht vergessen werden soll, daß die von dem sprachlichen Grundgesetz ermöglichten Perspektiven nach wie vor gültig sind. Es wird im nächsten Kapitel zu beschreiben sein, wie integrative Tendenzen seit der Mitte des 19. Jhs. dem Nd. eine überdialektale Zukunft eröffnen, die schon längst begonnen hat, ohne daß ein Ende dieses Prozesses erkennbar wäre.

Integrationsfördernd wirkte die nd.-sprachige Literatur, besonders ab der Mitte des 19. Jhs. In der deutschen Literatur des 16./17. Jhs. zeugen nd. Einsprengsel vom abnehmenden Prestige dieser Sprache, die nur noch zur Kennzeichnung einfacher Leute taugte.

In den Schauspielen des Wolfenbüttler Herzogs Heinrich Julius (1564-1613), des Gründers der bis 1810 bestehenden Universität Helmstedt, findet sich Nd. „zur Darstellung des Lächerlichen, Komischen, Burlesken. Fast nur auf diesen Gebieten führte es auch noch ein bescheidenes literarisches Fortleben"[46]. So läßt Heinrich Julius in seinem Stück „Von einem Buhler und einer Buhlerin" den Stadtknecht Thraso sagen: „Hörstu wol, daß du geist, und wultu nicht gahn, so werden wie dick watt anders dohn, dat dy nicht behagen werdt ..."[47]. Und die pommersche Bäuerin Grethe läßt sich in dem Schauspiel „Von einem Wirthe" so vernehmen: „Hörstu ock wol, du lose Schelm? Dat du mick bliven latest, und brüe (d.h. schere dich) darhen, dar du to donde hast, und lat mich ock miner Wege gaen ... Lache, dat deck nümmer gut gesche, maustu mick armen Fruwen ock noch bespotten?"[48].

Dieser Sprachspott veranlaßte eine tiefsitzende und langanhaltende Konnotation, die das Nd. ungeachtet gegenstrebender Bemühungen von Nathan Chytraeus und Johann Lauremberg bis Klaus Groth nicht gänzlich loswerden sollte. Vielleicht ist sie die bis heute fortwirkende Ursache der verbreiteten Meinung, daß sich nd. alles harmloser und familiärer sagen lasse — Konnotationen, die der Mundart anhaften und nicht der Hochsprache. Sie haben sich in der Übergangszeit ausgebildet und werden bestehen bleiben, solange das Nd. mit einem Dialektstatus behaftet ist.

Es folgen einige Textproben mit der für die Übergangszeit typischen Sprachgestalt.

Deutsch aus Finnland 1585

Ick Henrich Wernecke Bekenner mitt dusser meiner Egen quitteringe datt ich Van den Erbaren vnd vornemen Manne Hans Mårthenson der Konnickligen Maiestaet Fagett Inn Nedder Sattegunde vp reckenskap Endtfangen hebbe soss vn vertich tunnen Botter de hebben gewagen tho Abow slottes Wicht Ver vnd Vertich thunnen vnd verdehalff Pf., de tunne vp sosstein lispund i gereckent. Tho merer erkundt hebbe ich mein ahngebaren Pitzer hir Vnder gedrucket. Gegeuen vndh geschreuen In Abow den 17 September Anno domini 85.

Übersetzung:

Ich Henrich Wernecke bekenne mit dieser meiner eigenen Quittung, daß ich von dem ehrbaren und vornehmen Mann Hans Mårthenson, dem Königlichen Vogt in Nieder Sattegund, auf Rechnung empfangen habe sechsundvierzig Tonnen Butter, die haben gewogen nach Abos Schloß Gewicht vier und vierzig Tonnen und vier ein halb Pf., die Tonne zu sechzehn lievländischen Pfund gerechnet. Zu weiterer Bestätigung habe ich mein angeborenes Petschaft hierunter gedrückt.
Gegeben und geschrieben in Abo den 17. September a.d. 85.
(aus: P. Katara/E. Kuujo, Deutsche Quittungen in den Rechenschaftsberichten der Vögte Finnlands im 16. Jahrhundert, Helsinki 1958, S. 55).

Lübeck 1589, aus einer Klage der Schulmeister über die Organisatoren von Winkelschulen

Item he hefft ock vast solch boscheitt dem hußdener gegeuenn. Ja, ehr wolte sich deß Schulambteß nicht ehr entthaltenn, idt were denne datt de Vorsther deß Klosters nicht mehr gestatenn wolden. Vnnde solche worthe leth ehr sich mitt merem trotze allentthaluenn noch verhorenn; zudeme nimbt ehr noch dachlikeß mer schoeler ann, Wor he men welche bekommen kann.
(aus: Gabrielsson 1932/33, S. 13)

Übersetzung:

Des weiteren hat er auch standhaft solchen Bescheid dem Hausdiener gegeben. Ja, er wollte sich des Schulamtes nicht eher enthalten, es wäre denn, daß die Vorsteher des Klosters es nicht mehr gestatten wollten. Und solche Worte ließ er mit zunehmendem Trotze allenthalben noch zu Gehör bringen. Außerdem nimmt er noch täglich mehr Schüler an.

Osnabrücker Niedergerichtsprotokolle 1592

vnd ob wol der Her Burgermeister der wetwen Plettenbergeschen beide schrift- vnd mündlich er jnnern laten, so habe se doch sulches an de von Besten alß erben schrifftlich wedderumb gelangen laßen vnd to abschaffung deßes vnd anderer Puncten einen gerichtlichen proceß vorgenomen wolden. Dajegen die von Beesten an vnßern gnedigen fürsten vnd hern schrifftlich gelangen laßen, dz Er beesten bei dem hern Borgermeister dieser sachen verwilung gehandelt, das der wetwen Ihre verschreuene lifftucht frei solte gehalten werden vnd darnicht jnne betrubt, wan dan der her Borgermeister den von Beesten verwilung togelaßen, vnd diese sache auf die von Beesten gesehen hette, alß wol se dauon protestert haben, das die wedtewe damit nicht muchte betrubt werden, vnd bittet deß dieser sachen Copiam Johan Schowe wegen des Hern Borgermeisters leth sothan einwenden auf seiner Vngewerde beruhen, vnd secht darjegen protestation, vnd kan nicht glauben, das Er dem von Besten jenige dilation geben haben, vnd repetirt nochmals die verschreibung vnd aufbeidung, vnd bit darup ordentlichen Eußerproceß.
(aus: U. Maas/Judith McAlister-Hermann, Materialien zur Erforschung der sprachlichen Verhältnisse in Osnabrück in der frühen Neuzeit. Bd. 2. Osnabrück 1984, S. 160).

Übersetzung:

Und obwohl der Herr Bürgermeister die Witwe Plettenberg sowohl schriftlich als auch mündlich habe erinnern lassen, so habe sie doch solches an die von Besten als Erben wiederum schriftlich gelangen lassen und zur Beilegung dieses und anderer Punkte einen gerichtlichen Prozeß angestrengt. Dagegen haben sich die von Besten an unsern gnädigen Fürsten und Herrn schriftlich gewandt, (so) daß er Besten bei dem Herrn Bürgermeister einen Aufschub dieser Dinge ausgehandelt habe, daß der Witwe ihre verschriebene Leibzucht frei erhalten werden und sie nicht darin beeinträchtigt werden solle. Wenn dann der Herr Bürgermeister den von Besten Aufschub gewährt habe und diese Sache nach denen von Besten gerichtet habe, wie sie wohl Einspruch eingelegt haben, daß die Witwe nicht beeinträchtigt werden solle, erbittet er (Besten) darüber ein Schriftstück.

Johann Schouwe beharrte für den Herrn Bürgermeister auf Nichtgewährung dieses Einwandes und legt dagegen Protest ein und kann nicht glauben, daß er dem von Besten jenen Aufschub gewährt habe und wiederholt noch einmal die schriftliche Schuldverschreibung und die Forderung zur Einlösung und erbittet dafür einen ordentlichen Äußerungsprozeß.

Einen Eindruck von der geschriebenen Sprache der Übergangszeit vermitteln die 40 Briefe des Braunschweigers Jürgen Kalm (1609-1657), die er aus Hamburg, wo er als Kaufmannslehrling tätig war, an seine Mutter richtete.

Ein Beispiel aus dem Jahre 1625:

„Meine herzliebe mutter, wenn ihr wieder frisch und gesunt weret, dassolbige were mir eine herzliebe frewde zu horen. Was meine person anlanget, beginnet es, Gott lob und dank, besser zu werden, den nach der zeit, als ich euch bey den Nurrenberger boten schreibete, habe ich allezeit einen tag umb den andern das febris wieder gehabt, aber nu habe ich es, Gott lob, nicht sterk gehabt.

Jacob Tenteneyers frawe die schickete mir auch noch etwas in meiner krankheit. Ich habe nichts anders darzugethan den carmedictenpulver habe ich eingetrunken. Ferner habe ich ewer schreibent von Urban Höcker neben das peckschen entfangen, thue mich zum hochsten dafur bedanken. Ferner, herzliebe mutter, habe ich darinne vernommen, daß ihr wol 4 wochen habet krank gewesen; dessolbigen bin ich sehr betrubet, aber Gott lob und dank, daß es beginnet besser zu werden. Das konte ich wol gedenken, daß ihr mir nicht schreibet, meine herzliebe mutter, – es reisen ja so viel darher, daß ihr die briefe vergebes konnet her bekommen – den ihr werdet ofte schwach.

Meine liebe Mutter, ich schref[1], daß sie so kurz were, die schwarze mantel[2]; ich wolte mich aber noch wol darmit behelfen, den wen wir gut austragen, das hanget mir darunter durch. Ihr saget von Franß, daß er die kleder lange treget: ja, liebe mutter, der gehet auch nicht viel wen es regent und schlaiget[3]; so mussen wir am meisten laufen, so finden wir die leute inne, die uns schuldich sein. Die grone mantel habe ich auch noch, die wil ich wol wieder zu haus schicken.

Meine herzliebe Mutter, ich habe euch freilich genug gekostet, ich hoffe mit Gottes hulfe, wen ich groß werde, etwas wieder zu verdienen, daß ich euch den wieder zu hulfe komme. Franß der treget ja ein terzenellenkled für sonntages, und welch einen schonen vossen rock[4] hate er. Meine liebe mutter, ich behelfe mich wo so genaw als ich immer kan; ich trug die grawen kleder[5] wol so lange; das sahe Franß wol, wie viel lappen darauf gesetzet waren.

Meine herzliebe mutter, ich bitte euch, ihr wollet darmit zufrieden sein, mit dem turxgrobgrun kled[6], den ich wil es mit Gottes hulfe schonen, daß ich es ein jar 2 oder drey kan tragen; ich wil es aber hernacher nicht fur aldage tragen, sondern nur den sontag. Es ist zu Hamburg also: wer ein gut kled anne hat, der wird fur etwas gehalten. Unsere diener die gegen in ihren francosische kleder und kneibander[7] darzu; dar fragen meine herrn nicht nach, den sie bezahlen sie. Ferner, liebe mutter, habe ich ein aldagesbrock[8] von nöten, dar wil ich geringe wand darzu nehmen; das wammes das ist noch gut, aber die broch[9] docht ganz nicht mehr.

Meine herzliebe mutter, ich hette gern gesehen, wen es auch geliebete, mit Gottes hulfe mit Jurgen Achterman solber heruberzukommen; was sie dan Jurgen Achterman fur bescheit geben, dar konnet ihr fort auf antworten.

Meine liebe mutter, ich frage viel nach Diedericus, sondern er sal mir einerwegen[10] gelt fur schicken, das hat er hier ausgenommen; ich habe ihm einen rechtschaffen brief geschrieben. Hiemit Gott befohlen, er wolte euch wieder aufhelfen, so es sein gottliche wille ist."

Jurgen Kalm
(aus: Heinrich Mack, Jürgen Kalms Briefe aus der Lehre in Hamburg an seine Mutter in Braunschweig. In: Zeitschrift des Vereins für Hamburgische Geschichte 10 (1899), S. 41-116; Brief Nr. 12, S. 71-73).

Nd. Wörter: 1) schrieb; 2) weibliches Geschlecht schon im Mnd.; 3) regnet und schlacket (vgl. Schlackerwetter); 4) Rock aus Fuchspelz; 5) graue Kleider; 6) türkischgrobgrünes Kleid; 7) Kniebänder; 8) Alltagshose; 9) Hose; 10) irgendwo.

Auszug einer Leichenpredigt von Jobst Sackmann, Limmer bei Hannover 1706

Nein, ich bin meinem lieben Weibe getreu, so wie sie mir getreu ist, es ist unter uns ein Herz und eine Seele. Wenn ich des Sonnabends aus den lieben Beichtstuhl zu Hause komme, und müde bin von dem vielen Reden (denn viel predigen macht den Leib müde, sagt der weise Prediger in seinem Predigerbuche), so lasse ich mir ein Fußbad zurechte machen von Camillen-Blumen und Weiten Kleyen[1], dann ik leve[2] de Rennlichkeit, und es hat mir auch ein berühmter Medicus gesagt, daß es sehr gut sey vor das Haupt, da Lehrer und Prediger zwar nicht mit den Händen soviel arbeiten als ein Handwerksmann, oder Bauer, aber gewiß ihr Haupt desto mehr brauchen und den Kopf anstrengen müssen, solche hohen Sachen zu fassen und es hernach ihren Zuhörern, worunter auch viele Einfältige sind, klar und deutlich vorzutragen, wozu mir denn der Liebe Gott ohne Ruhm zu melden, ein gar besonders Talent verliehen hat, welches ich auch nicht vergrabe oder im Schweißtuche behalte, wie jener Schalksknecht, sondern nach meiner Wenigkeit damit wuchere, und es in die Wechsel-Bank gebe. Zu reden mit den Evangelisten Luca im 19ten Capittel. Wenn ich nun das Fuß-Bad gebraucht habe, so leidet meine liebe Ehefrau nicht, daß eine Magd mir die Füße abtrocknet. Wat!, segt se, sull ick dat lieden, dat eine drecklichte Deern mit öhren groven Buer-Füsten[3] mienes Mannes bloten Lief bereure[4], da he[5] ein Diener des Herrn iß? Damit strickt[6] se dat Hembd van de Arme, settet sick up de Knie, un dreugt[7] my de Feute[8] af, se mut et sehr hille[9] hebben, wenn se et einen von ihren lieflicken Döchtern överlaten soll. Und das hat auch die Art nicht mit denen, sie wissen sich nicht so gut vorzusehen an gewissen Stellen, denn ick bin mit de Kraienogen[10] sehr geplagt.

(aus: Richard Brill, Jacobus Sackman. Sein Leben und sein Werk. Neumünster 1955, S. 28).

Nd. Wörter: 1) Weizenkleie; 2) liebe; 3) Bauernfäusten; 4) berühre; 5) er; 6) streicht; 7) trocknet; 8) Füße; 9) eilig; 10) Hühneraugen.

aus einem Osnabrücker Hochzeitsgedicht von 1752

Gewiß, dat is een ſölcken Stand,
    Dar nicks by to verglyken.
Denn mött de Sorgen baul an kant,
    Un vor de Leefte wyken.
Dat Glücke ſchmeckt nach ens ſo ſöt,
    Un krigt de Mann ens Grillen,
Sau weet de Fruw dat ſure Leid
    Dör küſſen baul to ſtillen.

Glück to denn Eren Ehrendag!
　　　Glück to, *geehrde Beede!*
Vergönnen Se my, dat ick mag
　　　Deel nehmen an der Fröde,
De Hemel late Se darby,
　　　Noch lange Jare blyven,
Er Hartensluſt ſy alltydt ny,
　　　Keen Schmert mot ſe verdryven!

Sau bringen Se Er Leeven to
　　　Van Dag to Dage ſöter,
Un küſſen ſick ut Leefte ſo,
　　　Van Tyd to Tyden beeter!
Willt denn de aulen Lüe daran
　　　Noch keen Geloven geeven
Sau werd ſe den Bewys darvan
　　　Baul levendig beleeven.

Übersetzung:

Gewiß, das ist ein solcher Stand,
　　　da nichts mit zu vergleichen.
Dann müssen die Sorgen bald beiseite,
　　　und vor der Liebe weichen.
Das Glück schmeckt noch eins so süß,
　　　und kriegt der Mann einmal Grillen,
so weiß die Frau das saure Leid
　　　durch Küssen bald zu stillen.

Glück zu denn Eurem Ehrentag!
　　　Glück zu, geehrte Beide!
Vergönnen Sie mir, daß ich mag
　　　teilnehmen an der Freude,
der Himmel lasse Sie dabei
　　　noch lange Jahre bleiben,
Ihre Herzenslust sei immer neu,
　　　kein Schmerz muß sie vertreiben!

So bringen Sie Ihr Leben zu
　　　von Tag zu Tage süßer,
und küssen sich aus Liebe so,
　　　von Zeit zu Zeiten besser!
Wollen dann die alten Leute daran
　　　noch keinen Glauben geben
so werden sie den Beweis davon
　　　bald lebendig erleben.
(aus: Niebaum 1974, S. 413)

Anmerkungen

1 Z.B. mnd. *keiser*, nicht *kêsur*, wie and., sondern als hochdeutsche Entlehnung; *vrouwe* 'gesellschaftlich höherstehende Dame' anstelle nd. *wîf* läßt sich ebenfalls hochdeutscher Beeinflussung zuschreiben; *gatze* 'Gasse', durch die Affrikate als hochdeutsch gekennzeichnet; hochdeutsche Lautungen in den Personennamen *Heinricus, Otto, Adelheid* anstelle der nd. Entsprechungen *Henricus, Oddo, Athelhêd* (vgl. hierzu Dahl 1960, S. 1ff.; K. Böttcher 1922, S. 102).

2 „In der zweiten Hälfte des 16. Jahrhunderts, ja in gewissem Sinne während des ganzen 16. Jahrhunderts, tritt ... ein völliger Wandel ein. Die herrschende Sprache wird in einem langsamen Ablösungsprozeß durch das Hd. verdrängt. Das ist kein plötzlicher Umschwung; kein Erlaß hat diesen Ersatz des Mnd. durch das Hd. angeordnet und auch keiner ihn aufzuhalten versucht" (Dahl 1960, S. 28), ähnlich auch Teske 1927, S. 51, aber Lindow 1926, S. 86f.

3 Sodmann 1985, S. 1289.

4 Dem vergleichen sich die zwei Rezeptionsphasen des Hochdeutschen, die D. Möhn formuliert hat: 1. Einschränkung der Funktionalität des Nd. im schriftlichen Bereich, 2. Gebrauchseinschränkung des Nd. im mündlichen Bereich (Möhn 1973, S. 120).

5 Heinsohn 1933, S. 180-182.

6 Das besagt nicht, daß aus bestimmten Gründen Hochdeutsches auch einmal zuerst in einem ausgesprochen der inneren Verwaltung zuzurechnendem Vorgang in Erscheinung tritt, wie in den Goslarer Tafelamtsbüchern (den Stadtrechnungen) von 1507 (Cordes 1934, S. 41).

7 Siehe die Graphik in K. Böttcher 1922, S. 105.

8 Sodmann 1985, S. 1289f.; siehe auch die Graphik „Der Übergang der nd. zur hd. Schriftsprache in tabellarischer Übersicht" in Cordes/Möhn 1983, S. 149.

9 Artur Gabrielsson in Cordes/Möhn 1983, S. 147, 150 und die Graphik auf S. 148.

10 Zu innerer und äußerer Sprachgeschichte siehe Schmitt 1966, S. XLVIf.

11 Sodmann 1985, S. 1293.

12 Hanse (oder Hansa) meint einen Bund vorwiegend norddeutscher Städte (Hansa Alemannicae), der vom 13. bis 17. Jh. Bestand hatte. Mit einem Kern von 70 Städten und in seiner Blütezeit in mehreren Regionalgruppen organisiert (wendisches, westfälisches, sächsisches, preußisches Viertel) sowie ausgedehnten Handelsbeziehungen, vor allem im Ostseeraum, stellen die *stede van der dudeschen hanse* eine beträchtliche wirtschaftliche und politische Macht dar, deren Höhepunkt im 14. Jh. liegt; sie erlischt in den Wirren des 30jährigen Krieges.

13 Heinsohn 1933, S. 5.

14 Der wichtigste mnd. Dichter Braunschweigs, Hermann Bote, hat seine städtischen Mitbürger vor rivalisierenden Auseinandersetzungen immer wieder gewarnt, um das Gemeinwesen nicht zu schwächen und die Stadt dem Landesherren zuzutreiben: „Wunder is dutte, unde grôt forgettenheid, dat sik de êrbaren lüde in den groten mägtigen städen, de fan den forsten gefriged sint unde beprivilegered, dusse dinge so ringe unde weinig agten, unde bedenken (nicht), dat fan foragtinge unde forsümenisse fele kwades in den städen upkumt ... Over de egene nut unde avgunst de is sere in den städen (mangk den slechten), dat se partigeschen sin ... unde bringet faken de städe in de wald der forsten." (Shigt-Bôk der Stadt Brunswyk. Hrsg. von K.F.A. Scheller. Braunschweig 1829, S. 3f.). Eine moderne Übersetzung dieses Prologteils lautet: „Erstaunlich ist es und ein Zeichen großer Gedankenlosigkeit, daß die vornehmen Leute in den großen, machtvollen Städten, die doch von den Fürsten mit Freiheiten und Privilegien versehen sind, diese Dinge so gering und wenig achten und nicht bedenken, daß durch Geringachtung und Nachlässigkeit viel Böses in den Städten aufkommt ... Aber Eigennutz und Mißgunst sind gewaltig in den Städten bei den Ratsgeschlechtern, so daß Parteienstreit unter ihnen herrscht ... und das bringt dann oft die Städte in die Gewalt

15 Maas 1983, S. 117.
16 Holtz 1980, S. 32, 34. Zu den nd. Bibeln, die G. Ising von 1961 bis 1976 in sechs Bänden wieder zugänglich gemacht hat, vgl. Ising 1957.
17 Holtz 1980, S. 37f.; dieser Auffassung wird aber widersprochen, so die Herausgeber von Holtz 1980 in ihrem Vorwort.
18 Bellmann 1975, S. 8.
19 Andresen 1982, S. 8.
20 Siehe die Beispiele in Bellmann 1975, S. 33.
21 Martin Luthers Werke. Kritische Gesamtausgabe. Tischreden, 4. Bd., Nr. 4996. Weimar 1916.
22 Polenz 1986, S. 187.
23 „Deutschland hat mancherley Dialectos, Art zu reden, also, daß die Leute in 30 Meilen Weges einander nicht wol können verstehen" (Martin Luthers Werke. Kritische Gesamtausgabe. Tischreden. 5. Bd., Nr. 6146. Weimar 1919).
24 Polenz 1986, S. 188; vgl. auch Schmidt 1984.
25 Rösler 1987, S. 42f.
26 Ising 1969, S. 143.
27 Ausführlicher dazu Stellmacher 1984.
28 J.D. Bellmann in Bellmann 1975, S. 36; ders. in Cordes/Möhn 1983, S. 614; Maas 1983, S. 118f.
29 „Wie viel niederdeutsches Sprachgut hat nicht Luther in die hochdeutsche Sprache eingeführt! Man bemerke, wie wörtlich z.B. die niederdeutsche Übersetzung Bugenhagens dem Luther-Text folgen konnte!" (Niekerken 1948/50, S. 346); siehe auch Gernentz 1976.
30 Vgl. dazu Schröder 1987.
31 Ebd., S. 71.
32 Lindow 1926, S. 86.
33 Siehe die Graphik (Abb. 118.1) bei Sodmann 1985.
34 Ebd., S. 1292; einen Überblick zum nd. Buchdruck bietet auch „Das große plattdeutsche Bilderbuch" von Konrad Reich (Rostock/Hamburg 1986) mit seinem Panorama nd. Buchkunst vom 15. Jh. bis heute.
35 Artur Gabrielsson in Cordes/Möhn 1983, S. 137.
36 Gabrielsson 1932/33, S. 78.
37 Den westfälischen Humanisten gilt nicht der Wittenberger Professor Philipp Melanchthon, sondern der Straßburger Rektor Johannes Sturm als das große Vorbild.
38 Gabrielsson 1932/33, S. 78f.; besonders eingehend behandelt er die Schulverhältnisse in Bremen, Lübeck, Hamburg und Lüneburg.
39 Ebd., S. 79.
40 Artur Gabrielsson in Cordes/Möhn 1983, S. 127ff.
41 Maas 1983, S. 126; in gleichem Sinn, wenn auch mit anderen Worten Gernentz 1986, S. 145.
42 Veith 1986, besonders S. 94.
43 Niederdeutsche Scherzgedichte von Johann Lauremberg 1652. Mit Einleitung, Anmerkungen und Glossar von Wilhelm Braune. Halle/S. 1879, S. 64f.
44 Siehe die vom Institut für niederdeutsche Sprache Bremen herausgegebene Reihe „Niederdeutsch gestern. Eine Sprache in Pro und Contra" (I. Jonas Goldschmidt und andere, 1845/46, Bearbeiter: C. Schuppenhauer. Leer 1980; III. Bernhard Raupach, De linguae Saxoniae inferioris neglectu atque contemtu injusto. Bearbeitung: W. Lindow. Leer 1984).
45 Siehe Ausbildung I/II.
46 Schnath 1979, S. 281.
47 Julius Tittmann (Hrsg.), Die Schauspiele des Herzogs Heinrich Julius von Braun-

schweig. Leipzig 1880 (Deutsche Dichter des 16. Jahrhunderts. Hrsg. v. K. Goedeke u. J. Tittmann, 14. Band), S. 70.
48 Ebd., S. 100.

5. Das Neuniederdeutsche

1. Die Sprachformen

In der voranstehenden Übersicht der historischen Sprachstufen des Nd., besonders ihres Werdens und Veränderns in substantieller (auf die Substanz der sprachlichen Systeme bezogen) und kommunikativer (auf die Verwendung dieser Systeme beim Sprachgebrauch bezogen) Hinsicht, ist verschiedentlich ein sprachgeschichtliches Grundgesetz berufen worden: die langfristige Abfolge differenzierter und integrierter Sprachformen und die Steuerung dieser Abfolge durch die ihr innewohnende Dialektik. Danach existieren Dialekte und eine sie überdachende Standardsprache nicht als ärgerliche Gegensätze, die es irgendwann einmal aufzuheben gelte, sondern als notwendiger Ausdruck der Gesamtheit der Sprache. Die Bezeichnung *Existenzform* soll das verdeutlichen: *Sprache* existiert in verschiedenen Formen, die Sprachentwicklung formiert einmal diese, ein anderes Mal jene sprachliche Existenz dialektal und nichtdialektal, indem sie die sprachliche Vielfalt auf Kosten eines Standards einschränkt oder die Standardisierung wiederum zugunsten dialektaler Varianz differenziert.

Daß das alles langwährende Prozesse sind, versteht sich von selbst, ebenso wie man hierbei nicht von revolutionären Umwälzungen sprechen kann. So erklärt sich auch die relative Selbständigkeit der Sprache gegenüber den gesellschaftlichen Formierungen der Sprachträger. „Beim Zusammenleben der Menschen, vor allem im Arbeitsprozeß, entwickeln sich teilweise stabile Gemeinschaften, bei denen sich als Ausdruck kommunikativer Erfordernisse bestimmte Existenzformen der Sprache herausbilden. Je nach den konkreten Bedingungen, unter denen sie entstanden sind, unterscheiden sich die Existenzformen der Sprache, z.B. Stammessprachen, Dialekte, Umgangs- oder Literatursprachen hinsichtlich ihres Geltungsbereichs, der sie tragenden sozialen Gemeinschaften, ihres Wertes für die Kommunikation und ihrer sozialen Wertigkeit sowie des für sie typischen, eine relative Selbständigkeit aufweisenden Systems"[1].

Das Neben- und Miteinander der verschiedenen Sprachformen in einem Sprachgesamt wird normalerweise in einer nationalsprachlichen Bezeichnung zusammengefaßt. Danach verstünde man unter *Deutsch* nicht allein das Hochdeutsche, die deutsche Standardsprache also, sondern auch alle Dialekte und Sondersprachen, die das Hochdeutsche standardsprachlich überdacht[2]. Das kann modellhaft dargestellt werden und vermag dann — mit Hilfe der dem Modell eigenen Beschränkung auf das Wesentliche — die Kompliziertheit sprachlicher Mischungen zu vereinfachen. Auszugehen ist von drei idealtypischen Existenzformen: der Standardsprache, den Sondersprachen (das sind Fach- und Gruppensprachen) und den Dialekten. Sie haben ihre usuellen Merkmale (die Sprachformen sind deshalb Merkmalmengen mit Systemcharakter vergleichbar), die sich in Dimensionsausprägungen niederschlagen. Danach ist die Standardsprache raumübergreifend, die Sondersprachen sind es partiell, während die Dialekte raumgebunden sind (= Dimension des Raumes). Die Standardsprache ist polyfunktional verwendbar, die Sondersprachen und die Dialekte unterliegen in dieser Beziehung Restriktionen (= Dimension der Gebrauchsweise). Die Standardsprache und die Dialekte sind heute in unserem Sprachraum nicht mehr bestimmten Sprecherschichten vorbehalten, für die Sondersprachen ist eine Sprecherzuordnung gerade das sie prägende Merkmal (= Dimension der Sprecherzuordnung). Alle Existenzformen unterliegen der zeitlichen Schichtung (= Dimension der Zeit).

In der kommunikativen Aktion, mithin der eigentlichen Bestimmung sprachlicher Formierungen, ergibt sich nun eine von den Kommunikanten, der Kommunikationssituation und dem Kommunikationsgegenstand abhängige existenzformale Mischung, deren Ergebnis eine okkasionelle Sprachform ist, ein Text, für den im Prinzip keine anderen usuellen Merkmale als die Mischungsprozeduren zwischen Standard und Dialekt und Sondersprachlichem anzugeben sind. Diese Prozeduren nehmen sehr unterschiedliche Mischungsverhältnisse vor (einmal kann Standardsprachliches überwiegen, dann Dialektales, dann Sondersprachliches). Insofern fällt es schwer oder ist gar unmöglich, dem Mischungsergebnis existenzformalen Charakter zuzusprechen. Das ist der Grund, daß hier die sog. Umgangssprache, auch in Fortführung einschlägiger Forschung, nicht als Existenzform gewertet wird.

„Das Unternehmen, Problem und Begriff der Umgangssprache in der germanistischen Forschung zu analysieren, mündet also aus in die Forderung, das Deutsche als Gesamtsprache zu erfassen"[3]. Für die okkasionellen, in der realen Kommunikation geformten Sprachlichkeiten wird *Aktionsform* gesagt, ein Terminus, der die kommunikative Aktion in den Vordergrund rückt und das Wissen einschließt, daß alles sprachliche Kommunizieren nur möglich wird auf dem Hintergrund von festen Sprachformenvorstellungen (den Existenzformen). Da es den eindimensionierten Sprecher nicht gibt, gehen die sprachlichen Existenzformen in der kommunikativen Aktion spezifische Verbindungen ein, zu denen immer auch der Dialekt oder eine dialektähnliche, weil raumgebundene, Sprachform gehört.

Das folgende Modell (siehe S. 91) versucht, diesen Gedanken zu veranschaulichen (dabei treten folgende Abkürzungen auf:

S_n = Nationalsprache, S_{St} = Standardsprache, S_D = Dialekt, S_{So} = Sondersprache, S_A = sprachliche Aktionsform, m = mündlich, s = schriftlich).

Für das Verständnis dieses Modells[4] ist wichtig, daß jede Textlichkeit (S_A) ein Mischungsprodukt existenzformaler Ausgangsstufen (S_D, S_{St}, S_{So}) darstellt, das seinerseits vom Sprecher/Hörer wieder einer der drei Ausgangsstufen zugeordnet wird, der geschlängelte Pfeil deutet diese subjektive Transformation an. Damit wird auch dem Aspekt der individuellen Sprachbewertung Rechnung getragen. An einem Textbeispiel und seiner Bewertung soll das noch einmal vorgeführt werden.

Abb. 1

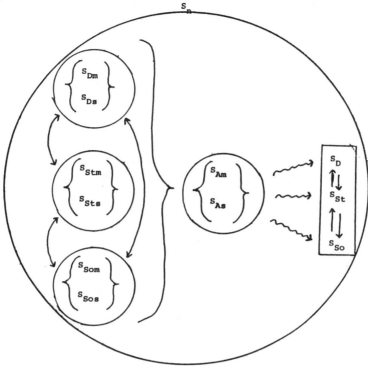

Der Textabschnitt stammt von einer Tonbandaufnahme aus Holthausen bei Lingen/Emsland (archiviert in der Phonothek der Niederdeutschen Abteilung des Deutschen Seminars der Universität Göttingen). Der Sprecher ist ein emsländischer Bauer, der in der Textversion a) seinen emsländischen Dialekt realisiert; dieser Text entspricht der konkreten Aktionsform. Ihr gegenüber bilden die Textversionen b) und c)[5] die Existenzformen Dialekt (= b) und Standardsprache (= c), die die Aktionsform (= a) sprachlich sozusagen gespeist haben. Das läßt sich an den entsprechenden Einmischungen (nachstehend mit ⇐⇒ bezeichnet) ablesen:

a) ja ich bin'n buur / uut Emsland / ane Ems geboorn / un heb mien leben lang ok ane Ems arbeit / / die Ems / di is woll nich so schöön asn Rhein / aber wi Emsländer / wi sind doch / enigermaßen schtolz up unsen fluß / he brenk us wat / he nähmt us wat / awer wie bünt mit alln tofre / wate giff.

b) ja ick bin'n buur uut't Emsland / anne Ems geboren / un hebb mien läben lang ok anne Ems werkt / de Ems / de mag wal nich so moj wern as'n Rhein / men wi Emslänner / wi bint doch orig schtolt up em / he brengt us wat / he niammt us wat / men wie bint met allns tofrere / wat'e giff.

c) Ja, ich bin ein Bauer aus dem Emsland. Ich bin an der Ems geboren und habe auch mein Leben lang/mein ganzes Leben an der Ems gearbeitet. Die Ems ist wohl nicht so schön wie der Rhein, aber wir Emsländer sind doch ziemlich stolz auf unseren

Fluß/sind auf unseren Fluß doch ziemlich stolz; er bringt uns etwas, und er nimmt uns etwas, aber wir sind mit allem, was er gibt, zufrieden.

b		a		c
ick		ich	←	ich
buur	→	buur		Bauer
uut	→	uut		aus
anne	→	ane		an der
hebb	→	heb		habe
mien	→	mien		mein
ok	→	ok		auch
anne	→	ane		an der
werkt	→	arbeit	←	gearbeitet
de...de	→	die...di		die
wal	→	woll	←	wohl
nich	→	nich		nicht
moj		schöön	←	schön
as'n	→	asn		wie
men		aber	←	aber
wi	→	wi		wir
Emslänner		Emsländer	←	Emsländer
wi	→	wi		wir
bint		sind	←	sind
orig		*einigermaßen*		ziemlich
schtolt		schtolz	←	stolz
up	→	up		auf
he	→	he		er
us	→	us		uns
wat	→	wat		was
he	→	he		er
niammt		*nähmt*		nimmt
us	→	us		uns
wat	→	wat		was
men		awer	←	aber
wi	→	wi		wir
bint	→	bünt		sind
met		mit	←	mit
allns		*alln*		allem
tofrere	→	tofre		zufrieden
wat'e	→	wat'e		was er
giff	→	giff		gibt

Die verglichenen Sprachformen offenbaren 37 Diskordanzen. Dabei läßt sich in der Aktionsform 26 mal dialektaler, 10 mal standardsprachlicher Einfluß feststellen; in drei Fällen kann eine für die Aktionsform eigene Bildung registriert werden. Die subjektive Bewertung der Aktionsform als einer Dialektproduktion wird in diesem Falle auch quantitativ gestützt, wenn auch der Standardeinfluß mit 27% nicht gerade gering ausfällt.

Es ist diesem sprachformalen Miteinander zuzuschreiben, daß es keinen „reinen" Dialekt gibt, obwohl er im allgemeinen Wissen immer wieder berufen wird. Daß das so ist, liegt an der hohen Wertschätzung, die die „idealen" Existenzformen im Vergleich zu den „realen" Aktionsformen erfahren. Die Aktionsform ist zwar der eigentliche Repräsentant des Dialekts (wie jeder anderen sprachlichen Existenzform auch), sie trägt im Sprecherbewußtsein aber nie diesen (oder einen ähnlichen) Namen, sondern immer den einer Existenzform.

Die sprachformalen Mischungen können bis zu einem gewissen Grade im Sprachwissen durchaus bewußt werden. Oft führt das zu einem ängstlichen Purismus, mitunter aber auch zu einer offenen Sicht auf diese Sprachnotwendigkeit. So erzählt der in Hamburg-Finkenwerder geborene Handwerker und Pädagoge Ewald Goltz (1909-1983) von den technischen Neuerungen im Fischkutterwesen und ihren Folgen für das Nd. der Finkenwerder:

„Der Bünn des Fischkutters war durch Schotten aus starkem Eichenholz unterteilt, weil Spanten das Ausfischen unmöglich gemacht hätten. Diese Schotten hießen 'Sweffs'. Dieses Wort wurde je nach Herkunft des Sprechers auch als 'Schweff' ausgesprochen. Das hintere Schweff begrenzte anfangs den Motorenraum und wurde zur Befestigung des 'Winschen-Andrief' benutzt. Die Motorräume wurden anfangs mit Holzbrettern ausgelegt. Für das einzelne Brett galt noch das alte Wort 'Lohnenbrett'. Später wurde die Eisenplatte als Fußboden eingepaßt und hieß dann auch im Plattdeutschen 'Flurplatt', nach dem hochdeutschen Wort 'Flurplatte'. Die 'Bolzen' für die Befestigung des Motors in dem Holzschiff hießen 'Fundamentbulten'; die Glühhaube für den damals üblichen Halbdiesel hieß 'Gleuhkupp'. Man könnte noch viele Beispiele anfügen, wie z.B. 'Insugventil', 'Steigung in de Schruuf', 'Zilinner' u.v.a. Dennoch empfanden wir diese Einbrüche nicht als stilwidrig, weil wir einfach ohne diese Ausdrücke nicht auskamen. Unsere Aussprache und unseren Satzbau empfanden wir als plattdeutsch. Die Worte wurden den neuen technischen Bedingungen einfach angepaßt und übernommen"[6].

Mit diesen Äußerungen wird die sondersprachliche Einmischung (d.h. die fachsprachlichen Bezeichnungen) in den Finkenwerder Dialekt („unsere Aussprache und unseren Satzbau") als selbstverständlicher Entwicklungszug beschrieben und akzeptiert. Identifikationsprobleme bei der Sprachkennzeichnung als Dialekt gibt es nicht.

Anders scheint es bei „Kant up Platt" zu sein, der Übertragung eines Abschnitts aus Immanuel Kants „Kritik der reinen Vernunft" ins Nd.[7]:

„Van de Ünnerscheed tüschen de analytschen un de syntheetschen Ordeeln. In all de Ordeeln, in de dat dor üm geiht, wo sik Subjekt un Prädikat to'n anner verhollen (Ik segg hier bloot wat öwer de met Jo, de 'bejahenden'; up de met Nee, de 'verneinenden', is dat nahdem licht antowennen), bi all dese Ordeeln gifft dat twee Oorten, wa se sik to'n anner verholln. Dat Prädikat B höört to dat Subjekt A as sowat, wat in A (vööllicht versteken) all binnen is. Dat is de eerste Oort. Off B is heel wat anners as A, ok wenn B met A tosamen knütt is. Dat is de tweete Oort. In de eerste Oort nöm ik dat Ordeel 'analytsch', in de annere 'syntheetsch'. Dat heet: De analytschen Ordeeln (de 'bejahenden') sünd de, in de dat Prädikat met dat Subjekt dör Identiteet tosamen knütt is. Man de annern, de in unse Gedanken ahn dese Identiteet tosamen knütt sünd, de schallen syntheetsche Ordeeln heeten. Van de eersten künnt wi seggn, datt se wat *verklorn*, van de annern, dat se wat *wieterbringen*. Denn de eersten doon dör dat Prädikat nix Neets to dat Subjekt to. Se leggn hüm bloot in de Wöör ut'n anner, de as Deeln van Gedanken dor all binnen weern (wenn ok noch heel unklor). Ganz un gor anners is dat met de syntheetschen. Se setten to dat Subjekt so een Prädikat dor to, wat dor as Gedanken gonnich binnen weer un wat dor ok nich rut kummt, wenn wi dat ut'n anner leggn. Z.B. wenn ik segg: Alle Körpers sünd utbreet ('ausgedehnt'), so is dat een analytsch Ordeel. Denn ik bruuk nich öwer dat, wat dat Woord 'Körper' seggt, rutgahn, wenn ik dat Breet-Ween ('die Ausdehnung'), de jo de Körper an sik hett, finnen will. Ik bruuk dit Woord bloot ut'n anner leggn, d.h. ik bruuk mi bloot klor maken, wat ik allns met dat Woord 'Körper' toglieks denken do. Denn finn ik dit Prädikat dor all binnen. So is dat denn een analytsch Ordeel. Man wenn ik nu segg: Alle Körpers sünd swohr, denn is dat Prädikat 'swohr' wat heel anners, at wat ik met dat Woord 'Körper' öwerhaupt denken do. Wenn ik so een Prädikat dor bisetten do, denn gifft dat een syntheetsch Ordeel"[8].

Dieser nd. Text ist nicht leicht zu verstehen. Das liegt gewiß an dem komplizierten Gedankengang, der hier wiedergegeben wird[9]. Zu einem anderen Teil sicher aber auch daran, daß hier sowohl den allgemeinen Vorstellungen vom Dialekt (der Gedankenführung, der Syntax und der Begrifflichkeit wegen) als auch einer wissenschaftlichen Fachsprache (der nd. Einkleidung wegen) nicht entsprochen wird. Dabei hat sich der Übersetzer durchaus um syntaktische Erleichterungen bemüht, mehrfach zusammengesetzte Sätze aufgelöst und durch einfache Satzgefüge ersetzt, z.B.:

1. Analytische Urtheile (die bejahende) sind also diejenige = De analytschen Ordeeln (de „bejahenden") sünd de
2. in welchen die Verknüpfung des Prädicats mit dem Subject durch Identität = in de dat Prädikat met dat Subjekt dör Identiteet tosamen knütt is
3. diejenige aber, in denen die Verknüpfung ohne Identität gedacht wird ≠ Man de annern, de in unse Gedanken ahn dese Identiteet tosamen knütt sünd
4. sollen synthetische Urteile heißen = de schallen syntheetsche Ordeeln heeten.

Immerhin beweist diese Übertragung, daß der nd. Dialekt nicht prinzipiell ungeeignet ist, philosophische Argumentationen solcher Komplexität wiederzugeben. Er vermag auch schwierigen Gedankenführungen eine Sprachgestalt zu verleihen. Nichts anderes zu belegen, war wohl auch der Sinn des Übersetzungsversuchs.

Eine spezielle Ausprägung norddeutscher Sprachmischung ist das sog. *Missingsch*. Besondere Bekanntheit hat es über die Literatur erlangt, hier ist an erster Stelle Fritz Reuters Onkel Bräsig aus dem „Stromtid"-Roman zu nennen; von ihm heißt es: „Bräsig wußt recht gaud, dat hei allerlei dummes Tüg mit de Frömdwürd' anrichten ded, äwer hei hadd't sick einmal anwennt, kunn't nich laten, hadd sin Plesier doran un scherte sick wider üm de Welt nich"[10]. Dabei ist der falsche Fremdwortgebrauch nur ein Beispiel für das Sprachgemisch, als dessen Eigenheit der Versuch eines Niederdeutschen, Hochdeutsch zu sprechen, immer wieder genannt wird. Das soll auch die Sprachbezeichnung meinen. Zwei Deutungsmöglichkeiten für *Missingsch* werden angeführt: die Herleitung aus dem mnd. *mysensch* 'meißnisch' oder von *messingsch*, dabei auf das Metall*gemisch* von Kupfer und Zink als Namengebungsmotiv anspielend[11]. Welche Deutung auch zutreffen mag, plausibel sind beide, weil sie auf das sprachliche Vermischtsein von nd. und hochdeutsch/meißnischen Elementen abzielen.

Diese Mischsprache hat eine literarische und regionale Tradition. Jene geht bis ins Mittelalter zurück, wo sich in der höfischen Dichtung des Nordens ein

Hochdeutsch mit nd. Einschlag beobachten läßt, das erst ab dem 14. Jh. zu einem Nd. mit hochdeutschen Einsprengseln wurde. „Die ganze Geschichte des Niederdeutschen, so kann man sagen, ist seit den Tagen Karls des Großen von der Auseinandersetzung mit dem Hochdeutschen als der Sprache der führenden Kulturlandschaften bestimmt"[12].

In der nachmnd. Literatur, den Gelegenheitsgedichten und dramatischen Zwischenspielen, findet sich Missingsch selten, was man so erklärt: „Die poetische Gattung läßt nur zwei Ausdrucksmöglichkeiten zu, einmal die hochdeutsche Schriftsprache, auf der anderen Seite die ausgesprochene Mundart. Jede Vermischung dieser beiden anerkannten Sprachformen ist verpönt"[13]. Erst als sich das Hochdeutsche im Norden gefestigt hatte und norddeutsche Literaten am Ausbau der Standardsprache wesentlich beteiligt waren[14], verwendete man Missingschformen literarisch, aus sprachpflegerischen Gesichtspunkten und denen der Mundartrettung. Vom 19. Jh. an zeigen sich „zwei verschiedene Entwicklungslinien des literarischen Missingsch. Die einen beschränken sich auch weiterhin auf das Ursprungsgebiet des städtischen Missingsch und verstärken noch bewußt den Lokalton. Diese Art ist vor allem ... in Hamburg ausgebildet und gepflegt worden"[15]; die andere Linie zielt auf die Ausprägung eines „missingschen Charakterkopfes"[16]; zu nennen sind hier Entspekter Bräsig von Fritz Reuter, Kasper Ohm von John Brinckman und Vater Gothmann in Felix Stillfrieds Roman „De Wilhelmshäger Kösterlüd" sowie Johannes Gillhoffs „Jürnjakob Swehn, der Amerikafahrer". Diesen vier Mecklenburger „Charakterköpfen" läßt sich der Göttinger Philister Schorse Szültenbürger des Ernst Honig an die Seite stellen.

Gegenwärtig scheinen Missingsch-Texte besonders für satirische Darstellungen bevorzugt zu werden. Jochen Steffens Erzählungen von dem Kieler Werftarbeiter Kuddl Schnööf und Wolfgang Siegs „kaputte Geschichten ausse heile Welt"[17] sind dafür kennzeichnende Beispiele.

In regionaler Hinsicht ist es auffällig, daß Missingsch-Literatur heute zuerst (Groß-)Stadtliteratur zu sein scheint aus Bremen, Hamburg, Kiel und Flensburg. Die nördlichste deutsche Stadt hat mit dem Petuhtanten-Deutsch eine besondere Spielart dieser Mischsprache vorzuweisen. Es ist das Hochdeutsch Flensburger älterer Damen, „die den Namen Petuhtanten erhielten von der Partout-Karte, die sie in der Tasche hatten, und die sie zur stärksten Macht an Bord der Fördeschiffe erhob"; auf den Ausflugsschiffen beanspruchten diese Fahrgäste „ihre festen Plätze, und wehe den Unkundigen oder gar Kindern, die es wagten, sich dort hinzusetzen! 'Das is mein Platz Szie szitzen auf!'"[18]. Im Unterschied zu dem nd.-hochdeutschen Sprachdurcheinander im Mecklenburger, Hamburger oder Bremer Missingsch wird das Flensburger Sprachgemisch der Petuhtanten aus dem Hoch- und Nd. sowie dem Dänischen gespeist, „und zwar im phonetisch-phonologischen, morphologischen, syntaktischen und lexikalischen Bereich"[19]. So weist die Phrase *wenn Szie wegchehen tun* 'wenn Sie weggehen' nd. und dänischen Einfluß auf. Letzterem entspricht die Stimmlosigkeit vor Vokal (<*sz*>)[20], ersterem die Spirantisierung von [g][21] und die den nd. Nebensatz kennzeichnende *tun*-Umschreibung (*wenn Sie weggohn doon*), vgl. dazu Seite 173ff.

Wenn dem Flensburger Missingsch das Aussterben vorausgesagt und seine Fortexistenz nur noch als „Fiktionssprache" vermutet wird[22], dann ist das nicht für alle Missingschvarianten zu verallgemeinern. Es gilt freilich eine wesentliche Unterscheidung: das Sprachgemisch, das Miteinander verschiedener Sprachformen in den mündlichen und schriftlichen Äußerungen (den Aktionsformen), ist eine Gesetzmäßigkeit, die nicht einfach aufgehoben werden kann. Ob das Sprachgemisch aber über die Ausprägung mancher Auffälligkeiten in bestimmten Sprachebenen zu einer „Fiktionssprache" geformt wird, ist eine ganz andere Frage, ja letztlich eine literarische Entscheidung. Die sprachliche Untersuchung von Missingsch-Texten legt überhaupt die Vermutung nahe, daß hier nicht natürliche Sprachformen, sondern literarisch gestaltete vorliegen. An einem kurzen Abschnitt der Erzählung „Von den Fernsehstar" aus Jochen Steffens „Kuddl Schnööfs achtersinnige Gedankens und Meinungens von die sozeale Revolutschon und annere wichtige Sachens" soll das einmal geprüft werden. Dazu wird dem von Steffen verfaßten Missingsch-Text (1) eine nd. (2) und eine standardsprachliche (3) Übertragung gegenübergestellt:

1. Ich geh vonnie Aabeit nach Hause un denk so richtich gannix, da gehn zwei junge Mackers auf mir los. Der eine ballät mich auffie Schulter un bölkt: „Mann, Sie sind richtich." Ich sach: „Schunger Mann, schede annere von Sie geäußäte Ansich würde Sie Ihre Vodäzähne kossen." (S. 147).
2. Ik gah von de Arbeit na Hus un denk rein an nix. Do koomt twee Mackers/Keerls op mi to. De een kriggt mi an de Schuller un bölkt: „Mann, Se sünd de Keerl, de ik bruken do." Ik segg: „Kamrot, as Se wat von mi wüllt, schüllt Se mi dat eersmal verklarn."
3. Ich gehe von der Arbeit nach Hause und denke a rein gar nichts, da kommen zwei junge Leute auf mich zu. Der eine schlägt/knallt/haut mir/mich auf die Schulter und brüllt: „Mann, Sie sind richtig." Ich sage: „Junger Mann, jede andere Meinung würde Sie teuer zu stehen kommen."

Die Kontrastanalyse (≠ steht für Diskordanzen) formaler und inhaltlicher Vergleichsfälle (V) ergibt dieses Verhältnis:

$ich_{1,3} \neq ik_2$	V Lautverschiebung
$geh/gah_{1,2} \neq gehe_3$	V Abfall des -e
$vonnie_1 \neq von\ de_2 \neq von\ der_3$	V Kasusmarkierung
$nach\ Haus_1/na\ Hus_2 \neq nach\ Hause_3$	V Abfall des -e
$Haus(e)_{1,3} \neq Hus_2$	V Diphthongierung
$un_{1,2} \neq und_3$	V Konsonantenerleichterung
$denk_{1,2} \neq denke_3$	V Abfall des -e
$auf_{1,3} \neq op_2$	V Diphthongierung, Lautverschiebung
$mir_1 \neq mi_2 \neq mich_3$	V Präpositionalkasus
$der_{1,3} \neq de_2$	V -r-Pronomen
$eine_{1,3} \neq een_2$	V Monophthongierung
$ballät\ mich_1 \neq kriggt\ mi_2 \neq schlägt ... mich_3$	V Verbwahl
$auffie_1 \neq an\ de_2 \neq auf\ die_3$	V Kasusmarkierung
$Schulter_{1,3} \neq Schuller_2$	V Assimilation
$bölkt_{1,2} \neq brüllt_3$	V Verbwahl
$richtich_1 \neq de\ Mann,\ de_2$	V Satzbau
$ich_{1,3} \neq ik_2$	V Lautverschiebung
$sach_1/segg_2 \neq sage_3$	V Abfall des -e
$sch/junger\ Mann,\ sch/jede_{1,3} \neq Kamrot,\ as_2$	V Satzbau

Die 19 Vergleichsfälle verteilen sich über die Sprachebenen so:

phonetisch-phonologisch Ebene: 12
morphologische Ebene: 3
syntaktische Ebene: 2
lexikalische Ebene: 2[23]

Berechnet man die konkordanten Vergleichsfälle zwischen den drei Sprachformen, so erweisen Missingsch und Standardsprache einen Konkordanzfaktor von 0,68, aber Missingsch und Nd. einen von 0,52 (absolute Konkordanz läge bei Faktor 1 vor). Entsprechend verkehren sich die Werte bei den Diskordanzen[24].

Schon dieser wenig umfangreiche Vergleich bestätigt die populäre Formel, daß Missingsch als Hochdeutsch auf nd. Grundlage gelten kann. Sucht man usuelle Missingsch-Merkmale, so findet man sie am ehesten auf der morphologischen Sprachebene, während im Lautlichen die Anlehnung an den Standard am auffälligsten ist. Mit Bezug auf die Syntax sind die realisationsformalen Eigenheiten zu beachten, ob der Text gesprochene oder geschriebene Sprache darstellen soll. Auch in der Lexik finden sich landschaftstypische Eigenheiten, die aber immer großlandschaftlich zu verstehen sind (kleinräumige Dialektwörter wird man meist vergebens suchen).

Es ergibt sich die Frage, ob Missingsch eine real gesprochene Sprachform darstellt oder eher als geformte Literatursprache bezeichnet werden kann, eine Sprachform, die bewußt gestaltet ist und darum auch eine Überrepräsentation bestimmter sprachlicher Merkmale aufweist (wie Kasuszusammenfall und lexikalische Verballhornungen, s.o. das Zitat über Fritz Reuters „Onkel Bräsig"). Wahrscheinlich liegt genau in der bewußten literarischen Gestaltung das entscheidende Kriterium für diese sprachliche Zwischenform, die aber immerhin kraft ihrer literatur- und sprachgeschichtlichen Tradition im norddeutschen Raum eine berufbare Größe darstellt, wie freie Übertragungen nd. Texte ins Missingsch beim Hamburger Ohnsorg-Theater beweisen[25].

Diese berufbaren Größen, in der Abbildung des Sprachformenmodells sind sie in dem rechtsseitigen Kasten als Ergebnis der Transformation von Aktionsformen in Existenzformen aufgeführt, spielen auch eine Rolle bei der Erforschung der Lage des Nd. Dabei richtet man sich zuerst auf die quantitativen Verhältnisse in der sog. pragmatischen w-Kette: wer spricht (Nd.) mit wem, wann, wo und warum?

Hierzu liegen seit 1984 repräsentative Zahlen aus dem gesamten westnd. Raum vor[26]. Danach kann im Norden der Bundesrepublik Deutschland von einer stabilen, wenn auch „verborgenen" Zweisprachigkeit ausgegangen werden, die nicht einfach mit solchen geläufigen Mehrsprachigkeitskennzeichnungen wie Bilingualismus oder Diglossie zu erfassen ist. Das ist selbst aus der Sprachreflexion eines Bauern (aus Wührden im nordniedersächsischen Landkreis Osterholz) herauszuhören:

Natürlich könt wi ok hoch. Wenn wi abers Besök hebbt, hochdütschen, un wi sitt't mientwegen üm de Kaffeetafel rüm, dennso snackt mien Fro un ick ünner' nanner jümmer platt.

> Wi sünd nämlich hier int Sankt Jürgensland plattdütsch opwussen, un de Ümgangsspraak is Platt von Öllers her. Wenn de jüngern Lüe op'n Hoff mehr un mehr anfangt, mit de Kinner hoch to snacken, so kennt wi Olen nix anners as Platt. Dat gellt to'n Deel ok noch, wenn de Pastor mal inkieken deit un erstrecht bi'n Tierarzt. Wi hebbt twee darvon; de een kümmt von Meckelborg, de anner stammt ut städtische Verhältnisse, hett sick dat Platt abers so bi Lüttjen annahmen. Wenn jüngere Lüe bi mi int Huus kaamt un fangt an Hoch to snacken, denn anter ick jem in Platt, un wahrt nich langen un de könt miteens ok Platt. Anners is dat op eenen Hoff nich wiet von us, dar hett eenen ut Ostpreußen rinfreet, dar kennt dat junge Paar blot Hoch un ok mit de Kinner. Wat de Spraak angeiht, so gift dat keenen Ünnerscheed twüschen Buur (Hofbesitzer) un Arbeitslüe (wenn't de op'n Hoff noch geben deit). As ick in Gefangenschaft weer, harr ick gode Fründschopp mit twee Kameraden, dat weern nämlich Plattdütsche, wenn ok von Westfalen de een un von Südhannober de anner. De Spraak weer't aber, de us harr to'n anner finnen laten. Wat mi lestdaags opfullen is: Dar is 'n Familie nich wiet von us, dar word mit de Kinner blot Hochdütsch snackt. Nu sünd de Jungs ranwussen, hebbt wat lehrt un fangt miteens an mit ehren Vadder Platt to spreken[27].

Ganz selbstverständlich ist dem Sprecher das Nebeneinander von Platt und Hoch, ebenso auch der Wert der nd. Muttersprache, deren vertrauenschenkende und gemeinschaftstiftende Fähigkeiten von ihm selbst erfahren worden sind (in der Gleichheit zwischen Bauer und Landarbeitern sowie in der Kameradschaft während der Kriegsgefangenschaft). Daß beide Sprachen ihre Gebrauchsdomänen haben, wobei das Nd. von älteren Landbewohnern und in der Kommunikation untereinander sowie mit als zugehörig empfundenen Personen (Pastor, Tierarzt) verwendet wird, gilt als normal. Deshalb erscheint es auch vernünftig, den Dialekt selbst dann noch zu erlernen, wenn er einem als Kind von den Eltern nicht angeboten worden ist.

Oft drückt sich in solchen Reflexionen auch ein Stück nd. Ideologie aus, z.B. bei dem Heidedichter Wilhelm Martens (1913-1977). „Auf die Frage, warum Plattdeutsch heute noch gesprochen wird, antwortet Wilhelm Martens, die Frage sei ebenso unsinnig wie die Frage an einen Franzosen, warum er französisch spreche"[28]. Hier scheint auf eine durchaus berechtigte Frage eher unzulänglich, wenn auch für sprachbewußte Norddeutsche nicht untypisch reagiert worden zu sein. Es geht ihnen um die Rettung des Nd. als *Sprache,* nicht als Dialekt. Mit der Nichtanerkennung des gegenwärtigen Status der Muttersprache wird dann die Mehrsprachigkeit nicht wie bei dem oben zitierten Bauern als das Normale anerkannt, sondern als eine Art sprachgeschichtlichen Unfalls bedauert.

Sowohl die sprachlichen Lebenserfahrungen als auch die Ideologisierungen des Nd. sind zu respektieren, von der Wissenschaft aber nicht einfach zu übernehmen, sondern genau zu belegen und soziolinguistisch und sprachhistorisch zu erklären. Das soll Gegenstand des nächsten Abschnitts sein.

2. Wer spricht Platt?

Die Frage nach der Sprachbeherrschung, dem Sprechenkönnen und Sprachverstehen, ist nicht neu. Die Enquête des Abbé Grégoire von 1790 über die Lebendigkeit der Dialekte in Frankreich gehört zu den ersten bekannteren Erhebungen in der westeuropäischen Dialektgeschichte und wirkte, obwohl ungewollt, stimulierend auf die Dialekterforschung.

Das Nd. in kleinerem, lokalem und größerem, überregionalem Zusammenhang ist in ca. 30 Studien[29] Gegenstand statistischer soziolinguistischer Nachfrage gewesen, deren Zusammenfassung einen zuverlässigen Einblick in die neuere Geschichte des Nd. gewähren würde. Sie ist aber nicht einfach zu erreichen, weil sich diese Studien in Ausführung, Anlage und Zielstellung beträchtlich unterscheiden. Hier liegt der Vorzug der vom Institut für niederdeutsche Sprache zu Bremen in Verbindung mit den niederdeutschen Abteilungen der Universitäten Göttingen, Hamburg, Kiel und Münster sowie dem Bremer Meinungsforschungsinstitut GETAS durchgeführten Erhebung zur Lage des Nd. heute. Die in Stellmacher 1987 vorgestellten Ergebnisse belegen eine kräftige, wenn auch in den Teilregionen Schleswig-Holstein (SH), Hamburg (HH), Niedersachsen-Nord (NIn) und Süd (NIs) sowie Nordrhein/Westfalen (NW) unterschiedlich starke Existenz des (West-)Nd. in unserer Zeit.

Eine Sprechkompetenz schreiben sich 56% der Befragten zu, davon meinen 35% sehr gut/gut nd. sprechen zu können. Von den Teilregionen sind das nördliche Niedersachsen (NIn), dicht gefolgt von Schleswig-Holstein, die Gebiete mit den höchsten Werten zum aktiven Sprachgebrauch (siehe Abb. 2).

Abb. 2

Können Sie plattdeutsch sprechen?

	total	SH	HH	NIn	NIs	NW
sehr gut	20	31	10	33	13	15
gut	15	16	19	19	13	12
ein wenig	21	24	26	19	18	22
nein	43	29	45	31	56	51

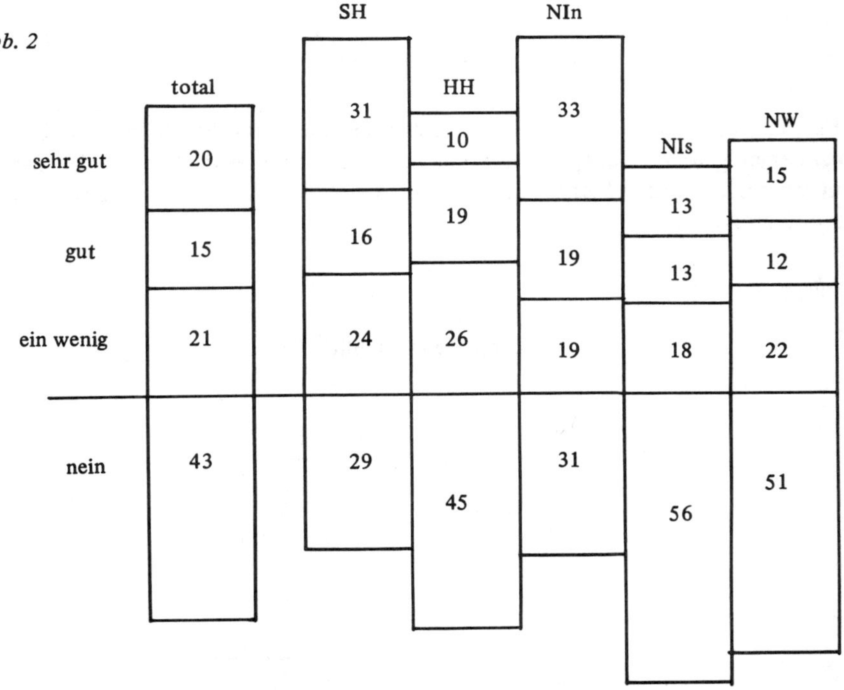

Befragt nach dem Grund für den Dialektgebrauch, werden ästhetische und emotionale Erklärungen bevorzugt (siehe Abb. 3).

Warum sprechen Sie Plattdeutsch?

Abb. 3

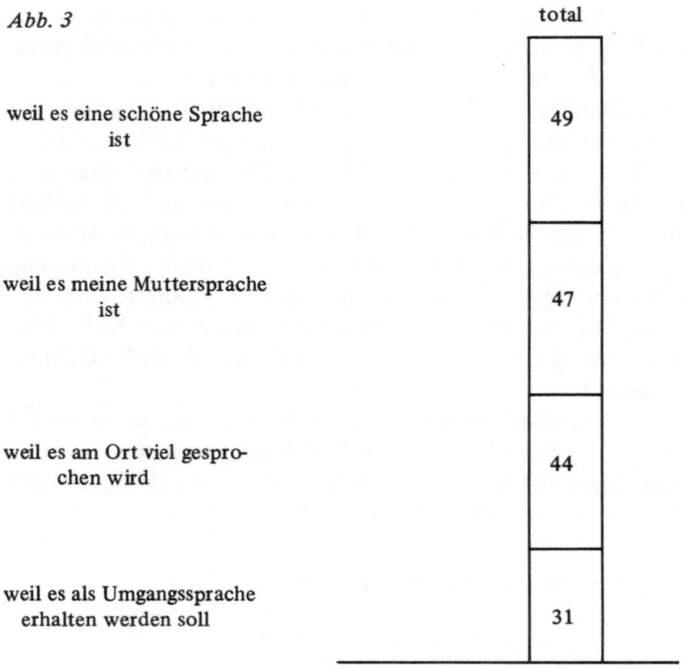

	total
weil es eine schöne Sprache ist	49
weil es meine Muttersprache ist	47
weil es am Ort viel gesprochen wird	44
weil es als Umgangssprache erhalten werden soll	31

Für die Lebenskraft des Dialekts ist die Frage nach dem tatsächlichen Gebrauch bei denjenigen, die Nd. sprechen können, von Belang. Das Ergebnis (siehe Abb. 4) unterstreicht unser Wissen um das Nd. als Zweitsprache mit eingeschränkter Kommunikativität.

Abb. 4

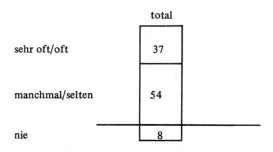

Sprechen Sie tatsächlich Platt?

	total
sehr oft/oft	37
manchmal/selten	54
nie	8

Die Gebrauchsdomänen des gegenwärtigen Nd. entsprechen weitgehend denjenigen, die man heute allgemein für Dialekte ermittelt und die mit dem Schlagwort der Nahkommunikation charakterisiert werden. Auf Fragen, mit wem und worüber man Nd. spreche, ergeben sich ganz klare Verteilungen: es sind zuerst Gesprächspartner, von denen man weiß, daß sie nd. sprechen und diese Sprache lieben, also Freunde und gute Bekannte; innerhalb der Familie sind Großeltern und Geschwister die bevorzugten Adressaten, vor allem in Gegenwart weiterer Dialektsprecher und -liebhaber. Sehr zurück hält man seine nd. Sprachkenntnisse im Gespräch mit Kindern und Enkeln, besonders solange diese schulpflichtig sind. Hier wird offensichtlich der nahkommunikative Bereich durch die Erziehungs- und Schulkommunikation verändert — eine Beobachtung, die nicht nur in bezug aufs Nd. gilt[30].

Bei den auf nd. verhandelten Gesprächsgegenständen sind die emotionalisierten Bereiche wie Familiäres und der Austausch von Freundlichkeiten die eindeutigen Spitzenreiter, während politische und kulturelle Themen nicht so oft dialektal abgehandelt werden. Sehr oft wurde das Grüßen als eine mundartliche Domäne angegeben. Hierbei ist jedoch zu berücksichtigen, daß Grüßen und dem Gruß folgende Gesprächsfloskeln fast ritualisiert sind: *moin, moin, wo geiht't? na, adschüß denn, holl di stief!* und ähnliche Wendungen leiten Gespräche ein und schließen sie ab. Dem Dialekt fallen damit nicht zu unterschätzende Kontaktaufgaben zu, die den Beziehungsaspekt der Kommunikation realisieren.

Die Kommunikationsdomänen des Nd. unterscheiden sich, es klang bereits an, nicht wesentlich von denen anderer Dialekte. Lediglich sprachgeschichtliche Unterschiede werden sichtbar. In Bildung und Erziehung, Beruf und Religion, Familie und Freundschaft verliert die nd. Sprache seit dem Ausgang des Mittelalters immer stärker an Geltung und erfährt dadurch auch einen Verlust an Ansehen. Je öffentlicher der Kommunikationsbereich ist, umso stärker wird die Durchdringung vom Hochdeutschen. Aber es gibt auch Gegenströmungen: im 17. und 18. Jh. als vereinzelte Verteidigungen der nd. Muttersprache, ab der Mitte des 19. Jhs. als breiter angelegte Kultur- und Heimatbewegung, die dem Nd. in einigen Domänen wieder Geltung verschafft: in der Literatur und auf dem Theater, in der Kirche und vor allem im Rundfunk. Die nd. Literatur zählt zu den traditionsstärksten und am meisten entwickelten Dialektliteraturen unserer Zeit. Sie ist auf ihre Weise ein Beispiel für das sprachgeschichtliche Auf und Ab dieser Sprache. Ihre entwickelte Existenz läßt auch auf eine erhebliche Verstehensfähigkeit der Norddeutschen ihrer alten Sprache gegenüber schließen. Das kann wiederum an den aktuellen Zahlen nachgewiesen werden (siehe Abb. 5).

Daß sich 66% eine gute und sehr gute „passive" Nd.-Kompetenz zusprechen, ist ein nachhaltiges Bekenntnis für die Mundart in Norddeutschland, das von der realen Sprachbeherrschung (die Zahlen beziehen sich ja auf Selbstaussagen) nicht weit entfernt sein dürfte. Der Satz *ich kann Platt nicht sprechen, verstehe es aber* ist immer wieder zu hören und steht für die Möglichkeiten, über die das Nd. noch verfügt. Solche passiven Sprachkenntnisse können aktiviert werden, wenn es die Lebensumstände erwünscht sein lassen. Deshalb ist es interessant zu wissen, von wem das Nd. erlernt worden ist. Da stehen die Eltern,

Abb. 5

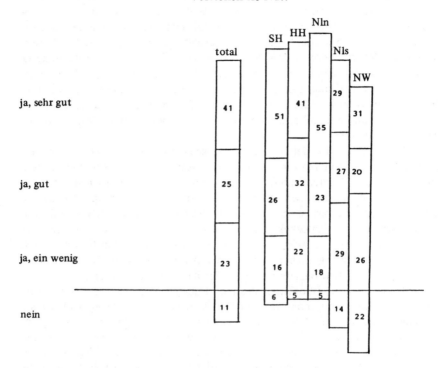

besonders die Mutter, obenan. Das erklärt sich aus der Kindererziehung. Nach den Eltern sind Freunde und Spielgefährten die wichtigsten Sprachvermittler, Ehepartnern und Arbeitskollegen fällt eine eher geringere Rolle zu[31].

Die gegenwärtige Sprachsituation in Norddeutschland ist durch eine Umkehrung des bis in unser Jahrhundert hinein wirkenden Verhältnisses von Erst- und Zweitsprache gekennzeichnet. Galt ehemals als Sprache, die man zuerst und als „Muttersprache" erwarb, das Nd., das erst über die Schule durch das Hochdeutsche ergänzt wurde, so ist es heute anders: man erwirbt das Nd. später, als Zweitsprache zur hochdeutschen Muttersprache. „Die Moderspraak-Argumentation wird in unserer Zeit nämlich problematischer, als sie ohnehin immer schon war, weil Nd. offenbar mit zunehmender Tendenz nicht mehr als Erst-, sondern als Zweitsprache (z.B. am Arbeitsplatz) gelernt wird und dann also nicht mehr 'Moderspraak' ist. Die Sprachenfolge Nd.-Hd. im Spracherwerb ist im Begriff, sich umzukehren bzw. hat das vielerorts bereits getan"[32].

Diese Umkehrung in der Sprachenabfolge eröffnet dem Nd. neue Chancen in der Sprachverwendung. Wenn es denn nicht mehr die altehrwürdige Moderspraak ist, die es als heiliges Gut eines Volkstums zu pflegen und bewahren gelte, sondern „nur" noch eine originelle Zweitsprache, eine Sprachmöglichkeit, dann läßt sie sich vielseitig und ungewohnt einsetzen. In der Werbung und bei anderen aufmerksamkeitsheischenden Gelegenheiten wird das bereits praktiziert. In der schleswig-holsteinischen Kommunalwahl von 1978 hat sich eine große Partei auch mit nd. Texten an die Wähler gewandt; die Aussage „Wir treten dafür ein, daß die Wasserversorgung und Abwasserbeseitigung koordiniert und nach neuesten Erkenntnissen geplant wird" erscheint nd. in dieser Gestalt: „Drinken un dat Schietwater mööt anpackt warrn. All de niegen Erfahrungen mütt anwend warrn, damit wi all dadurch een Vördeel hebt"[33].

Ein Bremer Kaufhaus warb mit diesem Spruch für Pelzmäntel: „Wat den enen sien Nerz, is den annern sien Griesfuchs"[34]. Auch die Unterhaltungsbranche verspricht sich von Hinweisen aufs Nd. Erfolge, wie ein Oldenburger Bar-Betrieb meint, der mit dieser Anzeige Besucher anzulocken hofft: „Paradiso-Bar / Neue „Oben-Ohne-Mädchen" / Nachmittags ab 15 Uhr geöffnet / gegenüber der Weser-Ems-Halle / Übrigens: Wi snackt ok platt"[35].

In ostfriesischen Discountläden vertreibt ein bekannter Handelsmarkt ganzseitige Zeitungsanzeigen mit Texten wie „Twee-Liter-Buddel Persil natt", „Swienrullbraa mager", „200g-Pottje Müller's Melkries" und das alles unter der Überschrift „Verpusten för't Knipp"[36].

Die Ostfriesische Aids-Hilfe in Aurich verbreitet ihr Aufklärungsmaterial auch in nd. Sprache, denn es handele sich hierbei ja nicht um eine Großstadtkrankheit[37]. Diese Gebrauchsvielfalt des Nd. ergänzt sich noch durch plattdeutsche Stadtführungen des Bremer Verkehrsvereins[38], nd. formulierte Kontaktanzeigen („Twee Schrievdischminschen sökt nette Deerns für Verlustbarkeiten — huih", „Student much gern ne Fru kennlern, dee weet, dat dat op dat Hart un opn Buk ankümmt un dat de Bregen männichmal opn Mestbarch schmeten hört")[39]. Auf dem Amtsgericht Nordenham mußte ein Nd.-Dolmetscher tätig werden, um einem 67jährigen Landwirt aus Jade, der „fast nur Plattdeutsch" spricht, beizuspringen[40]. Mit diesen Angaben ist schon der Bereich der Gebrauchsweisen des modernen Nd. berührt, dem im Zusammenhang mit der Ausbausprache eingehender nachgegangen wird.

Die Frage nach dem Sprechen und Verstehen des Nd. ist in bezug auf den norddeutschen Teil der Bundesrepublik recht umfassend zu beantworten. Die dafür ermittelten Zahlen belegen eine stabile Zweitsprache, die sich ungeachtet einiger Ausbauerfolge doch auf die vertraute Kommunikation beschränkt. Der Norddeutsche gilt ja nicht zu unrecht auch als vorbildlicher Repräsentant des Hochdeutschen (zumindest was die gesprochene Sprache und ihre Lautierung angeht). Er schämt sich heute seiner nd. Sprachkenntnisse nicht mehr, sondern weiß sie funktionsgerecht einzusetzen. Dabei dient sie ihm weniger als Mittel regionaler Identitätsstiftung denn als eine kommunikative Möglichkeit, die willkommen ist und die man sich erhalten möchte. Das scheint die Erklärung dafür zu sein, daß noch immer stattliche Kompetenzzahlen vorgestellt werden können, obwohl oberflächliche Betrachtung schon seit mehr als 100 Jahren einen unaufhaltsamen Rückgang nd. Sprachkenntnisse bilanziert. Daß dem nicht so ist, verdanken wir der spezifischen norddeutschen Zweisprachigkeitssituation, die am treffendsten als verborgene Zweisprachigkeit zu kennzeichnen ist und der Weiterexistenz des Nd. eine ausreichende Gewähr zu bieten scheint.

3. Die niederdeutschen Dialekte

Die areale Verteilung erfaßt die geographische Binnengliederung als Ausdruck der Raumdimension unserer Sprache. Darauf zielten schon früh Einteilungsversuche und ihnen entsprechende Sprachkarten.

In einer „Kaart van 't Gebied der Nederdütsche Sprake" erfaßt H. Vandenhoven in „La langue flamande" bereits 1844 einen großnd. Raum bei Einschluß des Nord- und Südniederländischen, doch ohne eine weitergehende dialektale Aufgliederung. Ein vergleichbares Kartenbild findet sich bei Bernhardi 1844. Seine Sprachkarte mit einem Geltungsbereich des Nd. von Flandern bis Ostpreußen und Schleswig bis Ostfalen ist historisch ausgerichtet, indem verfolgt wird, ob und wie sich die Mundartgebiete auf alte Stammesräume zurückführen lassen.

Eine dialektale Unterteilung des Nd. nimmt Otto Bremer in seiner vielzitierten Arbeit zur „Ethnographie der germanischen Stämme" (Straßburg ^{2}1904) vor, dabei schon die markanten Dialektverbände West- und Ostfalens, Nordniedersachsens sowie den nicht weiter untergliederten ond. Dialektraum heraushebend.

Der älteste wissenschaftliche Einteilungsversuch geht auf die ausdrücklich auch als *Versuch* gekennzeichnete Studie von Hermann Jellinghaus zurück (Jellinghaus 1884). Er unterscheidet zwischen den „Mundarten im Stammlande" (Niederrheinisch, Sächsisch, Nd. der Nordseeküste und ihres Hinterlandes, Elbe-Weser-Mundarten, Westfälisch) und denjenigen „In den Kolonien" (Schleswigsch und Ostholsteinisch, Mecklenburgisch-Vorpommersch, Hinterpommersch-Preussisch, Neumärkisch und Brandenburgisch). Jellinghaus beschreibt die nd. vokalischen und konsonantischen Entwicklungen in den verschiedenen Dialektgebieten, fügt eine „Wörtersammlung" an, verzichtet aber auf eine kartographische Darstellung der Einteilung.

Die geläufigste und noch immer beschriebene (und gezeichnete) „mundartliche Gliederung" des Nd. lautet so: „Das Nd. zerfällt in zwei große Mundartgruppen, das Westnd. im Gebiet der Altstämme und das Ostnd. auf ostdeutschem Siedelboden. Der Hauptunterschied ist die Endung des Präs. Plur., die im Westnd. *-(e)t* lautet, im Ostnd. durchweg *-en*. Das Schleswigsche, Ostfries. und der nd. Südrand zwischen Harz, Elbe und Ohre, die ... auch den Plural auf *-en* bilden, rechnen wir gleichwohl zum Westnd."[41]. Das Westnd. wird dann in die bereits genannten Dialektverbände Nordsächsisch, West- und Ostfälisch unterteilt, das Ostnd. in Mecklenburgisch-Vorpommersch, Mittel- und Ostpommersch sowie Niederpreußisch und Brandenburgisch (Kt. 3). Rücksicht auf die politischen Gegebenheiten nach dem Zweiten Weltkrieg und die Aussiedlung Deutscher aus dem östlich der Oder gelegenen Teilen Mittel- und Ostpommerns sowie Niederpreußens nehmen die Übersichtskarten nd. Mundarten bei Gernentz 1980 (Kt. 4) und im LGL (Kt. 5). Hier verbleiben dem Ostnd. nur noch die Dialektverbände des Mecklenburgisch-Vorpommerschen, ein Teil des Mittelpommerschen und das Märkisch-Brandenburgische.

Diese Einteilungen beruhen auf verschiedenen „Schibboleths", d.h. auffälligen Erscheinungen aus der Laut- und Formenlehre sowie dem Wortschatz, vgl. Formulierungen wie „Die auffallendsten lautlichen Merkmale dieses Mundartraums (des Westfälischen, D.St.) sind neben der westfäl. Brechung, der Scheidung von altlangem und tonlangem a und der westfäl. Hiatentwicklung (*süggel, süwwel* 'Seule') die Typen *dô-t* oder (sicher im O und SO) *dô-it* 'tut' und *nô²* (*nau*) gegenüber sonstigem nd. *dait, noch*. Zu den lexikalischen Eigenheiten des Westfäl. gehören z.B. *schröve* 'Griebe', *gaidling* 'Schwarzdrossel', *gaffeltange* 'Ohrwurm' und *rǖe* als allgemeine Bezeichnung des Hundes"[42].

Mit der Aufnahme strukturbezogener Sprachbetrachtung im Nd., also der Hinwendung zur Analyse von Systemen anstelle einzelner Sprachmerkmale, verändern sich auch die Kartenbilder. W. Foerste hat dabei mit einer Karte den Anfang gemacht, denn die „ältesten und wichtigsten strukturellen Unterschiede innerhalb des niederdeutschen Altlandes haben sich bei der historischen Entwicklung der langen $\bar{e}$- und $\bar{o}$-Laute ergeben"[43]. Ihre monophthongischen oder diphthongischen Realisierungen „entsprechen ... den Umsetzungen einer Melodie in andere Tonarten"[44] und reflektieren damit die wichtigen, eigentlich unaufgebbaren Suprasegmentalien, an denen man die landschaftliche Herkunft von Sprechern (auch in überdialektaler Diktion) gut erkennen kann. Doch wirklich bedeutsam und dialektunterscheidend „werden solche Veränderungen ..., wenn sie nicht nur klangliche Modulationen eines bestimmten Typus sind, sondern den ... lautlichen Bauplan einer Mundart, den Typus selbst verändern"[45].

Aus Angaben zum Deutschen Sprachatlas (von ihm gibt es nicht nur 128 gedruckte Karten, sondern noch 1646 handschriftlich gezeichnete Kartenblätter im Archiv des Forschungsinstituts für deutsche Sprache der Universität Marburg) hat W. Foerste die erste strukturgeographische Einteilungskarte des Nd. erarbeitet (Kt. 6). Der entscheidende strukturelle Gegensatz bei den nd. Entwicklungen der wg. $\hat{e}$- und $\hat{o}$-Laute ist der von Monophthong und Diphthong, z.B. *Kleit* vs. *Klēt* 'Kleid' (wg. $\hat{e}^2$ < germ. *ai* ohne Umlaut) oder *Braut* vs. *Brōt* 'Brot' (wg. $\hat{o}^2$ < germ. *au*). Von zehn nd. Dialektbereichen (Ripuarisch, Südwestfälisch, Münsterländisch, Emsländisch/Ostfriesisch, Südostfälisch, Kernostfälisch, Bremisch-Oldenburgisch, Holsteinisch, Mecklenburgisch, Altmärkisch) dominieren in dreien die Monophthonge, in sieben überwiegen jedoch die Diphthonge, so daß für das Nd. Lautungen wie *Kleit* und *Braut* als typisch angesetzt werden könnten. Das wäre aber aus mehreren Gründen leichtsinnig: einmal verhalten sich die vier $\hat{e}$-Laute ($\hat{e}^1$ bis $\hat{e}^4$) und die zwei $\hat{o}$-Laute ($\hat{o}^1, \hat{o}^2$) nicht gleichförmig, sondern variieren untereinander sehr stark, z.B. im Ostholsteinischen, wo es *Kēs, Klēd/äin, rein, Däif, Houd, Brōt* für $\hat{e}^1$ bis $\hat{e}^4, \hat{o}^1$ und $\hat{o}^2$ heißt; zum anderen sind gerade diejenigen Dialektlandschaften für das Nd. sprachgeschichtlich progressiv geworden, die sich monophthongisch integriert haben, wie z.B. Bremisch-Oldenburgisch-Westholsteinisch-Schleswigsch mit einer Wortreihe wie *Kēs, Klēd/ēn, rein, Dēf, Hōd, Brōd*.

Eine revidierte und ergänzte Strukturkarte findet sich deshalb in Goossens 1973, Kt. 5 (hier Kt. 7). Sie zeigt auch für die monophthongischen Bereiche der älteren Karte eine diphthongische oder diphthongoide Alternative, so daß bis auf einige kleinere Gebiete im Westen und Osten des Nd. nicht von klaren Monophthong- und Diphthongmundartlandschaften zu sprechen ist.

Vereinfachter, weil auf wenige Ortsgrammatiken gestützt, ist das entsprechende Bild in Cordes/Möhn 1983, S. 243 (Kt. 8). Es läßt den ond. Dialektraum ausgeglichener erscheinen, nicht etwa weil monophthong- oder diphthongbestimmt, sondern der Ähnlichkeit des Verhältnisses von Monophthong und Diphthong in den ê- und ô-Bereichen wegen. Im Wnd. unterscheiden sich in dieser Beziehung ein westfälisch-südostfälischer Verband, dagegen sind die anderen Gebiete dieses Dialektraumes stärker differenziert.

Kleinräumigerer (Nach-)Forschung bleibt es vorbehalten, dieses grobflächige Bild zu verfeinern und zu korrigieren. In bezug auf das Ostwestfälische (den Mindener Raum) und das Südostfälische (von Einbeck bis Göttingen) ist das erfolgt und hat eine Modifikation des allgemeinen Kartenbildes ergeben. Dabei wurden auch die dialektgeographischen Übergänge markiert, das Gesamtbild aber nicht widerlegt[46].

Die herkömmlichen Einteilungen überwindend, erscheint das Kartenbild der „Hauptgruppen der niederdeutschen Mundarten" bei Panzer/Thümmel 1971. Die auf der „strukturellen Entwicklung des Vokalismus" unterschiedenen Hauptgruppen bestehen aus einem dreifach unterteilten Nordost-Nd. und einem vierfach gegliederten Südwest-Nd. (die flämischen und niederländischen Mundarten sollten für eine Gliederung des Nd. aber nicht herangezogen werden). Der Nordosten ist im Gegensatz zum Südwesten viel geschlossener und unterstreicht abermals die auch an anderen Strukturkarten erkennbaren Integrationen dieses progressiven Sprachraumes.

Die Abgrenzung der nd. Dialekte ist im Westen und Süden umstritten. Im Westen liegt die Problematik in dem alten Dialektkontinuum, das die deutsch-niederländische Staatsgrenze teilt, wodurch verwandte Dialekte von verschiedenen Standardsprachen überdacht werden mit der Folge, daß sie einmal als deutsche, das andere Mal als niederländische Dialekte zu bezeichnen sind. So ist das folgende Gedicht[47] des aus dem niederländischen Winterswijk/Gelderland stammenden Henk Krosenbrink (*1928) aus nd. Sicht ohne jede Schwierigkeit zu verstehen:

>Hondetrouw[1]
>Elken[2] aovend late
>laot ik den hond oet[3],
>kieke naor de staerne
>en hoppe,
>dat elfjes in de maone danst.
>Maor den hond
>trök mi'j trugge
>naor hoes hen.
>Hee vundt mi'j te old
>veur sprookjes[4].

>1) Hundetreue; 2) jeden; 3) <oe> steht anstelle eines langen <u>; 4) für Märchen.

In gleicher Weise konnte der in Neuenhaus/Gft. Bentheim gebürtige Mundartautor Karl Sauvagerd (*1906) der ostniederländischen Dichterfreundin Johanna van Buren (1881-1962) zum 80. Geburtstag in seiner Mundart gratulieren[48]:

To'n 80en verjoorsdag van
Johanna van Buren

Een mensschenleven, dat doert seuventig[1] jore
En as et hoog komp, könt et tachtig[2] we'n
en was et good, dan gaf et ok dat swore
en last en meui'jte[3] en völ wark te seen.
— — —
— — —

1) siebzig; 2) achtzig; 3) Mühe.

Grenzüberschreitende Dialektmerkmale veranschaulichen Karten zu ostniederländisch-nd. Kernlandschaften in der Wortgeographie und entsprechenden Linienverläufen in der Laut- und Formengeographie[49].

Die Abgrenzungsproblematik ist im Westen nicht so sehr dialektgeographischer, sondern soziolinguistischer Natur. Oft wurde die genetische Verwandtschaft über die reale Sprachsituation des Nationalsprachengefüges gestellt. Das führte zu nd. Dialektkarten mit Einschluß niederländischer Dialekte und übersah den unterschiedlichen Sprachstatus von Nd. und Niederländisch. Auf diese Weise wurde die wirkliche Raumgeltung des Nd. verzeichnet.

Wie berechtigt eine Warnung vor solchen „großnd." Kartierungen ist, bestätigt die rezente Sprachentwicklung. „Während früher die Mundart fast das alleinige Kommunikationsmittel bei allen Begegnungen über die Grenze hinweg ... war, ist die Funktion der Mundart heute bei Grenzkontakten stark eingeschränkt worden zugunsten des Hd. ... Im selben Maße, wie der Dialekt seine Aufgabe als allgemeines Kommunikationsmittel außerhalb nachbarschaftlicher und freundschaftlicher Beziehungen verliert, geht seine Bedeutung als grenzüberschreitendes Verständigungsmittel zurück. Daraus folgert, daß mit gegenseitiger Beeinflussung ostnl. und westf. Dialekte heute nicht mehr zu rechnen ist"[50]. Die Staatsgrenze bildet nicht allein die Grenze zwischen den deutschen und niederländischen Standardsprachen, sie wird auch immer mehr zur Dialektscheide zwischen (nieder-)deutschen und niederländischen Mundarten.

Eine anders gelagerte Problematik bietet die südliche Begrenzung des Nd. Die hierfür herangezogenen Lautverschiebungsisoglossen gestatten weder in ihrem westlichen noch ihrem östlichen Teilstück innerhalb des Verlaufs vom Niederrhein bis zur Oder eine sichere Abgrenzung. Im Westen sind es die „Schranken am Rhein" von Kleve bis ins Elsaß, die die sog. Ürdinger Linie (die *ik/ich*-Isoglosse) von der Germersheimer Linie (der *Appel/Apfel*-Isoglosse) scheiden und sich damit wie ein ausgebreiteter (rheinischer) Fächer verhalten, bei dem jede Falte mit einiger Berechtigung als nd.-mitteldeutsche Grenzlinie betrachtet werden könnte (Kt. 9).

Im Osten sind es das Auseinandertreten der Linienverläufe von *maken/machen* und *ik/ich* (Benrather und Ürdinger Linie) zwischen der Muldemündung bei Dessau und dem Oderbogen bei Frankfurt sowie die ostmitteldeutsche Vorherrschaft des Verschlußlautes in 'Apfel' (*Appel*), die eine einfache nd.-mitteldeutsche Grenzziehung erschweren (Kt. 10).

Im allgemeinen Bewußtsein ist es die Ürdinger Linie, die Nd. von Mitteldeutschem trennt, so daß etwa für Ferdinand Wrede (1863-1934) Nd. und *ik*-Mundart bezeichnungsgleich waren.

Die Wissenschaft kann bis zu zehn Möglichkeiten für die räumliche Abgrenzung des Nd. begründen[51] (dabei geben die Argumente von eins bis fünf einen älteren, heute nicht mehr akzeptablen Forschungsstand wieder):

1. Zum Nd. gehören Mundarten aus dem dt. und aus dem niederländischen Sprachgebiet. Die Grenze des Nd. ist die des Niedersächsischen, m.a.W. Niederdeutsch ist gleich Niedersächsisch.
2. Zum Nd. gehören die niedersächsischen und niederfränkischen Mundarten des dt. und des niederländischen Sprachraums. Die Grenze ist die Ürdinger Linie.
3. Wie 2. Die Grenze ist die Benrather Linie.
4. Wie 2. Die Grenze ist die Eifellinie.
5. Wie 2. Die Grenze ist eine noch weiter südlich verlaufende Linie.
6. Zum Nd. gehören ausschließlich Mundarten aus dem Geltungsbereich der deutschen Kultursprache. Die Grenze ist die des Niedersächsischen, m.a.W. Niederdeutsch ist gleich Niedersächsisch in Deutschland.
7. Zum Nd. gehören die niedersächsischen und die niederfränkischen Mundarten Deutschlands. Die Grenze ist die Ürdinger Linie.
8. Wie 7. Die Grenze ist die Benrather Linie.
9. Wie 7. Die Grenze ist die Eifellinie.
10. Wie 7. Die Grenze ist eine noch weiter südlich verlaufende Linie.

Das Westniederdeutsche

Vokalische und konsonantische Nord-Süd-Gegensätze zusammenfassend, erweist die Karte 47.2 im zweiten Halbband des Dialektologie-Handbuchs (Besch u.a. 1983) einen deutlichen Grenzstrang, der von Düsseldorf nach Osten verläuft, bis zur Elbe weitgehend geschlossen bleibend, dann aber ausfasernd. Diese Strukturkarte belegt das allgemeine Wissen von der Besonderheit des Nd. im deutschen Sprachverband und bestätigt ältere Abgrenzungsversuche.

Das Niederfränkische

Die kleinste wnd. Dialektlandschaft bildet das *Niederfränkische*. Sie ist eine wenig bekannte, zwischen dem Mitteldeutschen (dem Mittelfränkischen oder Ripuarischen), Westfälischen und Niederländischen gelegen. Die Südgrenze markiert die Benrather Linie, etwa auf dem Stück nördlich Aachen bis Düsseldorf, im Norden ist die Grenze der Raum um Kleve (vom Reichswald bis zum Rhein). Durchschnitten wird das kleine Dialektgebiet von der Ürdinger Linie, die ein südliches Niederfränkisch von einem nördlichen trennt. Eine Grenzziehung nach Osten, zum Westfälischen, ist, will man sich nicht auf isolierte Erscheinungen der Laut- und Formenlehre beschränken, schwierig. Eine Teilstrukturuntersuchung (der ungerundeten palatalen Langvokale $\bar{e}$ und $\bar{\imath}$) hat eine, wenn auch fließende Dialektabgrenzung ergeben, etwa auf der Strecke von Duisburg bis zum Amt Rees: östlich davon spricht man von westfälischen Dialekten, westlich davon von niederfränkischen[52]. Eine wortgeographische Ergänzungsuntersuchung dieser Abgrenzung (Schophaus 1971) hat diese Unterscheidung nicht widerlegt, aber auch nur partiell bestätigt.

Zu den Auffälligkeiten der niederfränkischen Dialekte zählen die Senkung von *i* und *u* vor Nasal + Konsonant (*drenken* 'trinken', *Pond* 'Pfund'), die Bildung des Part. Prät. mit einem Präfix (*jeschlope* 'geschlafen'), eine differenzierte Pluralbildung im Präs. der Verben (*wej make/en, gej make/et, sej make/en* 'wir machen, ihr macht, sie machen'); außerdem eine Reihe von typischen Wörtern (*dick* 'oft', *Breinadel* 'Stricknadel', *Stachelferken* 'Igel').

Für den Dialekt von Duisburg-Laar läßt sich in bezug auf die personalpronominale Deklination ein Paradigma aufstellen[53], das in seiner Struktur (Fehlen eines synthetischen Gen. und Zusammenfall von Dat. und Akk.) für das gesamte Niederfränkische (und weithin auch Nd.) verallgemeinerbar ist:

1. Pers. Sg.   *2. Pers. Sg.*

Nom.   *ek* 'ich'   *do* 'du'
Gen.   –   –
Dat.
Akk.   *mej* 'mir, mich'   *dej* 'dir, dich'

3. Pers. Sg.

       Mask.   Fem.   Neutr.

Nom.   *hej* 'er'   *sej* 'sie'   *et* 'es'
Gen.   –   –   –
Dat.
Akk.   *öm* 'ihm, ihn'   *öhr/sej* 'ihr, sie' *et* 'ihm, es'

1. Pers. Pl.   *2. Pers. Pl.*   *3. Pers. Pl.*

Nom.   *wej* 'wir'   *gej* 'ihr'   *sej* 'sie'
Gen.   –   –   –
Dat.
Akk.   *o(n)s* 'uns, uns' *ow/enk* 'euch, euch' *sej/öhr* 'ihnen, sie'

Das Niederfränkische gilt als ein „Interferenzdialekt zwischen dem Hochdeutsch-Fränkischen und dem Niederdeutsch-Sächsischen ... In erster Linie entsteht diese Interferenz durch die Teilhabe einerseits an hd. /ie/–/üe/–/uo/ und dem nach Personen unterschiedenen Verbplural und andererseits an einheitlichem nd. /ê₂/–/ô₂/–/ô₂/ und Umlauts-/ei/ ... Der von der älteren Forschung immer wieder hervorgehobenen Lautverschiebungsgrenze in den 4 Wörtern 'ich', 'mich', 'dich', 'auch' ... kommt keinerlei strukturelle Bedeutung zu"[54].

Genauere Kenntnis zum Niederfränkischen ist von dem Fränkischen Sprachatlas zu erwarten, der demnächst „in fünf Lieferungen von je 10 bis 15 Karten mit jeweils einem Kommentarheft erscheinen" wird[55].

Als Textbeispiele für das Niederfränkische werden ein Abschnitt aus einem Sachtext und ein Gedicht wiedergegeben[56]:

Am Rhing[1] knubbele[2] sech de isojlosse on sprôkjrenze, maar[3] vör ons thema et wichtichs es et jebied tösche Nüs (Neuß) on Kreveld-Uerdinge, resp. Kleve. Je wîder mer nô norde küt[4], des te einfacher löt[5] sech de jrens trekke. Dr Nederrhing öm Kleve wôr al zenge[6] 1609 bi Prüsse[7], Jeldere[8] zenge 1713 prüssisch jewes, doch et volk het wîder plat jekald[9], soals vandaag[10]. Maar en schol, kerk on amb hebbe de minsche holländisch jesproke.

1) Rhein; 2) bündeln; 3) aber; 4) kommt; 5) läßt; 6) seit; 7) Preußen; 8) Geldern; 9) gesprochen; 10) heute.

De Hej[1] es ant bleuje

Et es werr suwiet,
On wat se okk segge:
Nauw schmiet ech de Pänn
On loat olles legge.

Dän alde Rucksack,
Dä wört noagekeeke,
Da Fits[2] wört geflekkt,
Gespannt sient de Speeke.

Eck schött in de Fläss
Ennen olde Kloore,
Eck fühl mech op ens
Werr wie neigebore.

Dat Hart kloppt vor Freud,
On de U'ege[3] gleuje,
Et wenkt on et rüppt:
De Heij es ant bleuje!

1) Heide; 2) Fahrrad; 3) Augen.

Das Westfälische

Ein bedeutender wnd. Dialektverband, der als besonders beharrsam, d.h. Altes bewahrend, gilt, ist das *Westfälische*. Zu den altüberlieferten und noch immer beachteten Merkmalen dieses Dialekts zählen die Aussspracheunterscheidung von altlangem und gedehntem (= tonlangem) *a* (*Schāp* 'Schaf' gegenüber *māken* 'machen'), dann die nichtlabialisierte Aussprache *sk* oder *s-ch* für altes *sk* (*diärsken* 'dreschen', *Disk* 'Tisch', *S-chiepp* 'Schiff') sowie viele mnd. Phonemoppositionen. Auch im Wortschatz hat sich manches Alte gehalten, z.B. *Bēr* 'Eber', *Schnaise* 'Stock, an dem Würste aufgehängt werden/wurden'.

Die Kombination verschiedener westfälischer Dialektmerkmale und ihr Vergleich mit benachbarten Dialekten hat dem Westfälischen ein Verbreitungsgebiet abgesteckt, das im Nordwesten von Meppen im Emsland beginnt, sich südwestlich bis zum Dümmer und weiter bis zur Weser südlich Minden erstreckt, nach Süden bis Höxter reicht, sich südwestlich zum Sauerland wendet, etwa von Olpe in leicht nordwestlichem Bogen bis zur Grenze zum Niederfränkischen (etwa bei Hattingen) läuft[57].

Dieser recht große Dialektverband weist eine markante Binnengliederung auf, und zwar zwischen dem Westmünsterländischen, Münsterländischen und

Emsländischen im Westen und Nordwesten, dem Ostwestfälischen im Osten und dem Südwestfälischen im Süden. Dabei ist die Grenze zwischen dem Münsterland und Südwestfalen, etwa dem Lauf der Lippe folgend, besonders auffällig.

In bezug auf die westfälische Entwicklung von mnd. $\hat{o}^1$ und $\hat{o}^2$ (aus germ. $\hat{o}$ und au) stellen sich die innerwestfälischen Unterschiede folgendermaßen dar ($f\ddot{o}^1 t$ 'Fuß', $b\hat{o}^2 m$ 'Baum'):

Westmünsterld.	Münsterld.	Emsld.	Ostwestf.	Südwestf.
fōt	fōt	fōt, fout	fout	fout
bōm	baum	bǭm	baum	baum

Es zeigen sich bei diesem Langvokalsystemausschnitt teilbereichsübergreifende Entwicklungen (zwischen Ost- und Südwestfälisch), die bei einem anderen Systemausschnitt neutralisiert oder anders gelagert sein können, vgl. die Entwicklungen von mnd. $\hat{e}^1$ und $\hat{e}^4$ (aus germ. $\hat{a}$ + Umlaut und $\hat{e}^2/eo$) in den Wörtern $k\hat{e}^1 se$ 'Käse', $d\hat{e}^4 p$ 'tief':

Westmünsterld.	Münsterld.	Emsld.	Ostwestf.	Südwestf.
kēse	kaise	kęse	kaise	kęse
dēp	daip	dēp, daip	daip	daip

Hier gleichen sich (mit geringfügigen Differenzen) das Westmünsterländische und das Emsländische, das Münsterländische und das Ostwestfälische, während zwischen Ost- und Südwestfälisch eine deutliche Differenz besteht.

Ein auffallendes Kennzeichen westfälischer Mundarten sind die sog. Brechungsdiphthonge. Das sind fallende Diphthonge, entstanden aus and. Kurzvokalen der mittleren Reihe in offener Silbe; ob eine unmittelbare Diphthongierung vorliegt oder eine gedehnte Zwischenstufe angenommen werden muß, ist nicht leicht zu entscheiden: $i > ie$ wieten 'wissen' (and. witan), $ü > üe$ üewel 'übel' (and. uƀil), $u > ue$ suemer 'Sommer' (and. sumar), $e > ea$ beake 'Bach' (and. beki), $ö > öa$ höawe 'Höfe' (and. hoƀa), $o > oa$ oapen 'offen' (and. opan).

Ein literarisches Beispiel für die westfälische Brechung ist der immer wieder als schwerverständlich empfundene Titel eines Romanfragments des aus dem sauerländischen Beckum stammenden Ferdinand Krüger (1843-1915): „Iärwschaden" (d.i. Erbschaden).

Die dialektale Binnengliederung[58] wird immer mehr oder weniger umstritten sein, wenn auch nicht verkannt werden soll, daß die Untergliederung der Dialektverbände in Dialektgruppen oft auch einem natürlichen Streben nach (klein-)landschaftlicher Identität entgegenkommt.

Auch für das Westfälische sollen einige Textproben folgen. Zuerst das Westmünsterländische mit einem Gedicht von Alfons Schenke (*1940 in Heiden):

Tofroerne Bäcke[1]

Schnee ligg sachte
un flacker
up de flacke Äre,
öwerhaupt mäk de Landschopp
den Indruck
van 'n kum beschriewbaor Blatt.

Kahle
un wittige Böme
ragt in 'e Luft,
Spraoke ut den Grund,
de kondensärte.

Under 't Ies
flüssert un bömt sik up
van de Bäcke
dat Water.[59]

1) Bäche

Das Münsterländische ist durch einen Gedichtauszug des Münsteraners Ferdinand Zumbroock (1817-1890) vertreten:

Burenkaffe

De blanke Kiettel stait al up den Disk.
De Smand[1] is fett un frisk.
Knabbeln[2], Stuten[3], alls is gued.
De Buodder giäl[4] es Gold un söte es ne Nuet.
Seß Tassen staot dao blank un fien,
Een grauten Kaffe soll dao sien.
De Meerske[5] kiek al faak[6] heruut;
Se süht noch niks, häört kien Geluut.
Dao blieckt[7] de Rühe[8], wat he kann,
Un süh! – dao kummt se alle an:
Meerske Mahoff, Gerdrük Massel,
Mithin[9], Greit' un Mieke Hassel.
„Dät 's ja gued, dat ji der sind.
Nu to! – nu settet ju geschwind!"
Un den Kiettel päk se an,
Sett' en up den Wippup[10] dann.
De Wippup gait nu up un daal
Oane Maot un oane Taal.
Bi den Stuten, bi den Knabbeln
Sind se immer dör te krabbeln;
Alles smäck ähr garnich slecht;
Se verändert sik es recht.
„Nu sägg es, Miek, wu 't an juhen Huse gait,
Wu dat Koarn, dat Flaß dao stait!?"
„Oa! – dat Kaorn, dat gait, un dat Flaß, dat lätt
Nu ganz äislik[11] nett; –
Et hävv de Blomen in de Mule!"
„Et usse, dat liggt rain un 't fule;

Dao up de Signiß, weest du wull,
Dao höllt dat Water sik to dull!"
„Grait', wu is 't met juhe Köhe dann?"
„Oa, dat gait noch an!
Bes up Wittkopp un de bunt
Sind de Köh' noch all gesund!"[60]

1) Rahm; 2) getrocknetes, hartes Weißbrot; 3) Rosinenbrot; 4) gelb; 5) Bäuerin; 6) oft; 7) bellt; 8) Hund; 9) Maria-Katharina; 10) Kesselgehänge; 11) sehr.

Das Emsländische ist im 19. Jh. durch den Meppener Gymnasialprofessor Heinrich Lüken (1815-1882) bekanntgeworden. So auch das Lied vom Hümmlingsbauern:

De hümmelske Bur is wall en krossen Mann,
dregg Söcke van sien äigen Schaop
    mit moje[1] Klinken dran.
Sien' Schauh, de waßt üm up den Boom,
    un sienen Rock van Päi,
        de segg:
„Ih Lüe maohnt mi nich, ick holl
    miene Plaoze fräi!"

Sien Hus is ruum un groot, un rund
    üm siene Dör
dor waßt de Äikenböm' so hoch
    un kiekt so druusk[2] ümher.
Up sienen Esk[3] dor riepet üm
    de Roggen äs Gold so gäl,
un up sien Moor dor blaihet üm
    dat Pannekaukenmähl.

Wenn frauh de Hahne kraiht, dann springt
    häi ut sien Bedd'
un segg: „Nu Junges, bie de Hand
    un hollet jau Gebett!"
Dann gaiht de Flägel diklipperdiklapp
    de Döske up un aff,
dann ruusket de Waiher, dann stuff dat Kaff,
    dann giff et Möhlenstoff.

Gesund un wallgemaut ät häi sien'n
    Roggenbräi
un nümmt den Plaugsteert in de Hand
    un ackert lat' un fröih.
Un wenn dat Aobendklöcksken lütt,
    häff häi sien Arbeit daon,
dann sleit he in sien Tunnerpott[4]
    un stickt sien Piepken an.

De hümmelske Bur is wall 'n
    krossen Mann,
wat frögg häi naoh de häile Welt,
    häi häff sien Wallbestaohn.
Man Gott un siene Obrigkeit,
    de hollt häi hoch in Ehr'n.

Un wor'n Krüß[5] an'n Wäge staiht,
   lich't häi sien Kippken[6] geern.[61]

1) schön; 2) ehrwürdig; 3) Acker; 4) Zunderbüchse; 5) Kreuz; 6) Kappe, Mütze.

Aus Ostwestfalen sollen zwei Textproben vorgestellt werden: für den nördlichen Teil um Osnabrück ein schlichtes, literarisch wertvolles Gedicht von Wilhelm Fredemann (1897-1984) aus Melle; für den südlichen Teil ein Abschnitt aus einer Erzählung des Paderborners Wilfried Lueke (*1953).

In siene Tiet

De Dage gliet
ut use Tiet
os fiener Sand
ut Gottes Hand.

Wat du hes socht,
wat di es brocht,
vergeiht — un schwor
sinkt Johr to Johr,

Bis dat wi falt
un he us halt
ut usen Striet
in siene Tiet[62].

Der Eingang zur Erzählung „Ha't dürt to wat brocht" von W. Lueke lautet so:

Siet he vo veier[1] Johrn de teggen[2] Muorn Land vöür anne Strothe vokofft ha, ginget'n bedöütend biärter[3]. He ha fo sik un siene Familie 'n dürn Bungalow hensetten loten un do liärben[4] se nu met ollen Komforte. Arbeggen[5] brouke he siether auk nich mehr; dat Achtfamilienhous, wat he kofft ha, schmiät genaug Miete af, ümme gaut dovan liärben to können. Jo, de Idee met dänn Achtfamilienhouse was gaut wiähn, dat was'n richtig Renditeobjekt, wi sien Stöüerberater seggt ha, dänn he siet'n paar Johr in Anspruch namm.

He konn met siene Fruwwe un dänn twäi Blagen[6] ol vodullt[7] gaut liärben (In Krauge protkere he jümmer rümme, dat vo iähr dat Bäste jüst gaut genaug wüör). Auk gesellschaftlik ha he't nu baule schaffet. Siet twäi Johrn was hä äiester Vorsitzender in Kräigervoäine un nu soll he auk na Oberst in Skützkenvoäine wern. Baule was he de Gröttste in Duorpe, dat wull he'n wull wäisen. Wekker van dänn lüttken Schäitern wull en dänn wull na dat Water räiken?[63]

1) vier; 2) zehn; 3) besser; 4) leben; 5) arbeiten; 6) Kinder; 7) verflucht.

Für das Südwestfälische stehen ein traditionelles Gedicht von Friedrich Wilhelm Grimme (1827-1887) „Verlaiwet Tuig" und ein Beispiel moderner Lyrik, Siegfried Kessemeiers (*1930) „Schiuern".

Verlaiwet Tuig
Dat fröihliche Fröihjoar

De Vügelkes hett niu tesammen sik fungen.
Niu singet se, springet se, hett se sik laif;
Viel Blaimkes sint an der Bieke[1] entsprungen
Un waigelt un spaigelt im Water sik daip[2];

Un mi hiät det Fröihjoar een Blaimeken bracht,
Dat mi in de Augen, in't Hiärte rin lacht.

Von Blaimkes wual³ is de Wiesegrund helle:
Doch awer mien Hiärte is heller vielmaol.
Viel Singen wual klingelt in Biärg un in Delle⁴;
Mien Hiärte mehr klingelt as alles temoal,
Un alles, wiel 't Fröihjoar mi 'n Blaimeken bracht,
Dat mi in de Augen, in 't Hiärte rin lacht.

Det Singen der Vügelkens duret nit ümmer;
De Blaimkes weert imme Hiärwste⁵ krank;
Doch Laiwe, doch Laiwe verblögget jo nümmer,
Un aiwig sall klingeln mien helle Gesank:
„Et hiät mi det Fröihjoar een Blaimeken bracht,
Dat mi in de Augen, in 't Hiärte rin lacht."⁶⁴

1) Bach; 2) tief; 3) wohl; 4) Tal; 5) Herbst.

    Schiuern¹

Wachten
unnern Blarendak²
an riue³ Bünne⁴ lient.

Hörn,
biu⁵ de Riänensaisse⁶
scharp innet Läof⁷ schnitt
un op verschrumpelte
Äre⁸ stött.

Wachten
un de Stunne wieten⁹,
dai iutrennt¹⁰,
santfarwen
tüsker¹¹ diän Fingern⁶⁵.

1) schaudern; 2) Blätterdach; 3) rauhe; 4) Rinde; 5) wie; 6) Regensense; 7) Laub;
8) Erde; 9) wissen; 10) ausrinnt; 11) zwischen.

Das Ostfälische

Der dem Westfälischen benachbarte und sprachlich am nächsten verwandte Dialektverband ist das *Ostfälische*. W. Foerste beschreibt seine Begrenzung so: „im Süden ist er durch die Lautverschiebungslinie von Hann.-Münden (Weser) bis etwa Nienburg an der Mündung der Bode in die Saale begrenzt. Im Osten folgt die Grenze der unteren Saale, Mittelelbe und Ohre, schließt sich dann der Nordgrenze des Kreises Ülzen an, die sich im großen Bogen um die obere Ilmenau wölbt, und folgt etwa der Böhme bis zur Mündung in die Aller, hält sich dann hart östlich der Weser von Nienburg bis Bückeburg, überquert sie bei Rinteln und bleibt auf dem rechten Weserufer bis Münden"⁶⁶.

Die Bezeichnung der Dialekte zwischen Weser und Elbe, Harz und Heide ist gelehrter Herkunft; *astfalahun* meint ursprünglich Bewohner der östlichen Ebene, deren Bindungen zum Mitteldeutschen sich auch sprachlich niedergeschlagen haben. Dadurch erhielten die ostfälischen Mundarten den vielgescholtenen „nicht-nd." Einschlag[67].

Ein sehr altes, auf das Ostfälische beschränktes und es deshalb nachhaltig kennzeichnendes Sprachmerkmal ist der personalpronominale Einheitskasus auf akkusativischer Grundlage *mik/dik* 'mir, mich/dir, dich'. Damit grenzt sich dieser Dialektverband vom übrigen Nd. ab, bei dem der Ausgleich zum Dat. hin erfolgt ist (*mi/di*), und auch gegenüber dem Hochdeutschen, das *mir/dir* und *mich/dich* unterscheidet. Mit Hilfe dieser Form (siehe Kt. 11) hebt sich das Ostfälische als ein geschlossener Block zwischen der Lüneburger Heide und der Oberweser, dem Deister und der Mittelelbe heraus. Vergleichbare Lagen weisen ostfälisch *üsch/ösch* 'uns' gegenüber nördlichem und westlichem *us* und südlichem und östlichem *uns* auf sowie ostfälisch *hin(d)er* 'hinter' gegenüber *achter* und *hinter*. Im Osten schiebt sich das sog. Elbostfälische zwischen das Ostfälische und das Nordthüringisch-Altmärkische.

Im Inneren steht ein relativ geschlossener Norden einem zerklüfteten Süden gegenüber, von der Schranke zwischen Hannover und Peine („Hannoversche Schranke") getrennt.

Die dialektgeographische Binnengliederung unterscheidet sechs ostfälische Dialektgruppen: „Im Südwesten liegt um Göttingen-Northeim bis etwa zum Solling das Göttingisch-Grubenhagensche und im Südosten zwischen Unterharz-Elbe und Ohre um Halberstadt-Oschersleben-Magdeburg das Elbostfälische. Bis nördlich der Aller erstreckt sich dann das Zentral- oder Kernostfälische, das sich etwa in der Höhe von Braunschweig-Helmstedt in eine südliche und eine nördliche Hälfte scheidet. Im Westen befindet sich zu beiden Seiten der Weser von Münden bis Oldendorf ein relativ schmaler ostfälisch-westfälischer Interferenzraum. Ihm folgt im Kalenbergischen mit dem Schaumburgischen zwischen etwa östlich der Weser bis Nienburg und dem Zusammenfluß von Leine und Aller im Westen und etwa der Linie Oldendorf-Hannover-Celle im Osten ein sehr breiter ostfälisch-nordniederdeutscher Interferenzraum. Auch das sogenannte Heideostfälische in der Lüneburger Heide muß als ein ostfälisch-nordniederdeutscher Interferenzbereich gelten"[68].

Faßt man diese Gruppen so zusammen, daß die Übergangslandschaften weniger, die zentralen stärker hervortreten, dann gelangt man zu den drei in der Literatur am meisten genannten ostfälischen Dialektgruppen: dem Heideostfälischen, dem Kernostfälischen und dem Göttingisch-Grubenhagenschen. Sie weisen hinsichtlich der ô, ê-Entwicklung diese Verbindung auf:

Heideostfälisch	Kernostfälisch	Götting.-Grubenhagensch	
fout	faut	faut	'Fuß'
boum	bōm	bĕum	'Baum'
kēse	kēse	kēse	'Käse'
deip	daip	daip	'tief'

Daß diese Verteilung nicht alle kleinräumigen Verhältnisse wiedergibt, zeigt die detailliertere Untersuchung an zehn Ortsmundarten des Göttingisch-Grubenhagenschen, die die Kt. 12 veranschaulicht[69].

Eine auffällige ostfälische Eigenheit ist die Vokalkürze in offener Silbe vor dentalen Konsonanten und den Endungen *-er*, *-el*, *-ich* sowie vor *g-* und *p-*Verbindungen. Ob hier die im Mnd. begonnene Dehnung kurzer Stammsilbenvokale in offener Silbe unterblieben oder wieder rückgängig gemacht worden ist, wird in der Forschungsliteratur unterschiedlich beurteilt[70].

Die betroffenen Fälle werden schon frühzeitig durch die Doppelung des nachvokalischen Konsonanten graphisch bezeichnet: *kedde* 'Kette' (and. *kedina*), *pepper* 'Pfeffer' (and. *pepar*), *kettel* 'Kessel' (and. *ketil*), *könnich* 'König' (and. *kuning*), *voggel* 'Vogel' (and. *fugal*), *leppel* 'Löffel' (and. *lepil*).

Als Sprachprobe des Ostfälischen wird zuerst ein Abschnitt aus einer plattdeutschen Stadtführung durch Einbeck angeführt, die das Göttingisch-Grubenhagensche vorstellt:

Leiwe Frünne! Eck froie meck, dat joi mit meck 'ne lütjen Bummel dor dat aule Einbeck maken willt, dor en Stücke 'malerisch Middelaulder', wu ein säo seggt. Wu ault düsse Stadt eigentlich is, dat wette woi sülmst nich. Aberst in 'n aulen Dokemente, dat Kaiser Friedrich Rotbart ünnerteiket hät, da steiht, dat säo noch nah den Graf Uto an 'n Oorte säten hät, dei den Namen 'Einbike' harre. Ne Bike is ne Beke (hochduitsch en Bach), dat is huite dat Krumme Water. Da anne lag dei Grafenhoff, vellichte mit 'n Walle un en Watergraben iut der Bike drümmerümmer, un davon könne de Name 'An der Bike' = Annebike = Einbike = Einbeck 'ekumen soin. An dei Stiehe, wu dei Hoff 'elägen hät, erinnert huite noch dei Stratenname 'Oleburg'. Biuern, Handwarks- un Handelsluie häbbt seck baule bei den festen Howe annebiuet, un säo is nah un nah dei Stadt ümme den Marktplatz entstahn, ümme dei de Börgers säo bei 1300 täon Schutze ne eigene Miuern 'ebiuet häbbet[71].

Für das Kernostfälische wird ein kalenbergischer Text aus der Hildesheimer Gegend angeführt, der von einem Eisenbahner aus Hasede erzählt wird:

Man market al, dat et Froijaar werrt. De Märzsunne meint et recht giut mit ösch, denn se schöint warm von'n Hieven[1] hendaal. Wüere de haale[2] Eostluft nich, man keime waarhaftig up den Gedanken, Jacke un Bostdauk[3] an de Halwe[4] te smöiten un söine Arbeit in Hemdsärmeln te maaken. En paar unfründliche Dage folget. Aver dana werrt et sau warm, dat de Biursman Jacke un Bostdauk an de Halwe smitt. Köik einer hen: Huite stellt sek Fründ Abäre[5] in. Mit liuen Snaavelgeklapper künniget hei an, dat de Winter de Herrschaft an den Lenz avegieven hett. De Klapperstorch is daa! Helle Kinderstimmen raupet düt döör't Dörp. Un et diuert nich lange, daa is de Straaten vull von düssen kortbeinten Volk, umme den eolen Fründ daa up'n Dake te begruißen. Wat wettet dei lüttjen Plappermuiler nich alles te vertellen![72]

1) Himmel; 2) rauhe; 3) Weste; 4) Seite; 5) Adebar.

Eine Sonderstellung innerhalb des Kernostfälischen nimmt die Mundart des Papenteichs ein. Das ist ein Gebiet zwischen Gifhorn und Braunschweig, der Oker und Wolfsburg; der zentrale Ort dieses alten Gifhorner Amtsbezirks ist Meine. Hier findet sich als auffälligstes Dialektmerkmal das $\hat{\hat{u}}$ für mnd. $\hat{u}$. Ein Beispiel für die Papenteicher Mundart gibt das folgende Neujahrsgedicht von Willi Rinkel (1898-1988) „Dat Jahr is dien"[73]:

> Var dik, da liet dat niee Jahr,
> ein grotet Ackerfeld!
> Sett an den Plaug, maak blank de Schaar
> un nimm de rechte Saattiet wahr –
> Gottloff, nü is't bestellt!
>
> Un nü wes still, teuf in Geduld
> up Regen un up Sunnenschien!
> Ok hiete gilt, wat ewig gult:
> Ok düt Jahr Gott in Hännen hult
> un gift't un seggt: Is dien!
>
> Is dien, dat Ackerfeld, dat Jahr!
> Schast glöwen un[d] hoffen leern!
> Weert ok nich alle Wünsche wahr,
> doch wasset de Saat, doch riepet de Ahr!
> Gott segne diene Eern!

Das Heideostfälische ist mit einem kurzen literarischen Beitrag von Franz Wrede (*1890 in Westercelle - 1963) vertreten:

> Sei härren sik all einigt
> Korl Seukendrunk härr sien Lebedage tau deipe int Glas ekecken. Hei was Junggeselle bleeben, siene Frue un Kinner wören sautauseggen de Sluckbuddel un de veelen Schoppen Beir, de hei hendalspeule. Nu mößte hei da up siene olen Dage vorr utholen, lagg in Berre[1] un feuhle, dat hei et nich mehr lange make, owerhaupt, wo de Brannewien nich mehr smekke. Dör de Bo'enfrue[2] Trine Trippelmann leit hei sienen Brauder Ludjen henbei'en[3], wo slecht et öhne günge, dat hei'r balle anne glöben mößte, un dat hei deswegen sienen Brauder noch mal seihen un mit öhne da ower kören[4] möchte, wat na sienen Enne scheihen[5] schölle. Na'n paar Dagen keik de Bo'enfrue bi usen Korl we'er'erin. 'Na, wannehr kummt Ludjen? Doch woll an Sönndag oder noch ehr ...?', woll de Patschent[6] wetten. Aber Trine Trippelmann mößte den Kranken mißtrösten. 'Och', berichte sei, 'wat dien Brauder is, de lett dick veelmals grüßen, doch vorr't erste könn hei dick nich beseuken, weil de Katuffeln erst 'erut mößten; aber tau dienen Gräffnis keime hei ganz sicher. Un wat de Erfschaft anbedreepen dä, da könnst'e ruhig voor starben, hei härr sik mit den annern all lang eeinigt ...!'[74].

1) Bette; 2) Botenfrau; 3) bestellen; 4) sprechen; 5) geschehen; 6) Patient.

Das Nordniedersächsische

Der größte und – wie sich gezeigt hat – für die Zukunft des Nd. wichtigste Dialektverband ist das *Nordniedersächsische*. Ursprünglich war mit diesem Namen nicht nur ein Verband des Wnd. gemeint, er galt ebenso für einen nördlichen Teil des Ond. Jetzt bezieht sich das Nordniedersächsische (für das auch *Nordsächsisch* oder *Nordniederdeutsch* gesagt wird) auf ein Gebiet, das sich von der Ems bis zur dänischen Grenze erstreckt. Nach Süden hin wird es durch zwei markante Isoglossen auf der Strecke Meppen-Minden-Lüneburg vom Westfälischen und Ostfälischen abgegrenzt: nordnds. $\bar{a}$ gegenüber westfälisch $\bar{a}/\bar{a}$ (*schāp/māken* vs. *schǟp/mǟken* 'Schaf/machen') sowie nordnds. *ju* gegenüber ostfälisch *jück* 'euch'. Im Osten ist es etwa von Lübeck bis Hitzacker die Endung *-(e)t* im Pl. Präs. der Verben gegenüber der ond. *-en*-Endung (*wi lop(e)t* vs. *wi lopen* 'wir laufen').

Die oft als nordniedersächsisches Charakteristikum angeführte Apokopierung, z.B. *up'n disk* anstelle von *up'n diske* 'auf dem Tisch', kann heute dafür nicht mehr uneingeschränkt akzeptiert werden, denn es „finden sich ... nördlich der ... Grenzlinie dermaßen viele Ausnahmen, also Formen auf *-e* im Apokopierungsgebiet, daß der Verlauf ... streckenweise als recht problematisch angesehen werden muß. Daß auch südlich der Grenze vereinzelt apokopierte Formen auftauchen, sei ... angemerkt"[75]. Das läßt die alte Gleichung Nordniedersächsisch = Apokopierungsgebiet hinfällig werden.

Da es für diesen Dialektverband schwerfällt, gemeinsam positive Merkmale zu finden, bleibt oft allein eine Bestimmung ex negativo: was nicht westfälisch und ostfälisch ist, gilt dann als Nordniedersächsisch. Oder — und damit ist eine sehr allgemeine, aber anschauliche Definition gegeben —: „Das Nordsächsische legt sich nördlich des West- und Ostfäl. wie ein breiter Gürtel um die Nordseeküste"[76].

Die nordniedersächsische Binnengliederung schwankt zwischen sechs und elf Dialektgruppen, meistens werden sechs Gruppen unterschieden, nämlich das *Ostfriesische, Oldenburgische, Nordhannoversche, Holsteinische, Dithmarsische* und *Schleswigsche*.

„Das Ostfriesische ist ... eine nd. Mundart auf friesischem Substrat ... So läßt etwa die Pronominalform *hör* 'ihnen' ... die fries. Grundlage durchschimmern. Das Fries. wurde vom 15.-19. Jh. sowohl vom Groningerland als auch von Oldenburg her verdrängt. Der zweiseitige Import des Nd. ist noch in der Dialektgeographie der heutigen Mundarten klar erkennbar; das südwestliche Ostfries. stimmt ... zum Groningischen, der Nordwesten vielfach zum Oldenburgerland"[77].

Ostfriesland bezieht sich als politisch-geographischer Begriff nicht auf die alten Frieslande östlich der Ems, sondern auf das Gebiet, das bis zur niedersächsischen Verwaltungsreform von 1977 den niedersächsischen Regierungsbezirk Aurich gebildet hat. Es reicht von Papenburg im Süden bis Wittmund im Nordosten und Norden im Nordwesten; zentrale Städte sind Emden, Aurich und Leer.

Der Name *Ostfriesland* suggeriert einen Sprachbezug zum Friesischen, der schon lange nicht mehr besteht. Die Amtssprache in der alten Grafschaft Friesland war von Anfang an Nd. (1379 wurde in Osterhausen, nördlich von Emden, die erste nd. Urkunde ausgestellt; das Emder Stadtrecht von 1465 ist ebenfalls nd. und nicht friesisch abgefaßt). Wenn auch das Friesische vom Nd. im Laufe der Zeit mehr und mehr verdrängt wurde, letzte Sprachspuren halten sich bis ins 17. Jh. Aber sie haben keine rechte Lebenskraft mehr, die Annahme des Nd. war für die ostfriesische Bevölkerung aus politischen und wirtschaftlichen Gründen viel vorteilhafter. Lediglich im kommunikativen Nahbereich vermochte sich die alte Sprache noch in Teilen zu behaupten; deshalb stellen jüngere friesische Sprachzeugnisse auch keine Rechtstexte o.ä. dar, sondern eben ein Hochzeitsgedicht, wie das aus dem Brokmerland (um Aurich) des Jahres 1632[78].

Die auffallendsten nd.-ostfriesischen Sprachmerkmale sind der verbale Einheitsplural im Präs. Ind. auf *-(e)n* (*wi, ji, se lopen* 'wir, sie laufen, ihr lauft'); die *h*-Pronomen *hum* 'ihm/ihn', *hör* 'ihr/sie'; das Zahlwort *twalf* gegenüber sonstigem nordniedersächsischem *twölf* 'zwölf'; die Partizip-Präteritumsform *west* im Vergleich zum oldenburgischen *wesen* 'gewesen'.

Im Inneren zerfällt Ostfriesland in einen Nordwest- und Südost-Teil, die Grenze verläuft von der Ley-Bucht bis zur Leda östlich Leer, entlang einem ehemals breiten Moor- und Sumpfgürtel (der auch als bremisch-münstersche Diözesangrenze fungierte). Hier scheiden sich zwei diphthongische Entwicklungen aus mnd. $\hat{o}^1$: nordwestliches [o:u] gegen südöstliches [eau], z.B. in den Varianten eines Neckverses:

nordwestl.: *Mōuder, dōu mi dat Bōuk, ik mut na de Schgōul tōu* 'Mutter, gib mir das Buch, ich muß zur Schule'

südöstl.: *Meauder, deau mi dat Beauk, ik mut na de Schgeaul teau*[79].

Die Sprache östlich der genannten Grenze weist Übereinstimmungen mit dem Oldenburgischen auf, westlich davon mit dem Groningischen. Letzterem ist wohl die Umlautlosigkeit in den Substantivpluralen *Husen, Musen, Gosen, Boken, Kojen,* 'Häuser, Mäuse, Gänse, Bücher, Kühe' zuzuschreiben.

Kennzeichnend für das Ostfriesische ist die sehr enge Beziehung zum Niederländischen. Sie ist sowohl genuiner Art in der Folge alter friesischer Gemeinschaft mit den „sassischen streken" der Niederlande als auch Ergebnis politisch-religiöser Entwicklung (im 16. Jh. gelangten viele reformierte Niederländer als Glaubensflüchtlinge nach Ostfriesland, der ostfriesische Südwesten war im 17. Jh. Teil der reformierten Kirche der Niederlande). „Um 1700 ist das Niederländische Kirchensprache in den reformierten Gemeinden Ostfrieslands"[80]. Bis ins 18. Jh. hinein wirkte das Niederländische als Sprache und sprachliches Substrat im ostfriesischen Nd., zeitweilig auch als ein ernstzunehmender Konkurrent des Hochdeutschen. Daß das Deutsche als Standardsprache schließlich siegte, ist eine Folge der politischen Geschichte: Ostfriesland wurde 1744 preußisch, womit der Weg frei wurde für die „Sprache Preußens", und das war das Hochdeutsche. Neerlandica im Ostfriesischen sind u.a. *Baas* 'Handwerksmeister, Obmann' (ndl. *baas*), *Buseruuntje* 'Arbeitshemd mit bläulichem Muster' (ndl. *boezeroen*), *butendien* 'ohnehin, außerdem' (ndl. *buitendien*), *dadelk* 'in der Tat, zugleich, vor kurzem' (ndl. *dadelijk*), *Pottlot* '(Zimmermanns-)Bleistift' (ndl. *potlood*), *unverschillich* 'gleichgültig, mutwillig, unverschämt' (ndl. *onverschillig*).

Die Textbeispiele stammen von Autoren aus dem Norden und dem Süden. Die Schreibung verwischt zwar die charakteristischen Vokalqualitäten, eine mündliche Umsetzung der Texte ließe den Nord-Süd-Gegensatz in der ostfriesischen Aussprache jedoch wieder hervortreten.

Für den Norden steht ein Gedicht des Nordeners Willroth Dreesen (1878-1950):

Twee Olln

Wat weer wi staatsk vör zeßtig Jahr –
Nu sünn wi old un swack –
Do weer so blank un gäl min Haar,
Un rot un gäl din Dack.

Du sittst noch immer so as do,
De breede Rügg in d' Wind;
Man neet mehr as 'n junge Fro,
De weegt an d' Diek hör Kind.

Kummst mi as 'n heel[1] oll Moder vör,
De mennig stuurs[2] belävt. —
De Wind suust still um Dack un Dör
As wenn de Dod drum swäft.[81]

1) ganz; 2) Schweres.

Der Süden ist mit der aus Leer stammenden Autorin Wilhelmine Siefkes (1890-1984) vertreten, und zwar mit einem Abschnitt aus ihrem Meisterwerk, dem Roman „Keerlke. En Gang dör en Kinnerland":

Upregende Tiet weer dat. Moder un de Wichter[1] harren dat Huus schummelt[2] un kien Stück up Stee laten, un Vader harr knurrt, dat Fraulü mall weren. Hinni weer dagover bi Oma, un wenn he avens weerkeem, dann satt Moder to neien. Dat weer alls för Rika, de wuur kunfermeert. He wuß woll nich, wat dat weer, man[3] heel wat Besünners weer't, dat stunn fast. En swart Kleed harr Moder maakt un en witte Unnerrock mit Spitzen dran, de harr se van en grote Schude[4], de se to Geve[5] kregen harr, ofsneden. Rika droog de Nöse hoch, mit en Dag of wat keem se to de Schole ut, dann harr hör na hör Menen nüms[6] meer wat to seggen — Hinni muß örnelk bi hör upkiken![82]

1) Mädchen; 2) geputzt; 3) aber; 4) Schürze; 5) Geschenk; 6) niemand.

Dem Ostfriesischen schließt sich das *Oldenburgische* an. Sein territorialer Rahmen ist das Kernland der Oldenburger Grafen, die Grafschaften Oldenburg und Delmenhorst sowie die Wesermarsch, ergänzt um die 1575 an Oldenburg gefallene Herrschaft Jever und das 1803 angefügte Oldenburger Münsterland (ein Teil des säkularisierten Stiftes Münster), so daß der Landesteil von der Küste beiderseits des Jadebusens nach Süden bis Vechta reicht, im Westen vom Saterland ostwärts bis an Bremen heran.

Die sprachliche Westgrenze des Oldenburgischen bildet gegenüber dem Ostfriesischen die alte Territorialgrenze des Großherzogtums, etwa die Strecke nördlich Jever bis zum ammerländischen Apen; hier grenzen die oldenburgischen Präs.-Pl.-Formen der Verben auf -t gegen die ostfriesischen en-Verben (*wi drinkt* vs. *wi drinken* 'wir trinken'), die oldenburgische Vergangenheitsform *kem* 'kam' gegen die ostfriesische *kwem, kwam;* das oldenburgische Suffix *-els* gegen das ostfriesische *-sel* (*Hackels* vs. *Hacksel* 'Häcksel'), oldenburgisch *er* gegen ostfriesisch *hör* 'ihnen', oldenburgisch *Farken* gegen ostfriesisch *Bigge* 'Ferkel', oldenburgisch *achter usen hus* gegen ostfriesisch *achter uns hus* 'hinter unserem Haus'.

Die Ostgrenze zum Nordhannoverschen tritt weniger auffällig in Erscheinung; sie wird von der Unterweser und ihrer südlichen Verlängerung in Richtung Dümmer gebildet. Hier stehen sich gegenüber oldenburgisch *ēr, kōpen, mōt, Ganter, Mutt* und nordhannoversch *jüm, köpen, mutt, Ganner, Sōg* 'ihnen, kaufen, (er) muß, Gänserich, Sau'.

„Innerhalb des Oldenb. hat der südöstliche Landesteil ... ein eigenes Gepräge. (Er) stellt sich mit der Diphthongierung von $ê^{3.4.2.b}$ und $ô^1$ (*laif, kouken*) zum Emsland und südwestl. Ostfriesl., und sein Wortschatz hat manches mit dem Ostndl.-Nordwestfäl. gemein, z.B. *öfken* 'kl. Pflaumen'; *wicht* 'Mädchen': nordoldenb. *dērn; matt* 'Grasschwade': *swatt, lēp: slecht*"[83].

Das Oldenburgische Münsterland wird auch durch Bewahrung des auslautenden *-e* vom Norden geschieden: *Junge* vs. *Jung* 'Junge'.

Die folgenden Textbeispiele stammen aus dem Jeverland (O. Andrae), Stadt Oldenburg (H. Diers) und dem Oldenburger Münsterland (F. Kramer).

Oswald Andrae (*1926 in Jever):

    As Dag un Nacht sik drepen

As Dag un Nacht sik drepen,
un achtern bi den Boom
de langen Schadden slepen –
sietaf van Diek un Stroom,

as Dag un Nacht sik drepen,
klung't bang vör Daak[1] un Stoom[2].
Weern't Ganters, de so repen,
so bang, as weer't in'n Droom?

As Prielen leddig lepen,
de Stroom na See to dreev,
dat se tosamenkröpen
un blots en Schadden bleev, –

well weern dat de so repen?
De Schipper un sien Fro?
As Dag un Nacht sik drepen, –
de See deck allens to.[84]

    1) Nebel; 2) Dampf

Heinrich Diers (*1894 in Oldenburg - 1985):

Wo ik mit Plattsnacken in Gang komen bin, dat weer so: in'n Huus platt, in'e School hoch. Un as ik von'n Seminar keem, do weer dat Hochdüütsche Baas. Un denn keem de erste Weltkrieg, un as ik do bi Saint Marie à Pis in'n Trommelfüer acht Daag leeg, do 's dat erste Mal wesen, dat ik 'n plattdüütschen Breef no Huus hen schreben hebb, dat keem ut de Deepte weller tohöcht.[85]

Franz Kramer (1902-1978) in seinem Vorwort zum „Plattdütsk Läsebauk för Schaulen un Familgen":

Plattdütsk is use Mauderspraoke. Use Öllern un Vöröllern schnackden so un wieder trügge nicks änners. Plattdütsk hört tau us in'n Oldenburger Mönsterlanne as dei Eiken taun Burenhof, as Roggen un Kartuffeln taun Esk[1], as Päre un(d) Keih tau Wisken un Weiden. Väl is änners worden in dei Welt, man plattdü(t)sk schnacken käönt wi noch, du noch un ick noch ... Wi hebbt dei Vertellsel un Riemels tauhopestellt för Junge un Olle, för Mannslüe un Frauliüe, taun Läsen un Wiedervertellen, besünners aover för use Wichter un Jungs in dei Schaulen ...; in dit Bauk findet se Hülpe un einen Patt mitten in't Plattdütske.[86]

    1) Acker

Die sich dem Oldenburgischen im Osten anschließende nordniedersächsische Mundartgruppe ist das *Nordhannoversche*. Es bezieht sich im großen und ganzen auf den Raum zwischen Unterweser und Unterelbe, wobei sich die Westgrenze bis in die Grafschaft Diepholz erstreckt. Im Süden und Südosten grenzt das Ostfälische an, in einer Linie von der Leinemündung über Fallingbostel – Soltau – Bienenbüttel bis zur Jeetzel im Lüneburger Wendland. Hier stehen nordhannoversch *jo* gegen ostfälisch *jück* 'euch', *achter* gegen *hinder* 'hinter', *he* gegen *hei* 'er'. Nach Westen, wo die Unterelbe die alten Territorien Grafschaft Oldenburg vom Erzstift/Herzogtum Bremen schied, wirkt die Apokopierungslinie als Grenze zwischen dem Nordhannoverschen und Teilen des Oldenburgischen (westlich *Göse* gegen östlich *Gös* 'Gänse').

Im Osten bildet die Unterelbe eine relativ markante Scheide zum Holsteinischen (seit Erwerb der Grafschaft Stade durch die Bremer Erzbischöfe im Jahre 1236 liegt der Flußteil zwischen Bremen und Holstein).

Für das Gesamtgebiet ist als sprachliche Gemeinsamkeit besonders die Pronominalform *jüm* 'ihnen' hervorzuheben (gegenüber ostfriesisch *hör*, oldenburgisch *se*, holsteinisch *jem*).

In der Binnengliederung wird ein Ost-West-Gegensatz erkennbar, etwa mit einer Linie Cuxhaven – Bremervörde bezeichnet. Westlich davon heißt es *jo* 'euch', östlich *jau*; im Westen bleiben die mnd. ê- und ô-Laute Monophthonge, im Osten treten sie diphthongiert auf (z.B. *Kēs* vs. *Keis* 'Käse', *Blōt* vs. *Blaut* 'Blut')[87].

Die nordhannoversche Landschaft gilt als ein sprachliches Beharrungsgebiet. Das scheint die Verantwortung dafür zu tragen, daß dieser Raum in der wnd. Dialektlandschaft als das eigentliche Kerngebiet des Nd. ermittelt werden konnte.

Eine Sonderstellung im Nordhannoverschen fällt dem Hamburgischen zu. In der Großstadt und Brücke zum Holsteinischen hat sich eine relativ eigenständige Stadtmundart entwickelt, die in dem seit 1956 erscheinenden Hamburgischen Wörterbuch dokumentiert wird. Auch das Nd. der Hansestadt Bremen kann in gewissem Sinne eigenständig genannt werden. Ihm sind Beziehungen zum Oldenburgischen eigen.

Für den Nordwestteil dieser Dialektgruppe wird ein Abschnitt aus einem Sachtext von Meta Grube (*1908 in Ahrensfluchtermoor - 1988) vorgelegt.

Ik heff hier so'n lütt Register-Book in de Hand. Dor heff ik vör lange, lange Johren in anschreben, wat de 'Döser Speeldeel' as Bestand an Rullenböker öber de slechte Tiet rett' harr. Slechte Tieden, dat mutt 'n al seggen, denn för de 'olen Böker' hett mi een, de mit Papierworen hannel un olt Papier afgeben müß, wenn he nee'et weller hebben wull, de hett mi dor Zigaretten för anboden. Un Zigaretten stünnen hoch in'n Kurs! Ober wo wörr ik de 'olen Böker' woll weggeben, wo ik doch meen, dat weer uns' Kaptool, mit dat wi de 'Döser Speeldeel' weller in'n Gang'n kregen. In'n Gegendeel, ik harr jo mirrn in'n Krieg noch welk toköfft. Bispillswies veer Böker von Beiswanger sien 'DU'-Stück, een für den Speelboos, twee för de Speelers un een för de Toseggersch[1] ... Liekers[2], dor keem nix mehr no. Mit den 'totalen Krieg' müssen ok de Theoters de Dören dicht moken. In mien Unbedarftheit heff ik an de Reichstheaterkammer no Berlin schreben, ob dat ok för Laien-Bühnen gelln dee. Jo, dat gell för de 'Döser Speeldeel' so goot as för ehr Konkurrenz, de plattdütsche KdF-Bühne.[88]

1) Souffleuse; 2) gleichwohl

Der östliche Landesteil ist mit dem Beginn einer Kurzgeschichte von Peter Seidensticker (*1904 in Stade - 1977) repräsentiert:

Naletzt kummt mi Krischan in'e Mööt un süht so benaut[1] ut. Sien Backsbeern[2] hett he, in'n groot root Sacksdook inknütt, in de Hand. 'Na, Krischan, wo lett't to?'[3] segg ik, 'du maakst ja'n Gesicht, as wenn di de Petersill verhagelt is! Un wat schall dat denn bedüden, dat du diene Backsbeern bi di hest?' 'Wat dat bedüüdt?' brummelt Krischan, 'dat bedüüdt, dat ik in'n Sack haut heff!' 'Warrt ja jümmer beter', segg ik, 'wo du de Steed al so lang hest! Un denn hest mi doch vör korten noch seggt, di gefüll dat dar so goot un dar wullst nu blieven?!' 'Dee ik ok', sä Krischan, 'aver weßt du, wat toveel is, dat is toveel! Un eenmal mutt'n Enn hebben!' 'Wat denn?' fraag ik wieder, 'hebbt se di nich goot hollen? Wöör de Buur gnatzig?[4] Hett he di schikaneert? Vertell doch mal!' 'Och, do is nich veel to vertellen. Dat wöör man wegen dat Eten.' 'Nanu', segg ik, 'dat is ja wat Nees, dat du krüüsch[5] büst!' 'Och wat, krüüsch! Ik eet allens. Aver wat toveel is, dat is toveel!'[89]

1) bedrückt; 2) Zeug; 3) wie geht es; 4) mürrisch; 5) mäklig

Auch die Mundart der Lüneburger Heide gehört zum Nordhannoverschen. Für sie sei ein sog. Stippstöörken angeführt. Mit diesem, in der Heide geprägten und nur dort gebrauchten Wort bezeichnet man eine kurze, pointierte Geschichte, ein anspruchsloses, in geselliger Runde erzähltes Histörchen:

Jüst all worden

Midden in de widen Heid liggt de grote eenstellige Hoff breet ünner de rumen[1] Eken. Man dat is nich blots en groten Hoff; de Döönz[2] is to glieken Tiet en lütten Kroog; en ganz lütten Kroog mit en paar Buddel Beer, en paar Buddel Bruuswater, en paar Zigaretten un Zigarrn un en groten Buddel Sluck. Enes Daags kummt dar en Gast rin: 'Goden Dag ok, Drees Vadder, wo weer't denn mit'n lütten 'Blaurand'[3]?' 'Dschä', meent de Ool, 'mööt wi mal sehn.' He langt den Sluckbuddel ut'n Schapp[4], deit sik en groot Glas vull in un neiht[5] dat weg. – Hm! He gönnt sik noch en drütt Glas vull. – Hm! Do fraagt de Gast: 'Kann ik nu ok enen kriegen?' De Ool höllt den Buddel mal even gegen de Sünn. Denn 'O Junge, deit mi leed! ... Jüst[6] all worden!'[90]

1) großen; 2) Stube; 3) einfacher Korn, der in einem mit einem blauen Rand versehenen Glas ausgeschenkt wurde; 4) Schrank; 5) kippt; 6) gerade

Für ein hamburgisches Beispiel steht der Beginn einer Geschichte von Rudolf Kinau (*1887 auf Finkenwerder - 1975), einem der meistgelesenen nd. Autoren unseres Jahrhunderts:

Dat is Sommer un is Sünndagobend, un is fein Wetter. An de Südkant van 't Foahrwoter – twüschen Schulau un Blanknes – seilt[1] son groote feine stebige[2] Boot – son Oart Jollenkrüzer – mit 'n Stroom un mit gooden Wind van achtern – wedder no Hus – no Dübelsbrück rup. De Sünn is al vör 'n goode teihn[3] Minuten ünnergohn, ober de Luft is noch ganz hill[4] un hooch. Kassen Schuldt – de Schipper van de Boot – hett jüst sien beiden lütten Lampen ansteken, de roode an Backbord, un de greune an Stüerbord. Un is nu bi de drütte – bi de lütt witte Kugellamp an 't pütschern[5], – de mütt nu jo ook brennen, dat he de to jeeder Tied wiesen kann, wenn em – van achtern – een anner Foahrtüg uploopen deit.[91]

1) segelt; 2) stabil; 3) zehn; 4) klar; 5) arbeiten, fummeln

Dem Nordhannoverschen eng verwandt ist das *Holsteinische*. Es gilt in einem Großteil des heutigen Bundeslandes Schleswig-Holstein, vom Lauenburgischen im Süden bis zur Eckernförder Bucht im Norden. Vom nördlich anschließenden Schleswigschen trennen das Holsteinische besonders die *de/den*-Isoglosse und die *ch-/g*-Linie;
holsteinisch: ik heff *den* Mann sehn;
                *g*ele *G*eorginen
schleswigsch: ik heff *de* Mann sehn;
                *ch*ele *Ch*eor*ch*inen
                'ich habe den Mann gesehen; gelbe Georginen'.
Man unterteilt das Holsteinische in die Dialektgebiete des Zentralholsteinischen (Neumünster-Rendsburg), Ostholsteinischen (Kiel-Lübeck-Elbe) und Südholsteinischen (Bad Segeberg-Bad Oldesloe-Trittau), wobei der Übergang vom Süd- zum Zentralholsteinischen fließend ist; das Ostholsteinische hebt sich davon durch die Diphthongierung von mnd. *ô* ab, also *Kauken* gegen zentral- und südholsteinisch *Kōken* 'Kuchen'.

Das Zentralholsteinische hat Johann Hinrich Fehrs (1838-1916), der vierte nd. Klassiker, verwendet. Als Beispiel sei ein Gedicht von ihm angeführt:

   Sommerglück

So frisch un still! Ganz lisen geit
De Wind dör Woold un Wisch un Feld,
De Morgensteern in't Osten steit
Un to sien Föten slöppt de Welt.

An Kruut un Grasspier, Blatt un Bloom
Hangt Parlen blank as Edelsteen,
Se hebbt wol all en schönen Droom
Un möt in Slåp vör Freuden ween'.

Dår stiggt de Lerch in't Morgenroot,
Un Busch un Boom de schütt sik mål,
De Wildroos süht mit Ogen groot
Von'n hogen Doornknick op mi dål.

De wunnert sik, dat ik al wåk.
Lütt Bloom, mi drivt keen Sorg un Sünn,
Ik gå alleen dör Dau un Dåk,
Wiel ik doch gårto glücklich bün.

Mien Hart is as de Heben klår,
Nå Storm un Larm so still un fråm,
De Nacht vergung, de Dag is dår,
Mien Kinnerglück is wedderkåm.

Noch güstern möd un matt un moer,
So trurig, åch, weer mi tomoot,
Op eenmål stunn dat Glück vör Doer
Un seeg mi an mit Ogen groot.

Wo bleev de Gråm? Ganz lisen quellt
De helle Freud op jedes Flach —
Blöh, blöh, lütt Bloom! Du schöne Welt,
Buten un binn is Sommerdag![92]

Zum Kennenlernen des Ostholsteinischen wird ein Textausschnitt von Hans Heitmann (*1904 bei Kiel - 1970) mitgeteilt:

Dat gifft Lüüd, de löppst jeden Dag vörbi un magst ehr nich lieden. Aver wenn sick dat maal so angifft, dat du liekers maal'n Woort mit ehr maken mußt, denn sünd se goor nich so verkehrt, as du dacht harrst. So güng dat ook mit den Hund un de Heen[1] un den Knaken. De Knaken ... door harr de Schosteenfeger den Hund mit smeten. Nu leeg he door op'n Hoff in'n Regen; denn de Hund harr den Steert[2] inklemmt un weer to Lock krapen. De Heen aver, de mark al: so'n Regen, de höllt den ganzen Dag över an; door kannst nich op luurn[3]. Un dorüm güng se ruut un funn door buten den Knaken un fung an to picken. De Hund schuul[4] uut sien Lock ruut. 'Heda!' gnurr he. 'Dat is mien Knaken!' 'Ah wat, ah wat!' kakel de Heen. 'Wat hier buten rümliggt, dat hett keen Herrn!' un pick door wieder an rüm ...[93].

1) Huhn; 2) Schwanz; 3) warten; 4) schielte

Von der in Bad Segeberg geborenen Autorin Hilda Kühl (*1921) stammt das für das Südholsteinische ausgewählte Textstück:

Dat gifft Minschen noog, de sick geern maal'n witten Foot maakt[1] un denn meent, nu harrn se wat togoot bi den annern. Aver so'n Lüüd meen ik nich, wenn ik düt wohre Beleven vertell: Hier hebbt sick twee Minschen üm een vun den leven Gott sien Kinner verdeent maakt. Un dat uut Leev un ganz, ahn wat doorför to födderrn. Se kemen vun ehr Arbeit na Huus, uns' Frünnen, as en Kinnerschoov[2] blangen[3] de Huusdöör an't Diskereern weer. Dor weer en lütt Swulk[4] uut dat Nest fullen. Nu seet se angstig in den grönen Busch un fladder mit de Flünken. Flegen kunn se noch nich. De Kinner harrn al fraagt, keeneen vun ehr dröff[5] de Swulk mit na Huus bringen. Schull dat denn nu elennig ünnergahn, dat lütt Deert? So nehmen uns' Frünnen dat op un drogen dat na Köök un eerstmaal in'n Drögen. En lütt Nest uut enen Wattebuschen weer flink buut. Un nu keem dat Vagelkind mit dat Nest in unsen Fründ sienen Beerkorv[6]. He müß nu eerstmaal ahnto[7] uutkamen![94]

1) etwas zugute schreiben; 2) Kinderschar; 3) neben; 4) Schwalbe; 5) darf; 6) Bierkorb; 7) ohne

Obwohl dem Zentralholsteinischen eng verbunden, ist das *Dithmarsische* doch als eine eigene nordniedersächsische Dialektlandschaft zu werten. Die politische Geschichte (vom 13. Jh. an) hat den Marschbewohnern an der Westküste ein starkes Selbständigkeitsgefühl verschafft; die relative Unabhängigkeit des Freistaates Dithmarschen konnte in mehreren kriegerischen Auseinandersetzungen bestätigt werden. Hinzu kommt die geographische Randlage im Nordwesten Holsteins zwischen Eider und Elbe, geteilt in Norder- und Süderdithmarschen. Das auffälligste (norder-)dithmarsische Sprachmerkmal ist die Form *jüm* für die 2. Pers. Pl.: 'ihr', 'euch'; darin wird ein friesisches Relikt vermutet. Vom benachbarten Holsteinischen unterscheidet sich das Dithmarsische durch Formen wie dȫren anstelle von dörven 'dürfen', verkȫpen anstelle von verkôpen 'verkaufen', gût anstelle von gôt 'gut'. Hier wird aber auch die enge Beziehung beider Dialektlandschaften deutlich. So soll im Dithmarsischen das letztgenannte Adjektiv in prädikativer und attributiver Verwendung einen unterschiedlichen Vokal erhalten: *mi geih dat guud* 'mir geht es gut' gegenüber *se is ne gode Fru* 'sie ist eine gute Frau'[95].

Auffällig sind im Dithmarsischen die Konsonantenschwächungen in *kǭgn* 'kochen', *bīdn* 'beißen', *bloud* 'Blut'.

Das Norder- und Süderdithmarsische wird durch die *jüm/ju*-Isoglosse durchschnitten; sie verläuft von Marne in nordöstlicher Richtung auf die Eider und folgt dem Fluß auf seinem Nordteil, bis er sich bei Erfde nach Westen wendet.

Das Dithmarsische ist die Mundart Klaus Groths (1819-1899), des Begründers der neund. Literatur. Er stammt aus Heide und hat sich seines (norder-)dithmarsischen Dialekts bewußt bedient, „weil das ditmarscher Platt in dem abgelegenen Winkel sich am reinsten erhalten hat"[96].

Einen Eindruck von dieser Sprache soll ein Gedicht aus dem „Quickborn" Klaus Groths vermitteln:

En Breef

Ik kreeg Jüm Breef bi gude Gesundheit
Un seeg, wa't all bi Jüm noch rund geit,
Wa't mit de Koh un mit de Hund steit
Un mit dat Pęrd,
Un dat Anntrin noch jümmer de Mund geit
As'n Lammersteert.

Jüm schrift mi, dat dat Korn gut stan deit
Un dat Jüm lütt Paul al gan deit
Un dat Jüm Psepter[1] de Junges slan deit,
As weer't nix Guds,
Un dat Jan Discher bi Jüm wahn' deit
Int Achterhus.

Plünn-Antje hett mi letz de Breef broch
Un hett mi seggt, de Püttjer[2] lęv noch
Un sin Jan Hinnerk weer de Sleef noch
Vun fröher hęr,
Un all dat Nies[3], wat sunsten gęv noch
Vun em un ęr.

Dat's ditmal allens, wat ik węten do,
Op'n anner Mal mehr, wenn'k wat vergęten do;
Plünn-Antje bringt ok noch en bęten to
Jan Paul sin Mund.
Gott gęv Jüm, wat ik wünsch un będen do:
Blivt all gesund![97]

1) Lehrer; 2) Töpfer; 3) Neue

„Das Schleswigsche ist ein lautlich vielfach archaisches Nd. mit auffälligen hd., jütischen und fries. Einsprengseln, das im Laut- und Formensystem, im Wortschatz und vor allem syntaktisch merklich vom Holsteinischen abweicht"[98]. Der Süden, von Eiderstedt bis Schwansen, stellt ein Übergangsgebiet dar. An der Linie Husum-Schleswig-Schlei bündeln sich mehrere Isoglossen, die den Raum von Husum bis Niebüll, von Schleswig bis Flensburg als eine eigenständige nordniedersächsische Dialektlandschaft festlegen. Sie kennzeichnet die spirantische Aussprache des *g* (z.B. in dem Neckreim *In Chettörp in de chude Chechend dar chifft dat vel Chassenchrütt, un wenn dat de chifft, denn warr ik chanz chifti* 'In Gottorp in der guten Gegend, da gibt es viel Gerstengrütze, und wenn es die gibt, dann werde ich ganz giftig'), die Endung *-n* im Präs. Pl. der Verben (*Hören ji man up mit dat* 'Hören Sie man damit auf'), die Einleitung eines Infinitivsatzes mit *und (un)* anstelle von *um* oder *um ... zu (om, om ... to): He schall hen un lehnen Geld* 'Er soll (dort)hin, um Geld zu leihen'; diese syntaktische Besonderheit prägt zwar das Schleswigsche in besonderem Maße, sie hat aber die anderen Konstruktionen mit *um/um ... zu* nie ganz ausmerzen können und wird ihrerseits von den durch den Standard gestützten Bildungen bedrängt[99].

Der *jem, jen/ji, ju*-Gegensatz trennt das Schleswigsche in einen kleineren West- und größeren Ostteil; die Trennlinie läuft von der dänischen Grenze bei Ladelund nach Süden bis Ohrstedt, sie steht — grob gesagt — zwischen Dithmarschen und Eiderstedt im Westen und Angeln und Schwansen im Osten. Im Westen fällt beim Imperfekt die Endung ab (*he bröch mi dat* 'er brachte mir das'), im Nordosten tritt im Imperfekt die Endung *-er* auf (*domals lewer he noch* 'damals lebte er noch').

Zur Illustration des Schleswigschen werden eine Anekdote aus Flensburg und ein Döntje aus Stapelholm (dem Ländchen im Treene-Eider-Winkel im Südwesten des schleswigschen Landesteiles) zitiert:

Stine Dreier hett de Gicht un kann nich mehr to Kark komen. Jeden Sünndagmorgen quarkt[1] se mit ehrn Olen, he schall doch hengahn un ehr naher vertellen, wat de Paster seggt hett. Letzten Sünndag hett se Jakob mal sowiet kregen. As he wedder na Hus kümmt, geiht de Fragerie los: 'Wat sä de Paster?' — 'Tja — wat sä he? He sä ümmer wat von Unterlassungssünden; verstahn heff ik dat nich richtig. Aver dat sünd ja woll so'n Sünden, de wi vergeten hebben to doon'.[100]

1) nörgelt

De Liehrers un de Pasters harn fröher blots'n lütt' Gehalt un kunn sick knapp satt to eten koopen. Denn fungen se ok mal an to fechen[1]. 'So, Jungers', sä Kanter Moritz den een' Morn to uns, 'jüm bringt mi morn fröh nu all'n Ammer vull Kartüffeln mit.' Na, nächsten Morn treden wi denn mit unsen Kartüffelammers bi em an, much je ok keen dat mit de Kanter verdarben. Dor fehl blots een, Sievert Rief, un de Kanter wor ümmer fünsch[2], wenn een vun sien Schölers to lot kehm. Dor heel he wat op. Na'n viertel Stünn kehm Sievert denn doch noch an een reep inne Klass: 'Twee oder dree vun jüm möt mi nu hölpen, ik hevv hier buten een Hundnwaagn vull Kartüffeln!' De Kanter keek ierst mol ut Fenster, he glöv ni, dat dat wohr wier. As he nu den Waagn vull Kartüffeln seh, freuh he sick je banni, over he har je ok sien Stolz. Sievert wier nu to lot komn, un de Kanter schick em vör de Dör, as Strof. Over dor har de Kanter sick verrekt[3]! Sievert nehm sien Waag Kartüffeln un gung dor waller[4] mit af to Hus. He meen, de Kanter har se ni verdeent.[101]

1) betteln; 2) böse; 3) verrechnet; 4) wieder

Für das Nordniedersächsische wird auf eine strukturelle Kennzeichnung mit Hilfe der $\bar{e}^{1,4}$- und $\bar{o}^{1,2}$- Entwicklungen verzichtet. Ein einigermaßen eindeutiges Bild würde sich nur auf Kosten großer Vereinfachung ergeben, erweisen sich doch, etwa im Nordhannoverschen oder im Holsteinischen, gerade die Gegensätze von Monophthong und Diphthong (*Kēs/Keis* 'Käse', *Kōken/Kauken* 'Kuchen') als Mittel zur Bestimmung kleiner Dialektgebiete. Wie vielgestaltig die nordniedersächsische „Phonologie der $\bar{E}$- und $\bar{O}$-Laute" ist, zeigt die entsprechende Leiste auf der Karte 47.13 von P. Wiesinger in: Besch u.a. 1983.

Das Ostniederdeutsche

Der andere Dialektraum des modernen Nd. ist der *ostniederdeutsche*. Sein Geltungsbereich ist nach dem Zweiten Weltkrieg um die östlich der Oder gelegenen nd. Dialektlandschaften des Ostpommerschen und Niederpreußischen verkleinert worden und beschränkt sich heute auf ein Gebiet von der Lübecker Bucht bis zur Elbe bei Boizenburg, dann in südöstlicher Richtung ins Havelland und in den Fläming, von dort nordöstlich über Beeskow bis Frankfurt an der Oder; der Fluß gibt bis zu seiner Mündung in das der Pommerschen Bucht vorgelagerte Haff die Ostgrenze ab.

Sprachgeschichtlich betrachtet handelt es sich um Neusiedelland; die Grenze zwischen sächsischem Altland und dem von Westslawen bewohnten Elb-Oder-Raum war eine Linie von Lübeck nach Magdeburg. Die slawische Vorsiedlung bezeugen zahlreiche mecklenburgische, pommersche und brandenburgische Ortsnamen: *Rostock* < slaw. *rostok, roz-* 'auseinander', *tok* 'Fluß'; *Schwerin* < slaw. *zvěr* 'wildes Tier', also Gebiet, in dem sich wilde Tiere aufhalten; *Stralsund*, a. 1234 *civitas Stralowe* < slaw. *strálov* 'Schütze'; *Potsdam* < slaw. *Postąpim*, d.h. Ort eines Mannes namens Postąpim; *Rathenow* < slaw. *Ratenov* 'Ort des Raten'; *Berlin* < slaw. *$\overset{o}{*brl}$* 'Sumpf, Suhle'.

Die wichtigste Gemeinsamkeit der ond. Dialekte im Vergleich zum Wnd. ist der Einheitsplural im Präs. der Verben auf *-en: wi, ji, sē lopen* 'wir, sie laufen, ihr lauft'.

Das Mecklenburgisch-Vorpommersche

Die ond. Dialekte gliedern sich in drei größere Dialektlandschaften, das Mecklenburgisch-Vorpommersche, das Mittelpommersche und das Märkisch-Brandenburgische. Dabei weist das *Mecklenburgisch-Vorpommersche* die größten Gemeinsamkeiten mit dem Westen auf. So erhalten kleinere Abweichungen, die es überall zwischen benachbarten Dialekten gibt, Schibbolethcharakter. Davon berichtet ein Schweriner, dem im ca. 100 km entfernten Hamburg bei einer Begegnung dieses passierte: „'Wat?' fróg de ierste, 'Meckelbörger büst du? Wunäf denn?' Datt he 'wunäf' säd, dat wieste mi nu, dat he ook'n Meckelbörger sien müßt, denn 'wunäf' – dat giwt dat blot in Meckelborg, dat seggt keen Hamborger"[102].

„Meckl.-vorpomm. Eigentümlichkeiten sind:
1. Die Diminutivendung *-ing* (*mudding*),

2. mnd. *ei* > *ê* (*stêt, dêt* 'tut', *ê* 'Ei'),
3. Vokalerhöhung vor r (*mîr* 'mehr', *ûr* 'Ohr', *hürn* 'hören'),
4. weit fortgeschrittene Diphthongierung der geschlossenen mnd. *ê, ô, ô̂* (*saip, haut, groin*).

Diese Besonderheiten haben sich ... erst in nachmnd. Zeit, z.T. im 18./19. Jh. herausgebildet"[103].

Trotz der ziemlichen Geschlossenheit des Mecklenburgisch-Vorpommerschen gibt es zwischen Mecklenburgisch und Vorpommersch auch einen auffallenden Unterschied, nämlich die vorpommersche Bewahrung eines im Hiat entwickelten Klusils: *meigen* vs. *meien* 'mähen'; die diesen Lautgegensatz aufnehmende Grenze läuft vom Darß über Malchin, Stavenhagen bis Penzlin.

Das Mecklenburgische selbst läßt sich von der Linie Grevesmühlen-Gadebusch-Schwerin-Crivitz-Neustadt eldeabwärts in einen östlichen und westlichen Bereich unterteilen. Kennwörter dieses Ost-West-Gegensatzes sind *vier/veir* 'vier', *führn/feuhrn* 'fahren', *Arpel/Wädik* 'Enterich'.

Wortgeographische Verschiedenheiten begründen auch einen mecklenburgisch-vorpommerschen Nord-Süd-Gegensatz, den die Linie Wittenburg-Crivitz-Goldberg-Friedland festlegt. Sie trennt nördliche *Kütik, Tram, Trad, Arnbier* von südlichen *Harrik, Sprat, Lois, Austkost* 'Hederich, Leitersprosse, Wagenspur, Erntefest'.

Die Einheit des Mecklenburgisch-Vorpommerschen und seine „strukturelle Zweiteilung ... in eine West- und Osthälfte"[104] wird eindrucksvoll auch durch die Entwicklung der *ê*- und *ô*-Laute unterstrichen. Aus mnd. $ê^{2a} + ê^1 - ô̂^2 - ô^2$ hat sich eine Reihe geschlossener Vokale (außer vor *r*) ergeben: *klêt ~kleit* 'Kleid' – *bôm – böüm* 'Bäume' – *grôt ~grout* 'groß'.

Für mnd. $ê^4 + ei + ê^{2b} - ô̂^1 - ô^1$ kann eine offene Vokalreihe ausgemacht werden: *daip* 'tief' – *mǫid* 'müde' – *maut* 'Mut'.

Diese einheitlichen Entwicklungen dürfen natürlich nicht vergessen lassen, daß sich das Mecklenburgisch-Vorpommersche den benachbarten Dialektlandschaften verbindet, im Ond. überhaupt eine größere Geschlossenheit als im Wnd. zu verzeichnen ist.

Das Mecklenburgische hat durch die Werke Fritz Reuters (1810-1874) weite Bekanntheit erlangt. Seine Heimatstadt Stavenhagen liegt bei der mecklenburgisch-vorpommerschen Sprachgrenze; die von ihm verwendete Sprachform hat vielleicht auch deshalb einen überregionalen Anstrich, wird da und dort gut verstanden (nicht nur im Nd.).

Für das Mecklenburgische wird ein Textabschnitt aus John Brinckmans Roman „Kasper-Ohm un ick" ausgewählt. Brinckman (1814-1870) war Rostocker, der Roman erschien erstmals 1855, stand und steht aber im Schatten der großen Werke Fritz Reuters.

Buten frür dat Pickelsteen. Ik hadd oewersten bannig inkacheln laten, un de oll Awen[1] bullert man orig so von dat böken[2] Blankholt, wurvon he drang vullproppt wir. Een Buddel Schato Dikem hadden wi all dat warme Blot bet up den letzten Druppen aftappt, un bi de tweet wiren wi grad bi, un vier anner stünnen noch in den Korf rechtsch von mi, so dat ik man totogripen brukt, ahn uptostahn. Oll Unkel Andrees set oewer in minen Armstohl, 'n Fotere dree odder vier af von un vör den Awen un hadd sick von den veritablen Türkschen instoppt, den ick von J.P. Behnken an 'n Glatten Aal för de Gelägenheit halt hadd; denn de oll Herr frög nich väl nah Glimmstengels nah, un wenn se ok ut de Vega de la Habana importiert wiren. Wi annern, 'n Manner söß hoch, hadden uns oewer de Trabukos hermakt, wur'n apen Vittelkist von up den Disch vör uns stünn. De Finsterladens wiren dichting to un de Roulohs dal, un dat was so mollig in min Quartier, as dat mennigmal in sonn oll Junggesellenharbarg is, wenn dor gode Frünn in tosamen kamen, de sick 'n anner moegen un de jedermann mag[105].

1) Ofen; 2) buchen

Das moderne Mecklenburgisch ist in dem Band „Up Platt is ook hüt noch wat", hrsg. von Christa Prowatke (Rostock ³1984) vertreten. Daraus ein Abschnitt von Edith Wallow, 1927 in Schwerin geboren:

In uns Dörp snackten wi as Kinner all plattdütsch, bet mit sös Johr dei Schaultied losgüng. Blot 'n poor fiene Lüd, as de Köster, de Preister[1] un de Schaulmeister, lihrten ehr Kinner al von lütt an hochdütsch. Wenn mien Kusin un ick up unsen Hof speelten, köm af un tau uns lütt fien Nahwersjung röwer un säd: 'Darf ich mit euch spielen?' Wi feuhlten uns ümmer bannig gebummfidelt[2], wenn Karl-Emil mit uns speelen wull un güngen, so gaud wi dat verstünnen, up sien Hochdütsch in[106].

1) Priester, Pastor; 2) geschmeichelt

Für das Vorpommersche wird ein Auszug aus einer Predigt des pommerschen Theologen Karl-Adolf Schumann (*1939 im Kreis Malchin) ausgewählt:

Wi fiern dit Johr den 500. Geburtsdag von Johannes Bugenhagen. Hei hett sik Dr. Martin Luther anschlaaten un dei Reformation vör 450 Johren in Pommern inführt. An 16. Juni 1535 is hei tausaamen mit Brun un Weneritz in Anklam west un hett wol ok up desse Kanzel stahn. Bugenhagen is an 24. Juni 1485 in Wollin (Hinnerpommern) gebuuren. As Pommer künn hei gaud Plattdüütsch un is uns' Plattdüütsch ok noch truu blęben, as hei nah Wittenberg ünner dei Sachsen güng. Hei wier al lang Preister un gehüürte as Humanist tau dei Reformer. Oever ein Reformator is hei ierst bi Martin Luther worden. Bi em hett hei Jesus Christus un sien Wuurd richtig verstahn liehrt. Von nu an bleev Jesus Christus för Bugenhagen dat A un O in sien Glooben un Lęben. Un weil Jesus Ordnung in sien Lęben bröcht harr, wull hei ok, dat Ordnung in dei junge evangelisch Kirch sien süll[107].

Die kleinste ond. Dialektgruppe ist das *Mittelpommersche,* von dem nur noch ein schmaler Streifen vom Kleinen Haff bis Angermünde erhalten ist; die Ostgrenze ist mit der Staatsgrenze zu Polen gegeben. Vom Märkisch-Brandenburgischen unterscheidet es sich durch die *dat/det*-Linie für 'das' auf der Strecke südlich Schwedt/Oder-Angermünde bis in die Nähe des Oberen Uckersees. Ursprünglich galt das Stettiner Umland als das eigentliche Mittelpommern. Es schob sich wie ein Keil zwischen Vorder- und Hinterpommern und ist Ergebnis zweier Siedlerströme: eines nd. im Küstenbereich und eines niederfränkischen im Odergebiet.

Anders als das Mecklenburgisch-Vorpommersche verzichtet das Mittelpommersche auf die Hebung von *o > u* vor *r* (also *o:r* 'Ohr'); die dritte Pers. Präs. Sing. von *dôn* heißt *deit* '(er) tut'. Das Diminutivsuffix ist *-ke,* nicht wie weiter westlich -ing: *Hüüske* 'Häuschen', *Würstken* 'Würstchen'. Gegenüber dem Westen und (früher) dem Osten zeichnet sich das Mittelpommersche durch unterbliebene Diphthongierung von $\hat{e}^4$ und $\hat{o}^1$ aus, also *lēf* 'lieb', *kōken* 'Kuchen'. Die Verbindung mit dem brandenburgischen Süden ist auch für mitteldeutsches Sprachgut im Pommerschen verantwortlich.

Als mittelpommersche Dialektprobe dienen die ersten beiden Strophen eines Liedes der „Mundart in der Umgegend von Stettin auf dem linken Oderufer":

De Afscheit

De König het oos[1] roopen,
'K heff't hört in oosen Kroog.
Dat wart een grooten Hoopen,
'T blifft Keener nich bie'm Ploog.
Atje, atje, Marieken!
'K blief keene Stunn mehr hier,
Kannst öwer'n Tuun man[2] kieken,
Wenn ick dörch't Dörp marschier.

De König het oos schräben
Ut Breslau eenen Breef:
„He künnt nich mehr beleben,
„Wiel em sien Volk so leef;
„He künnt nich länger stoppen
„Mit all oos Haab un Good,
„He wull den Fiend drum kloppen
„Fär sienen Öwermood."[108]

1) uns; 2) nur

Das Märkisch-Brandenburgische

Das *Märkisch-Brandenburgische,* von der mecklenburgischen Grenze im Norden bis an den Nordrand des Obersächsischen im Süden, ist eine Dialektlandschaft mit einer nach Süden stark zunehmenden Vermitteldeutschung. Im Inneren werden drei Teilgebiete unterschieden: das Nord-, Mittel- und Südmärkische. Das Nordmärkische im Raum zwischen Perleberg-Prenzlau-Rathenow-Neuruppin unterscheidet sich vom Mecklenburgischen durch die *leif/lēf*-Linie ('lieb'). Das Mittel- oder Zentralmärkische ist der Sprachraum um Berlin, vom Norden geschieden durch die *lēf/lief*-Linie, vom Süden durch die *schnē/schnei*-Grenze ('Schnee'). Das Südmärkische erstreckt sich von dieser Lautgrenze bis zur *ik/ich*-Linie und ist besonders auffällig durch die Fläming-Landschaft bestimmt. Die Namengebung dieses Gebiets läßt den starken niederländischen Sprachanteil erkennen, der das Märkisch-Brandenburgische auszeichnet und der Sprache dieses Dialektverbandes sogar Kennzeichnungen wie Kolonialniederländisch eingebracht hat; dabei wurde der Fläming als stärker dem Niederländischen verhaftet gesehen als der Norden.

Die dialektgeographische Forschung hat für das Märkisch-Brandenburgische einige Merkmale herausgestellt, die den Dialektverband vom übrigen Nd. unterscheiden. Dazu gehören die Palatalvokale in *det* 'das', *änner* 'ander', *Gent(er)*

'Ganter', *sterven* 'sterben', die Hiatdiphthongierung (*draie* 'trocken', *kniee* fem. 'Knie'), die Ersetzung des Dat. durch den Akk. (*up det Feld* 'auf dem Felde', *achter uns Hus* 'hinter unserem Hause').

Die innermärkischen Unterschiede sind am auffallendsten im Vergleich des Nordens mit der Mitte, wobei die fallenden Langdiphthonge des Mittel- und Südmärkischen am meisten hervorstechen:

mnd.	nordmärkisch	mittelmärkisch		
$\bar{a}$	$\bar{\varrho}$	$\bar{\varrho}^a$	m$\bar{\varrho}^a$n	'Mohn'
$\hat{e}^2$	$\bar{e}$	$\bar{i}^e$	h$\bar{i}^e$tn	'heißen'
tonlanges e	$\bar{\ę}$	$\bar{\ę}^a$	š$\bar{\ę}$apl	'Scheffel'
tonlanges a, o	$\bar{\varrho}$	$\bar{\varrho}^a$	v$\bar{\varrho}$ater	'Wasser'
			jebr$\bar{\varrho}$akŋ	'gebrochen'
tonlanges o+UmL	$\bar{\ddot{\varrho}}$	$\bar{\ddot{\varrho}}^a$	b$\bar{\ddot{\varrho}}$ane	'Boden'

Das Südmärkische geht ohne scharfe Grenze ins Mitteldeutsche über und weist manche Gemeinsamkeiten mit ihm auf, z.B. die Gutturalisierung von *nd > ng* (*hinger* 'hinter') und das Präfix im Part. Prät. auf *je-* (*jemacht* 'gemacht').

Im Märkisch-Brandenburgischen immer wieder auffallend sind die slaw. Elemente, besonders im Wortschatz, was Theodor Fontane in seinen „Wanderungen durch die Mark Brandenburg" (zwischen 1859 und 1881 unternommen und beschrieben) zu der Feststellung veranlaßte, der Märker sei ein Norddeutscher mit starkem Einschlag wendischen Blutes.

Den hervorstechendsten Anteil slaw. Sprachspuren weisen die mittelmärkischen Landschaften Beeskow-Storkow und Teltow auf. Slawica sind z.B. *Kunschen*, Pl. 'grünes Kiefernreisig' (aus niedersorbisch *kunška*), *Maline* 'Himbeere' (aus westslaw. *malina*), *Moch* 'Moos' (aus obersorbisch *moch*), *parig* 'kotig, dreckig' (aus niedersorbisch *para* 'Straßenschmutz'). Auf slaw. Einfluß sollen auch die palatalisierte Aussprache in Konsonanz und Vokalismus (z.B. *kreiŋkse* 'Kränze') und das Diminutivsuffix *-ke* (*Bratske* 'Warze') zurückgehen.

Für das Nordmärkische mag ein Gedicht in der Mundart der Uckermark stehen; es stammt von Erna Taege-Röhnisch (*1909 in Bebersee/Schorfheide). Darin fällt besonders das nicht verniederdeutschte Reflexivpronomen *sich* auf.

    De Möw

De See schmitt witt den Schum an 't Land,
nich Kohn, nich Damper geiht,
wuppt nich 'ne Lietz[1].
De Storm steiht in,
dät Woter bülgt[2] un schleiht.

Man bloß de Möwen sind biegäng.
Se schmieten sich wiet rut
un hebben ehr Wrangens[3] met den Wind
un krieschen wild un lut.

Se hebben am Enn noch wat in 't Blot
van 't grote wiede Meer.
Wo hushoch jitzt de Wachten[4] gohn
dor stammen se sich woll her.

Nu sett't sich eene up een Pohl
un kickt mi an.
Mi дücht,
se seggt: Wat kömmst du nich met rut?
Hest 'ne gebroken' Flücht[5]?
De Storm, de pucht un ritt un schöert.
Wat stoh ick denn un stoh?
De Möw, de nemmt sich wedder up.
Ick drehg mi üm un goh,

de Möwen gelstern[6] hinner mi,
mi stött un drifft de Wind.
Mi is 't so frank, mi is 't so frie,
as Storm un Vögel sind.[109]

1) Bläßente; 2) wellt, schäumt; 3) Not, Anstrengung; 4) Wogen; 5) Flügel; 6) schrill schreien

Eine Sonderstellung im Nordmärkischen nimmt das im Westen des Dialektgebiets gelegene Altmärkische ein, zwischen Ohre und Elbe, Wittenberge und Magdeburg. Es ist ein wnd.-ond. und nordmärkisch-mittelmärkisches Übergangsgebiet mit entsprechend durchmischter Sprache. Als Beispiel von ihr wird ein Gedicht des bekanntesten Altmärker Poeten Wilhelm Bornemann (*1766 in Gardelegen - 1851) wiedergegeben:

An de Ollmärker un Garleger[1]

Ollmärker! unse platte Sproak
Leet ick nich liggen up de Broak[2];
Garleger! hier de letzte Spur
Von juen oll'n Poëten-Bu'r.

Plattdütschet Woort verdank ick jo
Alleen män Ju, nich sünstens wo;
Siet vöäle Joahr is't frielich her,
Dät my von Platt nischt mehr kamm vör.

Wo Muttersproak noch Plattdütsch is,
Doa hollt dät Spräken stief un wiß,
Dät nich dät oll trüherz'ge Platt
Herrin kümmt in dät Päkelfatt.

Mag ok dät uroll derbe Woort
Wat änners kling'n von Oort to Oort;
Verstoahn wy doch uns klippekloar,
As't woll to Herrmanns Tied all woar.

Wo noch keen – Goddam! was to hör'n,
Keen schnüffelnäsig – Zackereer'n:
Doa stund all by westfälsche Poort
Held Herrmann – un sprack plattet Woort.

Un wat he platt hät kummendeert
Dät word good platt ok utgeföhrt:
Kümmt moal to knacken glieke Nott[3]
Denn – trüfest tapper drupp – mit Gott.[110]

1) Gardeleger, Bürger der im Herzen der Altmark gelegenen Stadt Gardelegen; 2) Bruch; 3) Nuß

Für das Mittelmärkische steht eine kurze Geschichte aus dem Kreis Teltow:

Där Kuter[1] vanne olle Mölle[2].
Uppe olle Mölle hän oek[3] ümmer sere ville jemoalt. Wiels et äber doa so ville Muse un Ratzen jejäen het, so het sich där Mölder ville Katzen jeholln. Doa ens biten sich dië Katzen druten oek fürrichterlich. Doa komt jeroade in Moalgast inne Schtoue un siët hingern Kachel[4] son rechten ollen, grisen Kuter leien. Uet Scherz sääd där Buëre tuëdne[5]: 'Du older Fuelpelz, kik moal, druten biten se sich, höerschetn[6] nich? un du liest hië hingern warm Kachel! Fui, du süls dëi wat schämen!' Doa schrpringt där Kuter up, mockten[7] furrichtboaret Jesichte un schrëit: 'Szo! Pießen se sich?'[8] un – heste nich jesiën! – is e Dööre ruet un foert.[111]

1) (Wild-)Kater; 2) Mühle; 3) auch; 4) Kachelofen; 5) zu ihm; 6) hörst du denn; 7) macht ein; 8) so, beißen sie sich (in obersächsischer Mundart)

Die schon stark vermitteldeutschte Mundart des Südmärkischen führt eine Übertragung der neutestamentlichen Geschichte vom verlorenen Sohn vor (Lukas 15, 11-23):

n' man hodde zwê seäne. Un der jingeste dervan sade zu sinen vo'ater: gätt mich, vo'ater, den dêl van de gidere, der mich gehért. Un da dêlte hé sîn guot unger se. Un nich lange dernach nam der jingeste alles desamme un zog fort ebber lant; un da brachte sîn guot met sûpen durch. Wie[1] nu all dat sîne verzeärt hodde, wurde ne grôte dîrde in datselftige ganze lant un er fung an hunger de lîdene; un gung hen un hung sich an ênen pûr[2] in dat land, der schickte'n up sînen acker, de schwîne de hiedene. Un hé wollde sînen bûck met dräbere[3] fillen, die de schwîne frassen, un kênder gaf sén. Da schlug'e in sich un sade: wie vil tagelêndere hat mîn vo'ater, die brôt genug hon un ick verdérbe ver hunger. Ick wil mich wedder up machen un zu mînen vo'ater gên un zu'n soan: vo'ater, ick hoa gesindiget in'n himmel un ver ach[4], un bin nu nich meh wert, dat ick aue[5] soan hêsze; macht mich zu ênen aue tagelêndere. Un hé machte sich up un kam zu sînen vo'ater. Da'e ebber na wît dervan war, sache'n sîn vo'ater un et jammerte'n, rannte un fuel'n im'n hals un gaf'n en schmadz. Der so'an ebber so'ade zu'n vo'ater: ick hoa gesindiget in'n himmel un ver ach, ick bin nu nich meh wert, dat ick aue so'an hêsze. Ebber de vo'ater so'ade zu sîne knêchte: brênget dat beste klêt hé un duot et'n an, un gätt'n en fingerrink an sîne hant un schuoh an sîne bêne, un brênget'n gemestet kalf hé un schlacht et, wi wollen essen un lustich sin: denn mîn so'an hie wo'ar dôt un is wedder lebêndich gewurn; hé wo'ar verlurn un is wedder gefunden gewurn. Un se fungen an lustich de sinne. Ebber de älste so'an wo'ar up't felt un as'e nae bît hûs kam, herte hé dat singen un dat danzen un ruopte zu sich ênen van de knêchte un frade, wat dat wêare? Der ebber so'ade zu'n: dîn brueder is gekommen un dîn vo'ater hat'n gemest kalf geschlacht, dat he'n gesund wedder hat. Da wurde der bêse un wollde nich rin gêen. Da gung sîn vo'ater rût un nett'n[6]. Hé antworte ebber un so'ade zu sînen vo'ater: sit, so vil jo'ar dîne ick ach un ha aue gebôt na nich ebberträden, un gî hon mich na nich ênen bock gegen, dat ick met mîne frînde lustich wêare. Nu ebber, sîn der so'an van ach gekommen is, der sîn guot met huoren durchgebracht hat, hon gîn[7] en gemestet kalf geschlacht. Er ebber so'ade zu'n: mîn so'an, du bist allezît bî mich un alles, wat mîn is, is ôk dînt. Du sildest frô un guodes muots sin denn dîn brueder hie war dôt un is wedder lebêndich gewurn; er war verlôrn un is wedder gefunden.[112]

1) als er; 2) Bauern; 3) Treber (Viehfutter); 4) euch; 5) euer; 6) nötigte ihn; 7) ihr ihn

Eine Sonderstellung in der märkisch-brandenburgischen Dialektlandschaft fällt dem Berlinischen zu. Es weist in seiner Sprachgeschichte eine auffällige Dreigliederung auf:

1. die nd. Zeit bis zum 15./16. Jh.; 2. die Überschichtung des Nd. durch die ostmitteldeutsche Schriftsprache und die obersächsische Sprechsprache; 3. die Herausbildung des Berlinischen als eines „mehrdimensionalen Varietätenraumes" mit sozialbestimmten Unterschieden (zu denen heute noch die Bewertungsunterschiede des Berlinischen in West- und Ostberlin kommen). Auffallendes berlinisches Merkmal ist die „Mischung aus Witz und Humor, Schlagfertigkeit, verbaler Ausdrucksstärke, selbstbehauptender Aggressivität und 'Großschnauzigkeit'"[113].

Die Vermitteldeutschung der Stadtsprache war kein auf die alte Reichshauptstadt beschränkter Vorgang, sondern vollzog sich in einem gewissen Gleichklang mit den Berlin umgebenden märkischen Dialekten. Aus diesem Grunde kann auch nicht von einer scharfen ond./mitteldeutschen Sprachgrenze gesprochen werden, sondern von einer Grenzlandschaft mit Grenzbildungen. „Der Ausdruck Grenzbildungen wird ... der geographischen Verbreitung sprachlicher Erscheinungen besser gerecht, wenn wir darunter sowohl voneinander abweichende Grenzverläufe einer einheitlichen Spracherscheinung je nach dem gewählten Beispiel als auch die Differenzierung in der geographischen Lagerung in Beispielen, die jeweils einen anderen Lautwandel darstellen (etwa hd. Lautverschiebung und nhd. Diphthongierung), verstehen"[114]. Auf diese Weise wurde einmal das Berlinische verhochdeutscht, zum anderen entwickelte sich der Stadtdialekt zum Wegbereiter für das Hochdeutsche im Elbe-Oder-Raum, so daß „das Gebiet zwischen Elbe und Oder ... eine typische Grenzlandschaft (ist), in der mitteldeutsches Sprachgut nach Norden vordringt"[115]. Dabei spielte die Ausstrahlung der Großstadtsprache „mit einer deutlichen Mehrwertgeltung im brandenburgischen Raum"[116] eine wesentliche Rolle. Die „Strahlung des wachsenden Landeszentrums Berlin ging ... von unterschiedlichen Stellen und ihren unterschiedlichen Sprachformen aus, und sie gelangte über unterschiedliche Wege zur Bevölkerung: Die Kanzleisprache in hochdeutscher Lautform und hochdeutscher Wortwahl mit französisch-höfischem Einschlag, nahm den Weg über die dem Berliner Regierungszentrum nachgeordneten Behörden (Amt, Domäne, Garnison u.a.). Das im praktischen Landesausbau sich festigende umgangs- und sondersprachliche Idiom, das 'Zentralmärkische', wurzelte im gesprochenen, werdenden 'Berlinischen' der besonders nach dem 30jährigen Kriege zugewanderten Märker mit niederländischem und hugenottischem Einschlag ... Der zentralmärkisch seit der Zeit nach dem 30jährigen Kriege sich dehnende Sprachraum mit dem Mittelpunkt Berlin ist im 20. Jahrhundert der Auflösung ausgesetzt. Es wirken auf ihn ein das hochsprachliche Schriftdeutsch einerseits und eine landschaftliche sich ausbreitende Umgangssprache, die wiederum von Berlin ausgestrahlt wird, mit einem neuzeitlichen 'Berlinisch'"[117] andererseits. Diese Sprachform ist Bestandteil einer der drei großräumigen regionalen Umgangssprachen in der DDR, der berlinisch-brandenburgischen.

Als Textbeispiel für das Berlinische wird die Erzählung eines Gastwirtes angeführt:

Und da ha' ick mit een' Mieter hier Theater jehabt im Haus ach nich im Haus, der wohnt im Nebenhaus. Der hat so die Anjewohnheit, immer sein Auto vor der Tür zu parken bei uns.

Is bei der Post – siehste ja. Fährt so'n Postauto, so'n jelbet. Kommt immer mittachs nach Hause essen. Nu warum nich?! Soll er! Ja und hat nüscht Beßret zu tun, wenn er keen Parkplatz findet, stellt dit Ding knallhart einfach vor de Tür. Und een Tach stand er direkt vorm Eingang. Ha ick zu ihm jesacht. 'Du', sag ick, 'so jeht dit nich! fahr doch mal weg! Die Leute wolln hier rin- und rausjehn!' 'Ick hab beschlossen, der bleibt hier stehn!' Ick sach: 'Meinstet ernst?' 'Joo!' sacht er. Ick sage: 'Na is jut, o.k.' Ha' ick'n Funkwagen jerufen, ne? Der kam denn ooch, die habm'n denn rausjeholt, da hat er sein Auto wegjefahren. Die Polizei war kaum weg, kam er hier rin. 'Dit haste nich umsonst jemacht!' und so und ein Theater! Ick sage: 'Weeßte Freund, beruhige dich! Jeh nach Hause, überleech dir dit und denn ruf mich heute abend an, denn jehn wa uff'n Hof beede zwee Stunden. Kannste habm! Aber in Ruhe und Frieden! So nich!' sag ick, 'mußt de Kirche im Dorf lassn. Ick hab dir det nett und freundlich gesacht, dit is mein Einjang, ick verdien mir mein Jeld, ick wohne nich hier, ick muß hier mein Jeld verdien, ja und dit läuft nich! Ick jeh ja ooch nich hin und stell mein Auto bei dir vor de Haustür hin. Mach ick ooch nich! Also will ick dit ooch nich habm, des dit bei mir einer macht!'[118]

Niederdeutsche Sprachinseln

Nd. begegnet heute nicht nur im Norden der beiden deutschen Staaten, es existiert auch extra muros in Gestalt von Sprachinseln. Darunter „versteht man punktuell oder areal auftretende, relativ kleine geschlossene Sprach- und Siedlungsgemeinschaften in einem anderssprachigen, relativ größeren Gebiet"[119].

Bei den nd. Sprachinseln handelt es sich ausnahmslos um sog. Außensprachinseln, d.h. um Nd. in nichtdeutschsprachiger Umgebung, und zwar in Dänemark, Polen, der Slowakei, der UdSSR und in Übersee (Nord- und Südamerika, Australien, Südafrika).

Die ältesten Siedlungen nd. Mundartträger entstanden Ende des 18., Anfang des 19. Jhs. in der Ukraine als sog. Chortitzaer und Molotschnaer Ansiedlungen, d.h. die Primärsiedlungen Chortitza (1789), Molotschna (1804), am Trakt (1855), Alt Samara (1859). Tochterkolonien dieser als Alte und Neue Kolonie bezeichneten Zuwanderergebiete aus Westpreußen (dem Danziger Gebiet) bildeten sich im Kaukasus, in Mittelasien und in Sibirien. Bestimmte Gruppen, vor allem mennonitischen Glaubens, zogen von Rußland nach Übersee und fanden z.B. in der kanadischen Provinz Manitoba und im US-Bundesstaat Kansas eine neue Heimat. Von ihnen wird noch heute *Plautdietsch* gesprochen, eine „wesentlich niedersächsische Mundart, genauer ein Niederpreußisch mit einem niederländischen Erbe, in das einige friesische Reste eingeschlossen sind, und mit polnischen, russischen, besonders ukrainischen, jiddischen, altpreußischen und zuletzt englischen Lehnwörtern"[120]. Man rechnet derzeit mit knapp 300.000 Plautdietsch-Sprechern, von denen aber nur ein Teil diese Sprache noch aktiv gebraucht. Plautdietsch ist die einzige nd. Kolonistenmundart, die eine nennenswerte Literatur hervorgebracht hat, obwohl die „Mennoniten ... kein Volk von Literaten (waren und sind), sondern in der überwältigenden Mehrheit Bauern, die es besser verstehen, mit dem Pflug umzugehen als mit der Feder. Nichtsdestoweniger besitzen sie ein bemerkenswert umfangreiches Schrifttum, wenn auch, von der religiösen Gattung abgesehen, auf einem volkstümlich-romantischen Niveau"[121].

Als Beispiel folgt ein Textausschnitt von Arnold Dyck (1889-1970), dem bedeutendsten nd. Dichter Kanadas.

Ohmtje[1] Stobb es tonijht[2]

Ohmtje Stobb deed de Buck weh. Mein Zeit, wäm deit nijh 'emôl tweschenen de Buck weh, dôawäje jeit de Welt noch äre Stôck wieda. Enn daut[3] sät am[4] uck sine Fru, de ole Stobbsche. 'Oba hee heat nijh op!' säd Ohmtje Stobb ôajalijh[5]. Wann daut too sine Buckwehdôag kaum[6], dann weer hee 'n bät empfindlijh, dann sull tjeena[7] dôajäaje räde. 'Du mottst dôa bloß nijh emma aun dentje[8], dann heat 'a[9] von selwst op.' 'Von selbst ... Waut weetst du von vonselwst?' Oba Ohmtje Stobb proowd dann doch Mutta äre Medezin. Hee docht nijh aun sinen Buck, hee docht aun de Schluwsäle, de hee jrôds fletje[10] deed. Bott[11] 'et meteens wada em Buck spetjt[12]. 'Mutta, hee deit doch aul wada weh.' Mutta kaum ut'e Tjäatj[13], woa see bim Meddachmôake wea, bott aun'e Sommastôwedäa[14]: 'Etj[15] kunn nijh got vestône, waut sädst du?' 'Etj säd, hee deed doch aul wada weh, säd etj.' 'Na nu bruckst de nijh so belltje[16]. Woa jrôds deit hee dann weh?' 'Hia enn hia', enn Ohmtje Stobb wees met'm Als[17], woa daut aulawäaje[18] wea. De Stobbsche schoof sitj de Brell op'e Steern en tjitjt[19] sitj de Buckjäajend aun. Enn daut holp, wiels, meteens wißt se. 'Du best toonijht, Tjnals[20], weetst du uck daut, du mottst nôm Dokta'[122].

1) Ohm, Vater; 2) zunichte, krank; 3) das; 4) ihm; 5) ärgerlich; 6) kam; 7) keiner; 8) denken; 9) er; 10) flickte; 11) bis; 12) sticht; 13) Küche; 14) Sommerstubentür; 15) ich; 16) schreien; 17) Ahle; 18) allewegens, überall; 19) kiekt, schaut; 20) Cornelius.

Der Text läßt ein auffälliges mennonitennd. Sprachmerkmal erkennen, die systematische Palatalisierung von *k > tj*.

Andere mennonitische Siedlergruppen haben sich von Kanada in die USA sowie nach Mittel- und Südamerika begeben. „Aus Mexiko zogen Tausende nach Bolivien und ... nach Ost-Paraguay, aber auch nach Belize (früher Britisch-Honduras am Karibischen Meer, D.St.). Auch nach Kanada kehrten einige wenige zurück"[123].

Eine andere große nd. Auswandergruppe sind die Pommeranos in Südamerika, in Brasilien, wo sie sich in vier Siedlungsgebieten im Süden und Südosten niedergelassen haben. Die aus Hinterpommern im 19. Jh. ausgewanderten Niederdeutschen haben kaum Literarisches hervorgebracht.

Etwa um die gleiche Zeit wie die Pommern sind aus dem Emsland und aus Oldenburg stammende Siedler in die Westslowakei gezogen, wo sie eine kleine nd. Sprachinsel begründeten.

Brandenburgische Siedler haben sich in Polen, rechts der Weichsel niedergelassen (im Lipnoer Land).

Viel stärker als diese kleinen Gebiete ist die nd. Einwanderung in die USA, wohin zwischen 1830 und 1880 fast eine Million Zuwanderer „aus den Gebieten Braunschweig, Hamburg, Hannover, Lübeck, Mecklenburg, Oldenburg und Preußen (worin allerdings Schlesien eingeschlossen ist, das jedoch nicht übermäßig viele Auswanderer beisteuerte)" gezogen ist[124]. Die nd. Amerika-Einwanderung ist literarisch gut belegt, vgl. Johannes Gillhoff, „Jürnjakob Swehn, der Amerikafahrer" (1917) und „Möne Markow, der neue Amerikafahrer" (vollendet und hrsg. von Theodor Gillhoff, 1957) sowie die nd. Novelle von Heinrich Schmidt-Barrien „De Spaaßmaker" (1960).

Nd. findet sich auch im dänischen Nordschleswig. „Von den erwachsenen Mitgliedern des Bundes Deutscher Nordschleswiger sprachen (1975) ... 2% Plattdeutsch am häufigsten in der Familie"[125].

Die nd. Sprachinseln (Kt. 13) sind insgesamt noch nicht gut erforscht. Am besten steht es diesbezüglich um die Gebiete in Nordamerika[126]. Insgesamt aber gilt, daß es an der Zeit ist, „daß die Sprachwissenschaft für die Erforschung des Niederdeutschen in den ... Sprachinseln deutlich Stellung nimmt und schleunigst aufhört dieses Forschungsgebiet zu meiden, nur weil es in das politische Konzept gewisser Gruppen der Gesellschaft nicht hineinpaßt"[127].

Anmerkungen

1 Neumann 1976, S. 635f.
2 Dabei ergeben sich Problemfälle, besonders im Blick auf das Nordfriesische (siehe Walker 1983).
3 Bichel 1973, S. 398.
4 Zur Entwicklung dieses Modells siehe Stellmacher 1981a und Stellmacher 1985; vgl. dazu das von R. Hildebrandt entwickelte Schema (Hildebrandt 1976, S. 12).
5 Die Version b ist eine bewußte Korrekturfassung einer aus diesem Raum stammenden Studentin; die Version c ist eine von mir erstellte standardsprachliche Fassung (standardsprachliche Alternativen werden hier durch / getrennt).
6 Zit. nach Schuppenhauer 1976, S. 82f.; zur „Sprache der Finkenwerder Fischer" und ihrer Wandlung siehe Goltz 1984.
7 Es handelt sich um diese Stelle im IV. Abschnitt der Einleitung:
Von dem Unterschiede analytischer und synthetischer Urtheile. In allen Urtheilen, worin das Verhältniß eines Subjects zum Prädicat gedacht wird (wenn ich nur die bejahende erwäge, denn auf die verneinende ist nachher die Anwendung leicht), ist dieses Verhältniß auf zweierlei Art möglich. Entweder das Prädicat B gehört zum Subject A als etwas, was in diesem Begriffe A (versteckter Weise) enthalten ist; oder B liegt ganz außer dem Begriff A, ob es zwar mit demselben in Verknüpfung steht. Im ersten Fall nenne ich das Urtheil analytisch, in dem andern synthetisch. Analytische Urtheile (die bejahende) sind also diejenige, in welchen die Verknüpfung des Prädicats mit dem Subject durch Identität, diejenige aber, in denen diese Verknüpfung ohne Identität gedacht wird, sollen synthetische Urtheile heißen. Die erstere könnte man auch Erläuterungs=, die andere Erweiterungsurtheile heißen, weil jene durch das Prädicat nichts zum Begriff des Subjects hinzuthun, sondern diesen nur durch Zergliederung in seine Theilbegriffe zerfällen, die in selbigem schon (obgleich verworren) gedacht waren: da hingegen die letztere zu dem Begriffe des Subjects ein Prädicat hinzuthun, welches in jenem gar nicht gedacht war und durch keine Zergliederung desselben hätte können herausgezogen werden. Z.B. wenn ich sage: alle Körper sind ausgedehnt, so ist dies ein analytisch Urtheil. Denn ich darf nicht über den Begriff, den ich mit dem Wort Körper verbinde, hinausgehen, um die Ausdehnung als mit demselben verknüpft zu finden, sondern jenen Begriff nur zergliedern, d.i. des Mannigfaltigen, welches ich jederzeit in ihm denke, mir nur bewußt werden, um dieses Prädicat darin anzutreffen; es ist also ein analytisches Urtheil. Dagegen, wenn ich sage: alle Körper sind schwer, so ist das Prädicat etwas ganz anderes, als das, was ich in dem bloßen Begriff eines Körpers überhaupt denke. Die Hinzufügung eines solchen Prädicats giebt also ein synthetisch Urtheil.
8 Arfken 1979, S. 22f.
9 „Immanuel Kant siene 'Kritik der reinen Vernunft' is mennigmol 'dat swohrste Book van de Welt-Literatur' nömt worden" (Arfken 1979, S. 22). Eine populäre und nicht

ungeschickte Darstellung der Kantschen Philosophie auf Nd. gibt Hans Much in seiner 16-seitigen Schrift „Immanuel Kant un wat wi met em tau daun hewwen", Hamburg 1919 (Nedderdütsche Welt Nr. 4 und Niederdeutsche Flugschriften Nr. 4), das liest sich so:

„Un nu verstaist du ook, worüm de Ideen nich fast un för de Ewigkeit buugt sünd. Ehr Holtborkeit is ümso gröter, je mihr Erscheinungen sei faoten koenen. Buugt sick de Idee up 'n paor Erscheinungen up, un sühst du achteran, dat de ein von de Erscheinungen daor gaornich recht in tau Paß kaomen kann, den föllt ook de ganze Idee. Du kannst di dat verklaoren, wenn du di de Erscheinungen as Pielers oder Drägers vorstellen daist, wo de Idee nu ehren Toorm taun Uutkieken up upbugen dait. Hest du man drei Pielers, un einer föllt üm, denn sackt ook dat ganze Buwark in sick tausaomen as'n Klumpen Unglück. Hest du äwer hunnert Pielers, so schaodet dat den Toorm nich, wenn ein oder ook de anner dorvon maol in'n Klump sacken dait" (S. 9).

10 Zit. nach Fritz Reuters Werke in drei Bänden. 2. Band. Berlin/Weimar (Bibliothek deutscher Klassiker), S. 326.
11 Borchling 1916, besonders S. 204f.; Teuchert 1961.
12 Wolff 1956, S. 42; siehe auch Borchling 1916.
13 Borchling 1916, S. 210.
14 Ihr Anteil ist bei Veith 1986 ablesbar.
15 Borchling 1916, S. 215.
16 Ebd., S. 217.
17 Jochen Steffen, Kuddl Schnööfs achtersinnige Gedankens und Meinungens von die sozeale Revolutschon und annere wichtige Sachens, Hamburg 1972; Nu komms du! Kuddl Schnööfs noie achtersinnige Gedankens un Meinungens, Hamburg 1975; Da kanns auf ab. Kuddl Schnööfs noieste achtersinnige Gedankens und Meinungens, Hamburg 1981; Wolfgang Sieg, Blutfleck auffe Häkeldecke. Kaputte Geschichten ausse heile Welt, Hamburg 1977; Schön leise sein bein Hilfeschrein! Hamburg 1978; Der wahnsinnige Rhabarber. Von Ausgestiegene und Zurückgebliebene, Hamburg 1980.
18 Renate Delfs, Ohaueha was'n Aggewars oder wie ein' zusieht un sprechen as die Flensburger Petuhtanten, Schleswig 1979, S. 12. In seinen „Flensburger Anekdoten" (Husum 1978) bemerkt Paul Selk: „Das sog. Petuhtanten-Plattdeutsch ist hier nur mit einer Probe vertreten, ist es doch nicht durchaus typisch für das Flensburgische und wird auch in der Übertreibung als nicht typisch empfunden" (S. 6).
19 Dyhr/Zint 1985, S. 95.
20 „Da im Dänischen nur [s] vorhanden ist, liegt es nahe, das [s] im 'Petuh' als dänische Interferenz zu betrachten" (Dyhr/Zint 1985, S. 95).
21 „als niederdeutsche Interferenz, und zwar aus dem Angler Niederdeutsch, ist der anlautende stimmlose Frikativ [ɕ], hier ch̬ geschrieben, ... zu betrachten" (ebd.).
22 Ebd., S. 98.
23 Es ist mir klar, daß besonders hinsichtlich der offeneren Sprachebenen der Syntax und der Lexik ein Übersetzungsspielraum vorliegt (im Sinne engerer oder weiterer Anlehnung an den Ausgangstext); insofern sind die vier diesbezüglichen Vergleichsfälle schwächer zu gewichten als die anderen. Hier soll darauf nur hingewiesen, das Problem aber angesichts des kurzen Analysetextes nicht thematisiert werden.
24 Die Berechnung erfolgt so, daß ausgehend vom Missingsch die 19 Vergleichsfälle nach ihren Dis- und Konkordanzen zwischen den Sprachformen Nd. und Standarddeutsch aufgeteilt werden. Im Vergleich der Diskordanzen zwischen Nd. und Missingsch ergibt sich dann ein Verhältnis 13:19, zwischen Standard und Missingsch 10:19; im Vergleich der Konkordanzen kehren sich die Verhältnisse um.
25 Siehe zur Praxis am Ohnsorg-Theater Bichel 1979, besonders S. 9.
26 Zu ihrer Entstehung vgl. Stellmacher 1979 und Stellmacher 1982; zur ersten Auswertung Stellmacher 1987.
27 Aus Schuppenhauer 1976, S. 22.
28 Aus Heimatland 6/1974, S. 165.

29   Folgende Titel können hier genannt werden: H.-E. Müller, Ein Beitrag zur Geschichte der Niederdeutschen Sprache, in: Nd. Kbl. 33 (1912), S. 91-93 (Eickel/Krs. Gelsenkirchen); P. Bode, Vom Hochdeutschsprechen der Schulanfänger vom Lande, in: Zeitschrift für pädagogische Psychologie 1928, S. 545-559; P. Selk, Die sprachlichen Verhältnisse im deutsch-dänischen Sprachgebiet südlich der Grenze, Flensburg 1936 (Neudruck 1986); K. Schulte Kemminghausen, Mundart und Hochsprache in Norddeutschland, Neumünster 1939, S. 86-101; H. Janßen, Leben und Macht der Mundart in Niedersachsen, Oldenburg 1943; B. Selhorst, Die niederdeutsche Sprache im Kreise Wiedenbrück, in: Westfälische Forschungen (Mitteilungen des Provinzialinstitutes für westfälische Landes- und Volkskunde), Münster/Köln/Graz 11 (1958), S. 75-85; W. Heinsohn, Die Verbreitung der plattdeutschen Sprache unter der Bevölkerung Hamburgs, in: Nd. Kbl. 70 (1963), S. 22-25, 35-38; E. Plümer, Die gegenwärtige Verbreitung des Plattdeutschen im Kreise Einbeck, in: Neues Archiv für Niedersachsen 11 (1963), S. 136-141; St. Selhorst, Stand des Plattdeutschen im Landkreis Borken. Eine aufschlußreiche Erhebung der Kulturabteilung, in: Unsere Heimat. Jahrbuch des (Land-) Kreises Borken, Borken 1965, S. 42f.; W. Zimdahl, Die Sprachsituation im Kreis Pasewalk (Hochdeutsch : Niederdeutsch), in: Greifswald-Stralsunder Jahrbuch 1966, S. 285-291; K. Kamp/W. Lindow, Das Plattdeutsche in Schleswig-Holstein, Neumünster 1967; H.A. Wiechmann, Eine weitere Erhebung über die Verbreitung des Plattdeutschen in Schleswig-Holstein, in: Nd. Kbl. 76 (1969), S. 33-38; R.K. Seymour, Linguistic Change: Examples from the Westfalian Dialect of Nienberge, in: Word 26 (1970/71), S. 32-46; H.A. Wiechmann, Plattdeutsch an den Schulen Schleswig-Holsteins, Lütjensee 1972 (hrsg. vom Landesinstitut Schleswig-Holstein für Praxis und Theorie der Schule); T. Brüggebors, Die Verbreitung des Plattdeutschen an Bremer Hauptschulen, in: Mitteilungen. Verein für Niedersächsisches Volkstum e.V., Bremen 41 (1966), S. 64-69; F. Dwertmann, Zur Situation der plattdeutschen Sprache. Untersuchungen im Landkreis Cloppenburg und in der Gemeinde Cappeln, in: Jahrbuch für das Oldenburger Münsterland 1974, S. 130-140; G. Vaagt, Plattdeutsch in Achtrup/Nordfriesland, in: Nd. Kbl. 82 (1975), S. 39-41; I. Ahrens, Plattdeutsch in Hamburger Schulen, in: F.W. Michelsen (Hrsg.), Niederdeutsche Tage in Hamburg 1977, S. 57-69; V. Holm/E. Joost, „Sprechen Sie plattdeutsch?" Drei Umfragen zum Gebrauch des Niederdeutschen in ländlichen Gemeinden, in: Quickborn 67 (1977), S. 130-134; anonym, Plattdeutsch in der Schule, in: ebd., S. 134-140; J.K.Chr. Merges, Der untere Niederrhein. Studien zu seiner sprachlichen Entwicklung, Phil.-Diss. Bonn 1977 (besonders Kap. 6); W. Lindow, Plattdeutsch in Niedersachsen. Ergebnisse einer repräsentativen Umfrage, in: Nd. Kbl. 85 (1978), S. 5-8; H.H. Menge, Eine Karte zum Stand des Plattdeutschen 1936 im Ruhrgebiet, in: Nd. Kbl. 86 (1979), S. 14-19; E. Potthast-Hubold, Dialekt und Einheitssprache im Niederdeutschen. Untersuchungen am Beispiel Schinkel, Leer 1979; M. Hartig, Sozialer Wandel und Sprachwandel, Tübingen 1981 (Paderborn und Umgebung); M. Saecker, Sprache in Solingen, in: Rheinische Vierteljahrsblätter 45 (1981), S. 347-375; E. Potthast-Hubold, Zum Mundartgebrauch in Siedlungen pommerscher Auswanderer des 19. Jahrhunderts in Espirito Santo (Brasilien). Eine Pilotstudie, Neumünster 1982; Chr. Schaper, Die Bedeutung des Niederdeutschen für das Heidedorf Hörpel, in: Binneboom, Jg. 1982, S. 22-36; L. Kremer, Mundart im Westmünsterland. Aufbau, Gebrauch, Literatur, Borken 1983; J. Ruge, Der Sprachgebrauch von Bauern aus der Wilstermarsch. Ergebnisse einer Umfrage, in: F.W. Michelsen/G. Spiekermann (Hrsgg.), Dat en Spoor blifft. Ulf Bichel zum 60. Geburtstag am 9. April 1985. Göttingen o.J., S. 233-244; P. Wagener, Wer spricht noch Platt in Südniedersachsen?, in: Südniedersachsen 14 (1986), S. 41-49; N.-E. Larsen, Statistical investigations of language death in a North Frisian community (d.i. Rodenäs in Schleswig), in: P.S. Ureland /I. Clarkson (Hrsgg.), Scandinavian Language Contacts. Cambridge 1984, S. 191-220; R.K. Wiggers, Zum Stand des Plattdeutschen bei Oldenburger Schülerinnen und Schülern. Ergebnisse einer Befragung, in: Quickborn 78 (1988), S. 15-18; ferner Stellmacher 1987; in Knoll 1976 finden sich Bezüge zum Thema Nd. und Schülerkenntnisse; unge-

druckte Examensarbeiten zu diesem Thema finden sich im Bremer Institut für niederdeutsche Sprache.
30 Für die ganz ähnliche Situation im rheinländischen Erp vgl. Besch 1983, S. 60ff.
31 Auf die Funktion des Nd. als Betriebssprache, d.h. als „ein sprachliches Kommunikationsmittel, mit dem Arbeiter und Genossenschaftsbauern ihr Zusammengehörigkeitsgefühl, ihr Kollektivbewußtsein dokumentieren", weist Gernentz für das (Ost-)Nd. der Gegenwart hin (Gernentz 1980, S. 155).
32 H. Blume in seinem Bericht über das Bremer Symposion „Niederdeutsch und Zweisprachigkeit" in ZGL 15 (1987), S. 107.
33 INS-Presse 3/1978, Blatt 2.
34 INS-Presse 2/1979, S. 1.
35 INS-Presse 2/1983, S. 3.
36 INS-Presse September 1988, S. 1.
37 INS-Presse August 1987, S. 3.
38 INS-Presse 8/1979, S. 2.
39 INS-Presse 8/1980, S. 3.
40 INS-Presse 11/1987, S. 3 (dieser Fall wurde auch in der „Hör mal 'n beten to"-Kolumne des Norddeutschen Rundfunks am 7.12.1987 aufgegriffen).
41 Foerste 1954, Sp. 1999f.; auffällig ist jedoch, daß auch im wnd. *et*-Gebiet die Endung in der sog. Höflichkeitsform *en* lautet: *Seggen Se mol* 'Sagen Sie (ein-)mal'.
42 Ebd., Sp. 2004f.
43 Foerste 1960, S. 8.
44 Ebd.
45 Ebd.
46 Niebaum 1977, besonders Kt. 3; Wagener 1985, besonders Abb. 2.
47 Aus Regiotaal. Mozaïek van Gelderse dialekten. Zutphen 1976, S. 88.
48 Aus J. Bouwhuis, Johanna van Buren – Dichterschap en dialect. Enschede 1981, S. 42.
49 Kremer 1978, Kt. 23; Kremer 1979, Kt. 64.
50 Kremer 1979, S. 213f.
51 Goossens 1973, S. 14.
52 Niebaum 1971, Statistische Karte.
53 Mihm 1982, S. 279.
54 Peter Wiesinger in Besch u.a. 1983, S. 824f.
55 Goossens 1981, S. 7; die 1. Lieferung ist 1988 erschienen.
56 Der Prosatext stammt von Josef Kempen, in: Der Niederrhein. Zeitschrift für Heimatpflege und Wandern. Krefeld. 41. Jg. (1974), S. 133; das Gedicht hat Anton Koch aus Rheydt verfaßt (zit. aus ebd., S. 135).
57 Vgl. Goossens 1983, Kt. 3.
58 Eine ausführliche Binnengliederung Westfalens in traditioneller Weise, also nach Merkmalen verschiedener Sprachebenen, findet sich bei Foerste 1954, Sp. 2005-2013. Eine strukturelle Untergliederung, und zwar nach den westfälischen Entwicklungen der mnd. ê- und ô-Laute nimmt Wiesinger 1983, S. 873f. vor (vgl. dazu auch Foerste 1963 und Hermann Niebaum in LGL 1980, S. 461f.). Das Emsländische unterteilt Taubken 1985 in das Emsländische i.e.S. (die Kreise Meppen und Aschendorf-Hümmling), das Bentheimische und das Lingensche.
59 Aus Kremer 1983, S. 151.
60 Aus Borchling/Quistorf 1927, S. 207f.
61 Aus Christa Brinkers, Emsland im Spiegel seiner Dichtung. In: Emsland-Jahrbuch, bearb. von Dr. Elisabeth Schlicht, Bd. 2, 1965, S. 138.
62 In W. Fredemann, Aulet Land un junget Lied. Niederdeutsche Gedichte, 1976.
63 Aus Almuth Koke/J. Wirrer (Hrsgg.), Vör un achter de Nierndöüer. Erzählungen in ostwestfälischer und lippischer Mundart. Herford 1981, S. 90.
64 Aus Borchling/Quistorf 1927, S. 245.
65 S. Kessemeier, Gloipe inner dör. Gedichte in sauerländischer mundart. Leer 1971, S. 38.

66 Foerste 1954, Sp. 2017f.
67 Vgl. dazu Wesche 1968, S. 15.
68 Peter Wiesinger in Besch u.a. 1983, S. 878.
69 Wagener 1985, Abb. 1 und S. 152ff.
70 Dazu ausführlich Flechsig 1980.
71 Aus Einbecker Jahrbuch 31 (1980), S. 7.
72 Aus Emil Mackel, Deutsche Mundarten. Weserostfälisch. 1. Grubenhagen-Göttingisch. 2. Ostkalenbergisch. Leipzig 1939 (Arbeiten aus dem Institut für Lautforschung an der Universität Berlin, Nr. 8), S. 33, 35.
73 Aus Alt-Hannoverscher Volkskalender auf das Jahr 1979. 107. Jg., S. 62.
74 Aus J. Schierer (Hrsg.), Twischen Bronswiek un Hannower. Plattdeutsches von Gestern und Heute. Peine 1982, S. 419f.
75 Scheuermann 1984, S. 109.
76 Foerste 1954, Sp. 2000.
77 Ebd., Sp. 2024f.
78 „es scheint uns aber recht zweifelhaft, ob die künstliche Sprache des Verfassers, 'hwl'ck dit in Freesck stald het, wt lyafd' to thet Freesck' (welches das in Friesisch gesetzt ist aus Liebe zu dem Friesischen) in seinem Kreise verstanden wurde" (Foerste 1938, S. 9).
79 Scheuermann 1977, S. 222.
80 Bulicke 1979, S. 15.
81 Aus A. Dunkmann (Hrsg.), Ostfriesisch-plattdeutsches Dichterbuch. Aurich 1922, S. 236.
82 Keerlke. Leer ³1973, S. 26.
83 Foerste 1954, Sp. 2033.
84 Aus O. Andrae, Hollt doch de Duums för den Sittich. Niederdeutsche Texte, Lyrik, Prosa, Lieder, Werk & Wirkung. Hrsg. v. J.P. Tammen. Bremerhaven 1983, S. 100.
85 Aus Keseling/Mews 1964, S. 26.
86 Aus Wi schnackt platt. Plattdütsk Läsebauk för Schaulen un Familgen. Rutgäwen in Updrag van den Heimatbund Oldenborger Mönsterland van F. Dwertmann, F. Hellbernd, F. Kramer. Vechta 1977, S. 5.
87 Vgl. Dock 1980, S. 32f., Ktn. 2, 3.
88 Aus „Cuxhavener Nachrichten" vom 12.11.1982.
89 Aus H.E. Hansen (Hrsg.), Opfreten do ik di doch. Fofftig plattdüütsche Geschichten von Schrieversllüüd ut dat Land twüschen Elv un Weser. Bremerhaven 1980, S. 207.
90 Aus Binneboom. Jahresblätter für Heimatforschung und Heimatpflege. Soltau, Jg. 1979, S. 33.
91 Aus R. Kinau, Seelüd bi Hus. Twölf Geschichten von de Woterkant. Hamburg ⁵1978, S. 39.
92 Aus J.H. Fehrs, Gesammelte Dichtungen. Bd. II. Braunschweig 1923, S. 21f.
93 Aus Lesemappe für „Schüler lesen Platt" des Instituts für niederdeutsche Sprache. Wettbewerb 1980/81 (Lehrerausgabe), S. 28.
94 Aus ebd., S. 11.
95 Siehe dazu den Abschnitt „Zur Schreibweise" bei Ivo Braak, Tieden twee. Roman in veer Törns. Husum 1986, S. 167.
96 Nach Jørgensen 1934, S. 14.
97 Aus K. Groth, Quickborn. 1. Teil. Heide 1981, S. 26f. (I. Braak/R. Mehlem (Hrsgg.), Klaus Groth. Sämtliche Werke in sechs Bdn.).
98 Foerste 1954, Sp. 2037.
99 Vgl. dazu Laur 1975, der den westgerm. Zusammenhang dieser Infinitivkonstruktion belegt; Meyer 1923.
100 Aus P. Selk, Flensburger Anekdoten. Husum 1978, S. 34.
101 Aus Greta und Andreas Schröder, Stapelholmer Döntjes. Berlin o.J., S. 51.
102 Carl Hinrichs, Ut mien'n Malerleben. Upschreeben von Jürgen Borchert. Rostock 1986, S. 43.

103 Foerste 1954, Sp. 2040.
104 Peter Wiesinger in Besch u.a. 1983, S. 885.
105 John Brinckman, Kasper-Ohm un ick. Rostock 1978, S. 5f.
106 Up Platt is ook hüt noch wat. Niederdeutsche Prosa und Lyrik der Gegenwart. Hrsg. v. Christa Prowatke. Rostock ³1984, S. 54.
107 Aus H. Kröger (Hrsg.), Dat Licht lücht in de Nacht. Plattdüütsche Predigten. Leer 1986, S. 346.
108 Aus Johann Matthias Firmenich (Hrsg.), Germaniens Völkerstimmen. Sammlung der deutschen Mundarten in Dichtungen, Sagen, Märchen, Volksliedern u.s.w. Bd. III. Berlin 1854, S. 88.
109 Aus In 'n Wind gahn. Niederdeutsche Lyrik und Prosa der Gegenwart. Hrsg. v. Christa Prowatke. Rostock 1987, S. 204f.
110 Wilhelm Bornemann's Plattdeutsche Gedichte. Gesammelt und herausgegeben von Carl Bornemann. Berlin ⁸1891, S. 343f. Das gegenwärtige nichtliterarische Altmärkisch ist vorgestellt und beschrieben bei Helmut Schönfeld, Gesprochenes Deutsch in der Altmark. Untersuchungen und Texte zur Sprachschichtung und zur sprachlichen Interferenz. Berlin 1974.
111 Aus H. Teuchert, Niederdeutsche Mundarten. Texte aus alter und neuer Zeit. Leipzig o.J., S. 89.
112 Aus R. Krieg, Die Mundarten im Schweinitzer Kreise. In: Mittheilungen des Vereins für Heimathkunde im Kreise Schweinitz, Nr. 36 (1903), S. 2.
113 Dittmar u.a. 1986, S. 9.
114 Wiese 1957, S. 23.
115 Ebd., S. 30.
116 Bretschneider 1973, S. 70.
117 Ebd., S. 83f.
118 Aus Dittmar u.a. 1986, S. 31-33. Eine mehr populäre, dennoch wissenschaftlich verantwortete und sehr informative Vorstellung des Berlinischen haben Schildt/Schmidt 1986 zum Berlin-Jubiläum vorgelegt.
119 Peter Wiesinger in Besch u.a. 1983, S. 901.
120 Thiessen 1963, S. 26. Das Niederländische und Friesische im Mennoniten-Nd. wird jetzt energisch bestritten, vgl. Moelleken 1987.
121 Nyman 1979, S. 16.
122 Aus Nyman 1979, S. 17f.; in den Phonai-Monographien sind 1972 Texte im „Niederdeutsch der Molotschna- und Chortitzamennoniten in British Columbia/Kanada" erschienen, bearb. v. W.W. Moelleken (Tübingen 1972, Monographien 4).
123 Kloss 1986, S. 12.
124 Eichhoff 1981, S. 134.
125 Hyldgaard-Jensen 1985b, S. 118.
126 Vgl. die kommentierte Bibliographie bei Eichhoff 1981.
127 Nyman 1979, S. 10f.

6. Grammatisches, Ausbau und Ausbausprache im Niederdeutschen

Die grammatische Darstellung eines Dialekts wird sich deskriptiv, nicht präskriptiv zu orientieren haben. Dabei ist bewußt zu halten, daß schon allein von der Beschreibung morphologischer und syntaktischer Gegebenheiten eine normative Wirkung ausgehen kann, denn die grammatische Beschreibung berücksichtigt Sprachüblichkeiten, die häufigkeitsgestützt sind: aufgenommen wird zunächst einmal die verbreitetere Form und das geläufige Satzmuster. Kleinräumige Besonderheiten und seltene Bildungen werden, wenn überhaupt, nur am Rande berücksichtigt (es sei denn, man hat es gerade auf sie abgesehen).

Die grammatische Bearbeitung des Nnd. hat eine lange, wenn auch schmale und wenig bekannte Tradition.

In der „Deutschen Grammatik" von Jacob Grimm wird grammatischen Erscheinungen des Nnd. nicht einmal eine Druckseite gewidmet. Der Grund für diese Vernachlässigung scheint klar zu sein: „Die niedersächsische und westphälische oder die sogenannte plattdeutsche Mundart herrscht nur noch unter dem Volk und hat aufgehört, eine gebildete Schriftsprache zu seyn. Ihre verschiedenen Stufen bieten wenig merkwürdiges für die Decl. dar"[1]. In diesen Zeilen drückt sich ganz und gar der Textphilologe aus, dessen Prinzipien sich Jacob Grimm stets verpflichtet gefühlt hat. Immerhin hat die Grimmsche Grammatik den Kandidaten der Theologie J.G.C. Ritter angeregt, seine mecklenburgische Grammatik noch einmal zu überarbeiten und, wohl auch dadurch, von der wenige Jahre zuvor erschienenen von Mussaeus abzusetzen (Ritter 1832). Dieser veröffentlicht 1829 den „Versuch einer plattdeutschen Sprachlehre mit besonderer Berücksichtigung der mecklenburgischen Mundart", eine Formen- und Satzlehre nach lateingrammatischem Vorbild. In Paradigmen und Tabellen geht es bei der Formenlehre um Artikel, Substantiva, Adjectiva, Numeralia, Pronomina, Verba, Adverbien, Conjunctionen, Präpositionen und Interjectionen; in der Syntax werden Geschlecht, Gebrauch und Stellung der Wortarten vorgestellt. Die Präskription zeigt sich in Bemerkungen wie: „Nicht ächt-platt ist der, dem Hochdeutschen nachgebildete, Genitiv: Mauders Hus etc."[2].

Im Aufbau der Grammatik von Ritter ähnlich, aber etwas ausführlicher, ist die abermals dem Mecklenburgisch-Vorpommerschen gewidmete Sprachlehre von Julius Wiggers aus dem Jahre 1858 (Wiggers 1858). Bekannter noch ist die 1869 erschienene mecklenburgische Dialektgrammatik („Laut- und Flexionslehre") von Karl Nerger.

Daß es besonders das Mecklenburgisch-Vorpommersche ist, das eine so relativ eingehende grammatische Beschäftigung erfährt, bedürfte noch genauerer Untersuchung. Eventuell war es die Beliebtheit und Bekanntheit Fritz Reuters, die seiner Sprache diese Aufmerksamkeit sicherte.

Unsystematisch, aber in vielgestaltiger und weitgespannter Weise wird Grammatisches im Korrespondenzblatt des Vereins für niederdeutsche Sprachforschung seit 1876 berücksichtigt: Präteritums- und Partizipbildungen des Verbs, das Indikativ-Konjunktiv-Verhältnis, Genitive bei den Substantiven, die nd. Satzstellung, der Gebrauch von Adverbien, Pronomen und Partikeln usw.

Einzelne grammatische Probleme sind auch monographisch behandelt worden, z.B. die „Syntax des Verbums in der mecklenburgischen Mundart" (Lierow 1904) oder Fragen der Wort- und Satzstellung unter dem Gesichtspunkt des Einflusses gesprochensprachlicher Konstruktionen auf die nnd. Schriftsprache (Scheel 1939). Erst in den Handbüchern Goossens 1973 und Cordes/Möhn 1983 finden sich zusammenhängende grammatische Darstellungen, wobei in letzterem der Morphologie und Syntax endlich breiterer Raum zugestanden worden ist.

Die Bezeichnung *Grammatik*[3] umfaßt mindestens drei Bedeutungen[4]:
(1) Grammatik ist das der Sprache innewohnende Regelsystem, das sprachinhärenten, d.h. (vor-)gegebenen Normen folgt;
(2) Grammatik ist das dem Sprachbenutzer eigene Regelsystem, demzufolge *richtige* sprachliche Äußerungen gebildet und verstanden werden können (die sog. Sprachkompetenz);
(3) Grammatik ist die wissenschaftliche Beschreibung von (1). Hierbei kann zwischen Deskription (= neutraler Beschreibung) und Präskription (= normativer Setzung) unterschieden werden.

Aktuelle nd. Texte („sprachliche Aktionsformen") stellen den beschreibenden Grammatiker vor keine leichte Aufgabe, muß er doch die „ungeregelten" grammatischen Formen angemessen bewerten, z.B. in folgendem Text die Verbkonjugation:

„Dat Thema *hebbt wi* all opnahmen op de Preesterdag in Lübeck: Bellmann hett dor vertellt. Man wi wussen ganz genau – dor gung dat erst los. Nu *sitten wi* hier – un *wülln* wiederarbeiden ... Dor *hebbt se* de Grenz trocken. Un ick treck den Hoot. Een kann man sowied loopen, as he Pust hett. – Dit Book schickt uns op den Weg – *wi schülln* nu lopen ... Mag ween, *wi kriegt* beter faat, wodenni dat kamen is"[5].

Die *t*- und *n*-Plurale (siehe die Kursiva) stehen hier nebeneinander, ohne eine Regel erkennen zu lassen, warum einmal *hebbt*, ein anderes Mal *sitten* gewählt worden ist. Auf diese Varianz angesprochen, hat der Schreiber in einem Brief vom 22.9.1983 mitgeteilt, daß er im Laufe seines Lebens in verschiedenen Teilen Schleswig-Holsteins gewohnt habe, in den *t*- und *n*-Gebieten (vgl. dazu die Angaben auf Seite 104). Das mag die Mundart beeinflußt und das Nebeneinander der Pluralbildungen verursacht haben. Auf jeden Fall scheint sich der Schreiber dieser Varianz nicht bewußt gewesen zu sein, denn anders als beim Sprechen wird beim Schreiben ja immer eine größere Einheitlichkeit angestrebt. „Die reine Lust am Sprechen hat kein Gegenstück auf der Seite des Schreibens"[6].

Eine präskriptive Grammatikbeschreibung wird der Sprachkultur dienen wollen, eine Variante zur Regel erheben und sie als Norm setzen, die andere Variante aber dann als fehlerhaft kennzeichnen. Somit bedeutet präskriptive Grammatikbeschreibung nichts anderes als eine Art Systematisierung.

Zur grammatischen Systematik gehört zuallererst das Auseinanderhalten der sprachlichen Beschreibungsebenen. Dabei werden diese vier unterschieden: phonetisch-phonologische, morphologische, syntaktische, lexikalische. Jede auf diese Ebenen bezogene Beschreibung ist Grammatik im Sinne von (3). Ein Beispiel aus der grammatischen Beschreibung der *phonetisch-phonologischen* Sprachebene:

Die Auslautverbindung *-ot* wird im Nd. verschieden lexematisch realisiert, z.B. *blōt, grōt* 'bloß, groß'. Hier liegt eine Regel im Grammatikverständnis (1) vor. Verfolgt man diese Regel im niedersächsischen Nd., dann zeigt sich eine auffällige Regelmodifikation. In allen untersuchten Mundarten wird im Lexem *grōt* der Auslaut regelgerecht gebildet. Aber im Adv. *blōt* kommt es nur in 32,5% der möglichen Realisierungen zur Regelform[7]. In 23,75% der Fälle heißt es wie in der Standardsprache [blo:s]; in der Mehrzahl der Fälle, in 43,75%, schwanken die Mundartsprecher zwischen *-ot* und *-os*. Das heißt, daß die Grammatik im Sinne von (1) durch die von (2) beeinflußt wird, weil der (nd.) Sprecher eben an mehreren Sprachformen (denen Grammatiken im Sinne von (1) zugrundeliegen) teilhat, und zwar Sprachformen mit unterschiedlich gestalteten phonetisch-phonologischen Grammatiken:

$$_____ V(okal) + t \text{ Dialekt} \sim _____ V + s \text{ Standardsprache}$$

Damit ist ein wesentliches Merkmal nd. Gegenwartsgrammatik bezeichnet: die zwischensprachliche Beeinflussung (Interferenz). Sie erklärt das Nebeneinander von *blōt* und *blōs,* so daß im Verständnis von Grammatik (2) eine das sprachformale Einzelsystem übergreifende Regel zu formulieren wäre:

$$\text{'bloß'} _____ V + \begin{Bmatrix} t \\ s \end{Bmatrix} \#$$

Wann *t*, wann *s* gewählt wird, ist kaum vorauszusagen; das (willkürliche?) Durcheinander veranschaulicht die Kt. 14.

Die obige Regel darf natürlich nicht verallgemeinert werden, denn den Varianten bei 'bloß' steht ja die Konstanz bei 'groß' gegenüber. Es scheint, daß die standardsprachliche Beeinflussung dort am nachhaltigsten ist, wo es im Sprecherbewußtsein um nicht sprachprägende sprachliche Einheiten geht. Mit anderen Worten: Was nicht als typisch nd. gilt, kann auch anders, d.h. entsprechend einer anderen Regel gebildet werden. Hierin drückt sich ein Sprachbewußtsein aus, das auf die Schwachstellen von Sprachen mit dialektalem Status reagiert. Infolge des Fehlens gesetzter Normen/Regeln wird der Unsicherheitsbereich immer groß sein. Demgegenüber werden die gesetzten Normen/Regeln standardisierter Sprachformen bewußt eingeübt (etwa im schulischen Sprachunterricht), so daß man weiß, die obige Regel lautet für die deutsche Standardsprache so:

$$\text{'bloß, groß'} _____ V + s \#$$

Aufgrund solcher Gegebenheiten muß eine nd. Grammatikbeschreibung heute deskriptiv sein. Präskriptiv könnte sie erst dann werden, wenn die nd. Sprachgesellschaft das Bedürfnis verspürte, ihre Sprache zu normieren, zu „regeln", vielleicht weil die standarddeutschen Normen — aus welchem Grunde auch immer — nicht mehr befolgt würden. Aber, für den Ausbau einer Sprachform (und das kann die Setzung von Normen sein) ist ein gesellschaftliches Bedürfnis erforderlich. Im Nd. sind derzeit Ausbauten festzustellen (siehe S. 103), doch von einer Standardisierung ist man noch weit entfernt, denn die deutsche Standardsprache ist in Norddeutschland in ihren Hauptfunktionen (überregionale Verständigung, technisch-wissenschaftlich-administrative Kommunikation) völlig unangefochten.

Wer sich mit den nnd. Lauten beschäftigt, möchte auch von ihrer *Aussprache* wissen. Entsprechende Auskünfte sind aber für eine Dialektgruppe – und das ist das Nd. ja heute – nicht einfach beizubringen. Da es keine gesetzten Normen gibt, müßten die Aussprachebesonderheiten aller Dialektvarianten aufgeführt werden. Dafür gibt es nur unzureichende Vorarbeiten. Und finden sich in den populären Dialektgrammatiken Hinweise zur Aussprache, dann sind sie untereinander schwer vergleichbar und nicht immer überzeugend formuliert, so wenn es z.B. für den westfälischen Dialekt des Münsterländischen heißt: „1. *ie* wird als Doppellaut gesprochen: In diesem Falle folgt auf *ie* ein *doppelter* Konsonant: Hiegge [*hirge*] (Hecke); *ie* wird hier *ähnlich* gesprochen wie *ir* in hochdeutsch „dir". (r nicht gesondert sprechen!); 2. *ie* wird gesprochen wie langes *i* (e ist hier Dehnungs-e): bieten [*biten*] (beißen)"[8].

Man bedient sich also der sog. Etiketten-Technik, nach der Wortbeispiele mit einer Durchschnittsaussprache versehen und dementsprechend veranschaulicht werden. So erklärt es sich auch, daß nicht etwa ein konkreter Lautwert vorgestellt wird, vielmehr ein Lauttyp: „Ein eigentliches langes *a*, also ein solches, das wie das *a* in hochd. 'schlafen' klingt, gibt es im bremischen Platt nicht mehr. Der Laut, der in unserem Plattdeutsch dem langen $\bar{a}$ des Hochdeutschen und dem langen oder tonlangen *a* älterer germanischer Mundarten entspricht, liegt zwischen dem mit spitzem Munde gesprochenen ... $\bar{o}$ und dem *a* in engl. *all* oder *water*"[9].

Eine Zusammenstellung nordniedersächsischer Ausspracheeigenheiten müßte diese Hinweise erhalten[10]:

1. Vokale

Die Kurzvokale entsprechen denen des Hochdeutschen: D*a*ck/D*a*ch, N*e*tt/N*e*tz, w*i*ß/(ge-)w*i*ß.

Die hohen Langvokale $\bar{i}$, $\bar{u}$, $\bar{ü}$ und der Diphthong *au* sind ebenfalls den hochdeutschen Entsprechungen vergleichbar: *bieten* 'beißen' ~ *bieten* 'bieten', *Hus* 'Haus' ~ *Mus* 'Mus', *Schün* 'Scheune' ~ *Bühne* 'Bühne', *Dau* ~ 'Tau'.

Von der Standardsprache auffällig unterschieden ist die Aussprache der alten nd. Langvokale $\bar{a}$, $\bar{e}$, $\bar{o}$, $\bar{ö}$; das $\bar{a}$ hat das Nordniedersächsische verdumpft, so daß sich ein *o*-ähnlicher Laut ergibt: *Sch$\underline{\bar{o}}$p*, *m$\underline{\bar{o}}$ken* 'Schaf, machen'. $\bar{e}/\bar{o}$ tendieren zum Diphthong: *D$\bar{e}^i$l* 'Teil', *B$\bar{o}^u$m* 'Baum'; eine vergleichbare diphthongnahe Aussprache kommt dem $\bar{ö}$ zu, wenn es sich um den Umlaut von $\bar{o}$ handelt: *R$\bar{ö}^u$k* 'Rauch, Geruch'; ansonsten wird $\bar{ö}$ als etwas offenerer Langvokal ausgesprochen: *K$\underline{\bar{ö}}$k* 'Küche'.

2. Konsonanten

Im allgemeinen liegt Übereinstimmung mit dem Standarddeutschen vor.

b und *g* neigen in bestimmten Wortpositionen zum Reibelaut, z.B. intervokalisch (*schrieven* 'schreiben') und auslautend (*Dach* 'Tag', *sech* '(ich) sage').

In der Verbindung mit einem Nasal wird *g* verhärtet: *Dink* 'Ding', *lank* 'lang', *Munderunk* 'Montur'. Die unterschiedliche Aussprache von [ŋ] und [ŋk] wird auch morphologisch genutzt, in der Numerusopposition (*Inbellunk – Inbellung* 'Einbildung – Einbildungen') und bei der Wortartendifferenzierung (*junk – Jung* 'jung – Junge').

Bei der Aussprache von *s* vor Konsonant findet sich nur noch in Teilen des Nordniedersächsischen das dentale *s*, der sog. *s*-pitze *S*-tein. Vor allem östlich der Weser trifft man auf diese Aussprache, die den Norddeutschen noch immer am auffälligsten charakterisiert. Aber die standardsprachliche Labialisierung von *s* > *sch* vor *p* und *t* hat bereits kräftig Fuß gefaßt und findet sich oft direkt neben dem „spitzen" *s*[11].

Bei der *morphologischen* Sprachebene geht es zuerst um Verb und Substantiv, Konjugation und Deklination im Nnd.

Die Konjugation der nd. Verben

Das nd. Verb wird am auffälligsten durch die pluralischen Einheitsformen im Präs. und Prät. gekennzeichnet (die nach den Zeugnissen der kleinen mecklenburgischen Grammatiken der ersten Hälfte des 19. Jhs. aber zu dieser Zeit noch nicht bestanden hat[12], belegt werden sie [erst] bei Nerger 1869):

	Präs.		Prät.	
(ik)	glööv	'glaube'	glöövde	'glaubte'
(du)	glöövst	'glaubst'	glööv(de)st	'glaubtest'
(he)	glöövt	'glaubt'	glööv(de)	'glaubte'
(wi)	glöövt/	'glauben'		'glaubten'
(ji)	glöven	'glaubt'	glöövden	'glaubtet'
(se)		'glauben'		'glaubten'

Das nd. Prät. kann – wie im Deutschen überhaupt – stark und schwach gebildet werden, mit Hilfe des Ablauts (st. Konjugation) und der *de*-Endung (schw. Konjugation), die aber nicht selten apokopiert worden ist: *lehr* < *lehrde* 'ich lernte'.

Hinsichtlich des Einsatzes von Vergangenheitsformen ist festzustellen, daß das synthetische Prät., das Imperfekt, im Nd. – anders als im Oberdeutschen – als Erzählzeit durchaus üblich ist:

In de Kregelsche Familie *wier* groten Striet. Dat *wier* jo süs nich Mod, öwer dat *güng* üm Martin, un Vera *stellte* sick up siene Siet. Korlbuer *wull*, dat he gliek von'n Hof *süll*. Vera *mök* nich mit[13].

Aber auch im Perfekt, dem analytischen Prät., kann so erzählt werden:

Da *hät* se ösch auk mal *vertellt,* et wöre mal en Kerel ewest, de *hät* drei Jungens un auk aine Ziege *hat.* Da *hat* hai täo den ölsten Jungen *eseggt,* hai sölle de Ziege iut'n Stalle kraigen un'r mi'e int Greune trecken un se da heuen, bet se örntlich satt wöre. De Junge *is* mit der Ziege auk *lausetogen* un *hät* se den ganzen Dag *ehott*[14].

Sehr verbreitet ist eine Anführung im Imperfekt und die Verwendung des Perfekts in der direkten Rede:

„Junge", *sä* main leibe Vader denn ümmer, „dä *hebbe* eck deck doch all mindestens teihn Mal *vertellt*"[15].

„Wo mi dat geiht, *hest* du *fraagt,* Doktor", mit diesem dialogischen Perfekt beginnt die Novellenhandlung in „De Sommerdeern" von Heinrich Schmidt-Barrien (Bremen/Hamburg 1977); die eigentliche Erzählung ist dann plusquamperfektivisch-imperfektivisch gestaltet: „de Nacht *harr* ick von'n Vagel *drömmt;* de *leeg* op'n Puckel un *streck* de Krallen na'n Heben rop ...".

Beim st. Verb unterscheiden sich die nd. Mundarten im Vokalausgleich des Prät.. Mnd. waren Sg. und Pl. Prät. noch deutlich geschieden, vgl. $\bar{e}ten - at - \bar{e}ten - (ge)\bar{e}ten$ 'essen – aß – aßen – gegessen'.

Das Westfälische zeichnet sich durch „die verhältnismäßig treue bewährung der alten scheidungen zwischen sing. und plur."[16] aus: $ât - êt\underset{\sim}{g}$ 'aß – aßen'. „Zum Unterschied vom Westfälischen ist der Ausgleich des Verbalablautes am weitestgehenden im Nordsächsischen, besonders in den Dialekten von Oldenburg, Bremen, der Unterweser und Unterelbe sowie des westlichen Teiles von Holstein, durchgeführt. Der Ausgleich betrifft sowohl die Bildung des Präteritums ... als auch die gegenseitige Annäherung der einzelnen Reihen"[17].

Die Ausgleichsvorgänge – sie werden systematisch in Behrens 1924 behandelt – sollen an der größten und einheitlichsten nd. Dialektgruppe veranschaulicht werden, an dem nordniedersächsischen Zentralraum, der auch in dem Zitat von Schirmunski angesprochen worden ist. Das starke Verb läßt sich hier nach den Ablautverhältnissen in vier Gruppen unterteilen:

1. $\bar{\imath} - \bar{e}$

    bieten – beet – beten 'beißen – biß – bissen'
    (sie entspricht der mnd. 1. Ablautreihe)

2. $\bar{e} - \bar{o}/\bar{\ddot{o}}$

    geten – goot/gööt – goten/göten 'gießen – goß – gossen'
    breken – brook/bröök – broken/bröken 'brechen – brach – brachen'
    dregen – droog/dröög – drogen/drögen 'tragen – trug – trugen'
    (sie entspricht der mnd. 2., 4., 6. Ablautreihe)

3. $\bar{e} - \bar{e}$

    eten – eet – eten 'essen – aß – aßen'
    (sie entspricht der mnd. 5. Ablautreihe)

4. *i,e — ü/u*

binden — bünd/bund — bünnen/bunnen 'binden — band — banden'
helpen — hülp/hulp — hülpen/hulpen 'helfen — half — halfen'
(sie entspricht der mnd. 3. Ablautreihe)

„Wenn ... heute die nd. mundarten oft genug sing. und plur. zusammenfallen lassen, so beruht das nicht auf lautlicher entwicklung, sondern auf analogischen vorgängen, die aber erst jüngeren datums sind"[18].

Das Nnd. kennt schw. Vergangenheitsformen, die es im Standarddeutschen nicht gibt:

... *fahrde* (= fuhr) *eenen Dag hen*[19]

gafte (= gab)[20]

Günter Kühn / Ollnborg *läsde* (= las) 'Dat Putzlespill'[21]

as hei ... ut'n Dur *rutführte* (= rausfuhr)[22]

De Sünn *schiente* (= schien)[23]

un alle drei Schritt *spigte* (= spie) sei ut un *schrigte* (= schrie) pfui[24]

dat *sehde* (= sah) he in[25]

he *swemmte* (= schwamm) in sien natt Element[26].

Andererseits finden sich im Nnd. st. Vergangenheitsformen, wo die Standardsprache nur das schw. Prät. kennt:

Lina ... *faut* (= faßte) de anner Wichter an[27]

Un dau *mauk* (= machte) hei de grötste Dummheit, dei hei hett maken kunn, hei greep nah de Schaulmeester in sück un *haul* (= holte) dei hervör[28]

Siebo Siebels satt still in de Hörn un *keek* (= kiekte) sück de junge Minschen an[29]

Hei *murk* (= merkte) dat darum sünig[30]

Daß man die st. und die schw. Vergangenheitsform von *maken* schon vor 100 Jahren im gleichen Text, sogar im selben Absatz, finden kann, zeigt dieses Beispiel:

Na, wenn sin Mudder sülwen em Bein *mök* (= machte), müßt' Heinrich nu woll awgahn. ... Un hei *makte* (= machte) sick en Ümweg un güng de Hüslers längs tau Hof[31].

St. und schw. Prät. finden sich auch bei *delfen* '(aus-)graben' im Ostfriesischen *dilfde, dulf* (= grub) und bei *trecken* 'ziehen': *truck, treckte* (= zog).

Für die Bildung zusammengesetzter Zeiten und modaler Nuancen sind Formen der Verben *hebben* 'haben' und *wesen/sien* 'sein' erforderlich. In der Konjugation halten sich dialektgeographische Besonderheiten:

hebben: In Teilen Westfalens (dem Westmünsterländischen), dem Emsland, Ostfriesland, Oldenburg sowie dem Märkisch-Brandenburgischen ist in der 1. Pers. Präs. Sg. wie im Mnd. die *-b-*Form bewahrt:

(ik)	hebb(e)	'ich habe'
(du)	hest	
(he)	hett	
(wi)		
(ji)	hebbt/hebben	
(se)		

Im Großteil des Nordniedersächsischen sowie dem Ostfälischen und im Mecklenburgischen hat man die 1. Pers. an die 2. und 3. Pers. Präs. Sg. (mnd. *hevest, hevet*) angeglichen:

(ik)	heff(e)	'ich habe'
(du)	hes(t)	
(he)	hett	
(wi)		
(ji)	hefft/hewwen	
(se)		

Das Prät. weist im Nnd. diese Reihe auf:

(ik)	harr	'ich hatte'
(du)	harrs(t)	
(he)	harr	
(wi)		
(ji)	harrn	
(se)		

Bei der Bildung zusammengesetzter Zeiten verhindert das aus *hatte* entstandene *harr(e)* solche kommunikationsstörenden Homophonien wie *hatt hadd* 'gehabt hatte'.

Das Verbum substantivum wird so konjugiert:

Präs.:	(ik)	bün	'ich bin'
	(du)	büs(t)	
	(he)	is	
	(wi)		
	(ji)	sünd	
	(se)		

In einem ostfälisch-westfälisch-emsländischen Raum (von Northeim bis Wesel, von Arnsberg bis Nordhorn, von Göttingen bis Minden) wird der *s*-Anlaut des Pl. in die 1. Pers. Sg. übernommen: *sin* 'ich bin'. Aber diese Bildung veraltet, so daß für das Bentheimische und Lingensche bereits *bin* angegeben wird, allerdings noch mit dem Zusatz: „früher z.T. *sin*"[32]. Im Pl. dieser wnd. Mundarten stehen *bin/sind* 'wir, sie sind, ihr seid' nebeneinander.

Prät.: Im Vergleich zum Mnd. hat der zentrale nordniedersächsische Raum einen Ausgleich zum Pl. hin vorgenommen:

(ik)	weer	'ich war'
(du)	weers(t)	
(he)	weer	
(wi)		
(ji)	weern	
(se)		

Es findet sich aber auch eine Angleichung an den Sg., und zwar im West- und Ostfälischen, im Ostfriesischen und im Mecklenburgischen:

(ik)	was	'ich war'
(du)	was(t)	
(he)	was	
(wi)		
(ji)	wassen	
(se)		

Doch auch in den traditionellen *was*-Gebieten ist *weer* im Vormarsch. Für das Emsländisch-Bentheimisch-Lingensche im Wnd. finden sich in den Erhebungen zum Deutschen Sprachatlas im Jahre 1880 nebeneinander die Vergangenheitsformen *was* und *wör*. „In Erhebungen der Gegenwart geben die Gewährsleute durchgehend *ick wass* an, obwohl sie — wie bei mündlichen Abfragen des öfteren zu hören war — durchaus das dem Hochdeutschen näherstehende *wör* verwenden"[33].

Der ostfriesisch schreibende Schriftsteller Moritz Jahn (1884-1979) hat *weer* anstelle von *was* benutzt, um einer beobachteten sprachlichen Entwicklung Ausdruck zu verleihen; „da halte ich mich für berechtigt, so zu formen, als wäre dieser Zustand, der Zustand der Zukunft, schon heute eingetreten"[34]. Und im modernen Mecklenburgischen ist *wier* eine nicht seltene Form („Dat *wier* noch wat west"[35]).

Der reflektierende Sprachgebrauch bei der Sprachaufnahme (mit der Wahl des älteren Dialektismus) und der progressive, dem herrschenden Sprachusus verpflichtete des Dichters (mit der Bevorzugung der jüngeren Dialektform), belegen beide den gleichen Sprachwandel im Prät. des Verbum substantivum.

Für das *Präsenspartizip* wird in großen Teilen des Nnd. eine Form mit Dentalassimilation verwendet, so daß sich eine Ähnlichkeit mit dem Infinitiv einstellt; *een lachen Deern* 'ein lachendes Mädchen'. Diese auch im älteren Hochdeutschen vorkommende Bildeweise (so schreibt G.E. Lessing: *Das warst du nicht vermuten* [= vermutend][36]) wird aber immer wieder von *d*-Formen durchkreuzt, auch in den konservativeren ost- und westfälischen Mundarten sowie im Ostfriesischen: *Jee trecket den Biuern dat Fell ower dei Ohren mit lachenden Munne; he häält kuockend* (= kochendes) *Water*[37]. Gleichwohl urteilen die nd. Sprachlehren hier sehr entschieden: „Solche hochdeutschen Formen vermeidet das plattdeutsch sprechende Volk grundsätzlich ... Das Partizip Präsens wird im Volke nur dann gebraucht, wenn es vollständig zum Adjektiv geworden ist. Die hochdeutsche Art der Satzverkürzung mit Hilfe des Partizips gibt es im Plattdeutschen nicht"[38].

Das nnd. Präsenspartizip hat, wahrscheinlich seiner Homophonie mit dem Infinitiv wegen, eine insgesamt schwache Stellung. Mitunter heißt es auch, „das Partizip Präsens ist verschwunden"[39]. Die Sprecher behelfen sich mit Adjektivierungen wie *'ne wolslapne* (= wohlzuschlafende) *Nacht*[40] oder *glöhnig Iesen* („ein Adjektiv ..., das ... gewöhnlich von dem gekürzten Partizip mittels einer Nachsilbe gebildet worden ist"[41]); in formelhaftem Sprachgebrauch sind Anlehnungen an das Hochdeutsche nicht selten, z.B. *lopendes un stahendes God*[42].

Charakteristisch für das nnd. *Perfektpartizip* ist die Präfixlosigkeit im Nordniedersächsischen und Westfälischen sowie in einem Großteil des Ond. Das Ostfälische und das südliche Ond. unterscheiden sich mit einem präfigierten Part. vom übrigen Nd., so daß sich diese Varianten ergeben: *lacht – elach(e)t – jelacht* 'gelacht'. Hinsichtlich des Auslauts entsprechen die nd. Perfektpartizipien den Verhältnissen in der Standardsprache: das Part. der st. Verben endet auf *-n*, das der schw. Verben auf *-t*: *reden* 'geritten', *bruukt* 'gebraucht'.

Obwohl im größten Teil des Nnd., dem Nordniedersächsischen und der auf ihm gründenden Ausbausprache, das präfixlose Perfektpartizip die Regel ist, gibt es eine wichtige Besonderheit: „in lebhafter Erzählung, wenn das Hilfsverb ausfällt, wird das Partizip Präteritum auch von gut plattdeutschen Leuten mit der Vorsilbe *ge-* gebildet: *un dunn opgesadelt un denn een, twee, dree utgeneiht; ... na de Schüün gelopen, den Wagen gehaalt, angespannt, un denn weg*"[43]. Hier erfüllt das präfigierte Partizip offensichtlich eine Aktionsart des Verbs, indem es das Ergebnis einer hastig und rasch ausgeführten Handlung bezeichnet, vgl. noch die Fälle, wo das *ge*-Part. Teil eines Verbkomplexes (*kommen* + Part.) ist: *De Kinner kemen üm de Eck gesuust as Ziethen ut'n Busch*[44]; *De Kock käm angerast un bullerte an de Dör*[45]; *De Buleiter käm ok in de Dör gefegt*[46].

Auf einen durativen Handlungsverlauf deutet die Präfigierung mit *be-*, siehe folgende Beispielsätze: *Simone hark tosamen, wat beliggen bleven weer* '... was liegen geblieben war'; *he bleev noch 'n beten besitten* 'er blieb noch ein bißchen sitzen'[47].

Präfigierte Perfektpartizipien finden sich oft in stehenden Wendungen wie *geseggt, gedahn*, 'gesagt, getan', *as geseggt* 'wie gesagt', *kort geseggt* 'kurz gesagt', *so as sick dat gehört* 'so wie sich das gehört', *wat bün ick upgeregt!* 'was bin ich aufgeregt/erregt!'.

Nicht selten begegnen auch vermischte Bildungen, denen wohl ein unreflektiertes Sprachverhalten unterstellt werden kann: *Leiber slecht gefahren als gaut egahn* 'lieber schlecht gefahren als gut gelaufen'; *gesächt, edoan* 'gesagt, getan'; *harre ... ekofft un ... saot* 'hatte gekauft und gesät'[48].

Eine eingehende Betrachtung von Zeitverhältnissen und Modalität führt vom (Einzel-)Verb weg und in syntaktische Beziehungen hinein. Das ist schon früh für das Mecklenburgische festgestellt worden, wenn es heißt: „Die inchoative und progressive Aktionsart wird überaus häufig durch *werden* mit dem Infinitiv des Präsens ausgedrückt ... Außer mit *werden* wird die inchoative Aktionsart durch die uneigentlichen Hilfsverben *gehen, kommen, anfangen, bigahn, dorbi sin* und *kriegen* bezeichnet"[49].

Die Morphosyntax als Zusammenschau von Formklasse (z.B. Verb) und

Funktion (z.B. Prädikat) untersucht diese Verhältnisse, die in einer so stark analytisch geprägten Sprache wie dem Nd. allein in der Lage sind, den sprachlichen Mitteln und Möglichkeiten auf die Spur zu kommen.

Die nd. Formklassen der Tempora (Präsens, Präteritum, Perfekt, Plusquamperfekt, Futur) werden nach den funktionsbestimmten Zeitstufen (Gegenwart, Vergangenheit, Zukunft), Aktionsarten (die quantitative und qualitative Einstufung der Verbhandlung) und dem Aspekt (Verbverlauf) bestimmt, so daß sich dieses Schema aufstellen läßt:

Tempus	Zeitstufe	Aktionsart	Aspekt	Beispiele
Präsens	Gegenwart	andauernd	verlaufend	He *slöppt;* he *vertellt;* he is *bi* to *plögen;* ik bin *jüst/graad* bi 't *Eten.*
		einsetzend	perfektiv	Se *geit* bi em *hensitten;* wi *komt* al *togang.*
		abschließend	perfektiv	Dat *bring* ik *toend.*
	Vergangenheit	abschließend	perfektiv	*Güstern vertellt* he mi.
	Zukunft	abschließend	perfektiv	*Morgen see* ik em.
		einsetzend	perfektiv	Da *schast* di *wunnern.*
Präteritum	Vergangenheit	andauernd	verlaufend	He *sleep;* he *vertell(d)e.*
		einsetzend	verlaufend	He *keem* to *weenen.*
		punktuell	perfektiv	Se *eide* hum over 't Gesicht un *gung gau* rut.
Perfekt	Vergangenheit	abschließend	perfektiv	*Hest* du *fraagt?*
		resultativ	perfektiv	It *haft jeschniht* (= hat geschneit).
	Vorzukunft	abschließend	perfektiv	*Mörrn het* he 't *schafft.*
Plusquamperfekt	Vorvergangenheit	resultativ	perfektiv	As he sienen Hoot op dat Schapp *ropleggt harr,* ...
Futur	Zukunft	einsetzend	verlaufend	Dat *warrt regen* (= wird regnen, fängt an zu regnen).
		vermutend	verlaufend	Un *warrt* he *wull* dor *ween.*

Ein besonderes Problem der nnd. Verbgrammatik ist der *Modus*ausdruck, die Wiedergabe indikativischen und konjunktivischen Geschehens. Morphologisch ist der Modus schon im Mnd. schwach ausgebildet gewesen, vgl. die mnd. Paradigmen von *maken* 'machen':

155

Ind. Präs.		Konj. Präs.	
(ik)	make	(ik)	make
(du)	makest	(du)	makest
(he)	maket 'er macht'	(he)	make 'er mache'
(wi)		(wi)	
(gi)	maken	(gi)	maken
(se)		(se)	

Ind. Prät.		Konj. Prät.	
(ik)	makede	(ik)	makede
(du)	makedest	(du)	makedest
(he)	makede	(he)	makede
(wi)		(wi)	
(gi)	makeden	(gi)	makeden
(se)		(se)	

Für das Nnd. wird gemeinhin eine spezielle Konjunktivform verneint, weil das diesen Modus bezeichnende mnd. *e* oft abgestoßen worden ist. Dadurch „ist der Konjunktiv im lebendigen Gebrauche heute untergegangen und tritt nur noch in spärlichen Überresten der dritten Person Singular in festen Verbindungen, stehenden Redewendungen und Sprichwörtern auf: Dat *gęv* Gott! Gott *bewahr* mi! ... *Gna* di Gott! De Düwel *haal* di! ... Ein Gefühl für den Konjunktiv aber ist im Volke nicht mehr vorhanden, er fällt in der lebendigen Umgangssprache äußerlich mit dem Indikativ zusammen: Ik meen, du weerst (seiest) krank; he sä, du harrst (habest) dien schöön Peerd verköfft; ik wull, wi harrn (hätten) dat daan; meent je, he weet (wisse) dat nich; ik bün bang, dat he krank ward (werde)"[50].

Für das Westfälische ist ein Ind.-Konj.-Gegensatz paradigmatisch ausgewiesen, voll ausgebildet im Prät.:

driäppen 'treffen'[51].

Ind. Präs.		Konj. Präs.	
(ek)	driäppe	(ek)	driäppe
(du)	drieppes	(du)	drieppes
(he)	drieppet 'er trifft'	(he)	driäppe 'er treffe'
(vi)		(vi)	
(it)	driäppet	(it)	driäppet
(se)		(se)	

Ind. Prät.		Konj. Prät.	
(ek)	draap 'ich traf'	(ek)	dräpe 'ich träfe'
(du)	draopes 'du trafst'	(du)	dräpes 'du träfest'
(he)	draop 'er traf'	(he)	dräpe 'er träfe'
(vi)		(vi)	
(it)	draopen 'wir, sie trafen, ihr traft'	(it)	dräpen 'wir, sie träfen, ihr träfet'
(se)		(se)	

Laurits Saltveit hat gezeigt, „daß die distinktiven Konjunktivformen nach dem Norden abnehmen. Bei Beckum sind noch sämtliche voll lebendig. In Höhe von Münster-Coesfeld ist aber die Zahl der distinktiven Formen geringer geworden und ... wohl auch ihre Verwendung unsicherer ... Bereits vor einer Linie Bentheim-Osnabrück dürfte das ganze System in Auflösung geraten sein; die Sätze werden mit modal indifferenten Formen wiedergegeben"[52].

Auch das Ostfälische hat zumindest Reste distinktiver Konjunktivformen bewahrt, vgl. *ek herre balle wat eseggt* 'ich hätte bald etwas gesagt'[53].

Üblicherweise wird im Nnd. nordniedersächsischer Grundlage für den Konjunktivausdruck eine Tempus-Modus-Transformation vorgenommen, indem das Prät. „auf die Zeitstufe der Gegenwart ... übertragen wird, wobei sich (dann) die zeitliche Markierung in eine modale verwandelt"[54]:

he seggt, he *kümmt* gern
'er sagt, er kommt gern' (= Ind.)
he seggt, he *keem* gern
'er sagt, er komme gern' (= Konj.).

Den Mangel synthetisch-morphologischer Konjunktivformen gleicht das Nd. durch ein breites Feld modaler Umschreibungen aus, von denen einige nachfolgend vorgestellt werden sollen.

1. *„Modal"-Verben:* Zur Kennzeichnung von verschiedenen Einschränkungen, nämlich Zwang und Verpflichtung, Vermögen und Zweifel, Rat und Zurechtweisung, Behauptung und Absicht, Wunsch und Fähigkeit, Möglichkeit und Erlaubnis dienen die nd. Modalverben *schöllen, willen, mögen, möten, könen, dörven*.

Zwang, Verpflichtung:
(a) Elsbe, du schaßt (= sollst) Wöllem nich dwingen.

Zweifel:
(b) Schull (= sollte) dor annerseen sien Hand mit in't Spill hemm?

Zurechtweisung:
(c) Schußt (= sollst) di wat schamen.

Absicht:
(d) Ick wull (= wollte), ick wür Keunig!

Vermögen:
(e) Nich in Leben harr ick dat dacht, dat se dat kunn (= konnten).

Erlaubnis:
(f) ... he sä, ick druff (= dürfte) hierblieven.

2. *Modifizierende Verben:* Die verba dicendi et sentiendi (Verben des Sagens, Wahrnehmens und Glaubens) sind in der Lage, eine Äußerung als „eingeschränkt-distanziert" zu kennzeichnen:

2.1. Verben des Sagens, Sprechens, Fragens usw. Hier wird die Äußerung eines anderen (indirekt) wiedergegeben:
(g) Trina Ohm, de sä (= sagte), dor weer nix op to weten, de Kerls weern ehrlich un betahlen allens baar.

2.2. Verben des Glaubens, Meinens, Denkens.

(h) ... do harr he meent (= gemeint), sowat geef dat in Würklichkeit goarne ...

2.3. Verben des Scheinens, Vorstellens usw. Hier weist die Verbsemantik bereits auf die Nichtfaktizität des bezeichnenden Geschehens:

(i) ... un dat leet (= schien) vun buten so, as wenn se sanft weer as 'n Engel.

3. *Modifizierende Adverbien:* Die Adverbien kennzeichnen in unterschiedlicher Weise das Geschehen, indem sie Annahmen und Vermutungen, Andersartigkeiten, Verstärkungen und Näherungen andeuten.

(j) ... dat harr di wull (= wohl) de Spraak verslagen.

(k) Hermann muß mi ganz fest anfaten, sünst (= sonst) weer ick weg ween.

(l) ... wi kunn' un schulln dat eegentlich (= eigentlich) ganz anners maken.

(m) he dach, meist (= fast, bald) harr ick 'Mudder' seggt.

4. *Modalpartikel:* Sie beziehen sich auf zwei Bereiche:

4.1. Die Kennzeichnung von Bedingungen, die vorliegen müssen, um ein Geschehen faktisch werden zu lassen:

(n) wenn (= wenn) ick dat, wat ik hüüt weet, vör veer Weken wußt harr, denn (= dann) harr ick awer anners optrumpft.

4.2. Stärkung oder Schwächung der Faktizität des Geschehens:

(o) wenn bloß (= wenn nur) de Dör noch'n beten hooln wull.

5. *Syntaktische Elemente:* Mit Hilfe von Haupt- oder Nebensätzen wird ein Ist- mit einem Soll-Zustand verglichen:

(p) harr he Klei hadd (= hätte er ... gehabt) ..., he weer foorts an't Wark gohn.

(q) Wenn se Licht maakt harrn (= hätten sie Licht gemacht), weer nix losween.

6. *Suprasegmentale Elemente:* hierher gehört die Intonation:

(r) Weer je noch schöner ween, wenn de (d.h. die Pferde) mi nu dörgahn weern! Denn harr ick mi awer fix blameert.

Die intonatorische Hervorhebung des Pronomens im ersten Satz korrespondiert mit der Erklärung im zweiten, daß das Durchgehen der Pferde eine Blamage gewesen wäre.

7. *Direkte Rede:* Zum Ausdruck real empfundener Begebenheiten:

(s) De Katt anter: „Ick freu mi ok, di mal to drapen. Ick freu mi, mit di to verkehren. Man ik dröff di nix verspräken, wat ik nich hollen kann ..."[55].

An einem kurzen Textabschnitt sollen die Modusverhältnisse noch einmal beobachtet werden. Es handelt sich um einen Abschnitt aus der 1938 entstandenen meisterhaften Briefnovelle von Moritz Jahn „Luzifer":

Wenn he, Weert Syassen, *een* Deel säker wuß[1], denn weer[2] 't dat: Godd weer[3] grötter, as een Bookstaav in sück faten kunn[4], un weer[5] 't en Bookstaav van de Schrift. Godd weer[6] de Een, de gien Tägener harr[7]. Denn: *Weer*[8] dr 'n Tägener, dor muß[9] hum elk un een recht gäven in, denn geef[10] 't bloot tweederlei: Godd harr[11] hum sülfst wullt, un denn weer[12] Godd *in* de Sünd, dör sien Will; of he harr[13] hum *nich* wullt, un kunn[14] hum nich dwingn; denn weer[15] dr mähr as *een* Godd, un se, de Annern, harrn[16] denn ja woll *veer*. He, Weert Syassen, kunn[17] bloot glöwen un bäden an een Godd; de harr[18] he lährt[56].

In dieser, die Ideenwelt der Reformationszeit und unseres Jahrhunderts zusammenfassenden „protestantischen" Dichtung geht es um das Schicksal eines Magisters Weert Syassen, der seiner Leugnung der göttlichen Dreieinigkeit wegen und aufgrund der Behauptung, auch Gott sei sündhaft, einem Ketzerprozeß unterworfen und verurteilt wird. In der Beschreibung der die Auseinandersetzung bewegenden theologisch-philosophischen Zusammenhänge kommt es entscheidend auf Wirklichkeit und Möglichkeit der Aussagen an, Realis und Irrealis.

Sprachlich ist das von Jahn geschriebene Nd. — ungeachtet seiner archaischen Prägung — modernes literarisch geformtes Ostfriesisch. Da bereiten die Moduswiedergaben Schwierigkeiten.

Um den Text richtig zu verstehen, müssen die scheinbar modusneutralen Homographien entsprechend interpretiert werden. Das ergibt diese Lesart:

1) wußte — die Verbindung *säker wuß* legt eine indikativische Interpretation nahe;
2) war — Ind. in Konsequenz von 1);
3) war — Ind., weil Aussageinhalt von 1);
4) konnte — Ind., weil enger Zusammenhang zu 3);
5) wäre — Konj., da Vergleichsandeutung (hier könnte aber auch ein Ind. vorliegen, der würde aber eher präsentisch ausgedrückt: un *is* 't een Bookstaav van de Schrift);
6) war — Ind., weil Behauptung;
7) hatte — Ind. in Konsequenz von 6);
8) wäre — Konj., weil argumentative Hypothese;
9) müßte — Konj. in Konsequenz von 8);
10) gäbe — Konj., weil Element der Hypothese;
11) hätte — Konj., weil Schlußfolgerung aus der Hypothese;
12) wäre — Konj. in Konsequenz von 11);
13) hätte — Konj., weil alternative Hypothese;
14) könnte — Konj. in Konsequenz von 13);
15) wäre — Konj., weil Schlußfolgerung aus 13);
16) hätten — Konj., weil 13) ergänzend;
17) konnte — Ind., weil Überzeugung;
18) hatte — Ind., weil Begründung für 17).

Es zeigt sich also, daß das Nnd. in der Lage ist, auch solche schwierigen Gedankengänge zu bewältigen, allerdings erfordern die Texte dann einen größeren Interpretationsaufwand, da nicht — wie in der mündlichen Kommunikation — die Gesprächsumstände zur Vereindeutigung beitragen. Man wird schon eine gewisse Leistungsschwäche des Nnd. im Modusausdruck festzuhalten haben, der obige Text ist dafür kein Gegenbeweis.

Die Deklination des nd. Substantivs

Wie alle analytischen Sprachen, so weist auch das Nnd. eine schwach entwickelte Flexion auf, mitunter heißt es lapidar: „Das ostfriesische Substantiv wird nicht dekliniert"[57]. Das trifft insofern zu, als die Opposition zwischen dem Nom. und den gebeugten Fällen vor allem am substantivbegleitenden Artikel abzulesen ist:

Nom.	de Mann	'der Mann'
Gen.	(von) den Mann	
Dat.	(to) den Mann	
Akk.	den Mann	

Lediglich im schw. deklinierten Mask. erscheint eine Flexionsendung auch am Nomen:

Nom.	de Oß	'der Ochse'
Gen.	(von) den Ossen	
Dat.	(to) den Ossen	
Akk.	den Ossen	

Die Tendenz zur Monoflexion bei den Mask. wird aber immer stärker, vgl. *Dat Poor trett vor de* (statt *den*) *Altar*[58]. Bei Fem. und Neutr. ist sie jetzt ohnehin die Regel:

Nom.	de Froo 'die Frau'	dat Kind 'das Kind'	
Gen.	(von) de Froo	(von) dat Kind	
Dat.	(to) de Froo	(to) dat Kind	
Akk.	de Froo	dat Kind	

Im älteren Nnd. wird durch den differenzierten Artikelgebrauch noch eine deutlichere Kasusunterscheidung ermöglicht[59]:

Nom.	de Mann 'der Mann'	de Froo 'die Frau'	dat Kind 'das Kind'
Gen.	des Manns	der Froo	des Kinds
Dat.	den Mann	der Froo	den Kind
Akk.		de Froo	dat Kind

„Beim Neutr. und Fem. wird die Unterscheidung zwischen Dat. und Akk. durch die Verschiedenheit des (best.) Artikels in beiden Kasus ermöglicht; daher erklärt es sich, daß nur in diesen beiden Geschlechtern der Gebrauch des Dativs in erheblichem Umfange fortbesteht, im Neutr. auch im Subst. die Endung des Dativs sich häufiger erhalten hat"[60]. So erklären sich Bildungen wie *In 'n Huse geef he ... sienen Schick an; oahne Wader in 'en Hiuse; von der Stadt weg, in der Tasche, mit aller Gewalt*[61]. Für das Westfälische wird eine Dat.:Akk.-Opposition mitunter noch deutlich herausgestellt[62]:

Nom.	de Huoff 'der Hof'	dat Rad 'das Rad'
Gen.	–	–
Dat.	diäm Huowe	diäm Rad
Akk.	diän Huoff	dat Rad

Die oben angeführten dativbezogenen Beispiele stehen aber immer neben den monoflektierten *in 't Hus, von de Stadt, in de Tasche*, die ebenfalls auf ein beträchtliches Alter zurückblicken können: „Obwohl bei den declinablen Wörtern drei Geschlechter, und zwei Zahlformen sich finden, und außerdem vier Casus unumgänglich notwendig scheinen, so fehlt dennoch im Platten die, den übrigen Casus gleichmäßige Bildung des Genitivs, und einen Dativ sucht man vergebens; er ist mit dem Accusativ völlig gleich. Der Genitiv muß durchaus umschrieben werden"[63].

Die Genitivumschreibung bei der Wiedergabe einer persönlichen Zugehörigkeit ist ein ausgiebig gebrauchtes grammatisches Mittel im Nnd., vgl. *Wi sünd Gott sien Gesicht, wie sünd Gott sien Hannen, Gott sien Fööt, Gott sien Hart; He is Gott sien Lamm, dat de Welt ehr Sünden wegdrääjen deit*[64].

Zum Ausdruck unpersönlicher Zugehörigkeit wird eine Umschreibung mit der Präposition *von* (Lautvarianten *van, vun*) gewählt: *He glööv den Klönsnack von de Lüüd nich; de bangen Gesichter von de armen Minschen; de Südermuur von de Kark*[65].

Neben diesen „regelmäßigen" Umschreibungen des Gen. findet sich auch noch der synthetische, der possessive Gen. Sg. auf *-s*, und zwar bei „personennamen und solchen appellativen, welche, indem sie in dem gegebenen falle nur eine bestimmte Person bezeichnen, zu proprien übergegangen sind. Groth hat: *Hansens, Gottes*; auch die eigtl. appellativa meist ohne Artikel: *Dischers* 'des tischlers', *Nawers* 'nachbars', *Pasters, Presters, Schippers*; bei vorangestelltem artikel oder pronomen bleiben diese unflektiert: *de Koethners, de Vullmachts, min sęli Vaders*"[66].

Daß die verschiedenen Möglichkeiten genitivischen Kasusausdrucks (vgl. auch die Kombination von synthetischem und analytischem Gen. mit einem Beleg aus dem Archiv des Niedersächsischen Wörterbuches: *Gehr'n Muddern ehr Kaffipott*) bei nd. Schreibenden auch Verunsicherungen hervorrufen können, zeigen die folgenden Beispiele falschen und ungeschickten Kasusgebrauchs: *en greoten Dail dett Gelles; dat hett jümmer* (= jüm ehr) *Mudder ok jümmer* (= immer) *seggt*[67].

Nur erwähnt werden sollen noch die sog. erstarrten Gen. in bestimmten Wendungen: *siens Lębens, 's nachts, sünndaags, opstunns, op'n Johrs Reis, butenlands fohren*[68].

Der Akkusativ als der beherrschende casus obliquus im Nnd. dringt nicht selten in den Nom., besonders auffällig bei schw. Substantiven und in Nominalgruppen mit unbestimmtem Artikel: *Dar is mąl 'n Bur'n weß; do kümmt dar 'n Juden bi em; do seggt de annern Bur'n*[69]; *'t was 'n ōln man; hei was en lüttjen beweglichen Keerl; dat ik al as lütten Jung ... bewunnert heff*[70].

Pluralbildung

Anders als bei den Kasus wird die *Numerusopposition* im Nnd. deutlich hervorgehoben. Dafür stehen acht Bildeweisen zur Verfügung:
1. Pluralendung *-er*: *Biller* 'Bilder', *Kleder* 'Kleider', *Leder* 'Lieder';
2. Puralendung *-en*: *Apen* 'Affen', *Büxen* 'Hosen', *Gören* 'Kinder';
3. Pluralendung *-s*: *Arms* 'Arme', *Deerns* 'Mädchen', *Modders* 'Mütter';
4. *Umlaut* des Stammvokals: *Glöös* 'Gläser', *Müüs* 'Mäuse', *Säck* 'Säcke';
5. *Umlaut* und Pluralendung *-er*: *Bänner* 'Bänder', *Döker* 'Tücher', *Lämmer* 'Lämmer';
6. *Übereinstimmung* von Sg. und Pl.: *Been* 'Beine', *Farken* 'die Ferkel', *Knee* 'die Knie';
7. Pluralendung *-e* bzw. *Überlänge* des Stammvokals (in den apokopierenden Gebieten): *Dage ~ Daag* 'Tage', *Schepe – Scheep* 'Schiffe', *Wege – Weeg* 'Wege';
8. *Suppletiv*-Pl.: *Dörpslüüd* 'Dörfler', *Mannslüüd* 'Männer', *Naverslüüd* 'Nachbarn'.

Wie in der Standardsprache so finden sich auch im Nd. pluralische Übercharakterisierungen, indem mehrere der oben genannten Bildeweisen angenommen werden: *Fööts* 'Füße', *Appelns* 'Äpfel', *Ossens* 'Ochsen'.

Die standardsprachliche Möglichkeit, zur Numerusunterscheidung die Artikel heranzuziehen (*der Hebel – die Hebel, das Messer – die Messer*), ist im Nd. des Einheitsartikels bei Mask. und Fem. wegen (*de* 'der, die') nur bei neutralen Substantiven anwendbar: *dat Farken* 'das Ferkel' – *de Farken* 'die Ferkel', *dat Haar* 'das Haar' – *de Haar* 'die Haare'.

Die substantivische Pluralbildung ist auch sprachgeographisch unterschieden:

Mecklenburgisch	Nordniedersächsisch	Ostfriesisch	Ostfälisch	
Hüser	Hüser/Hüüs	Husen	Hüsere	'Häuser'
Würd	Wöör	Woorden	Wöre	'Wörter'

Hinsichtlich des Artikels sind die Beispiele zu beachten, wo das nd. Substantiv zwei Artikelvarianten kennt, die gleiche Wortform im Hochdeutschen nur eine[71]:

nd.		hd.	
	de/dat Altar		der Altar
	de/dat Boot		das Boot
	de/dat Dook		das Tuch
	de/dat Flaß		der Flachs
	de/dat Hälft		die Hälfte
	de/dat Lief		der Leib
	de/dat Maat		das Maß
	de/dat Sarg		der Sarg
	de/dat Speet		der Spieß
	de/dat Spegel		der Spiegel
	de/dat Steed		die Stätte
	de/dat Sweet		der Schweiß

Das nd. Adjektiv

Das nnd. *Adjektiv* tritt in attributiver und prädikativer Stellung auf, es ist komparierbar. Prädikativ verwendet man es ohne zusätzliche Endung: *De Welt is bannig leeg. De Himmel is blau*[72].

Beim attributiven Gebrauch werden dem Adjektiv verschiedene Endungen angefügt, es kann auch endungslos bleiben (d.h. mit der sog. Nullendung versehen werden). Dabei herrscht eine ziemliche Regellosigkeit. So stehen im gleichen Text, vom selben Autor geschrieben, diese Formen: *de plattdüütsch Spraak, de plattdüütsche Sprook*[73].

Solches Nebeneinander kennzeichnet wiederum eine Sprache ohne gesetzte Normen, für einen Dialekt nichts Absonderliches, unter dem Gesichtspunkt systematischer Sprachmittelverwendung jedoch eine ein wenig ärgerliche Erscheinung.

Für die Endungen in der attributiven Adjektivverwendung steht nur ein begrenztes Morphinventar bereit: *en, e, t,* und das sog. Nullmorphem ϕ: *den olen Padd, 'n witte Bank, 'n richtig schöön't Fest, 'n swack Hart*[74].

Paradigmatisch geordnet ergeben sich diese Deklinationsmuster:

Mask.

Sg.	Nom.	de olle Knecht 'der alte Knecht'
	Dat. Akk.	den ollen Knecht
Pl.	Nom.	de ollen Knechen 'die alten Knechte'
	Dat. Akk.	de ollen Knechen

Fem.

Sg.	Nom.	de ewige Tied 'die ewige Zeit'
	Dat. Akk.	de ewige Tied
Pl.	Nom.	de ewigen Tieden 'die ewigen Zeiten'
	Dat. Akk.	de ewigen Tieden

Neutr.

Sg.	Nom.	dat lütte Kind 'das kleine Kind'
	Dat. Akk.	dat lütte Kind
Pl.	Nom.	de lütten Kinner 'die kleinen Kinder'
	Dat. Akk.	de lütten Kinner

Die hier aufgenommenen Kasusendungen sind die am häufigsten belegten, wenn auch nicht allein vorkommenden. Eine Stichprobenuntersuchung zur schw. Adjektivflexion in den von H. Kröger herausgegebenen „Plattdüütschen Predigten ut uus Tied" (Leer 1977) erbrachte folgendes:

Untersucht wurden 929 Fälle, also schw. flektierte Adjektive. Das Morphinventar ergibt in den jeweiligen Kasus diese häufigkeitsorientierte Ordnung:

	Sg.	Mask.	Fem.	Neutr.
	Nom.	e_{120}	e_{58}	e_{41}
		ϕ_{12}	ϕ_7	ϕ_3
			n_3	
	Dat./Akk.	n_{123}	e_{159}	e_{114}
		e_{23}	ϕ_{25}	ϕ_{22}
		ϕ_8	n_8	n_3
	Pl.	Mask.	Fem.	Neutr.
	Nom.	n_{55}	n_8	n_4
		ϕ_6	e_4	
		e_2		
	Dat./Akk.	n_{40}	n_{17}	n_{28}
		e_6	e_3	e_4
		ϕ_5	ϕ_3	ϕ_3

Problematisch, weil ziemlich schwankend, ist auch die st. Adjektivdeklination nach unbestimmtem Artikel:

'n richtig schöön't Fest
'n gediegen Binnenleven
'n schöne Spritztour
'n wunnerschönen Barkenboom[75].

Hier zeichnet sich eine Genusdifferenz ab, indem die Attribuierung der männlichen Substantive (*Barkenboom*) überwiegend mit einem akkusativischen Adjektiv geschieht, die der Neutra (*Fest, Binnenleven*) aber zwischen Kasusendung und Nullmorphem schwankt.

Die *Komparation* der Adjektive erfolgt mit den Steigerungsmorphen *er* (Komparativ) und *(e)st* (Superlativ):

gau – gauer – gaust 'schnell – schneller – schnellsten'
week – weker – weekst 'weich – weicher – weichsten'

Die Komparation wird bei einigen Adjektiven mit Hilfe von Suppletivstämmen wahrgenommen:

> god – beter – best 'gut, besser, besten'
> veel – mehr – meist 'viel, mehr, meisten'.

Anders als in der Standardsprache findet sich im Nd. der Superlativ auch im Vergleich zweier Größen. Ein Beispiel dafür sind die Schlußzeilen der ersten Strophe von Klaus Groths bekanntem „Quickborn"-Gedicht „Matten de Has"':

> Un danz ganz alleen
> Op de achtersten Been
> (= auf den hinteren Beinen).

Nd. Adverbien

Wie den Adjektiven, so fällt den Adverbien in der nnd. Kommunikation eine große Rolle zu, fungieren sie doch als die für die lebendige Rede so typischen „charakterisierenden Beiwörter": *nu ween doch nich glieks*[76].

Sind *nu* und *glieks* als Zeitadverbien interpretierbar, so ist eine adverbiale Kennzeichnung von *doch* und *nich* nur bei einem weitgefaßten Adverbbegriff zulässig. Er würde dann in die Nähe von Gesprächswörtern rücken, worunter sowohl Interjektionen, Negationen, Gliederungs- und Rückmeldungspartikel als auch gesprächscharakterisierende Beiwörter zu fassen sind. In bezug auf das Nnd. erscheint ein so weiter Adverbbegriff als angemessen, weil damit der Charakter gesprochener Sprache auch in der Schriftlichkeit erhalten bleibt (und Lebendigkeit und Spontaneität gilt immer noch als positives Merkmal von Dialektliteratur).

Wir können die Adverbien deshalb in solche im engeren Sinne (Adv. i.e.S.) und in weiterem Sinne (Adv. i.w.S.) einteilen.

Adv. i.e.S. zur Charakterisierung eines Vorgangs, einer Handlung:

> Se kummt *trüch*.
> Hett dat Aas doch *wedder* in mien Schapp rumsnüffelt.
> Un de Drossel hett ... *schön* sungen.
> *Dor* gifft männicheen *vörher* op.
> *Wo* is he denn *opstunns*?
> En mutt *bitieds* anfangen[77].

Die adverbiale Verwendung „morphologischer" Adjektive erfolgt immer endungslos.

Adv. i.w.S. beziehen sich auf die Einschätzung einer Äußerung von seiten des Sprechers:

> Ick meen *man* blots.
> Will mi man *lever* ... 'n Tempo rutkriegen.
> Wi köönt *natürlich* ... acht Daag in 't Sauerland fohren.

> Fröher hebbt de Lüüd *sogor* Diphtherie mit Honnig kureert.
> ... den *villicht* dat Water bet an'n Kragen steiht[78].

Das nd. Pronomen

Das nnd. Pronomen verfügt über eine bemerkenswerte dialektgeographische Variation. Als bekannteste Unterscheidung gilt die zwischen dem Nordniedersächsischen und dem Ostfälischen bei den obliquen Kasus der Personalpronomen: *mi/di, em/ehr* vs. *mik/dik, öhne/öhre* 'mir, mich/dir, dich/ihm, ihn/ihr, sie'. Das bedeutet Einheitskasus (d.h. Zusammenfall von Dat. und Akk., mal auf jener, mal auf dieser Grundlage) bei unterschiedlicher Lautgestalt.

Es findet sich aber resthaft noch ein Auseinanderhalten beider Kasus, und zwar im Südwestfälischen, wo *mi, mui/mi* 'mir, mich' und *di, dui/dik* 'dir, dich' im Gebrauch ist.

Das Ostfriesische setzt sich mit den *h*-Formen für die Obliquen der 3. Pers. Sg. und Pl. vom übrigen Nordniedersächsischen auffallend ab: *hum/hör* 'ihm, es/ ihr', *hör* 'ihnen/sie'.

Eine gewisse Instabilität ist beim Personalpronomen der 2. Pers. Pl. zu beobachten. Der am meisten verbreiteten Form *jo/ju* stehen im Dithmarsischen *jüm* (so lautet auch der Nom.), im Ostfälischen *jich*, im Mecklenburgischen *juch* gegenüber:

> Twee oder dree von *jüm* 'zwei oder drei von euch';
> Dei gefallt *jich* ok 'der gefällt euch auch';
> Wennihr hett *juch* dat malürt 'wann ist euch das passiert'[79].

Zu den noch kleinräumigeren Besonderheiten ist die südniedersächsische Unterscheidung bei der personalpronominalen Objektform der 1. Pers. Pl. zu zählen, nämlich *üsch/ösch* und *üssek/össek*:

> Weer töu *ösch* höörn will 'wer zu uns gehören will';
> ... use Otto, dä bee *üsseck* arbeijte 'unser Otto, der bei uns arbeitete'[80].

Es findet sich auch eine Differenzierung des weiblichen Personalpronomens nach dem Familienstand der Bezeichneten; in Südniedersachsen und in einigen Teilen Westfalens wird auf die verheiratete Frau mit *sai*, auf die unverheiratete mit *öt* gewiesen[81].

Im Südmärkischen des Ond. erfolgt beim männlichen Personalpronomen eine Trennung nach dem Gesichtspunkt der Belebtheit:

> *er* mäjet 'er (der Bauer) mäht' vs.
> *he* blihet 'er (der Flachs) blüht'[82].

Für die sog. Höflichkeitsform wird zunehmend das dem Hochdeutschen nachempfundene *Se* 'Sie' gebraucht. Es hat das frühere *Ji/Jo* veralten lassen. Die Objektsform ist *Ehnen*:

Eenmal hebb ick mi van *Ehnen* rutsmieten laten ... un eh *Se* nich hört hebbt, wat ick *Ehnen* to seggen hebb[83].

In älteren Texten tritt *Ehnen* noch nicht auf; bei dem Rostocker John Brinckman (1814-1870) heißt es z.B.: Nelson hett en por Würd mit *se* to spreken[84].

Eine Sonderform beim Fragepronomen besitzt der nd. Nordwesten: *well* anstelle von 'welcher, wer': *Well is dar*? 'Wer ist da?'[85].

Sieht man von solchen Regionalismen ab, dann lassen sich die nnd. Pronomen in übersichtlichen Paradigmen zusammenfassen, deren Einträge aufgrund von Quantitätsberechnungen ermittelt worden sind.

1. Personalpronomen

		Nom.		Objektskasus
Sg.	1. Pers.	ik 'ich'	mi	'mir, mich'
	2. Pers.	du 'du'	di	'dir, dich'
	3. Pers.	he 'er'	em	'ihm, ihn'
		se 'sie'	ehr	'ihr, sie'
		et 'es'	et	'ihm, es'
Pl.	1. Pers.	wi 'wir'	uns	'uns, uns'
	2. Pers.	ji 'ihr'	jo	'euch, euch'
	3. Pers.	se 'sie'	ehr	'ihnen, sie'

2. Possessivpronomen

a) vor Mask.

		Nom.		Objektskasus
Sg.	1. Pers.	mien 'mein'	mien	'meinem, meinen'
	2. Pers.	dien 'dein'	dienen	'deinem, deinen'
	3. Pers.	sien 'sein'	sien	'seinem, seinen'
		ehr 'ihr'	ehr(e)n	'ihrem, ihren'
Pl.	1. Pers.	uns 'unser'	unsen	'unserem, unseren'
	2. Pers.	jo 'euer'	ju	'eurem, euren'
	3. Pers.	ehr 'ihr'	ehr(en)	'ihrem, ihren'

b) vor Fem., Neutr., Pl.

		Nom.		Objektskasus
Sg.	1. Pers.	mien 'meine, mein'	mien	'meiner, meinem, meinen/meine, mein, meine'
	2. Pers.	dien 'deine, dein'	dien	'deiner, deinem, deinen/deine, dein, deine'
	3. Pers.	sien 'seine, sein'	sien	'seiner, seinem, seinen/seine, sein, seine'
		ehr 'ihre, ihr'	ehr	'ihrer, ihrem, ihren/ihre, ihr, ihre'

		Nom.	Objektskasus	
Pl.	1. Pers.	uns 'unsere, unser'	uns	'unserer, unserem, unseren/unsere, unser, unsere'
	2. Pers.	jo 'euere, euer'	ju/joon	'euerer, euerem, eueren/euere, euer, euere'
	3. Pers.	ehr 'ihre, ihr'	ehr	'ihrer, ihrem, ihren/ ihre, ihr, ihre'

3. Demonstrativpronomen

Sg.	Nom.	Objektskasus	
Mask., Fem.	disse 'dieser, diese'	dissen	'diesem, diesen/ dieser, diese'
Neutr.	dit 'dieses'	dit	'diesem, dieses'
Pl.	disse 'diese'	dissen	'diesen, diese'

4. Reflexivpronomen

Das dem Hochdeutschen entstammende und verniederdeutschte *sik* beherrscht nach Ausweis des Deutschen Sprachatlas (Karte 36) den Großteil des Nd.; Nebenformen sind *sük* in Ostfriesland und einem Teil des Emslandes (von der Küste bis Meppen) und das ostfälische *sek*. In weiten Teilen Pommerns und im gesamten Märkisch-Brandenburgischen sowie im Niederfränkischen lautet das Reflexivpronomen so wie im Standarddeutschen.

Hüt kann he *sick* dat leisten tau Faut tau gahn[86]
Hinni muß *sük* tegen de Müür stönen, hum trillden de Bene[87]
... twei ssau arch varfiendete Frowwens, dä *sseek* noch nech e'moal de Dogestiet booen[88]
So groß hadd'n *sich* de beiden leewen Minschen de Freud von ehr Kind awer doch nicht dacht[89].

5. Indefinitpronomen

Für das unbestimmte Pronomen herrscht heute — wie in der Standardsprache — *man* vor. Daneben gibt es noch Reste des alten *een*, besonders als *n* in der Enklise:

Een seggt dat woll.
Wenn'*n* will, kann'*n* veel[90].

Im Mecklenburgischen findet sich die Form *einer*, wie überall in der Literatur nachgelesen werden kann, z.B. bei Rudolf Tarnow (1867-1933):

Wenn *einer* nich mihr äten sall,
Denn sacken em de Strümp[91].

Geläufiger scheint heute im Mecklenburgischen aber das Indefinitpronomen *man* zu sein, vgl.: *Wenn man övermödt is, kümmt meist keen Slap*[92].

Gewisse Zurückhaltungen beim Gebrauch von *man* scheinen sich aus der Homophonie mit der Partikel *man* 'nur, bloß', zu erklären; sie ist im Nd. weit verbreitet, z.B. *„Gaht man wieder", seggt hei to uns, as dat denn sowiet is, „gaht man!"*[93]

6. Relativpronomen

Sg.	Nom.		Objektskasus	
Mask., Fem.	de	'der, die'	den	'dem, den'
			de	'der, die'
Neutr.	dat	'das'	dat	'dem, das'
Pl.				
	de	'die'	den	'denen, die'

Mit dem Relativpronomen und den von ihnen bewirkten relativischen Anschlüssen ist ein Übergang zur *Syntax* herzustellen.

Syntax

Eine angemessene Bewertung syntaktischer Gegebenheiten im neueren Nd. ist nur bei Berücksichtigung sprachrealisationsformaler Besonderheiten möglich. Dabei gilt es festzuhalten, daß Dialekte — ungeachtet einer mitunter breiten Literatur im Dialekt — gesprochene Sprache sind. Und für die Dialektliteratur gilt eine Nähe zur 'Spreche' gerade als ein Qualitätsbeweis, weil nur dann das Kriterium der Echtheit erfüllt scheint.

Simulierte gesprochene Sprache, die in der Dialektliteratur verbreiteter ist als sonst, erweist sich als durchaus eigenständig, wird sie mit spontaner 'Spreche' verglichen[94]. Sie erfüllt die Eigenheiten der 'Spreche' manchmal genauer, weil sie verdichtete, kalkulierte Literatursprache ist. Andererseits findet sich im nd. Dialekt auch eine sehr papieren anmutende Sprache, die gewiß nicht zum Sprechen, sondern zum Gelesenwerden gedacht ist: „De em darto Moot maakt un em ok darför en Verleger, Cotta in Stuttgart, besorgt harr, weer de ool Klosterprobst Rochus von Liliencron, de ok en Vörwort darto schreben hett, vun dat wi ok en Deel afdrückt hebbt, um uns Lesers to wiesen, wo hoch düsse Mann, de domals in de literarische Welt so veel gelln dee, dat Book stellt"[95].

Gleichgerichtete, wenn auch etwas mäßigere Beispiele mögen diese sein: „De Lüd', de noch nich weet, wat dat to bedüden hett, kiekt männigmaal hoog op, wenn ik mit'n Maal anfang to schrieben, un se mögt nich wider snacken"[96]. „So 'ne Lapalie, dat müßt doch hentaukriegen sien, un he beielte sick deswegen, nah Hus tau kamen, üm glieks in 't Gemeindebüro tau gahn"[97].

Sätze wie die zitierten sind in der älteren nd. Schriftlichkeit oft zu finden und ja auch heute keineswegs selten. Dagegen sind Sprachpfleger immer wieder Sturm gelaufen: „Über allem aber steht eine besondere, volkstümliche *plattdeutsche Satzfügung* ... Die plattdeutsche Volkssprache liebt die einfachen und kurzen Sätze, die sich gleichwertig wie die Glieder einer *Kette* aneinander schließen, sie vermeidet langatmige Satzgefüge mit ihren untergeordneten Sätzen und bildet lieber nebengeordnete Hauptsätze ... wir sollten uns hüten, ... im Plattdeutschen die grammatische Zwangsjacke vom Hochdeutschen zu übernehmen, die dieses vom Lateinischen erhalten hat"[98]. G.F. Meyer (1878-1945) geht es, wie vielen Gleichgesinnten auch, mit dieser Vorschrift nicht nur um die mündliche Verwendung des Nd., sondern um den Gebrauch der nd. Sprache schlechthin, ohne eine realisationsformale Unterscheidung ins Auge zu fassen. Das zielt am realen Sprachgebrauch vorbei und läßt die Empfehlungen für ein gutes Nd. unerfüllbar werden. Wenn dennoch für das geschriebene Nd. gegenüber dem Hochdeutschen Abweichungen in Richtung auf Satzkürze und einfachere Satzkonstruktion auszumachen sind, dann aus dem bereits genannten Bemühen, hier Vorstellungen von der Syntax gesprochener Sprache zu übernehmen. Diese Vorstellungen können überhaupt als das erste Stilgesetz für das Schreiben im (nd.) Dialekt bezeichnet werden[99].

Für einen Einblick in die nnd. Syntax werden einige Bereiche ausgewählt und grammatisch bewertet. Dabei ist eine gewisse Unsystematik nicht zu vermeiden, steht doch die Erarbeitung der nd. Syntax noch aus und kann im Zusammenhang dieser Veröffentlichung nicht geleistet werden. Ich wende mich besonders den Bereichen zu, in denen sich das Nd. von der Standardsprache unterscheidet. Ein systematischerer Zugriff wird mit der Behandlung des einfachen Satzes versucht[100], wobei aber auch auf Konvergenzen und Divergenzen zum Hochdeutschen aufmerksam zu machen ist.

„Einfache Sätze sind Sätze, denen grundsätzlich ein Verb zugrunde liegt. Im Satz erscheint es in finiter Form"[101]. Dem Inhalt nach werden Aussage-, Ausrufe-, Aufforderungs- und Fragesätze unterschieden.

1. In Aussagesätzen steht das finite Verb in Zweitstellung:

Ik *segg* gannix (S. 76)[102]
Dor *gääw* ik gien Penning för *ut* (S. 74)

Es finden sich keine Unterschiede zum Standard.

2. Ausrufesätze in der Form von Fragesätzen nehmen die Anordnung des Vfin wie Fragesätze vor:

Wat *wull* 'k woll nich! (S. 88)
Hebb 'k mi dat doch glieks docht! (S. 102)

Es finden sich wiederum keine Unterschiede zur Standardsprache.

3. Bei den Aufforderungssätzen ist Erst- und Zweitstellung des Vfin zugelassen:

Wäs man still (S. 108)
Godd *sall* mi bewahren! (S. 79) – Sub. in Erststellung.
Denn *laat* di good wat dröömn! (S. 71) – Adv. in Erststellung.

Keine Unterschiede zum Hochdeutschen.

4. Bei den Fragesätzen werden Entscheidungs- und Ergänzungsfragen unterschieden. Danach richtet sich die Stellung des Vfin.
   Bei Entscheidungsfragen wird das Vfin an die erste oder zweite Stelle im Satz plaziert:

Meenst nich ok, Hinnerk? (S. 96)
Rötten *hebbt* ji ja woll nich int Huus? (S. 68)

Bei Ergänzungsfragen findet sich immer die Zweitstellung:
Wat *sall* 'k dor denn mit? (S. 75)
Ebenfalls Konvergenz mit der Standardsprache.

Diese kurze Übersicht hat keine Strukturunterschiede zwischen dem einfachen Satz im Nieder- und Hochdeutschen erbracht. Es soll nunmehr einmal geprüft werden, ob sie sich bei der Bildung des Prädikats finden lassen.

Das Prädikat bildet das strukturelle Zentrum des Satzes und wird deswegen in der neueren Grammatikforschung nicht mehr als Satzglied gewertet[103]. Es ist an das Verb gebunden und tritt ein- und mehrteilig auf.

Das einteilige Prädikat besteht nur aus dem Vfin, z.B. Ik *segg* gannix (S. 76), Ik *kenn* hör (ebd.). Hier gibt es keine nd.-hd. Divergenzen.

Das mehrteilige Prädikat ergänzt das Vfin noch um (a) ein infinites Verb und (b) einen sog. Verbzusatz (hervorgegangen aus Adverbien, Adjektiven, Substantiven). Bei den infiniten Verbformen kann es sich um Infinitive oder Partizipen handeln:

(a) Denn laat di good wat *dröömn* (S. 71)
    'k will di wat *seggn* (S. 98)
    Nix hebb 'k *seggt* (S. 77)

(b) Fang jo mit dien Fro nich *an* (S. 108)
    Dor gääw ik gien Penning för *ut* (S. 74)
    Du wullt doch am Enn nich ok noch *hier här* (S. 92).

Die hier gebrauchten Verbzusätze — nominale Teile von trennbaren Verben und notwendige adverbiale Ergänzungen — sind auch dem Hochdeutschen nicht fremd, so daß sich hier keine Divergenzen zwischen den Sprachen auftun. Aber es gibt auch andere Beispiele, deren Problematik sich bei der Übertragung ins Hochdeutsche erweist:

Man de Mannlü de weeten ja alltieds van nix wat *van* (S. 78).

Hier verbietet sich eine wörtliche Übertragung (*Aber die Männer, die wissen ja immer von nicht (et-)was (da-)von), auch die Wertung von *van* als Verbzusatz ist problematisch, da ein nd. (ostfriesisches) Verb *vanweeten nicht belegt ist. Eventuell liegt mit dem zweiten *van* eine Verstärkung der Verbbedeutung vor, vergleichbar diesem Satz: *In 't Bladd steiht 't doch ok in* (S. 88), wo *in* das Verbalgeschehen zu intensivieren scheint, denn dieser Satz läßt eigentlich nur eine Raumangabe zu: entweder „in der Zeitung" oder „darin".

Eine direkte standardsprachliche Entsprechung verbietet sich auch zu diesem nd. Satz: *De lüttk Dokter queem noch ins weer üm* (S. 78); entweder wird *üm* als Verbzusatz gewertet (ümkamen = umkehren) oder als adverbiale Bestimmung im Sinne von 'zurück'. Ein *ümkamen* ist lexikographisch nicht bezeugt, aber als Analogie zum belegten *ümgahn* denkbar. Damit läßt sich eine Interpretation von *üm* als Verbzusatz vertreten.

Diese wenigen Beispiele zeigen, daß die Übereinstimmung von nd. und hochdeutschem Satzgebrauch nicht in den einfachen Strukturen gefährdet ist, sondern in der Ausfüllung von in beiden Sprachen bekannten Mustern. Das legt eine aufmerksame Betrachtung nd. Sätze nahe, die sich nicht immer Wort für Wort in die Standardsprache überführen lassen.

Das Prädikat und seine (notwendigen) Ergänzungen begründen eine Reihe von Satzbauplänen, die die verschiedenen syntaktischen Ausfüllungsmöglichkeiten im einfachen und einfachen erweiterten Satz veranschaulichen.

Für die deutsche Standardsprache werden 37 Satzbaupläne unterschieden[104]. Viele von ihnen können auch im Nd. entdeckt werden, z.B.

Subjekt + Prädikat + Präpositionalobjekt:

He keek na de Klock (S. 96)

Subjekt + Prädikat + Artergänzung + Präpositionalobjekt:

'k proot doch man bloot van dat oll Frominsk (S. 70).

Doch schon in der einfachsten Satzstruktur, der Verbindung von Subjekt und Prädikat, zeichnet sich eine nd. Besonderheit ab, die weiter unten behandelte *de*-Prolepse:

De Tiet, de löppt, aber auch im selben Text:
De Tiet güng hin[105].

Durch die nd. Kasusvereinfachung — Dat. und Akk. werden nicht unterschieden, so daß nur ein Objektskasus anzusetzen ist — erfolgt bereits eine Reduktion der standardsprachlichen Satzbaupläne. Anstelle des synthetischen Gen. im Hochdeutschen tritt im Nd., von einigen festen Wendungen abgesehen, eine präpositionale Fügung auf, so daß sich die Zahl der Satzbaupläne abermals verringert. Die folgende Gegenüberstellung veranschaulicht die nd. Vereinfachungen in ihrem Verhältnis zu den hochdeutschen Satzbauplänen:

Hd.		Nd.	
Sub. + Prä. + O_4 ⎫	⎯⎯⎯⎯⎯⎯⟶	Sub. + Prä. + O_k	(1)
Sub. + Prä. + O_3 ⎭	⟶		
Sub. + Prä. + O_2	⎯⎯⎯⎯⎯⎯⟶	Sub. + Prä. + O_p	(2)
Sub. + Prä. + O_3 + O_4 ⎫	⎯⎯⎯⎯⎯⎯⟶	Sub. + Prä. + O_k + O_k	(3)
Sub. + Prä. + O_4 + O_4 ⎭	⟶		
Sub. + Prä. + O_4 + O_2			
Sub. + Prä. + O_4 + O_p ⎫	⟶	Sub. + Prä. + O_k + O_p	(4)
Sub. + Prä. + O_3 + O_p ⎭	⟶		
Sub. + Prä. + O_4 + E_a ⎫	⎯⎯⎯⎯⎯⎯⟶	Sub. + Prä. + O_k + E_a	(5)
Sub. + Prä. + O_3 + E_a ⎭			
Sub. + Prä. + E_a + (O_3) ⎫	⎯⎯⎯⎯⎯⎯⟶	Sub. + Prä. + E_a + (O_k)	(6)
Sub. + Prä. + E_a + O_4 ⎭	⟶		
Sub. + Prä. + E_a + O_p	⎯⎯⎯⎯⎯⎯⟶	Sub. + Prä. + E_a + (O_p)	(7)

(1) Se froog Hinnerk (S. 68)
(2) He keek na de Klock (S. 96)
(3) Tönnamö Janßen schow de Dokter 'n Stohl hen (S. 75)
(4) Theda Lürken kreeg dat mit de Dülligkeit (S. 70)
(5) De Keerl harr dat so drock ja jüst nich hadd (S. 112)
(6) Aaltje Claaßen weer hör tomöt kaamn (S. 93)
(7) Se sünd am Enn doch 'n bitje dühl up mi (S. 79)

Das mehrteilige Prädikat schafft auch im Nd. einen Satzrahmen und mit ihm die Möglichkeit der Ausrahmung bestimmter Satzelemente, z.B. *dat kunn upstünns nich good wäsen för di* (S. 78) ~ *dat kunn för di upstunns nich good wäsen* ~ *dat kunn upstunns för di nich good wäsen*.

Im Zusammenhang mit dem mehrteiligen Prädikat im Nd. ist noch auf zweierlei zu verweisen.

(a) *bruken* 'brauchen' steht — wie im Hochdeutschen — mit *to* als sog. Verlaufssignal und ohne diesen Zusatz als Modalverb mit reiner Infinitivergänzung:
Dat bruukt doch nich jümmer op Danzen daaltogaan.
Bruukst du nich in Rägen gaan[106].

Die Verwendung von *bruken* mit *to* und als Modalverb ist in dem von H. Kröger herausgegebenen Predigtband „Dat Licht lücht in de Nacht" (Leer 1986) ausgezählt worden. Es ergibt sich eine Dominanz der Bildungen mit *to* (damit wird die lange in der Standardsprache gültige Forderung nachgeahmt), in knapp 30% der Fälle fehlt das Verlaufssignal; das dürfte etwa den Verhältnissen der modernen Standardsprache entsprechen, liegt vielleicht noch etwas darüber.

(b) Die sog. *tun*-Umschreibung wird als eine deutliche Eigenheit des Nd. angesehen. Bereits 1903 ist dazu in einer Beschreibung der Syntax der nordniedersächsischen Mundart von Glückstadt/Unterelbe dieses festgehalten worden: „Die Umschreibung mit *doon* kann nur eintreten, wenn *doon* hinter den Infinitiv zu stehen kommt, also a) in Hauptsätzen, wenn das Verbum hervorgehoben werden soll; dies steht dann im Infinitiv an der Spitze des Satzes: *utknipen doot se ni* 'sie brennen nicht durch'. Die Umschreibung findet nur beim Inf. präs. statt, und zwar meistens nur im Aktiv; ... b) in Nebensätzen. Diese Umschreibung kommt im Präs. und Imperf. akt. und pass. vor. In der Bedeutung ist zwischen den umschriebenen und den nicht umschriebenen Formen keinerlei Unterschied. Die Umschreibung wird nicht gern gehäuft, man sagt also nicht: *dat is de kerl, de jedesmål för de doer stån deit, wenn wi dår förbigån doot,* auch wird sie nicht gern angewandt, wenn zwei Infinitive zusammentreffen würden, niemals bei '(zu tun) pflegen' und bei 'können, müssen' usw."[107].

G.F. Meyer formuliert für die Verwendung von *doon* in Haupt- und Nebensätzen feste Vorschriften: „In *Hauptsätzen* steht das 'doon' heute nur noch neben dem Verb, wenn dieses hervorgehoben werden soll und im Infinitiv an der Spitze des Satzes steht: *Rutkamen deit he ni* ... Steht das 'doon' in anderer Form mit einem Verb zusammen in einem Hauptsatz, so wird es falsch gebraucht und kann als Zeichen mangelnder Kenntnis des gut volkstümlichen plattdeutschen Sprachgebrauchs angesehen werden: Se de'n sik verleevt ansehn ... In *Nebensätzen* dagegen ist die mit 'doon' umschriebene Form ganz allgemein gebräuchlich: De Koh, de ni *birsen deit,* kümmt ok na de Melkstęd ... In allen diesen Fällen hat 'doon' nur den Nebenzweck der Umschreibung und Verstärkung des Verbs, erfüllt also nur die Aufgabe eines Hilfswortes"[108].

Die *tun*-Umschreibung im Nebensatz, wobei eine finite Form von *doon* an das Satzende rückt, ein infinites Verb unmittelbar davor plaziert wird, ist eine überwiegend nordniedersächsische Eigenheit[109]. Man nimmt an, daß sie „eine relativ junge Erscheinung ist, die sich von Mecklenburg, Schleswig-Holstein und dem nordöstlichen Niedersachsen nach Westen hin ausgebreitet hat"[110].

Die Umschreibung erstreckt sich vorzugsweise auf bedeutungshaltigere Verben, eher auf *störten* 'stürzen' als auf *kamen* 'kommen', so daß festgestellt werden konnte: „Je anschaulicher der Inhalt des Verbalbegriffs ist, um so häufiger wird dieses Verb umschrieben"[111].

Die Gebrauchsbeschränkungen beziehen sich auf
a. Modalverben mit Infinitiven
b. „Modalverben" als Vollverben (z.B. mit Objekten)
c. *wesen* ('sein') und *hebben* ('haben') in zusammengesetzten Verbformen
d. *wesen* anderweitig
e. *hebben* anderweitig einschließlich von Ableitungen wie *vörhebben* ('vorhaben') und *anhebben*
f. *warrn* ('werden') + Infinitiv (selten belegt)
g. *warrn* + Partizip Perfekt
h. *warrn* anderweitig einschließlich komplexer Bildungen wie *wieswarrn* ('merken', 'erfahren')
i. *doon* ('tun') einschließlich komplexer Bildungen wie *andoon* ('(r)antun')[112].

In (a) - (f) ist die *tun*-Umschreibung grundsätzlich ausgeschlossen, in (g) nur selten nachweisbar. Bei (h) und (i) erscheinen die umschriebenen Prädikate nur im Prät.

Der Zweck der Umschreibungen wird nicht selten in einer Modifikation des Infinitums, vor allem im Hinblick auf den Verbverlauf (Aspekt) gesehen, eine Einschätzung, die nicht von allen Forschern geteilt wird[113]. An einem Textausschnitt, dem Beginn einer nd. Predigt, mag das einmal überprüft werden:

Wenn Lüüd nah'n Goddesdeenst nah Huus gahn doot[1], denn kümmt dat männigmal vör, dat se ok oever de Predigt spręken doot[2]. Dat maakt de Lüüd hier in uns' Karkspęl jüst so as in de Nahverschop. Un wenn de sik denn oever de Predigt ünnerhoolen doot[3], denn ward welk seggen: 'Vondaag hett mi de Predigt gar nich gefullen. Dat weer nix för mi.' Un annerwelk ward vellicht ok mal seggen: 'Hüüt hett de Paster good spraaken. Dat weer good to verstahn.' So un noch anners sünd de Lüüd männigmal in'ne Gang bi't Spręken nah'n Goddesdeenst.
Dat is al en goode Saak, wenn oever den Goddesdeenst snackt ward. Un dat is good, wenn dor Lüüd sik ehr Gedanken to maaken un se ok utspręken doot[4], ok wenn de Pasters dor vęle Malen nich good bi wegkaamen doot[5]. De Pasters sünd ja wahrhaftig nich so'n Minschen, de allens richtig maaken doot[6]. So is dat en groote Help för de Predigers, wenn se to höören kriegen doot[7], wat se nich richtig maakt hebbt. Wenn dat keeneen seggen deit[8], denn kann dat ok nich bęter maakt warrn. Christenlüüd schöllt een den annern op den richtigen Weg helpen. Dat gellt för den Mann op de Kanzel un jüst so för de Minschen op de Karkenbänk. Aver, wo is dat mit de Predigt? Wo wöllt wi denn mit męten, wat de Predigt good is oder slecht? – Is de Predigt denn al good, wenn se mi good gefullen hett, un mutt de Predigt slecht węn, oever de ik mi argert heff? – Wo wöllt wi de Predigt denn mit męten?[114]

Es sind vor allem Konditional- und Objektsätze, in denen die *tun*-Umschreibung auftritt. Aber nicht jeder dieser Nebensätze wird auch tatsächlich umschrieben. Entscheidend ist das Verb im Nebensatz; stehen hier *werden* und *sein*, dann unterbleibt der Vorgang.

Die Umschreibungen – im obigen Text sind es allesamt präsentische Formen von *doon* – können funktional so bestimmt werden: 1, 2, 3 Verlaufsformen, d.h. die infiniten Verben *gahn, spręken, ünnerholen* werden in ihrer Dauergeltung verstärkt; 4, 5 Intensivierung der Infinita, d.h. *utspręken* und *(good) wegkaamen* erhalten eine Bedeutungsvertiefung; 6, 7 Verlaufsformen, d.h. die Verben *(richtig) maaken* und *(to höörn) kriegen* werden als andauernder gekennzeichnet; 8 Intensivierung des *seggen*, indem das eher blasse Verb mit mehr Nachdruck versehen wird.

Eine Intensivierung des verbalen Ausdrucks gilt als häufigste Ursache für das Einfügen einer *tun*-Form in einen Hauptsatz. Dabei besetzt das finite *tun*-Verb die zweite Stelle im Satz: (so oben) *utknipen doot se ni; roopen doo ik em nich*[115]. Aber diese Umschreibung ist jedoch von der oben behandelten *tun*-Umschreibung zu trennen, beide Erscheinungen haben nichts miteinander zu tun.

Die *tun*-Umschreibungen wirken über die Mundart hinaus auch in nichtdialektalen Aktionsformen (was durch Umschreibungstendenzen in mittel- und oberdeutschen Mundarten befördert wird). Wenn es in Schüleraufsätzen heißt (a) *Wir sollen auch noch wissen, wie das Essen schmecken tut;* (b) *Die Polizei tat alles messen*[116], dann sind das unbestreitbar Einflüsse aus der Dialektsyntax.

Sie hilft dem Schüler aus bestimmten Schwierigkeiten heraus, etwa bei (b) aus der Suche nach dem Imperfekt von *messen*.

Als „Verstärkung einer Aussage" wird die hier erörterte Konstruktion auch im Berlinischen oft verwendet: *Weeß ick doch nich, wat du machen tust*[117].

Die Übernahme dieser Erscheinung in nichtdialektale Sprachformen sichert ihr einen breiten und anhaltenden Gebrauch, den die standardsprachlichen Vorschriften nicht außer Kraft zu setzen vermögen.

Eine andere auffällige syntaktische Eigenheit des Nd. bildet die *Prolepse*. Darunter ist die Anfangsstellung eines Satzgliedes und seine pronominale oder adverbiale Wiederaufnahme gemeint:

De Plummdeern, *de* worr Buerfro.
In't Huus, *dar* goll Rieke ehr Woort[118].

Beherrschend ist die Wiederaufnahme durch das Pronomen *de*, weshalb die Erscheinung oft einfach *de*-Prolepse genannt wird. Sie gilt als „echt volkstümlich und im Plattdeutschen sehr beliebt"[119], ihre Aufgabe wird in der besonderen Heraushebung des Subjekts gesehen, was auch durch einen ganzen Satz geschehen kann: *de Kōpmann, wat de is, (de) is pankerott* 'der Kaufmann ist bankrott'; *de Frue, wat de is, (de) koket gut* 'die Frau kocht gut'[120].

Man wird hierin eher ein Stilistikum als einen syntaktischen Regelfall zu sehen haben, finden sich doch in dem der gesprochenen Sprache nahestehenden Nd. auch zahlreiche Beispiele ohne Prolepse. In dem von Wilhelm Wisser (1843-1935) nacherzählten plattdeutschen Volksmärchen „Hans un de Bur" weisen von 16 infrage kommenden Sätzen mit der Abfolge Subjekt-Prädikat-Objekt nur 4 (= 25%) die proleptische Form auf; sonst steht einfach *Hans smitt 't Fell an d' Sit, De Herr smert Sirup in 't Spint* usw.[121].

In einem bestimmten Sinn ist auch die Prolepse ein Mittel der Relativsatzverknüpfung. Im allgemeinen stehen dafür die (Relativ-)Pronomen *de, dat* und *wat* bereit. *de* bezieht sich auf Mask. und Fem. im Sg. sowie auf pluralische Nomen. Bei den Neutr. im Sg. konkurrieren *dat* und *wat* miteinander, wobei *wat* im Holsteinischen besonders beliebt zu sein scheint.

Dit Interesse for 't Nedderdütsche weer 't denn ok, *dat* em no 5 Johrn no Hamborg broch.
Dat is jo ne jüst dat irste Foahrtüg, *wat* so dööft ward[122].

Der Anschluß an Orts- und Zeitangaben erfolgt nicht selten adverbiell:

Dat is en Saak, *wo* se sik nich dwingen lett.
Dat weer en Tiet, *wo* de Minsch dörchsichtig woor bet op sien letzten Blootsdrapen[123].

Eine syntaktische, aber stark semantisch bestimmte Erscheinung ist die *Negation*, wofür das Nd. zahlreiche Möglichkeiten bereithält. Der Bestand an Negationswörtern entspricht etwa dem der Standardsprache, die am häufigsten vorkommenden sind *garni, keen, keeneen, keener, nee, neet, ni, nich, nicheen, nie-*

mals nix, nooit, nüms (lautgeographischen Varianten ist nicht eigens nachgegangen worden). Sie lassen sich, sieht man von einer eigenen Wortart, die manche Grammatiken des „ganz eigenartigen Bedeutungsgehalts aller dieser Formen" wegen annehmen[124], ab, verschiedenen Wortarten zuordnen: Pronomen (*Keeneen hett jem plückt*[125]), Adverbien (*Wenn du nich wullt*[126]), Artikel (*Dat is kien Künst*[127]), Numerale (*... as harrn se kien Tree ... daan*[128]). Deutlich tritt die wortartliche Andersartigkeit bei den Negationen *nix* und *nich* hervor; jenes ist ein substantiviertes Pronomen, dieses eine Partikel, vgl. die Satzabfolge: *Du seggst ja nix. Is di nich good?*[129].

Das Negationswort kann auch als Satzäquivalent vorkommen (*Nee, Kind, ... up de Reis kummst mi neet mit*[130]).

Die Negationen wirken im Satz verstärkend und einschränkend. Verstärkungen erfolgen durch Adverbien (*Se ... wüß ober wirklich nich, wat komen dä*[131]), Vergleichswörter (*Un all sachen se kien Stremel mehr van de Maan*[132]; *De luert nich 'n beten*[133]), Wortgruppen (*dat wir nicks, dat mök ehr keinen Spaß*[134]).

Die Einschränkungen der Negation beziehen sich auf die Zeitgeltung des Ausgesagten. So zielt die Formulierung *nich mehr* auf eine Abschwächung des gegenwärtigen Zustandes ab, verglichen mit einem vergangenen: *Ik weet, dat du nich mehr so veel naa Hilligendörp kamen warrst*[135].

Wird eine Geltung der gegenwärtigen negativen Situation für die Zukunft nicht erwartet, also eine Einschränkung hinsichtlich der allgemeinen Geltung ins Auge gefaßt, dann drückt man das durch die Formulierung *noch nich* aus: *Hans, büst du ümmer noch nich klook worrn*[136].

Die bekannteste und wohl auch am häufigsten gebrauchte Negation ist *nich*. Sie fungiert als sog. Satz- und Wortnegation, und zwar je nachdem, ob das Präd. oder ein anderes Satzelement betroffen ist: *ik mag mi sülven nich lieden*[137]; *Dörtig Johr lang hett hei ümmertau mit de gröttste Mäuh un ok nich ahn grote Utduer Versäuk up Versäuk makt*[138].

Nicht immer läßt sich die Trennung von Satz- und Wortnegation (für letztere wird häufig auch Sondernegation gesagt) leicht vornehmen. Mitunter muß, vor allem in der geschriebenen Sprache, erst der Kontext vereindeutigen. In dem Satz *Ik will hier nich de Geschicht von den Vereen vertellen* kann sich *nich* auf beide Negationsweisen beziehen; erst der nachfolgende Satz *wokeen mehr weten will, de kann sik in de Utstellung belehrn, de wi in de Staats- und Universitätsbibliothek ... opboot hebbt*[139] legt eine satzverneinende Interpretation nahe.

Die (Wort-)Stellung von *nich* unterscheidet sich im nd. Satz nicht von der im hochdeutschen.

Im einfachen, nur aus Subjekt und Prädikat bestehenden Ausdruck findet sich die Negation am Satzende: *Ik kann nich; ik weet nich*[140].

Bei zusammengesetzten Zeiten, bei inhaltlichen Kennzeichnungen eines „Vollverbs" durch ein „Hilfsverb" und bei prädikativen Ergänzungen steht die Negation vor dem infiniten Prädikatsteil bzw. vor dem Prädikativum:

düsse Tied ... ward *nich* vergeeten
sowat heff ik noch *nich* beläwt.
dat harr ik *nich* dacht.

> Maria kunn em toerst *nich* finnen.
> Dat is doch wull *nich* möglich[141].

Bei der satznotwendigen (Objekt-)Ergänzung findet man die Negation im allgemeinen nach dem Objekt, bei der Adverbialergänzung vor der betreffenden (Temporal-)Bestimmung:

> wi kennen de Tieren *nich*.
> So'n Eeten kreeg ik *nich* jeden Dag[142].

Doch gerade bei der Negation adverbialer Satzteile läßt sich oft auch eine andere Negationsstellung beobachten:

> Köönt ji dat hier *nich*?[143]

Verantwortlich dafür ist das Gewicht, das der Verneinung in den jeweiligen Sätzen zugemessen wird (das Satzende wirkt ja wie der Satzanfang als Ausdrucksstellung).

Bei Prädikaten mit einem trennbaren Verb steht die Negation vor dem abgetrennten Erstglied des Verbs:

> Wi lachen Harm-Unkel jo *nich* ut.
> Tiet blifft *nich* stohn[144].

Im Nebensatz des Satzgefüges erscheint die Negation vor dem finiten Verb: *Lüttje-Buur süht ünner sik een Feld, dat is nich plöggt*[145].

In Satzverbindungen und eng zusammengehörigen Reihungen werden alle Sätze verneint: *ik weet nich recht, Hans-Ohm; ik verstah dor nich noog vun*[146].

Diese auch in der Standardsprache gebräuchliche Verneinung ist von der sog. doppelten oder pleonastischen Verneinung zu unterscheiden. Hierbei handelt es sich ja um die Prädikatsverneinung *und* die Negation eines anderen Satzteiles: Er hat *nie nichts* (nicht etwas) gesagt. Im älteren Deutsch war die doppelte Negation üblich. Sie wurde „im Laufe der Zeit immer seltener verwendet. Im 16. Jahrhundert gibt es nur spärliche Beispiele dieser absterbenden Verneinungsweise, die den Gesetzen der deutschen Syntax nicht mehr entsprach. Aber da in der Sprache alte syntaktische Konstruktionen erst allmählich außer Gebrauch kommen und noch jahrhundertelang neben den neuen fortleben, so kann man noch bei den Klassikern des 18. Jahrhunderts die doppelte Negation, wenn auch sehr selten, nachweisen"[147]. In den Mundarten lebt sie allerdings bis in unsere Zeit hinein weiter, und zwar in verschiedener Ausgestaltung, so im Nd. z.B.:

> Pingelig is se *nienich* wesen[148].
> Dat is *nicks nich*.
> Dat hett *nünns nich* daan.
> Dat is *nicks nich* van worrn.
> Dat is *nicks ne*.
> He is *keen* Buur *nich*.
> He hett *keen* Geld un *keen* Tüüg un *keen gonnicks nich*[149].

In all diesen Fällen bedeutet die doppelte, die verstärkte Negation keine Aufhebung der Verneinung, ist also nicht — wie in der Standardsprache — als Bejahung zu verstehen. Allerdings scheint die hier behandelte Verneinungsform im Nd. nicht (mehr) so üblich zu sein, wie lange angenommen worden ist. Eine Untersuchung von ca. 1150 Verneinungen im geschriebenen Nd. hat nur acht Fälle einer doppelten Verneinung ergeben[150]. Das berechtigt zu der Schlußfolgerung, daß die standardsprachliche Gepflogenheit die Verfasser nd. Texte derart beeinflußt, daß sie die ursprünglichen Formen zusehends aufgeben. Daß sie dennoch für das Nd. als typisch bewertet werden, mag an ihrer Signalkraft liegen, an dem deutlich empfundenen Gegensatz von doppelter Verneinung = Bejahung im Hd. und doppelter Verneinung = verstärkte Verneinung im Nd.

Verneinungen werden aber nicht nur durch die Verwendung von Negationswörtern erreicht. Dem Zweck dienen auch negierende Präfixe, entsprechende Konjunktionen, Verben mit negierender Bedeutung und der Modus irrealis:

De Jung is so *un*rüstig[151].
Un den Tee schenkst du mi in, *sünner* dat en Drüppke daneben geiht[152].
Liekers — dat Unanstännnige, dat *leet* he nu[153].
Harr ik di nich anstött, du *harrst* den ganzen schönen Vörjohrsdag verslaapen[154].

Syntaktische Bedeutung hat auch eine Besonderheit im nd. Verbalbereich, nämlich die Durativanzeige beim (Hilfs-)Verb *sein*. Damit ist die Ersetzung eines Verbs durch die Konstruktion sein + Infinitiv gemeint, so wenn der hochdeutsche Satz *Niemand vermutet ein Unglück* im Nd. als *Nümms is sick 'n Mallör vermoden* übertragen wird[155]. Die Konstruktion findet sich vielfach bezeugt (*Ik kann dat nich verlangt sīn*[156] und auch in der neueren nd. Literatur, vgl.: *Dat weer ik mi ok nich vermoden west vun di*[157]). Dazu heißt es in der Deutschen Grammatik von Hermann Paul: „Diese Konstruktion hat vom 14. bis 16. Jahrh. eine nicht ganz geringe Verbreitung. Erhalten hat sie sich in einigen nd. Mundarten. Auch in der Literatur reichen gewisse Reste in die neuere Zeit hinein, vgl. *daß sie sothaner liebesentdeckung nicht vermuthen gewesen* ..."[158]. Otto Mensing stellt hierzu fest: „Im Mittelniederdeutschen wird wie im Mittelhochdeutschen das Partizipium des Praesens in Verbindung mit den Formen des Verbums *sein* als Umschreibung für die einfachen Verbalformen nicht selten gebraucht, wenn dem Redenden daran liegt, den durativen Charakter der Handlung zum Ausdruck zu bringen"[159]. Allerdings ist die „Bezeichnung der durativen Aktionsart durch das Part. Praes. mit *sein* ... heute bis auf geringe Reste erloschen"[160], so daß sich der beschriebene Gebrauch nur noch bei wenigen Verben (*vermoden* gehört dazu) gleichsam idiomatisch zu halten scheint. Die Schwierigkeiten bei der nd. Aussprache der Partizipien — hier „stehen sich *verlangend* und *verlangt*, *günnend* und *günnt* sehr nahe"[161] — hat zur Idiomatisierung dieser Konstruktion gewiß beigetragen.

Lexikalisches

Über den Wortschatz des Nnd. informieren Wörterbücher verschiedener Art: die großlandschaftlichen Dialektwörterbücher wie das Schleswig-Holsteinische Wörterbuch (Volksausgabe) in fünf Bänden, von Otto Mensing (1868-1939) herausgegeben (Neumünster 1927-1935); das Mecklenburgische Wörterbuch, begründet 1910 von Richard Wossidlo (1859-1939) und Hermann Teuchert (1880-1972), es liegt bis zum Buchstaben *W* vor; das Niedersächsische Wörterbuch, begründet 1935 von Friedrich Neumann (1889-1978) und Hans Janßen (1909-1945), es liegt bis zum Buchstaben *D* vor; neben diesen Großwörterbüchern finden sich verschiedene Landschaftswörterbücher, z.B. das Wörterbuch der ostfriesischen Sprache von J. ten Doornkaat Koolman (1815-1889), in drei Bänden erschienen (Norden 1879-1884), oder das „Lüneburger Wörterbuch. Wortschatz der Lüneburger Heide und ihrer Randgebiete" von Eduard Kück (1867-1937), ebenfalls dreibändig (Neumünster 1942-1967).

Erfüllen die genannten Wörterbuchtypen vornehmlich dialektologisch-wissenschaftliche Zwecke, so wollen die schmaleren Handwörterbücher dem am modernen Nd. Interessierten eine Hilfe sein; demjenigen, der wissen will, was ein ihm unbekanntes nd. Wort bedeutet sowie denen, die für ein hochdeutsches Wort eine nd. Entsprechung suchen. Zu nennen sind hier die auf wissenschaftlicher Basis erarbeiteten Werke von Renate Herrmann-Winter, Kleines plattdeutsches Wörterbuch für den mecklenburgisch-vorpommerschen Sprachraum (Rostock 1985, 2. Auflage 1987), und Wolfgang Lindow, Plattdeutsch-Hochdeutsches Wörterbuch, hrsg. vom Institut für niederdeutsche Sprache (Leer 1987) sowie Günter Harte/Johanna Harte, Hochdeutsch-Plattdeutsches Wörterbuch, hrsg. vom Institut für niederdeutsche Sprache (Leer 1986).

Eine besondere Stellung unter den modernen nordnd. Dialektwörterbüchern kommt dem stark geschichtlich ausgerichteten Hamburgischen Wörterbuch zu; es begann mit systematischen Sammlungen des Stadtdialekts von Christoph Walther (1841-1914) bereits im Jahre 1855; nach Unterbrechungen und Umorganisationen wurde 1956 eine Probelieferung veröffentlicht, inzwischen ist man beim Buchstaben *F* angekommen.

Der Grundbestand im nd. Wortschatz ist mit dem des Hochdeutschen eng verwandt. Bei Beachtung bestimmter Lautveränderungen — hier ist vor allem die das Nd. nicht berührende zweite oder hochdeutsche Lautverschiebung zu nennen — sind nd. Wörter auch für einen wenig Geübten leicht zu erfassen:

nd.	*hd.*
*P*eerd	*Pf*erd
A*p*pel	A*pf*el
hel*p*en	hel*f*en
Dam*p*	Dam*pf*
*T*ahn	*Z*ahn
fa*t*en	fa*ss*en
da*t*	da*s*
Hol*t*	Hol*z*
ma*k*en	ma*ch*en

ik	*ich*
Dag	*Tag*
ra*d*en	ra*t*en

Auch in der Bewahrung der alten Monophthonge unterscheiden sich nd. Wörter von hochdeutschen, die in der Regel die betreffenden Langvokale diphthongiert haben:

nd.	*hd.*
m*ie*n	m*ei*n
H*uu*s	H*au*s
L*üü*d	L*eu*te

Es gibt aber auch viele Wörter im Nd., die sich nicht lautlich in ein gleichbedeutendes hochdeutsches Wort überführen lassen, z.B. *Addel* 'Jauche', *beasen* 'beschmutzen', *Daak* 'Dunst, Nebel', *Escher* 'Spaten', *Flaag* 'Regenschauer', *gediegen* 'sonderbar', *Hüdel* 'Mehl-, Hefekloß', *inböten* 'einheizen', *Jibb* 'Mund', *kalm* 'ruhig, sanft', *Läuschen* 'Anekdote, Kurzerzählung', *Mallmöhl* 'Karussell', *nasnaulen* 'nachäffen', *Ösel* 'glimmender Docht', *pall* 'unmittelbar', *quiemen* 'kränkeln', *Rebeet* 'Gebiet', *Schojer* 'Landstreicher', *temett* 'nachher, bald', *utneihen* 'ausreißen', *vigeliensch* 'hinterhältig, durchtrieben', *wrack* 'gebrechlich'.

Wenn hiervon dennoch eine lautentsprechende Übertragung ins Hochdeutsche erfolgt, dann entstehen in der Standardsprache norddeutsche Regionalismen, die Verständigungsschwierigkeiten zur Folge haben können:

Jungedi hier ist aber *eingebeuzt!* (zu *inböten*)[162].
Er (der Feldhase, D.St.) *näht aus*, daß die Löffel fliegen (zu *utneihen*)[163].

Eine semantische Differenzierung, die die deutsche Standardsprache nicht kennt, nimmt das Nd. hinsichtlich der Bezeichnung des *Himmels* vor:

Is ja schaad, dat de hoochdüütsche Spraak bloots dat een Woord 'Himmel' hett för twee Saaken: för den sichtbaren Heben mit 'blaue' Luft un Wulken un Steerns – un för de unsichtbare, eewige Gottswelt, de oever Ruum un Tied keene Grenzen kennt: de Himmel. Use plattdüütsche Spraak hett – jüst as dat Engelsche – dar twee Wöörd för: 'Sky' = för plattdüütsch 'Heben', den wi sehn koent, wo de Fleegers un de Weltruumschippers in rümfleegt; dar gegen dat tweete Woord up Engelsch: 'heaven' = plattdüütsch 'Himmel'; dat is dat unsichtbare Gottsriek[164].

Diese nd.-hochdeutsche Divergenz ist nun besonders ins Auge fallend, wird aber dennoch nicht mehr immer und überall beachtet; *Heben* und *Himmel* können schon jedes für sich den irdischen und den geistlichen Himmel bezeichnen.

Im Nd. gibt es Wörter, die das Hochdeutsche morphologisch nicht in gleicher Weise ausgebildet hat, wie das Witterungsverb *(et) drewelt*, das soviel bedeutet wie: es herrscht ein Schneetreiben (* *schneetreibt* gibt es standardsprachlich nicht). Bei anderen Wörtern ist ein beträchtlicher Bedeutungsumfang festzustellen, so bei dem Adjektiv *drewisch*, das 'munter, dreist, frech, furchtlos, eigensinnig, launisch, aufsässig' bedeuten kann[165].

Weniger auffällig, aber für die Kennzeichnung der nd. Sprache wichtig, ist der Gebrauch der Präpositionen, der sich in vielen Nuancen vom Hochdeutschen abhebt. Wir unterscheiden bei der hochdeutschen Präposition *zu* drei Bedeutungsbereiche, (a) den direktiven, (b) den resultativ-lokativen, (c) den positionallokativen[166]:

(a) Er läuft zum Markt.
(b) Er kam zu Hause an.
(c) Er war zu Hause.

Im Nd. wird für die direktive Wiedergabe die Präposition *na* gebraucht und die verbale Richtungsangabe verstärkt:

(a) He löppt na'n Markt hen.
Ist im verallgemeinerten Sinne die Markttätigkeit gemeint, das Kaufen und Verkaufen, dann erscheint eine *to*-Konstruktion angemessen:
He geiht to Markt.

Die resultativ-lokative Bedeutung wird gleichfalls mit der Präposition *na* erreicht:

(b) He keem na Huus.

Zum Ausdruck des Positional-Lokativen hat das Nd. die Wahl zwischen den Präpositionen *to* und *in*, wobei letztere auf eine konkretere Angabe abzielt (auf den Aufenthalt in einem Hause, nicht z.B. in einer Einraumwohnung), wie ja auch im Hochdeutschen:

(c) He weer to Huus / in 'n Huse[167].

Den nd. Präpositionen und Adverbien wird überhaupt eine größere Bedeutungsvielfalt als den hochdeutschen nachgesagt, vor allem auch eine von der Standardsprache teilweise verschiedene. Das erklärt sich aus dem stärker analytisch geprägten Sprachbau des Nd. Grammatische Fügungen und idiomatisierte Wendungen treten hier anstelle kasusgrammatischer Beziehungen. So hat z.B. das nd. *af* die lexikalischen Bedeutungen 'von, ab' (als Präposition) und 'los, fertig' (als Adverb). In feststehenden Wendungen, die nicht leicht ins Hochdeutsche zu übertragen sind, ergeben sich dann spezifische Anwendungsbereiche von *af*: *dar weet ik nix af* 'davon weiß ich nichts', *dar bün ik von af* 'davon bin ich weg/frei', *wo wullt du op af?* 'worauf willst du hinaus, was hast du davon?', *dar kannst op af* 'darauf kannst du dich verlassen', *dat mutt dor op af* 'das muß versucht werden', *drink mol af* 'trink aus', *von nu af an* 'von jetzt an', *ik bün ganz af* 'ich bin völlig fertig', *ik kann dat nich af* 'ich kann das nicht vertragen'[168].

In verbalen Präfixbildungen – z.B. *afsnacken* – gibt die Akzentsetzung für die Verbbedeutung den Ausschlag. Wird das Präfix betont (also '*afsnacken*), dann will man jemandem durch Reden etwas abgewinnen, abschwatzen. Wird das Verb betont (also *af'snacken*), dann liegt eine resultative Verbhandlung vor, etwas durch Sprechen zu einem (bestimmten, beabsichtigten) Ende führen[169].

Die nd. Literatur kann den hochdeutschen Leser immer wieder mit einem ihm fremden Präpositionsgebrauch überraschen, vgl. *de seggt Fritz Willi up mi* 'der sagt Fritz Willi *zu* mir'; ... *bi Huus weern ... de Lüttsten* '*zu* Hause waren die Kleinsten/Jüngsten'[170].

Beim adverbialen *af*-Gebrauch sind oben schon Beispiele mit einem trennbaren Pronominaladverb vorgestellt worden. Sie bilden ein weiteres Kennzeichen nd. Sprache, wodurch sie sich von der Standardsprache auffällig unterscheidet.

Adverbien, die von Pronomen abstammen und mit Präpositionen verbunden sind, werden im Nd. wie im älteren Hochdeutschen als eine trennbare Wortart behandelt und demgemäß im Satz verwendet. Den Unterschied zur Standardsprache können diese Beispiele veranschaulichen:

Dar kann ik nix *to* seggen. – *Dazu* kann ich nichts sagen.
Köp di *dar* wat *för*. – Kauf dir *dafür* (et-)was.
Dar wüß he keen Antwort *op*. – *Darauf* wußte er keine Antwort[171].

Die Getrenntstellung ist auch als dialektale Interferenz in der norddeutschen Umgangssprache zu finden: *da bin ich nich für gewesen; da ist er zu klein zu; wo die meisten Leute drin fahren*[172].

Dennoch gibt es in der nd. Literatur auch Zusammenrückungen, was wohl dem allgemeinen standardsprachlichen Einfluß zuzurechnen ist. In der Kurzgeschichte „Twee Ogen" von Hinrich Kruse (*1916) werden von 17 möglichen Realisierungen 13 nd. gestaltet, 4 standardgemäß. Beide Möglichkeiten werden sogar nebeneinander gebraucht: *Nee, dar leten se sik nich von afbringen: he harr dar för sorgt, dat Hannes wegkeem*[173].

Es gibt beim Gebrauch des Pronominaladverbs noch eine weitere nd.-hd. Divergenz, nämlich die Bezugnahme auf ein belebtes, menschliches Objekt. Die Standardsprache läßt einen Satz wie *wir haben schon davon gesprochen* nicht zu, wenn sich das Pronominaladverb *davon* auf einen Menschen bezieht; es muß dann *von ihm/ihr* heißen. Anders im Nd., wo – vor allem für Abwesende, über die gesprochen wird – der menschenbezogene Gebrauch des Pronominaladverbs gang und gäbe ist: *Et was mal en Man un 'ne Fru west ..., da kregen se en kleinen Jungen. Se kunnen awerst keenen Paten dato* (= für ihn) *kregen*[174].

Zu erwähnen ist noch die dem Nd. eigene pronominaladverbiale Kürzung, indem das Erstglied (*da(r), wo*) weggelassen wird, so daß es nur heißt: *weer aver ja nix bi to maken; muß di nix bi denken; wunnert man sik över; un is he nu tofreden mit*[175].

Wortbildung

Zur nd. Wortbildung finden sich an verschiedenen Stellen zahlreiche, aber nicht systematisch erarbeitete Beobachtungen und Bemerkungen, am ausführlichsten in den kleinen ond. Grammatiken des 19. Jhs. (Ritter 1832, Wiggers 1858).

Es überrascht nicht, auch im Nd. die aus der standardsprachlichen Wortbildung bekannten Modelle wiederzufinden: Zusammensetzung, Ableitung, Präfixbildung.

Mit Hilfe der Zusammensetzung, einer „Morphemkonstruktion, deren unmittelbare Konstituenten auch als freie Morpheme oder Morphemkonstruktionen vorkommen können"[176], wird eine Großzahl „neuer" nd. Wörter gebildet, z.B. Adj. + Adj.: *ooldklook* 'altklug'; Adj. + Subst.: *Bangbüx* 'Angsthase'; Adj. + Verb: *klooksnacken* 'wichtigtuerisch, besserwisserisch reden'; Adv. + Adj.: *achterbang* 'mißtrauisch'; Adv. + Verb: *trüchstappen* 'rückwärts gehen'; Subst. + Subst.: *Dacklünk* 'Sperling'; Verb + Subst.: *Leesbook* 'Lesebuch'[177].

Bei zusammengesetzten Subst. und Adj. sowie beim zusammengesetzten Verb kann es, verglichen mit den entsprechenden hochdeutschen Kompositionen, im Nd. zu einer Umstellung der Kompositionsglieder kommen: *Katteker ~ Eichkater, Kleeverveer ~ vierblättriges Kleeblatt, sprackelbunt ~ buntscheckig, wiessnutig ~ naseweis, nickköppen ~ kopfnicken, duuknacken ~ Nacken beugen*.

Mitunter sind im Nd. auch beide Bildeweisen verbreitet: *Koppheister/Heisterkopp* 'Purzelbaum'.

Eine sehr gebräuchliche Wortbildung ist die Ableitung. Dabei unterscheiden die Wortbildungslehren meist zwischen expliziter und impliziter Ableitung. Jene „ist eine Morphemkonstruktion, von deren unmittelbaren Konstituenten nur die erste auch frei im Satz vorkommen kann; die zweite begegnet nur gebunden an ein anderes Morphem oder eine andere Konstruktion"[178]. Die „implizite Ableitung ist ein freies Morphem oder eine freie Morphemkonstruktion ohne Ableitungssuffix, das nicht durch zwei unmittelbare Konstituenten, sondern als Ganzes durch seine semantische und formale Beziehung auf ein anderes freies Morphem oder eine Morphemkonstruktion motiviert ist. Es liegt eine Transformation in eine andere Wortart vor"[179]. Somit wird der in älteren Wortbildungslehren als eigenes Modell geführte Wortartwechsel (Konversion) als eine Spielart der impliziten Ableitung betrachtet.

Subst. entstehen aus anderen Wortarten mit Hilfe der Suffixe *-de, -els, -er, -heit, -ie, -keit, -nis, -sch(e), -schop, -t, -ung*: *Dickde* (< dick) 'Dicke', *Leefde* (< leef) 'Liebe', *Stillde* (< still) 'Stille'; *Backels* (< backen) 'Gebackenes', *Hackels* (< hacken) 'Häcksel', *Naharkels* (< naharken) 'Nachgeharktes'; *Düker* (< dükern) 'Taucher'; *Fleier* (< fleien) 'Wetterfahne', *Hicker* (< hicken) 'Schluckauf'; *Dummheit* (< dumm) 'Dummheit', *Fuulheit* (< fuul) 'Faulheit', *Gootheit* (< goot) 'Güte'; *Böödnerie* (< Bödner) 'Büdnerei, kleine Landstelle', *Gaarnerie* (< Gaarn) 'Gärtnerei', *Sluderie* (< sludern) 'Tratsch, Klatsch'; *Dömlichkeit* (< dömlich) 'Dämlichkeit', *Harthörigkeit* (< harthürig) 'Schwerhörigkeit', *Upsässigkeit* (< upsässig) 'Aufsässigkeit'; *Beleefnis* (< beleven) 'Erlebnis', *Düüsternis* (< düüster) 'Finsternis', *Gräffnis* (< Graff) 'Begräbnis'; *Huushollersch* 'Haushälterin', *Kööksch* 'Köchin', *Nahversche* 'Nachbarin' (das Suffix dient zur Bezeichnung weiblicher Personen); *Fründschop* (< Fründ) 'Freundschaft', *Rekenschop* (< reken) 'Rechenschaft, Abrechnung', *Sellschop* (< mnd. selle) 'Gesellschaft, Zusammenkunft'; *Levent* (< leven) 'Leben', *Singent* (< singen) 'Singen'; *Drievert* (< drieven) 'Herumtreiber', *Klaffert* (< klaffen) '(Ver-)Petzer', *Liggert* (< liggen) 'Faulpelz'; *Dünung* (< dünen) 'langgezogene Welle', *Hüsung* (< husen) 'Behausung, Wohnung', *Vergantung* (< verganten) 'Versteigerung, Auktion'.

Eine andere Ableitungsmöglichkeit ist die Kürzung von Verben, indem durch den Endungsabfall Subst. entstehen: *Hölp* (< helpen) 'Hilfe', *Roop* (< ropen) 'Ruf', *Tell* (< tellen) 'Rechnung'.

Zu den Substantivbildungen noch einige Bemerkungen über nd. Besonderheiten.

Die Substantivierung durch *ung* ist lange Zeit von Sprachpflegern kritisiert worden. Auf das „Unken" möge man verzichten, sei es doch eine hochdeutsche Bildung. Sätze wie *De Bedüdung von de Afmokung kummt bestimmt bald to Gellung* und *Maat P. stell sik to Verfögung, un ünner sien Anliedung weer de Dorchföhrung man eenfach* gehörten in die „plattdeutsche Schreckenskammer"[180].

Dem (hochdeutschen) Suffix *ung* entspricht das mnd. *ing(e)*, was sich zu *-(e)n* weiterentwickelt hat, so daß sich diese Abfolge ergibt (mnd.-nnd.-hd.)[181]: *beteringe – Bętern – Besserung, meninge – Meen' – Meinung, teringe – Tęhrn – Zehrung.* „Neben der gut plattdeutschen Endung -n wird heute in der Umgangssprache vereinzelt und ganz allgemein von unsern Schriftstellern ... -ung gebraucht. Der Mangel an abstrakten Begriffen in der Volkssprache ... und das Bedürfnis der Schriftsteller nach weitergehender Abstraktion als das sprechende Volk, zuweilen auch wohl die Unkenntnis gut plattdeutscher Ausdrucksweise, hat die Übernahme und Nachbildung der hochdeutschen Wörter auf -ung (-nis, -heit, -keit) veranlaßt. Besser ist es, unsere plattdeutsche Sprache von diesen Fremdkörpern frei zu halten, durchaus erforderlich sind sie nicht"[182].

Wenn dieses auch zutreffen mag, die Bewertung des Suffixes als Fremdkörper im Bau der nd. Sprache ist aus sprachgeschichtlicher Sicht unangebracht. Sie übersieht auch die unvermeidlichen Wechselbeziehungen zwischen den Existenzformen in einer Sprache. Selbst in der wenig reflektierten Rede des „sprechenden Volkes" treten *ung*-Bildungen auf. Bei einer Sprachaufnahme in Kirchwerder bei Hamburg sind diese *ung*-Subst. geäußert worden: *Beleidigung, Böschung, Entlassung (Entlotung), Entwässerung (Entwoterung), Förderung, Ordnung, Uferbefestigung, Verantwortung, Völkerwanderung*[183].

Zum Suffix *els* heißt es: „Die plattdeutsche Sprache hat eine besondere Endung *-els*, um von Tätigkeitswörtern sächliche Hauptwörter zu bilden, die einen Sammelbegriff bedeuten. In einigen Fällen entspricht dem im Hochdeutschen die Endung *-sel*, z.B. das Füllsel, Gemengsel, Häcksel, Rätsel, Schabsel. Im Plattdeutschen sind die Wörter aber häufiger, allerdings teilweise auch schon im Aussterben"[184]. Sie zeugen von einem ingwäonischen Zusammenhang, denn das „germ. Suffix *-sl* ... (lebt) in der hochdeutschen Sprachgruppe als *-sel*" fort, dem sich „das Niederländische und Westfälische anschließen, während die ingwäonische Dialektgruppe die germ. Suffixform zu *-els* umbildet. Dies machen von den nd. Mundarten das Nordniedersächsische und das Ostfälische bis in seinen Ostteil mit ..."[185].

Bei den Ableitungen mit *t* sind zwei Vorgänge auseinanderzuhalten: die Infinitivsubstantivierung und der Dentalantritt an *-er* (das sog. endverlängernde oder paragogische *t*). Das Verbalsubstantiv auf *t*, im Mnd. üblich, gilt schon vor 100 Jahren, bis auf einige Ausnahmen, als recht selten[186]. Dagegen findet sich die *t*-Erweiterung des Suffixes *er* im westlichen Niedersachsen, gestützt durch die gleiche Erscheinung im Niederländischen, noch in großer Zahl. Sie gilt als „Indikator für die Tatsache, daß das mit ihm gebildete Wort, ursprünglich ein Nomen agentis auf -er, dem Bereich des affektiven Wortschatzes zuzuordnen, vermutlich sogar ein Schimpfwort ist"[187].

Die Adjektivableitung erfolgt auch im Nd. mit den bekannten produktiven Adjektivsuffixen -ig, -lich/lik, -(i)sch, -haftig, -e(r)n: feverig (< Fever) 'fiebrig', fludderig (< fluddern) 'flatternd, flatterhaft'; dalverich (< dalvern) 'albern, kindisch', hartlich (< Hart) 'herzlich', döörlik (< Dor) 'töricht, dumm', leeflik (< Leef) 'lieblich'; ansläägsch (< anslaan) 'klug', spreeksch (< spreken) 'gesprächig'; angsthaftig (< Angst) 'ängstlich', dummerhaftig (< dumm) 'dümmlich'; holten (< Holt) 'hölzern', stenen (< Steen) 'steinern', hegern (< hegen) 'sparsam', nadenkern (< nadenken) 'nachdenklich'[188].

Die Verbableitung erfolgt desubstantivisch und deadjektivisch mit Hilfe der Suffixe -(e)n, -jen, -ieren/eren: armen (< arm) 'verarmen', malören (< Malöör) 'Pech haben', preestern (< Preester) 'predigen, lehrhaft sprechen'; steertjen (< Steert) 'schwänzeln, nachschleichen'; kökerieren (< Köök) 'in der Küche herumwirtschaften, den Haushalt führen', schanderen (< Schand) 'schimpfen, lästern'[189].

Die drei Hauptwortarten — Subst., Adj., Verben — spielen auch eine große Rolle bei der Betrachtung nd. Präfixbildungen. Deren „eigentliche Domäne ist die Wortbildung des Verbs, beim Substantiv und Adjektiv tritt die Präfixbildung hinter Zusammensetzung und Ableitung zurück"[190]. Bei den Präfixen sind freie und gebundene zu unterscheiden. Die freien haben noch eine so starke Eigenbedeutung, daß sie auch als selbständige Morpheme fungieren. Für die Bewertung als Präfix ist ausschlaggebend, daß das Morphem in Verbindung mit dem anderen Wortteil (das Verb, Adj. oder Subst.) abstraktere Funktionen übernimmt. Die gebundenen Präfixe existieren nur noch in Verbindung mit einem anderen Wort, sie können nicht, wie die freien Präfixe, allein auftreten.

Es folgt eine Zusammenstellung nd. Präfixbildungen, getrennt nach den Wortarten Verb, Adj./Adv., Subst.

Verbale Präfixbildungen:
afblieven 'fernbleiben, sich aufhalten', anbucken 'anlehnen', bewoorden 'redegewandt sein', bilopen 'begleiten, ablaufen', bedoon 'bearbeiten, behandeln', dörkauen 'durchkauen, ausführlich erörtern', entschülligen 'entschuldigen', gefallen 'gefallen', inkuhlen 'eingraben, beerdigen', mitlopen 'mitlaufen, mitmachen', nalaten 'nachlassen, nachgeben', överdüveln 'überlisten, überreden', ranslieken 'anschleichen', rinfriegen 'einheiraten', rövergahn 'hinübergehen', rümküseln 'sich drehen', rupsteilen 'aufsteigen, aufrichten', rutsmieten 'hinauswerfen', todelen 'zuteilen', toslapen 'einschlafen', trüchgahn 'zurückgehen', ümkieken 'umsehen, informieren', ünnerkrupen 'unterschlüpfen', upbörnen 'aufziehen (besonders das Vieh)', utkesen 'auswählen', verköhlen 'erkälten', vörmaken 'vormachen', wedderdoon 'wiedertun, wiederholen', wegsmieten 'wegwerfen'.

Es hängt von der Einschätzung des Präfixes ab, ob die Präfixbildung der Ableitung oder der Zusammensetzung nähersteht. Bei den Verben överdüveln, trüchgahn, ünnerkrupen, wedderdoon, wegsmieten liegt der Gedanke an eine Zusammensetzung nahe, die Präfixe sind hier freien Morphemen vergleichbar. Es braucht hier auf diese Problematik nur hingewiesen zu werden, eine unangreifbare Entscheidung, welche Wortbildung denn nun vorliege, wird kaum zu erreichen sein.

Adjektivisch-adverbiale Präfixbildungen:
afsünnerlich 'absonderlich, besonders', *andaal* 'hinunter', *andächtig* 'andächtig', *beheespeest* 'bestürzt', *bihuus* 'daheim', *bilöpig* 'beiläufig', *gehörig* 'gehörig, tüchtig', *miteens* 'plötzlich', *nadreegsch* 'nachtragend', *överdorig* 'übermütig', *tohööcht* 'hoch', *trüchhöllern* 'zurückhaltend', *ünnerfiendsch* 'unfreundlich', *ünnerwielen* 'bisweilen', *unklook* 'närrisch', *upstunns* 'augenblicklich', *utkehlt* 'rissig', *verdammig* 'verdammt', *vörsichtig* 'vorsichtig', *wedderböstig* 'widerborstig'.

Substantivische Präfixbildungen:
Afsiet 'Abseite, Nebenraum', *Anbarg* 'Anhöhe, Abhang', *Bedrief* 'Betrieb', *Bifall* 'Beifall', *Gedibber* 'Geschwätz', *Ingang* 'Eingang', *Mitleed* 'Mitleid', *Nasnack* 'Nachrede', *Överslag* 'Überschlag, Schätzung', *Tobroot* 'Zubrot, Kleingebäck', *Trüchkumst* 'Heimkehr', *Ümslag* 'Umschlag, Wechsel, Markt', *Ünnermeel* 'Nachmittag', *Unaart* 'Unart', *Uproop* 'Aufruf, Bekanntmachung', *Utfahrt* 'Ausfahrt', *Verbott* 'Verbot', *Vördeel* 'Vorteil', *Weddersinn* 'Widersinn, Abneigung'.

Neben diesen Wortbildungen kennt die nd. Sprache noch andere Möglichkeiten, z.B. lautmalende und spielerische Verdoppelungen wie *hün un perdün* 'Groß und Klein', *Kuddelmuddel* 'Durcheinander', *Schurrmurr* 'Kleinkram, Gesindel', *mit Hütt un Mütt* 'mit allem Drum und Dran', *stortendrock* 'sehr eilig', *stuuvstakig* 'stumpf', *wallbeent* 'O-beinig'[191].

Anmerkungen

1 Grimm 1819, S. 187; demgegenüber wird Grammatisches des And. und Mnd. (hier „Mittel-Sächsische Sprache") relativ ausführlich behandelt, und zwar in Verbindung mit Angelsächsischem und Altfriesischem unter der Überschrift „Alt-Niederdeutsche Sprache" sowie im Zusammenhang mit Mittelenglischem und Mittelniederländischem unter der Überschrift „Mittel-Niederdeutsche Sprache".
2 Mussaeus 1829, S. 24.
3 Das Wort gehört zu griechisch *gramma* 'Buchstabe, Geschriebenes' (vgl. griechisch *grammatike* 'Sprachlehre').
4 Dazu Helbig 1972, S. 11f.
5 Kamper 1983, S. 214f. (die Kursivierungen stammen von mir, D.St., darauf wird künftig nicht mehr eigens verwiesen).
6 Möller 1988, S. 20.
7 „Das nd. *bleot* und das hd. *bleos* liegen auf dem gesamtniederdeutschen Boden im Kampf miteinander" (Mackel 1939, S. 40). Die Unsicherheit mag auch durch die Konkurrenz zu *man* verursacht sein.
8 Born 1978, S. 11.
9 Heymann 1909, S. 15.
10 Vgl. dazu U. Bichel/J. Hartig, Elemente einer niederdeutschen Grammatik, in: Niederdeutsch an Volkshochschulen. Arbeitsheft für Teilnehmer an Volkshochschulkursen. Kiel 1981, S. 56ff.

11 Siehe Stellmacher 1986.
12 Die pluralische Konjugation im Präs. Ind. lautet *wi don, ji dot, se don* 'wir tun, ihr tut, sie tun' (Ritter 1832, S. 84).
13 Kurt Dunkelmann, De letzte un de ierste Tiet. Plattdütsch Geschichten. Rostock 1982, S. 120.
14 Jürgen Schierer (Hrsg.), Twüschen Hameln un Chöttingen. Plattdeutsches aus Vergangenheit und Gegenwart. Peine 1987, S. 55.
15 Ebd., S. 128. Zur Verwendung von Perfekt und Imperfekt in den deutschen Mundarten der Gegenwart siehe Rowley 1983.
16 Behrens 1924, S. 190.
17 Schirmunski 1962, S. 531.
18 Behrens 1924, S. 187.
19 Alma Rogge, Sine. Hamburg 1930, S. 22.
20 Hermann Schmoeckel/Andreas Blesken, Wörterbuch der Soester Börde, ein Beitrag zur westfälischen Mundartenforschung. Soest 1952, Sp. 87.
21 Quickborn 71 (1981), S. 280.
22 Felix Stillfried, De Wilhelmshäger Kösterlüd', 2. Bd. Wismar ^{2}1892, S. 127.
23 Wie Anm. 13, S. 27; in anderen nd. Dialektgebieten kann auch das st. Imperfekt auftreten (*scheen*), z.B. im Westfälischen.
24 Wie Anm. 22, S. 142.
25 Wie Anm. 19, S. 21.
26 In'n Wind gahn. Niederdeutsche Lyrik und Prosa der Gegenwart. Hrsg. v. Christa Prowatke. Rostock 1987, S. 137.
27 Fritz Lottmann, Dat Hus sünner Licht. Hamburg 1920, S. 383.
28 Ebd., S. 380.
29 Ebd., S. 30.
30 Ebd., S. 383.
31 Wie Anm. 22, S. 277; entsprechend dem nd. st. Prät. von *schruben* 'schrauben' *schroof* gebrauchen Norddeutsche auch in der Standardsprache mitunter das st. Prät.: Und nun *schrob* er auseinander (August Hinrichs, Das Licht der Heimat. Bremen 1954, S. 175).
32 Taubken 1985, S. 381.
33 Ebd., S. 345.
34 Moritz Jahn in Keseling/Mews 1964, S. 56.
35 Up Platt is ook hüt noch wat. Niederdeutsche Prosa und Lyrik der Gegenwart. Hrsg. v. Christa Prowatke. Rostock ^{3}1984, S. 9 und an vielen anderen Stellen dieser Anthologie.
36 Nach Thiel 1981, S. 180.
37 Wilhelm Henze, Sau suihste iut. Hannover o.J., S. 27; Beckmann, o.J., S. 30.
38 Meyer 1983, S. 80f.
39 Born 1978, S. 21.
40 Wilhelm Henze wie Anm. 37, S. 15.
41 Meyer 1983, S. 80.
42 Wie Anm. 13, S. 26.
43 Meyer 1983, S. 81f.
44 Harte 1977, S. 29.
45 Wie Anm. 13, S. 145.
46 Wie Anm. 26, S. 124.
47 Walter A. Kreye, Dag un Düüster över de Normandie. Hamburg–Wellingsbüttel 1962, S. 59; Heinrich Kröger (Hrsg.), Plattdüütsche Predigten ut us Tied. Leer 1977, S. 220.
48 (In der Reihenfolge der Belege aus) Jürgen Schierer (Hrsg.), Twischen Bronswiek un Hannower. Plattdeutsches von Gestern und Heute. Peine 1982, S. 356; Hartwig Drope, Vorwiegend platt und heiter. Holzminden 1983, S. 82; Ders., Zeitgeschichte vorwiegend platt. Bd. 1. Holzminden 1984, S. 56.
49 Lierow 1904, S. 9f.

50 Meyer 1983, S. 82; in ähnlicher Weise äußern sich V.M. Schirmunski („hat sich der Optativ I nur in einer kleinen Zahl phraseologischer Wendungen zum Ausdruck eines Wunsches oder Ausrufes in der 3. Sing. erhalten", Schirmunski 1962, S. 542), T. Wiesenhann („das ostfriesische Verb hat keine Konjunktivformen", Wiesenhann 1977, S. 30), W. Lindow („Das Plattdeutsche kennt keine eigenen Formen für den Konjunktiv", Lindow 1984, S. 254).
51 Beckmann o.J., S. 41; siehe auch Born, S. 38ff.
52 Laurits Saltveit in Cordes/Möhn 1983, S. 299f.
53 Niedersächsisches Wörterbuch, hrsg. v. W. Jungandreas. 1. Bd. Neumünster 1965, Sp. 605 (Beleg aus Schladen/Krs. Goslar).
54 Saltveit 1976, S. 94.
55 Die Beispielsätze (a) bis (s) stammen in dieser Reihenfolge aus folgenden Quellen: F.E. Peters, Baasdörper Krönk. Husum 1975, S. 37; I. Braak, Tieden. Husum 1981, S. 253; W.A. Kreye, wie Anm. 47, S. 53; R. Kinau, Thees Bott dat Waterküken. o.O., o.J., S. 121; I. Braak a.a.O., S. 199; W.A. Kreye a.a.O., S. 25; F.E. Peters a.a.O., S. 22; R. Kinau a.a.O., S. 119; F.E. Peters a.a.O., S. 16; I. Braak a.a.O., S. 310; ebd., S. 21; H. Kröger (Hrsg.) wie Anm. 47, S. 222; W.A. Kreye, wie Anm. 47, S. 41; I. Braak a.a.O., S. 268; R. Kinau a.a.O., S. 149; H. Claudius, Stummel. Husum 1978, S. 53; I. Braak a.a.O., S. 177; ebd., S. 64; aus einem Märchen bei Fissen 1963, S. 82.
56 Moritz Jahn, Gesammelte Werke, Bd. II: Niederdeutsche Dichtungen. Hrsg. v. Hermann Blome. Göttingen 1963, S. 122.
57 Wiesenhann 1977, S. 23.
58 Aus "De Kenning" 1/1980, S. 39.
59 Siehe dazu Heymann 1909, S. 142.
60 Ebd., S. 153f.
61 Die Belege stammen aus Georg Droste, Ottjen Alldag. Gesamtausgabe. Bremen o.J., 1. Bd., S. 21; H. Kröger (Hrsg.), wie Anm. 47, S. 195; J. Schierer (Hrsg.), wie Anm. 48, S. 53, 56; wie Anm. 26, S. 48 (allerdings ist hier auch hochdeutscher Einfluß nicht auszuschließen). Das Abrücken vom Dat. ist gut bei dem Heidedichter Friedrich Freudenthal (1849-1929) zu verfolgen: in der ersten Auflage seines Erzählbandes „Bi 'n Füer" (1879) findet sich die dativische Präpositionalgruppe „vör langer, langer Tid"; sie wird in der Zweitauflage vom Dichter durch „vör lange, lange Tid" ersetzt.
62 Beckmann o.J., S. 17 (aber Born 1978, S. 45: „Dativ und Akkusativ fallen zusammen unter Verlust des Dativs").
63 Mussaeus 1829, S. 23.
64 H. Kröger (Hrsg.), wie Anm. 47, S. 24, 148.
65 Meyer 1983, S. 89.
66 Jørgensen 1934, S. 86. Dieser Kasusgebrauch ist jedoch schon früh beanstandet worden: „Nicht ächt-platt ist der, dem Hochdeutschen nachgebildete Genitiv: Mauders Hus etc." (Mussaeus 1829, S. 24).
67 J. Schierer (Hrsg.) wie Anm. 48, S. 400; Hans-Ludolf Flügge, To Enn un annere Vertellns o.O. 1979, S. 42.
68 H. Kröger (Hrsg.) wie Anm. 47, S. 306; Meyer 1983, S. 90.
69 Wilhelm Wisser, Plattdeutsche Volksmärchen. Hamburg 1979, 1. Bd., S. 21, 32, 52.
70 Goossens 1973, S. 161; Fritze Fricke, Plattdütsche Döneken. Braunschweig 1971, S. 39; H. Kröger (Hrsg.) wie Anm. 47, S. 178.
71 Im Mecklenburgischen sind Doppelgeschlechtigkeit und Genuswechsel eingehender untersucht worden (Dahl 1961).
72 Hans-Herbert Stoldt, Dat Hillige Dörp. Heide 1980, S. 89; J. Schütt (Hrsg.), Niederdeutsches Hörspielbuch, Bd. III. Hamburg 1985, S. 311.
73 Quickborn 72 (1982), S. 116f.
74 J. Schütt wie Anm. 72, S. 314, 311, 319, 313.
75 Ebd., S. 319, 317, 318, 315.
76 Ebd., S. 319.
77 Ebd., S. 311, 312, 314, 318, 315, 318.

78 Ebd., S. 317, 318, 319, 313, 315.
79 Greta un Andreas Schröder, Stapelholmer Döntjes. Berlin o.J., S. 51; Wilhelm Kaune, An'n Heimatborn. Hannover 1956, S. 38; wie Anm. 26, S. 56.
80 Friedrich Wille, Das plattdeutsche Wagenrad aus Südniedersachsen. Ostfälisches Platt aus Einbeck. Hildesheim 1979, S. 59; Ursula Röttger, Winter- un Wiehnachtstiet. Göttingen 1982, S. 32; vgl. auch Mehlem 1967, Karte auf S. 319.
81 Keseling 1970, S. 356.
82 Wiese 1981, S. 130.
83 August Hinrichs, Alltomal Sünner. Komödie in einem Akt. Verden o.J., S. 39f.
84 John Brinckman. Sämmtliche Werke. 3. Bd.: Kleinere Erzählungen. Berlin o.J., S. 310.
85 Wiesenhann 1977, S. 26.
86 Wie Anm. 26, S. 9.
87 Wilhelmine Siefkes, Keerlke. En Gang dör en Kinnerland. Leer [3]1973, S. 79.
88 Ursula Röttger wie Anm. 80, S. 15.
89 H. Teuchert (Hrsg.), Niederdeutsche Mundarten. Texte aus alter und neuer Zeit. Leipzig o.J., S. 95.
90 Nd. Kbl. 52 (1939), S. 48; 51 (1938), S. 39.
91 Rudolf Tarnow, Lütt bäten Hoeg un Brüderie. Reimschwänke, Gedichte und Kurzprosa. Hrsg. v. A. Hückstädt. Rostock 1985, S. 111.
92 Wie Anm. 26, S. 27.
93 Ebd., S. 59.
94 Vgl. die Untersuchung der Dialoge in einer Novelle und einem Hörspiel in Wagener 1979.
95 Fritz Wischer, wiedergegeben nach Bichel 1985b, S. 15.
96 Heinrich Teut, Ut min Sammelbook. In: De Eekboom. Maandschrift för plattdütsch Spraak un Dichtung 46 (1928), S. 14.
97 Wie Anm. 26, S. 95.
98 Meyer 1983, S. 155f.
99 Syntaktische Untersuchungen an gesprochener Sprache sind schwierig zu leisten, weil die herkömmlichen Analysekriterien (Satz, Satzteil, Verknüpfungen) allesamt an der geschriebenen Sprache entwickelt worden sind und für das dialogische Element der Spreche nur bedingt verwendbar erscheinen.
100 Ich stütze mich dabei auf Vorarbeiten von Heinz-Wilfried Appel.
101 Duden-Grammatik der deutschen Gegenwartssprache. Duden Bd. 4. Mannheim/Wien/Zürich [4]1984, S. 566.
102 Die hier angeführten Beispielsätze stammen alle aus Moritz Jahns Novelle „De Moorfro"; Moritz Jahn, Gesammelte Werke. 2. Bd. (Hrsg. v. H. Blome). Göttingen 1963; die Seitenzahlen werden nach den jeweiligen Sätzen angegeben. Die Beschränkung auf eine Quelle als Datenbasis empfiehlt sich aus Gründen der Einheitlichkeit des untersuchten Sprachmaterials.
103 Vgl. Duden-Grammatik (wie Anm. 101), S. 567; Grundzüge einer deutschen Grammatik. Von einem Autorenkollektiv. Berlin 1981, S. 178.
104 Duden-Grammatik (wie Anm. 101), S. 635.
105 F.E. Peters wie Anm. 55, S. 213, 15.
106 Beide Beispiele aus dem Niedersächsischen Wörterbuch, 18. Lfg., Neumünster 1987, Sp. 26 (sub *Dāk*) und 38 (sub *dālgān*).
107 Bernhardt 1903, S. 12.
108 Meyer 1983, S. 104.
109 Karte in Keseling 1968.
110 Ebd., S. 144.
111 Ebd., S. 150.
112 Rohdenburg 1986, S. 89.
113 „Ich sehe keinen Grund, die Umschreibung mit einer aspektähnlichen Funktion auszustatten" (ebd., S. 93).

114 Aus H. Kröger (Hrsg.) wie Anm. 47, S. 146.
115 Wie Anm. 109, S. 143.
116 Stellmacher 1981b, S. 100.
117 Rosenberg 1986, S. 143.
118 F.E. Peters wie Anm. 55, S. 74, 75.
119 Meyer 1983, S. 104.
120 Niedersächsisches Wörterbuch, 19. Lfg., Neumünster 1987, Sp. 146 (sub *dē*).
121 Wilhelm Wisser wie Anm. 69, S. 47.
122 Aus Plattdütsche Reden. Rutgęben vun de Fehrs-Gill. Kiel 1935, S. 55, 68.
123 Meyer 1983, S. 168.
124 W. Admoni, Der deutsche Sprachbau. Leningrad 1960, S. 141.
125 Gudrun Münster in Quickborn – Plattdütsch Land un Waterkant 57 (1980), S. 30.
126 Hertha Borchert in ebd., S. 25.
127 Wilhelmine Siefkes in ebd., S. 11.
128 Dies. ebd., S. 7.
129 Walter A. Kreye, „... und die Angst vor dem Tag vergessen ...", Osterholz-Scharmbeck 1986, S. 120.
130 Wilhelmine Siefkes wie Anm. 127, S. 6.
131 Wie Anm. 126.
132 Greta Schoon in Quickborn – Plattdütsch Land un Waterkant 57 (1980), S. 16.
133 Wie Anm. 126.
134 Karl A. Weidemann in Quickborn – Plattdütsch Land un Waterkant 39 (1960), S. 22.
135 H.H. Stoldt wie Anm. 72, S. 245.
136 Ebd., S. 236.
137 Wie Anm. 134.
138 P. Warncke, Fritz Reuter – woans hei lewt un schrewen hett. Berlin 1910, S. 4.
139 F.W. Michelsen in Quickborn 69 (1979), S. 117.
140 H.H. Stoldt wie Anm. 72, S. 16, 251.
141 Ebd., S. 245, 70, 261, 210, 209.
142 Ebd., S. 20, 17.
143 G. Harte, ... denn klopp an mien Dör! Hamburg 1982, S. 23.
144 Ebd., S. 59, 48.
145 Wie Anm. 125.
146 H.H. Stoldt wie Anm. 72, S. 157.
147 Bulach 1964, S. 166.
148 W.A. Kreye wie Anm. 129, S. 117.
149 H. Teut, Hadeler Wörterbuch. 3. Bd. Neumünster 1959, S. 211, 213 (sub *nich* und *nicks*).
150 Ingrid Schröder, Die Verneinung im Niederdeutschen. Hauptseminararbeit, WS 1982/83. Seminar für deutsche Philologie/Nd. Abt., Univ. Göttingen.
151 Wilhelmine Siefkes wie Anm. 127, S. 9.
152 Thora Thyselius in Quickborn – Plattdütsch Land un Waterkant 57 (1980), S. 13.
153 Hilda Kühl in ebd., S. 22.
154 Gudrun Münster wie Anm. 125, S. 31.
155 Ich danke Walter Arthur Kreye, Bremen, für die Übersetzungshilfen.
156 Nd. Kbl. 33 (1912), S. 55-57, 84; 34 (1913), S. 6-8; 35 (1915), S. 14; 36 (1917), S. 22.
157 H.H. Stoldt wie Anm. 72, S. 213.
158 Bd. IV. Halle/S. 1920, S. 127. Auf vergleichbare Konstruktionen im Niederländischen weist Leys 1985, S. 449.
159 Nd. Kbl. 34 (1913), S. 7.
160 Ebd., S. 8.
161 Ebd.
162 Aus G. Schmidt, Eine heimatliche Sprachschule. Auf der Grundlage des hamburgischen Sprachgebietes. Braunschweig/Hannover 1921, S. 274.

163 Göttinger Tageblatt vom 5.9.1987.
164 G. Koll in H. Kröger (Hrsg.), Dat Licht lücht in de Nacht. Plattdüütsche Predigten. Leer 1986, S. 175.
165 Aus dem Archiv des Niedersächsischen Wörterbuches an der Universität Göttingen.
166 Leys 1985, S. 434.
167 Hinsichtlich der nd. Sätze siehe Anm. 155.
168 Vgl. hierzu Meyer 1983, S. 186.
169 Vgl. hierzu Nd. Kbl. 1 (1876), S. 24.
170 Wie Anm. 26, S. 92; Heinz von der Wall (Hrsg.), Dat Schrieverkring-Book. Oldenburg 1983, S. 87.
171 Stellmacher 1981b, S. 98.
172 Dahl 1974, S. 352; Stellmacher 1977, S. 102; Stellmacher 1981b, S. 98.
173 Hinrich Kruse, Weg un Ümweg. Geschichten ut uns' Tiet. Leer ²1979, S. 29f.; in der nur zweieinhalb Seiten langen Erzählung „De Sauenbedeckungsplan" von Günther Wacker (*1919) wird von vier Möglichkeiten nur einmal die nd. Getrenntschreibung realisiert (wie Anm. 26).
174 Thun 1985, S. 387.
175 Wie Anm. 173, S. 29, 97; Harald Karolczak, Sepenblosen. Geschichten to'n Denken, Drömen un Gruveln. Hamburg 1978, S. 9, 16.
176 Fleischer 1969, S. 50.
177 Die Feststellung, „daß das Verbum mit dem Substantivum stets mittels der Bildungssilbe 'el' zu einem neuen Substantivum compositum verbunden wird" (Nd. Kbl. 16 (1892), S. 70), kann so absolut nicht mehr gelten, im Gegenteil: die *el*-Fuge tritt fast nur noch in „versteinerten" Komposita auf wie *Backeltrog, Denkelbook, Kindelbeer, Werkeldag* 'Backtrog, Gedenkbuch, Kindtaufe, Werktag'.
178 Fleischer 1969, S. 59.
179 Ebd., S. 67f.
180 Harte 1977, S. 67.
181 Vgl. dazu Meyer 1983, S. 92.
182 Ebd., S. 92f.
183 Otto von Essen, Kirchwerder bei Hamburg. Lautbibliothek der deutschen Mundarten 33/34. Göttingen 1964, S. 70, 47, 63, 58, 33, 70, 47, 64, 33; ganz selbstverständlich gebraucht auch Fritz Reuter in seinem Werk zahlreiche *ung*-Substantive.
184 Nd. Kbl. 50 (1937), S. 54.
185 Teuchert 1964, S. 83; siehe auch Frings/Lerchner 1966, Kt. 13.
186 Nd. Kbl. 9 (1884), S. 43.
187 Scheuermann 1976, S. 185.
188 Die *ern*-Ableitung, in der Standardsprache zur Bildung von Stoffadjektiven gebräuchlich, bezieht sich im Nd. auch auf deverbative Adjektive. „Das Ndd. hat in dieser freieren Art der Verwendung des -*ern* nur etwas Altes bewahrt, wenn auch die Zeitwortsableitung sein Eigentum ist" (Nd. Kbl. 31 (1910), S. 75).
189 Zu den *ieren*-Verben vgl. Koskensalo 1984; die Verwendung der *eren*-Verben ist in nd. Fachsprachen sehr beliebt. So heißt es mit Bezug auf die ostfriesische Müllersprache: „... gebrauchen die meisten Müller *reguleern*, auch *in-, nareguleern*, statt des gleichbedeutenden und im selben Zusammenhang mehrfach bezeugten *regeln* ..." (Möhn 1986, S. 145).
190 Fleischer 1969, S. 71.
191 Weitere Beispiele in Hauschild 1899/1900 und Koppmann 1899/1900.

7. Zur Schreibung des Niederdeutschen
(„Plattdeutsche Rechtschreibungslehre")

Über den Status einer Sprache gibt nichts so unmittelbar Auskunft wie die Schreibregelung. Eine Standardsprache verfügt notwendigerweise über eine geregelte Schreibung, die *Orthographie*. Eine Sprache mit dialektalem Status wiederum wird niemals eine geregelte, vereinheitlichte und bei Verstößen sanktionierte Schreibung aufweisen, sondern immer verschiedene *Graphien* zu ertragen haben. Genau das ist auch im Nnd. der Fall, ungeachtet einer langen und leidenschaftlichen Diskussion der Schreibung und mehrerer Vorschläge für eine „plattdeutsche Rechtschreibungslehre", die für die nd. Kulturszene zu den „charakteristischen Streitfragen" gehören[1].

Schreibung ist immer eine Überführung (Transkodierung) lautlicher Sprachzeichen in geschriebene. Das kann auf vierfache Art geschehen: (1) phonetisch genaue Umsetzung (Transkription) von Lautlichem in Schriftliches mit Hilfe von Sonderzeichen und Diakriten; (2) die breite phonetische Transkription oder phonemische Verschriftung, die sich zwar auch gewisser Zusatzzeichen bedient, aber auf die bedeutungsunterscheidenden Einheiten abhebt und nicht mehr jede lautlich wahrnehmbare Nuance notiert; (3) die literarische Verschriftung, die auf phonetische Feinheiten verzichtet und sich weitgehend dem üblichen Schriftbild annähert; sie berücksichtigt auffällige Aussprachebesonderheiten, z.B. die norddeutsche Spirantisierung des auslautenden *-g* (ta*ch* 'Tag') oder den Verzicht auf das „spitze" *s* vor *p, t* (*sch*pät statt *s*-pät 'spät'); (4) die Orthographie, das ist die den Rechtschreibvorschriften folgende Transkodierung von Gesprochenem in Geschriebenes. Diese vier Verschriftungsmöglichkeiten werden nachfolgend am gleichen Text vorgestellt[2]:

(1) ʔaᵉŋt.lıç bın·ıç ja· nu·ʁ ʃaenə haosfʀao unᵗ mut⟨ə /
ʔa·bɐ hın un vi·dɐ bʀɛç͜ıç ʔaᵉmal ʔao:s aos maᵉm̩
hø∅slıçm̩ bəʀa·ᵉç / unᵈmaxə aenə ʼuʁlaopsfɐtɐ, tʀe:tuŋᵏ
ʔɪn aᵉnəm gʀo:sən baostɔfby:ʀoː / da· kan ɛs mıtʔuntɐ
päsi:ʀən ... ʔıç bın tsum baᵉspi:l gʀa:də bae dɐa
gʀo:sn veʃə / ʔaᵉnː ap⟨gəzäntʒ di·zə fıʀmoː kɔmt⟨ /
ʔıç hø:ʀə ʔaᵒf mıt maᵉnəʁ ʔaᵇaᵉt⟨ ʔun ge: zo·fɔxt
ʔo:də ʃpe:tst.ŋs ʔam nɛ:çstŋ tax dahın /

(2) aeŋtlic bin ic ja nu:r aenə haosfrao unt mutər / a:bər hin un vi:dər brec ic aemal aos aos maem hø∅slicm bəraec / und macə aenə urlaopsfɐtre:tuŋk in aenəm gro:sən baostofby:ro: da: kan ɛs mituntər pasi:rən ... ic bin tsum baespi:l gra:də bae der gro:sn veʃə / aen apgəzantər di:zər firma: komt / ic hø:rə aof mit maenər arbaet un ge: zo:foct o:dər ʃpe:tstns am ne:cstn tac dahin

(3) eigentlich bin ich ja nur eine hausfrau und mutter / aber hin un wieder brech ich einmal aus aus meim häuslichm bereich / und mache eine urlaubsvertre-

193

tunk in einem großen baustoffbüro / da kann es mitunter passieren ... ich bin zum beispiel grade bei der großen wäsche / ein abgesandter dieser firma kommt / ich höre auf mit meiner arbeit un geh sofort oder schpätstens am nächsten tach dahin

(4) Eigentlich bin ich ja nur eine Hausfrau und Mutter. Aber hin und wieder brech' ich einmal aus aus meinem häuslichen Bereich und mache eine Urlaubsvertretung in einem großen Baustoffbüro. Da kann es mitunter passieren ... ich bin zum Beispiel gerade bei der großen Wäsche, ein Abgesandter dieser Firma kommt, ich höre auf mit meiner Arbeit und geh' sofort oder spätestens am nächsten Tag dahin.

Einer dialektalen Schreibung liegen wie jeder realisationsformalen Transkodierung Verschriftungsregeln zugrunde, die meist mehrere Möglichkeiten beinhalten (die ideale Orthographie würde eine Eins-zu-Eins-Entsprechung anstreben, d.h. jede lautlich-phonemische Einheit durch ein eigenes Schriftzeichen wiedergeben).

Die nd. Entsprechung zum hochdeutschen Wort *Zeit* kennt diese Verschriftungsregeln:

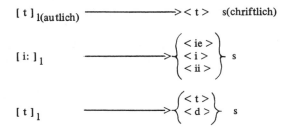

Die Wiedergabe der Vokallänge und des auslautenden Konsonanten sind also die sensiblen Bereiche, ihnen zufolge stehen dem standardsprachlichen *Zeit* die dialektalen Schreibvarianten *Tit, Tid, Tiet, Tied, Tiit* gegenüber. Welche „richtig" ist, kann in der Dialektschreibung nicht entschieden werden. Gerade hierin sehen viele nd. Schreiber und Schriftsteller ein großes Problem. „Ich habe viele plattdeutsche Leserbriefe erhalten, in denen am Schluß etwa zu lesen stand: '... kieken Se man nich so genau hen, wie ik dat schreben heff ...', oder: 'Wat de Rechtschriebung nu richtig is, weet ik nich ...' Oder: '... ober dat Schrieben, Herr Harte, geit dat so?'"[3].

Die Literaturbeilage der Zeitschrift „Quickborn" nennt sich „Plattd*ü*tsch Land un Waterkant. Blatt for plattd*üü*tsche Literatur von vondaag". Die hier kursivierte Vokalwiedergabe zeigt die ganze Willkürlichkeit dialektaler Schreibe, wenn auch ständig hervorgehoben wird, daß man sich an die orthographischen Vorschriften des Deutschen anlehnen wolle. „Die Schriftsteller sind es ... ihren Lesern schuldig, ihnen das an sich schon unbequeme Lesen plattdeutscher Bücher nach Möglichkeit zu erleichtern, und das kann nur im engsten Anschluß an die hochdeutsche Rechtschreibung geschehen ..., in die wir uns eingelesen haben"[4]. Ungeachtet dieses oft wiederholten Ratschlags werden immer wieder Klagen wie diese laut: „Ich höre und spreche sie (die ravensbergische Mundart des Ostwestfälischen, D.St.) noch heute gerne und möchte sie auch lesen und schreiben. Leider stört mich dabei etwas. Ich kann sie nicht nach Art des Hochdeutschen schreiben ... Auch andere habe ich klagen hören, daß es so schwer sei, das Plattdeutsche zu lesen. Ist hier Abhülfe möglich? Ich hoffe es. Wir müssen die Mundarten lautgetreu schreiben"[5]. Der Autor dieser Zeilen verwechselt zwei Verschriftungsformen: die „Regeln für die Fixirung der Laute im Dialekte"[6] zu dialektwissenschaftlichen Zwecken und „allgemeine Schreibregeln" zur Abfassung nnd. Texte. In den ersten Diskussionen, die im Umkreis des 1874 gegründeten Vereins für niederdeutsche Sprachforschung geführt wurden, ging es vor allem um ersteres, darum, dem „Sammler auf mundartlichem Gebiete" zu helfen, „das von ihm bemerkte Wort in das richtige Lautzeichengewand zu kleiden"[7].

Für die wissenschaftliche Transkription sind phonetische Alphabete entwickelt worden, mit denen der Laienschreiber nichts anfangen kann[8]. Er orientiert sich zunehmend an der Orthographie und wird unablässig auf sie verwiesen[9]. Das rechtfertigt nicht nur die Berufung auf ein vertrautes Schriftbild, sondern auch die Vermischung verschiedener orthographischer Prinzipien, was ja auch bei der deutschen Orthographie zu beobachten ist und demzufolge sich auch im nd. Schreiben zeigt.

Den nnd. Schreibungen liegen sechs orthographische Prinzipien zugrunde:
1. Das phonologische Prinzip. Die Buchstabenschrift ist eine Abbildung der kleinsten funktional bedeutsamen distinktiven Einheiten der gesprochenen Sprache (der Phoneme) durch entsprechende Zeichen der geschriebenen Sprache (der Grapheme). Ein Eins-zu-Eins-Verhältnis ist weder angestrebt noch historisch entwickelt worden. Deshalb wird das nd. Phonem [f] graphemisch mit <f, v> wiedergegeben: *fuul, vull* 'faul, voll'; andererseits steht ein Graphem sowohl für ein langes als auch für ein kurzes Vokalphonem: *dar, dat* 'da, das'.
2. Das morphologische Prinzip. Ihm kommt es auf Kennzeichnung der Wortverwandtschaft an: *Duuv – Duven* 'Taube – Tauben' (Stammorphem *Duuv*).
3. Das semantische Prinzip. Gleichlautende Wörter (Homophone) werden verschieden geschrieben, um der unterschiedlichen Bedeutung Ausdruck zu geben: *Staat ~ Stoot* 'Staat, Stoß'. Im Nd. finden sich aber deutlich mehr Homophonien als in der Orthographie, vgl. *Deel* 'Teil, Diele', *Kroon* 'Krone, Kranich', *Steern* 'Stern, Stirn', *Stieg* 'Stiege, Weg', *Traan* 'Tran, Träne'.
4. Das historische Prinzip. Es behält überlieferte Schreibungen bei, z.B. *ie* für ein langes *i*: *schier* 'rein' sowie bei dem typisch nd. Langvokal [i:]: *kniepen, Schiev* 'kneifen, Scheibe'[10].
5. Das grammatische Prinzip. Hierbei geht es um die Beziehungen von Schreibung und Syntax. Dazu gehören die auch bei nd. Schreibern überwiegende Groß- und Kleinschreibung, die Regelungen der Getrennt- und Zusammenschreibung sowie die Interpunktion. Nur eine Schreibregelung, „die auch das niederländische Gebiet mit einbezieht und daher als einheitliche Schreibweise anzusehen ist"[11], wie die 1956 erarbeitete Vosbergen-Schreibweise, verzichtet, dem niederländischen Vorbild zufolge, auf eine Großschreibung der Substantive.

6. Das orientierende Prinzip. Unter diesem, die Prinzipien 1 bis 5 überwölbenden Prinzip versteht man die allgemeine orthographische Orientierung, im Falle der nd. Schreibregelungen die an der deutschen oder (wie bei der Vosbergen-Regelung) an der niederländischen Orthographie.

Die nd. Graphiegeschichte ist untrennbar mit der Geschichte der neueren nd. Literatur verbunden. Sie war ein Thema bei den Begründern der nnd. Literatur um die Mitte des 19. Jhs.; aus praktischen Überlegungen heraus befaßten sich Klaus Groth, Fritz Reuter und John Brinckman mit Schreibfragen[12]. Um die Jahrhundertwende wurde die Schreibung auch ein Thema nd. Verleger und Vereinspolitiker. Alle diese Bemühungen variieren einen dreistufigen Gegensatz: Angleichung der nd. Schreibe an die deutsche Orthographie, Orientierung auf eine nd. Ausgleichssprache als Hoffnungsausdruck für eine gemeinsame nd. Schriftsprache, Beschränkung auf den engeren Dialektverband und somit genauere Wiedergabe der Lautvielfalt.

Das alles behandelt Fritz Reuter in der Vorrede zur 4. Auflage der „Läuschen un Rimels" (1859):

Ich glaubte dies am Besten zu erreichen, wenn ich mit den vorhandenen Schriftzeichen des hochdeutschen Alphabets die plattdeutschen Töne meiner Landschaft nachzubilden suchte und nebenbei zu Gunsten des Auges beim Lesen der hochdeutschen Schreibart in den verwandten Wörtern mich anschlösse, selbst in den Eigenthümlichkeiten, die man oft und mit Recht getadelt hat ... Gewiß ist das allgemein ausgesprochene Verlangen nach einer durchgreifenden plattdeutschen Orthographie ein durchaus berechtigtes, aber wer nur zwei oder drei neuerschienene, plattdeutsche, literarische Erzeugnisse mit einander vergleichen will, wird die vorläufige Unmöglichkeit einer Vereinigung aller dieser divergirenden Dialekte in dem Brennpunkte *einer* Schreibart leicht einsehen ... Mit der Verschiedenheit der Idiome hängt die Verschiedenheit der Schreibweise auf's Engste zusammen; jeder Schriftsteller bemüht sich durch die vorhandenen Sprachzeichen, ja durch neuerfundene, dem Klange seines landschaftlichen Dialekts gerecht zu werden, und dadurch wird die geschriebene Sprache noch viel buntscheckiger und unverständlicher als selbst die gesprochene ... Da, wo die alte plattdeutsche Sprache aufhörte, Schriftsprache zu sein, ist das Band zuerst zerrissen, da muß vernünftiger Weise zuerst wieder angeknüpft werden; da könnte man den Knoten schlagen, der alle Dialekte wieder zu einem Ganzen verbände. Ich meine dies selbstverständlich nicht so, daß die plattdeutschen Schriftsteller mit einem Sprunge wohl oder übel in dem Anfange des siebzehnten Jahrhunderts fußen und einer entfernten Zeit die letzten Reste der altplattdeutschen Schriftsprache als allein richtig aufdringen sollen ... Wir müssen ... nicht von dem Riß *aus*gehen, sondern von unseren heimathlichen Ufern aus dahin *vor*gehen ... ich weiß, ich bin auf gutem Wege, denn ich liebe meine *Sprache* mehr, als meinen *Dialekt*[13].

Die weitere Diskussion problematisierte die allen Schreibvorschlägen eigene Programmatik der leichten Lesbarkeit. Entweder verstand man darunter das bloße Sinnerfassen des geschriebenen Textes oder das Nachempfinden der dialektalen Klanggestalt. Ist jenes das Ziel, dann ist die Anlehnung an die Orthographie sinnvoll; geht es um letzteres, dann ist auch eine „exotische" Schreibung gerechtfertigt, wie sie der Hamburger Lyriker Robert Garbe (1878-1927) versucht hat. Im Anhang zu seinem 1921 erschienenen Gedichtband „Upkwalm" teilt er seine Schreibregeln mit („Von Shriwwiis un Utsprak"):

De awendlandshen Fölker brukt ēin Alfabet, wat inne Hööftsak letiinsh is. Sēi wüllt mit sin Boukstawen utkamen, obshoonst dat in jüm er Spraken, Luten giwwt, dēi dat Lettiinshe nich hatt hett, so dat dor in dat Alfabet ok kēin Tēikens för dor sünd. Düsse Luten betēikent de nien Spraken to'n Dēil dörch Verbinnunk von Boukstawen ... So kummt dat, dat jede Sprak dat gemēinsame Alfabet sik doch ēin bēten för ern egen Husgebruk trecht makt hett. Dat sülwig kann also un mutt ok de nedderdüütshe Sprak för sik verlangn. De Shriw- un Lēsregeln shöllt hir utförlich to Rum kamen, so dat jederēin, dēi man lern will, sik dor bet in 't lest ut vernēmen kann. Düsse Utförlichkeit hett mer mit de Utsprak as mit de Shriwregeln to doun, dēi vēl ēinfacher sünd, as 't bi son Gründlichkeit denn Anshin hewwen kann. För denn echten Plattdüütshen verstat sik de Regeln äwer de Utsprak je int merst von sülm; äwer för anner Lüüd sünd sēi doch nödig[14].

Das ausführliche Zitat der Einleitung zu den Schreibregeln des Dichters zeigt alle Besonderheiten seiner Schreibe an, z.B. *ē* ~<ä>, *sh* ~<sch>, *ng* [ŋ] ~*nk*, *ii* ~*ie*. Diese Schreibweise ist wohlüberlegt, sie schreckt aber durch ihre bewußte Kontrastellung zur deutschen Orthographie ab und hat wie auch andere lautnahe Schreibungen in der Geschichte nd. Schreibens keine weiterführende Beachtung erfahren.

Die zentralen Probleme eigentlich aller Graphievorschläge sind (a) die Wiedergabe der Vokalquantität (kurz : lang) und (b) der typischen nd. Vokalqualitäten (z.B. die Unterscheidung von ton- und altlangem *ö*).

Für (a) und (b) haben sich wichtige nd. Schreibregelungen so entschieden:

Klaus Groth[15]:   (a) *lütt* – *Lüd* 'klein, Leute'
                    (b) *Soen* – *möd, grön* 'Sohn, müde, grün'
Fritz Reuter[16]:   (a) *lütt* – *Lüd'*
                    (b) *Sähn* – *mäud, gräun*
Borchling/Niekerken 1935:   (a) *lütt* – *Lüüd*
                                    (b) *Sön* – *mööd, gröön*
Strempel 1956:   (a) *lütt* – *Lüd'*
                    (b) *Söhn* – *möd, grön*
Vosbergen 1956[17]:   (a) *lük* – *löö*
                          (b) *sön* – *möö/möde, gröön*
Saß 1976:   (a) *lütt* – *Lüüd*
              (b) *Söhn* – *mööd, gröön*

Die Anlehnung an die vertraute Orthographie (siehe *lütt* – Doppelkonsonanz als Indikator der Vokalkürze, *Söhn* mit Dehnungs-*h*) und die Berücksichtigung sprachgeschichtlich bedingter Aussprachebesonderheiten (siehe *gräun* mit der mecklenburgischen Diphthongierung von mnd. $\hat{o}^1$) bestimmen die verschiedenen Schreibregelungen. Die wichtigsten sind die auf den sog. Lübecker Richtlinien von 1919 fußenden Vorschläge von Borchling/Niekerken 1935 und Saß 1976 (zurückgehend auf Bemühungen von Johannes Saß [1889-1971] aus den dreißiger Jahren und besonders auf die mit Vertretern verschiedener norddeutscher Landschaften abgesprochenen Regeln von 1956[18]).

Heute richtet man sich in breiten Kreisen nach Saß. („Die meisten lebenden Autoren schreiben 'nach Saß'. Ik ok"[19]), dessen „Regeln für die plattdeutsche Rechtschreibung" im nordniedersächsischen Raum eine quasi-offizielle Geltung erfahren (dennoch keine orthographischen Vorschriften in eigentlichem Sinne genannt werden dürfen). Während des Dritten Reichs galt diese Schreibweise „gemäß einer Verfügung des Präsidenten der Reichsschrifttumskammer vom 2.7. 1935" als verbindlich für das nd. Schrifttum.

Johannes Saß hat seine Schreibvorschriften in 19 Regeln gefaßt, die nachstehend — leicht bearbeitet — wiedergegeben werden[20]:
1. Es werden in der Regel nur Schriftzeichen verwandt, die auch im Hochdeutschen gebräuchlich sind.
2. Apostroph tritt auf
   a) bei verkürztem Geschlechtswort (*an'n Haven, 'n beten*),
   b) bei Zusammenziehungen (*dat kann 'k nich*),
   c) gegebenenfalls zur Bezeichnung einer Überlänge (*dat Huus*, aber *de Hüüs'*).
3. Das Dehnungs-*h* steht nur in solchen Wörtern, deren hochdeutsche Entsprechungen es enthalten (*Stohl, Koh*).
4. Endsilben werden ausgeschrieben (*hebben*). Auch Beugungs-*t* nach auslautendem *t*-Laut werden mitgeschrieben (*ik sett, he sett't, wi sett't; ik smiet, wi smiet't*). Abschleifungen werden möglichst nicht berücksichtigt (*du büst*).
5. Die Länge des Vokals in offener Silbe wird nicht bezeichnet, es sei denn, daß die entsprechende hochdeutsche Form ein Dehnungs-*h* hat. Das lange *i* in offener Silbe wird *ie* geschrieben, sofern nicht im Hochdeutschen einfaches *i* steht (*Tide, Bibel*).
6. Die Länge des Vokals in geschlossener Silbe wird durch seine Verdoppelung, bei *i* durch *ie* bezeichnet. Ist ein Dehnungs-*h* zu setzen, so entfällt die Verdoppelung (*Straat, Straten, Hahn, Höhner*).
   Auch die Umlaute *ö* und *ü* unterliegen der Verdoppelung; *ä* kann verdoppelt werden (*de Bööm, de Schüün, dääglich/däglich*).
7. Bei der Unterscheidung von einlautigem und zweilautigem *e* bestehen folgende Möglichkeiten:
   a) keine Unterscheidung (*Deel* 'Diele', *Deel* 'Teil'),
   b) *ä* für das monophthongische *e* (*Däl/Dääl* 'Diele', *Deel* 'Teil'),
   c) *ę* für das monophthongische *e* (*Dęl* 'Diele', *Deel* 'Teil').
   Auch bei der Unterscheidung von monophthongischem und diphthongischem *ö* bestehen drei Möglichkeiten:
   a) keine Unterscheidung (*Köök, gröön*),
   b) monophthongisches *ö* wird *oe* geschrieben (*Koek*, aber *gröön*),
   c) monophthongisches *ö* wird *ǫ* geschrieben (*Kǫk*, aber *gröön*).
8. In kurzen, wenig betonten Wörtern und in unbetonten Nachsilben unterbleibt die Verdoppelung (*blot* 'nur', aber *bloot* 'nackt', *dar, dal, för, gar, los, mal, ok, vör, ut, -bar, -sam, -dom*), ebenso in *en* als unbestimmtem Artikel.
9. Das auslautende volltonige *e* wird, falls es nicht durch ein *-h* als lang bezeichnet wird, verdoppelt (*Snee, dree, Snackeree*).
10. Vokalkürze wird durch Verdoppelung des nachstehenden Konsonanten bezeichnet, falls nicht eine Konsonantenverbindung folgt (*Katt, Kopp, Snack, gramm 'gram', Küll, Hoff*). Die Kasusendung wird dabei nicht dem vorhergehenden Konsonanten zugerechnet (*du bliffst, he gifft*).
11. Bei kurzen, wenig betonten Wörtern tritt die Verdoppelung nicht ein (*af, as, al* 'schon', *bet, bün, dit, ik, sik, op, wat*).

12. *d* und *t*, *g* und *ch* im Auslaut richten sich in der Schreibung nach dem Hochdeutschen (*goot, root, Bruut, Tiet, Bett, Gott*, aber *Kind, Kleed, Hund, Dag, Tog, weg*).
13. Auf Überlänge eines Vokals folgt stimmhafter Konsonant. Die Überlänge kann durch einen Apostroph noch verdeutlicht werden (*in'n Huus', de Duuv', de Lüüd', Weeg'* 'Wiege').
14. Anlautendes *v* oder *f* entspricht dem Hochdeutschen (*vör* = hd. *vor, för* = hd. *für*, aber nach allgemeinem Schreibgebrauch *Voss* = hd. *Fuchs*).
15. Der stimmhafte *v/b*-Laut wird, wenn er als Reibelaut gesprochen wird, *v*, wenn er als Verschlußlaut gesprochen wird, *b* geschrieben (*leven/leben*). Die Schreibung *f* oder *v* im Auslaut richtet sich nach der Aussprache (*Wief* = einfache Länge, *de Leev'* = Überlänge).
16. *w* steht nur im Anlaut (*Water, swemmen*).
17. *g* und *gg* bleiben in der Konjugation unverändert (*seggen – he seggt, stiegen – he stiggt, mögen – he mag*).
18. Dem verbreiteten Schreibgebrauch folgend schreibt man *nix, fix, Büx, Hex, Lex, Ext*.
19. Fremdwörter schreibe man möglichst nach hochdeutscher Schreibweise (wobei sich im Nd. auch viele Lautanpassungen finden, z.B. *Kru* 'Mannschaft, Schiffsbesatzung', *Olewang* 'Lavendelwasser (franz. *eau de lavande*), *Treuer* 'gestrickte Jacke').

Jede literarische Verschriftung (siehe die Verschriftungsmöglichkeiten auf Seite 193f. will dem Leser den Dialekt des Autors nahebringen. Es ist deshalb hilfreich, die Dialektlandschaften und ihre sprachlichen Besonderheiten zu kennen; umso leichter wird das Einlesen in die betreffende Graphie fallen. Als feste Regel ist aber anzuerkennen, daß einem das Lesen nd. Texte nur durch andauerndes Lesen immer leichter fallen wird, bis es schließlich keine Schwierigkeiten mehr bereitet. Auch hier gilt das Sprichwort „Übung macht den Meister" oder „Up den eersten Slag fallt keen Boom".

Anmerkungen

1 Quickborn 78 (1988), S. 3. Das scheint nicht in allen Dialektlandschaften so zu sein. In bezug auf die Verhältnisse in Österreich heißt es: „Mit der Schreibung unserer Mundart in der Dichtung hat man sich bis jetzt kaum noch ernstlich und eingehender beschäftigt" (Hauer 1984, S. 5). Anders ist es in der Deutschschweiz, wo der Gegensatz von standard- und lautnaher Schreibung vielfach erörtert wird (vgl. Lerch 1971).
2 Der Text stammt aus Margret Sperlbaum, Proben deutscher Umgangssprache. Tübingen 1975 (Phonai 17), S. 80 (die phonemischen, literarischen und orthographischen Fassungen sind von mir, D.St.).
3 Harte 1977, S. 9.
4 Bremer 1914, S. 3.
5 Stolte 1925, S. 3.
6 Nd. Kbl. 1 (1876), S. 10.
7 Ebd., S. 42.

8   Für die Transkriptionssysteme der deutschen Dialektologie vgl. die Beiträge von P. Wiesinger, D. Möhn, G. Heike, L.E. Schmitt in ZMF 31 (1964); A. Almeida/Angelika Braun in Besch u.a. 1983 (1. Halbband).
9   Bei der in nd. Sprache abgefaßten Besprechung Hein Bredendieks von Gedichten Heino Kortes heißt es zum Gedicht „Vörjaar": „Worüm nich Vörjahr?" (Quickborn 65 (1975), S. 138).
10 Die Beispiele sind der Wortliste aus Saß 1976 entnommen.
11 Sauvagerd 1975, S. 10.
12 Dazu Gerhard Hinsch in Cordes/Möhn 1983, S. 189-193.
13 Fritz Reuter, Sämmtliche Werke in 8 Bänden. Volksausgabe. Wismar 1902. 1. Bd., S. 167-170.
14 Upkwalm. Gedichten v. Robert Garbe. Hammborg 1921, S. 183.
15 Dazu Jørgensen 1934, S. 236, 235, 266, 242, 197.
16 Dazu Frehse 1867, S. 46, 61, 47, 27.
17 Nach Sauvagerd 1975, S. 88, 142, 95 (*lük, sön, möö/de*); K. Sauvagerd, Dat roetsel. In: Jahrbuch des Heimatvereins der Grafschaft Bentheim 1977, S. 258, 252 (*löö, gröön*).
18 Zu den verschiedenen Vorschlägen vgl. die Ausführungen von Gerhard Hinsch in Cordes/Möhn 1983, S. 194ff.
19 Harte 1977, S. 10.
20 Saß 1976, S. 5f.

8. Schluß

Als vor 25 Jahren 16 prominente nd. Autoren gefragt wurden, welche Zukunft sie der nd. Sprache und ihrer Literatur einräumten, haben sich acht positiv geäußert, von sechs Befragten wurde eine vermischte Prognose abgegeben, nur zwei glaubten nicht mehr an eine längerfristige Existenz des Nd. und seiner Literatur. Typisch für die Meinung vieler am Nd. Interessierten ist die Stellungnahme des Oldenburger Autors Heinrich Diers (1894-1980): „Dat is so: Prophet bün ik nich. Plattdüütsch is nu dar. Plattdüütsch Schrieverslüü sind togang, un dat is mi eersmal noog. Un wo 't ward na us, dat könnt wi nich bestimmen. Jüs bi Spraken, do is 't mal so, mal so. Aber solang as se dor is, sett ik mi dofor in, wiel ik weet, dat dor noch wat insitten deit in us Spraak, us Platt"[1].

Eine pessimistischere Einschätzung findet sich im Eingang zu den 1987 veröffentlichten „Dörpgeschichten" von Günther Wacker: „'Kannst du denn uk noch plattdütsch?' 'Na ja, hen un wedder ward uk plattdütsch snackt. De Jüngeren nich mihr so, de Sprak verliert sick."[2]. Trostlos wird das Verhältnis des Nd. in der modernen Liederszene gesehen: „Wer die Sprache als solche thematisiert, wer sie nicht einfach als natürliches Medium für sein Anliegen nutzt, wer sie nicht als gegeben schlicht hinnimmt, der macht den krampfhaften Versuch, darüber hinwegzutäuschen, daß sie kaum noch lebensfähig ist"[3].

Urteile dieser Art, sie ließen sich leicht vermehren, kann man immer wieder hören und lesen. Sie sind nicht falsch, wiederum auch nicht die ganze Wahrheit. Im Abschnitt 5.2. ist dazu das von der Wissenschaft zu belegende ausgebreitet worden.

Die nd. Dialekte gehen derzeit verschiedene Wege. Kleinräumigere Varianten verlieren sich und werden durch standardnahe Aktionsformen ersetzt. Das Nordniedersächsische entwickelt sich zunehmend zu einer großräumigen, integrierten Sprachform, die als norddeutsche Regionalsprache eine beachtliche kulturelle Rolle spielt, in den Medien wie in der Kirche und im gesamten Freizeitverhalten.

Die 1972 erfolgte Gründung des Instituts für niederdeutsche Sprache mit Sitz in Bremen[4] und andere Einrichtungen (meist in den Organisationen der zentralen Heimatbünde in Niedersachsen, Westfalen und Schleswig-Holstein sowie das 1978 errichtete Mecklenburgische Folklorezentrum in Rostock) verleihen der nd. Kultur- und Spracharbeit einen professionellen Rahmen und bieten wirkungsvolle Unterstützung. Die Zusammenarbeit mit den weit älteren Einrichtungen an norddeutschen Universitäten[5] im Sinne eines wechselseitigen Praxis-Theorie-Transfers verläuft effektiv, auch in Fragen der wissenschaftlichen Bearbeitung des Nd. Sie darf nicht nur auf bestimmte lang- und längerfristige Forschungsvorhaben (z.B. in der Lexikographie) bezogen sein, sie muß sich auch in die germanistische Ausbildung einschalten. Dafür will das vorliegende Lehrbuch einige Voraussetzungen nennen. Dem Forschungsstand entsprechend konnte das z.B. keine umfassende Grammatik des Nd. sein, auch keine aspektreiche Syntaxdarstellung, eher eine Art Mischsyntax, will man darunter die aneinandergereihte Beschreibung einzelner wichtiger Grammatikbereiche verstehen. Aber auch über solche Versuche kann Interesse für das Nd. und seine wissenschaftliche Bearbeitung geweckt werden.

Noch einmal zu der Frage an die nd. Autoren, welche Zukunft sie ihrer Sprache geben. „Da müßte ich die Frage stellen: Hat sie eine Gegenwart? Ihre Gegenwart liegt auch nur sehr am Rande des geistigen Lebens von heute. Eine Zukunft wird sie nur haben, wenn die Welt der Gebildeten eine andere Einstellung gewinnt zur Bedeutung des Plattdeutschen. Und daran fehlt vieles. Es fehlt zum Beispiel derjenige, der plattdeutsche Dichtungen einmal so interpretiert, wie es bei hochdeutschen Dichtungen selbstverständlich ist. Unsere plattdeutschen Literarhistorien sind alle bemüht, möglichst viele Namen zu nennen. Infolgedessen entfällt auf den einzelnen Autor immer nur ein verhältnismäßig geringer Raum. Es fehlt an Darstellungen, die das Werk eines Autors wirklich in der Form darbieten, wie sonst das Werk eines Autors präsentiert wird durch die Wissenschaft und Literarhistoriker ... Der Raum, der in unseren Zeitungen für niederdeutsche Dinge zur Verfügung steht, ist so bescheiden, daß er zu mehr als einem freundlichen Wort in der Regel nicht ausreicht. Vielleicht könnten sich unsere jungen niederdeutschen Philologen hier ein Verdienst erwerben"[6].

Einiges von dem, was der ostfriesische Dichter mit diesen Worten beklagt, ist im letzten Vierteljahrhundert besser geworden (auch daß ein Buch zur nd. Sprache in einer germanistischen Lehrbuchsammlung erscheinen kann!), vieles diesbezügliche ist noch zu tun. Dabei wird die Wissenschaft, die nd. Philologie, zwischen ihrem Objekt (der nd. Sprache und Literatur) und ihrer Position (im sozialen System der Wissenschaft) zu scheiden wissen. Indem sie dem Nd. aber wissenschaftliche Aufmerksamkeit schenkt und dafür bei Studierenden wirbt, nimmt sie in gewissem Sinne auch eine sprachpflegerische Aufgabe wahr. Im Prinzip gilt wohl zurecht, was einmal systemtheoretisch so formuliert worden ist: „An dieser Stelle kann auch die häufig gestellte Frage beantwortet werden, ob die niederdeutsche Philologie als Teil des Wissenschaftssystems dazu beitragen könne, die verschiedenen niederdeutschen Varietäten und das darauf aufbauende Literatursystem zu erhalten. Die Antwort auf diese Frage lautet selbstverständlich 'nein'. Um nämlich mit Aussicht auf Erfolg für die niederdeutsche Sprache und Literatur werben zu können, müßte sich der Wissenschaftler Aussagen bedienen, die zu Recht als wissenschaftlich unseriös gelten. So müßte er z.B. behaupten, daß 'Plattdeutsch eine besonders 'warme' Sprache' sei, daß 'jede Ortsmundart einmalig' sei u.a.m. Für die Erhaltung der niederdeutschen Sprache und der niederdeutschen Szene kann höchstens das organisatorische Zentrum der Szene selbst sorgen, nicht jedoch die Wissenschaft"[7].

Anmerkungen

1. Keseling/Mews 1964, S. 30.
2. In'n Wind gahn. Niederdeutsche Lyrik und Prosa der Gegenwart. Hrsg. v. Christa Prowatke, Rostock 1987, S. 94.
3. Schobess 1987, S. 14.
4. Vgl. zum Aufbau, Programm und der Arbeit im ersten Jahrzehnt die Schrift „Institut für niederdeutsche Sprache 1972-1982", hrsg. vom Vorstand des Instituts für niederdeutsche Sprache, Bremen 1982.
5. Siehe dazu Stellmacher 1981a, S. 98-104.
6. Moritz Jahn in Keseling/Mews 1964, S. 58.
7. Wirrer 1983, S. 130.

9. Abkürzungsverzeichnis

a.a.O.	=	am angegebenen Ort	nd.	=	niederdeutsch
Abb.	=	Abbildung	Nd. Jb.	=	Niederdeutsches Jahrbuch (Zs.)
Adj.	=	Adjektiv			
Adv.	=	Adverb	Nd. Kbl.	=	Korrespondenzblatt des Vereins für niederdeutsche Sprachforschung (Zs.)
ahd.	=	althochdeutsch			
Akk.	=	Akkusativ			
and.	=	altniederdeutsch	ndl.	=	niederländisch
Anm.	=	Anmerkung	Nd. Mitt.	=	Niederdeutsche Mitteilungen (Zs.)
Bd.	=	Band			
bearb.	=	bearbeitet	nds.	=	niedersächsisch
DaF	=	Deutsch als Fremdsprache (Zs.)	Nd. Wort	=	Niederdeutsches Wort (Zs.)
			Neutr.	=	Neutrum
Dat.	=	Dativ	nhd.	=	neuhochdeutsch
Ders.	=	Derselbe	nnd.	=	neuniederdeutsch
d.h.	=	das heißt	N(om).	=	Nominativ
d.i.	=	das ist	NphM	=	Neuphilologische Mitteilungen (Zs.)
Dies.	=	Dieselbe			
Diss.	=	Dissertation	Nr.	=	Nummer
E_a	=	Artergänzung	O_2	=	Genitivobjekt
ebd.	=	ebenda	O_3	=	Dativobjekt
Fem.	=	Femininum	O_4	=	Akkusativobjekt
Fut.	=	Futur(um)	o.J.	=	ohne Jahresangabe
Gen.	=	Genitiv	O_k	=	Objektskasus
germ.	=	germanisch	ond.	=	ostniederdeutsch
hd.	=	hochdeutsch	o.O.	=	ohne Ortsangabe
Hrsg.	=	Herausgeber	O_p	=	Präpositionalobjekt
IdS	=	Institut für deutsche Sprache (mit Sitz in Mannheim)	Opt.	=	Optativ
			Part.	=	Partizip
i.e.S.	=	in engerem Sinne	PBB	=	(Paul/Braunes) Beiträge zur Geschichte der deutschen Sprache und Literatur H[alle], T[übingen](Zs.)
Ind.	=	Indikativ			
INS	=	Institut für niederdeutsche Sprache (mit Sitz in Bremen)			
Instr.	=	Instrumental	Pers.	=	Person
i.w.S.	=	in weiterem Sinne	Phil.	=	Philosophisch
Jg.	=	Jahrgang	Pl.	=	Plural
Jh.	=	Jahrhundert	Prä.	=	Prädikat
Kap.	=	Kapitel	Präs.	=	Präsens
Konj.	=	Konjunktiv	Prät.	=	Präteritum
Krs.	=	Kreis	S.	=	Seite
Kt.	=	Karte	schw.	=	schwach
lat.	=	lateinisch	Sg.	=	Singular
LB	=	Leuvense Bijdragen (Zs.)	slaw.	=	slawisch
Lfg.	=	Lieferung	sog.	=	sogenannt
Masch.	=	Maschinenschriftlich	Sp.	=	Spalte
Mask.	=	Maskulinum	st.	=	stark
mnd.	=	mittelniederdeutsch	Sub.	=	Subjekt
n.Chr.	=	nach Christus, d.h. nach Christi Geburt	Subst.	=	Substantiv
			Theol.	=	Theologisch

usw.	=	und so weiter	ZdS	= Zeitschrift für deutsche Sprache
v.	=	von		
Vfin.	=	verbum finitum (konjugiertes Verb)	ZfdM	= Zeitschrift für deutsche Mundarten
vs.	=	versus, gegenüber	zit.	= zitiert
wg.	=	westgermanisch	ZMF	= Zeitschrift für Mundartforschung
wnd.	=	westniederdeutsch		
WS	=	Wintersemester	ZPSK	= Zeitschrift für Phonetik, Sprachwissenschaft und Kommunikationsforschung
ZDL	=	Zeitschrift für Dialektologie und Linguistik		
			Zs.	= Zeitschrift

10. Verzeichnis der Karten und Abbildungen

Kt. 1:   Der and. Sprachraum im 9. Jh. (nach Goossens 1973, Kartenanhang, Kt. 1)
Kt. 2:   Der mnd. Sprachraum (nach Peters 1984, S. 59)
Kt. 3:   Die nd. Mundarten (nach Goossens 1973, Kartenanhang, Kt. 3)
Kt. 4:   Nd. Mundarten in der ersten Hälfte des 20. Jhs. (nach Gernentz 1980, S. 99, Kt. 4)
Kt. 5:   Ostniederdeutsch (nach LGL 1980, S. 465)
Kt. 6:   Strukturgeographische Einteilung des Nd. (nach Foerste 1960, S. 9, Kt. 2)
Kt. 7:   Die Struktur der monophthongischen ê- und ô-Laute (nach Goossens 1973, Kartenanhang, Kt. 5)
Kt. 8:   Strukturelle Entwicklungen von mnd. ê, ô im Nnd. (nach Cordes/Möhn 1983, S. 243)
Kt. 9:   Rheinischer Fächer (nach Theodor Frings, Grundlegung einer Geschichte der deutschen Sprache. Halle/S. 1957, S. 86, Kt. 2)
Kt. 10: Lautverschiebung im Ostmitteldeutschen (nach Theodor Frings, Sprache und Geschichte III. Mit Beiträgen von Käthe Gleissner, R. Grosse, H. Protze. Halle/S. 1956, S. 232, Kt. 10)
Kt. 11: *dich* im Ostfälischen (nach Mehlem 1967, S. 311)
Kt. 12: Entwicklung der mnd. ê- und ô-Laute (nach Wagener 1985, S. 152, Abb. 1)
Kt. 13: Nd. Wanderwege in der Welt (nach Nyman 1979, Kt. auf S. 24)
Kt. 14: *bloß* in den nd. Mundarten Niedersachsens

Abb. 1: Das Sprachformenmodell (S. 91)
Abb. 2: Können Sie plattdeutsch sprechen? (S. 99)
Abb. 3: Warum sprechen Sie Plattdeutsch? (S. 100)
Abb. 4: Sprechen Sie tatsächlich Platt? (S. 100)
Abb. 5: Verstehen Sie Nd.? (S. 102)

Karte 1

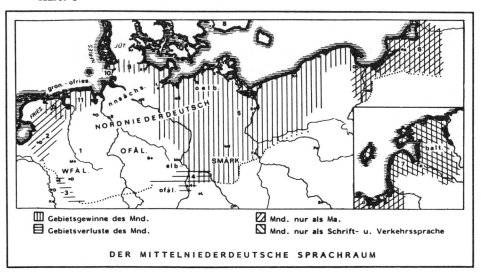

Karte 2

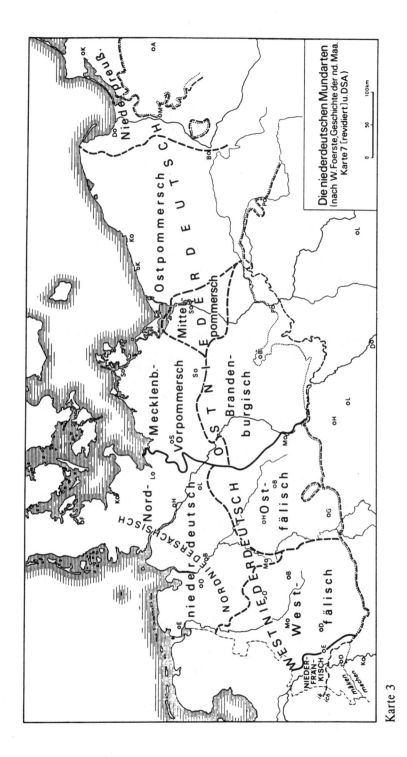

Karte 3

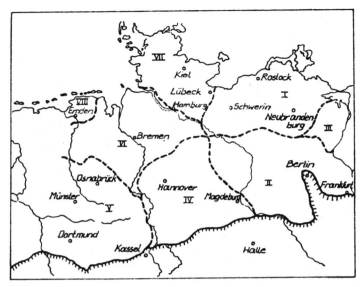

Karte 4

Karte 5

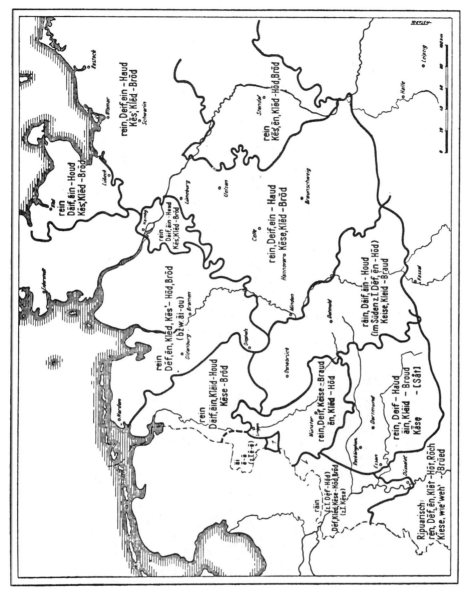

Karte 6

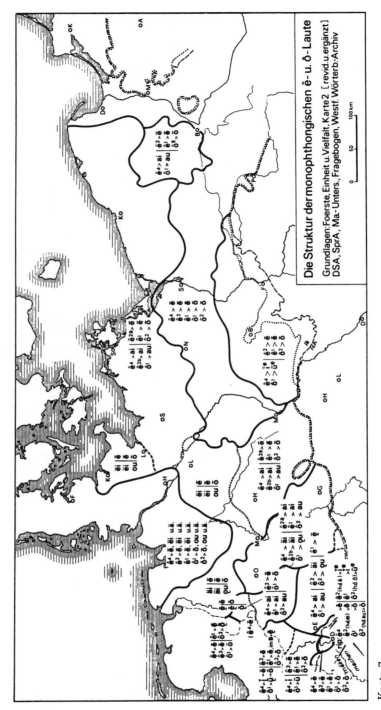

Karte 7

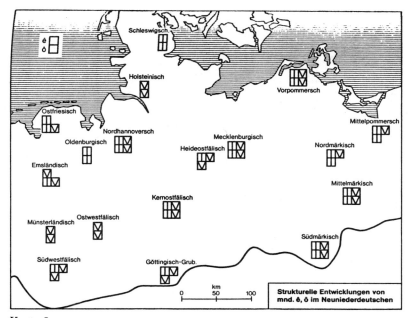

Karte 8

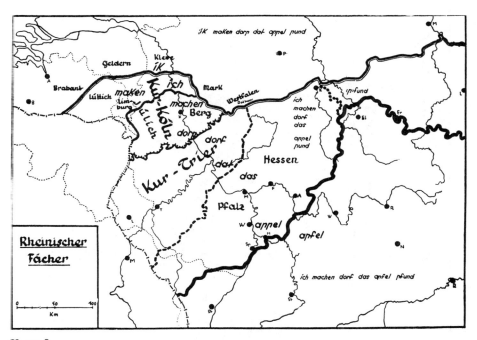

Karte 9

213

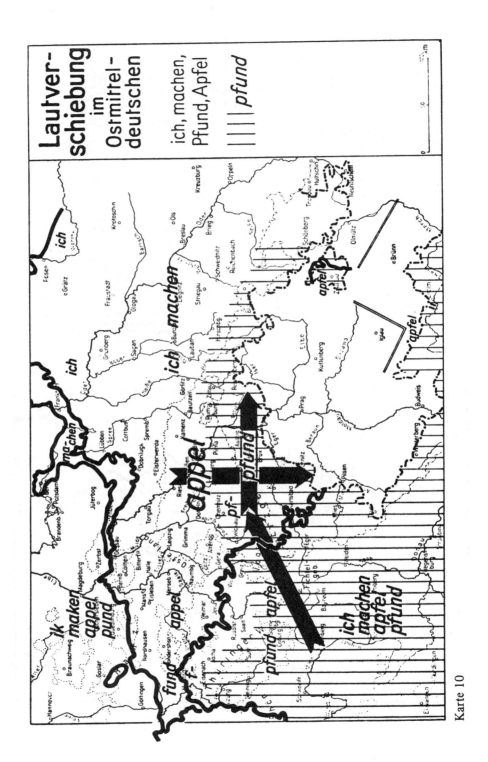

Karte 10

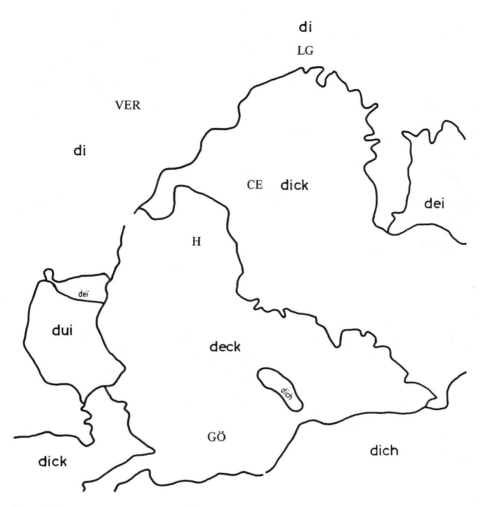

Karte 11

GÖ = Göttingen
H = Hannover
CE = Celle
LG = Lüneburg
VER = Verden

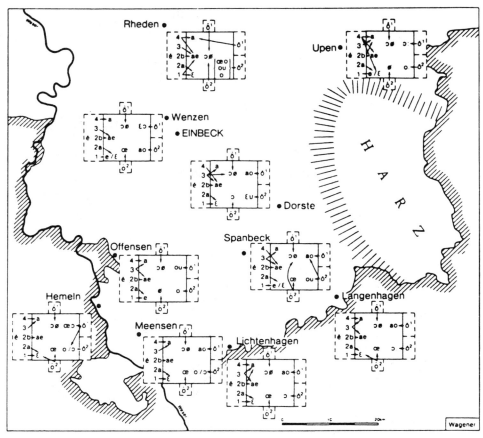

Karte 12

Karte 13

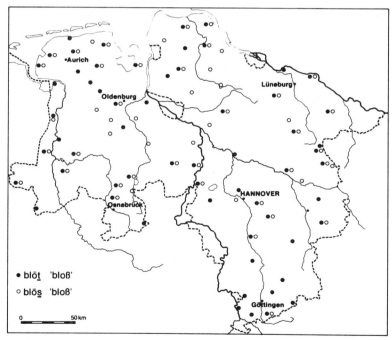

Karte 14

11. Literaturverzeichnis

Reiche Informationen über die grammatische Bearbeitung auch nd. Dialekte finden sich bei Peter *Wiesinger*/Elisabeth *Raffin*, Bibliographie zur Grammatik der deutschen Dialekte. Laut-, Formen-, Wortbildungs- und Satzlehre 1800 bis 1980. Mit einem Kartenteil. Bern/Frankfurt a.M. 1982. Ergänzungsband 1987.

Zu alten und neuen Arbeiten an einer „Plattdeutschen Bibliographie" siehe Michelsen 1980.

Ahtiluoto 1968 = Ahtiluoto, Lauri: Wortgeographische Untersuchungen zu den niederdeutschen Bibelfrühdrucken. In: NphM 69 (1968), S. 628-673.

Andresen 1982 = Andresen, Dieter: Anfänge kirchlicher Terminologie und theologischer Rede in niederdeutscher Sprache. Theol. Diss. Kiel 1982.

Arfken 1979 = Arfken, Ernst: Wie tüchtig ist die plattdeutsche Sprache? In: De Kennung 2 (1979), S. 18-23.

Åsdahl Holmberg 1950 = Åsdahl Holmberg, Märta: Studien zu den niederdeutschen Handwerkerbezeichnungen des Mittelalters. Leder- und Holzhandwerker. Lund/Kopenhagen 1950.

Ausbildung I/II = Zur Ausbildung der Norm der deutschen Literatursprache auf der syntaktischen Ebene (1470-1730). Der Einfachsatz. Unter der Leitung von G. Kettmann und J. Schildt. Berlin 1976 (I). Zur Ausbildung der Norm der deutschen Literatursprache auf der lexikalischen Ebene (1470-1730). Untersucht an ausgewählten Konkurrentengruppen. Unter der Leitung von J. Dückert. Berlin 1976 (II).

Basler 1923 = Basler, Otto: Altsächsisch. Heliand, Genesis und kleinere Denkmäler. In erläuterten Textproben mit sprachlich-sachlicher Einführung. Freiburg i.Br. 1923.

Beckmann o.J. = Beckmann, Werner: Kleine Sprachlehre – Arbeitshilfe – der westfälisch-märkischen Mundarten von Herdecke-Ende. Herdecke o.J.

Behaghel 1910 = Behaghel, Otto (Hrsg.): Heliand und Genesis. Halle/S. ^{2}1910.

Behrens 1924 = Behrens, Hans: Niederdeutsche Praeteritalbildung. In: PBB 48 (1924), S. 145-222.

Bellmann 1975 = Bellmann, Johann Diedrich (Hrsg.): Kanzelsprache und Sprachgemeinde. Dokumente zur plattdeutschen Verkündigung. Bremen 1975.

Bergmann 1973 = Bergmann, Rolf: Verzeichnis der althochdeutschen und altsächsischen Glossenhandschriften. Mit Bibliographie der Glosseneditionen, der Handschriftenbeschreibungen und der Dialektbestimmungen. Berlin/New York 1973.

Bernhardi 1844 = Bernhardi, Carl: Sprachkarte von Deutschland. Als Versuch entworfen und erläutert. Kassel 1844.

Bernhardt 1903 = Bernhardt, J.: Zur Syntax der gesprochenen Sprache. (Ein Versuch). In: Nd. Jb. 29 (1903), S. 1-25.

Besch 1983 = Besch, Werner (Hrsg.): Sprachverhalten in ländlichen Gemeinden. Dialekt und Standardsprache im Sprecherurteil. Forschungsbericht Erp-Projekt. Bd. II. Berlin 1983.

Besch u.a. 1983 = Besch, Werner/Knoop, Ulrich/Putschke, Wolfgang/Wiegand, Herbert Ernst (Hrsgg.): Dialektologie. Ein Handbuch zur deutschen und allgemeinen Dialektforschung. 2 Halbbände. Berlin 1982/83.

Bichel 1972 = Bichel, Ulf: Entwurf eines enzyklopädischen Stichwortes „Niederdeutsch". In: Klaus-Groth-Gesellschaft. Jahresgabe 1972, S. 103-109.

Bichel 1973 = Bichel, Ulf: Problem und Begriff der Umgangssprache in der germanistischen Forschung. Tübingen 1973.

Bichel 1979 = Bichel, Ulf: Beobachtungen und Überlegungen zum Thema: „Missingsch", Sprachform und literarische Verwendung. In: W. Kramer/U. Scheuermann/D. Stellmacher (Hrsgg.), Gedenkschrift für Heinrich Wesche. Neumünster 1979, S. 7-29.

Bichel 1985a = Bichel, Ulf: Lexikologie des Mittelniederdeutschen. In: W. Besch/O. Reichman/S. Sonderegger (Hrsgg.), Sprachgeschichte. Ein Handbuch zur Geschichte der deutschen Sprache und ihrer Erforschung. 2. Halbband. Berlin/New York 1985, S. 1232-1238.

Bichel 1985b = Bichel, Ulf: Von Kritikern als „Hochdeutsch" empfundene Spracherscheinungen in niederdeutsch-sprachigen Werken Klaus Groths und Fritz Reuters. In: Nd. Wort 25 (1985), S. 3-16.

Bischoff 1981 = Bischoff, Karl: Über gesprochenes Mittelniederdeutsch. Wiesbaden 1981 (Akademie der Wissenschaften und der Literatur. Abhandlungen der Geistes- und Sozialwissenschaftlichen Klasse. Jg. 1981, Nr. 4).

Bischoff 1985 = Bischoff, Karl: Reflexe gesprochener Sprache im Mittelniederdeutschen. In: W. Besch/O. Reichmann/S. Sonderegger (Hrsgg.), Sprachgeschichte. Ein Handbuch zur Geschichte der deutschen Sprache und ihrer Erforschung. 2. Halbband. Berlin/New York 1985, S. 1263-1268.

Bonte/Pieper 1981 = Bonte, Wolfgang/Pieper, Peter: Original oder Fälschung? Ein Beitrag zur Qualifizierung der sogenannten Weser-Runenknochen. In: Archiv für Kriminologie 168 (1981), S. 65-77.

Borchling 1916 = Borchling, Conrad: Sprachcharakter und literarische Verwendung des sogenannten „Missingsch". In: Wissenschaftliche Beihefte zur Zeitschrift des Allgemeinen Deutschen Sprachvereins. 5. Reihe, Heft 37 (1916), S. 193-222.

Borchling/Niekerken 1935 = Borchling, Conrad: Plattdeutsche Rechtschreibungslehre für die Mundarten des nordniedersächsischen Raumes. Nebst einem Wörterverzeichnis von Walther Niekerken. Hamburg 1935.

Borchling/Quistorf 1927 = Borchling, Conrad/Quistorf, Hermann (Hrsgg.): Tausend Jahre Plattdeutsch. Proben niederdeutscher Sprache und Dichtung vom Heliand bis 1900. Hamburg 1927.

Born 1978 = Born, Walter: Kleine Sprachlehre des Münsterländer Platt. Münster 1978.

K. Böttcher 1922 = Böttcher, Kurt: Das Vordringen der hochdeutschen Sprache in den Urkunden des niederdeutschen Gebietes vom 13. bis 16. Jahrhundert. In: ZfdM, Jg. 1921, S. 62-67, Jg. 1922, S. 97-108.

W. Böttcher 1913 = Böttcher, Werner: Geschichte der Verbreitung des lübischen Rechtes. Phil. Diss. Greifswald 1913.

Bremer 1914 = Bremer, Otto: Regeln für die plattdeutsche Rechtschreibung nebst Textprobe und Wörterverzeichnis. Halle/S. 1914 (Beilage zum Nd. Kbl.).

Bretschneider 1973 = Bretschneider, Anneliese: Berlin und „Berlinisch" in der märkischen Sprachlandschaft. In: Jahrbuch für brandenburgische Landesgeschichte 24 (1973), S. 68-84.

Bröcker 1938 = Bröcker, Paul: Kleine Wort- und Formenkunde des Plattdeutschen. Ein Lehr- und Lernbüchlein. Hamburg 1938.

Bulach 1964 = Bulach, N.A.: Die doppelte Verneinung in der deutschen Schriftsprache. In: Sprachpflege 13 (1964), S. 165-168.

Bulicke 1979 = Bulicke, Inge: Zur Geschichte der Kirchensprache in Ostfriesland seit der Reformation. Leer 1979.

Buscha 1986 = Buscha, Joachim: Die Darstellung der Adjektivdeklination in den Grammatiken der deutschen Gegenwartssprache. In: Sprachpflege 35 (1986), S. 125-128.

Cordes 1934 = Cordes, Gerhard: Schriftwesen und Schriftsprache in Goslar bis zur Aufnahme der neuhochdeutschen Schriftsprache. Hamburg 1934.

Cordes 1956 = Cordes, Gerhard: Zur Frage der altsächsischen Mundarten. In: ZMF 24 (1956), S. 1-51, 65-78.

Cordes 1959 = Cordes, Gerhard: Antwort an Erik Rooth (Nd. Mitt. 13, 32ff.). In: Nd. Mitt. 15 (1959), S. 7-15.

Cordes 1969 = Cordes, Gerhard: Synchronische und diachronische Methode für Grammatiken älterer Sprachsysteme. In: Sprache der Gegenwart 5. Jahrbuch des IdS. Düsseldorf 1969, S. 207-219.

Cordes 1985a = Cordes, Gerhard: Morphologie des Altniederdeutschen (Altsächsischen). In: W. Besch/O. Reichmann/S. Sonderegger (Hrsgg.), Sprachgeschichte. Ein Handbuch zur Geschichte der deutschen Sprache und ihrer Erforschung. 2. Halbband. Berlin/ New York 1985, S. 1079-1083.

Cordes 1985b = Cordes, Gerhard: Wortbildung des Mittelniederdeutschen. In: W. Besch/ O. Reichmann/S. Sonderegger (Hrsgg.), Sprachgeschichte. Ein Handbuch zur Geschichte der deutschen Sprache und ihrer Erforschung. 2. Halbband. Berlin/New York 1985, S. 1243-1247.

Cordes/Möhn 1983 = Cordes, Gerhard/Möhn, Dieter (Hrsgg.): Handbuch zur niederdeutschen Sprach- und Literaturwissenschaft. Berlin 1983.

Dahl 1960 = Dahl, Eva-Sophie: Das Eindringen des Neuhochdeutschen in die Rostocker Ratskanzlei. Berlin 1960.

Dahl 1961 = Dahl, Eva-Sophie: Zu Fragen des Geschlechtswechsels und der Doppelgeschlechtigkeit im neueren mecklenburgischen Niederdeutschen. In: PBB (H) 83 (1961), S. 195-204.

Dahl 1974 = Dahl, Eva-Sophie: Interferenz und Alternanz — zwei Typen der Sprachschichtenmischung im Norden der Deutschen Demokratischen Republik. In: Aktuelle Probleme der sprachlichen Kommunikation. Soziolinguistische Studien zur sprachlichen Situation in der Deutschen Demokratischen Republik. Berlin 1974, S. 339-387.

De Smet 1981 = de Smet, Gilbert A.R.: Die gedruckte niederdeutsche Lexikographie bis 1650. In: Nd. Jb. 104 (1981), S. 70-81.

Dittmar u.a. 1986 = Dittmar, Norbert/Schlobinski, Peter/Wachs, Inge: Berlinisch. Studien zum Lexikon, zur Spracheinstellung und zum Stilrepertoire. Berlin 1986.

Dock 1980 = Dock, Arnold: Flurnamen der Börde Lamstedt. Hrsg. v. D. Stellmacher. Rinteln 1980.

Duerre 1861 = Duerre, Hermann: Geschichte der Stadt Braunschweig im Mittelalter. Braunschweig 1861.

Dyhr/Zint 1985 = Dyhr, Mogens/Zint, Ingeborg: Vorüberlegungen zu einem Projekt 'Sprachvariation in Flensburg'. In: Kopenhagener Beiträge zur Germanistischen Linguistik 23 (1985), S. 91-104.

Eichhoff 1981 = Eichhoff, Jürgen: Niederdeutsche Mundarten in Nordamerika. Geschichte und Bibliographie. In: Nd. Jb. 104 (1981), S. 134-159.

Engels 1841 = Engels, Friedrich: Plattdeutsch. In: K. Marx/F. Engels: Werke. Ergänzungsband. Schriften, Manuskripte, Briefe bis 1844 (2. Teil). Berlin 1967, S. 137f.

Eroms 1984 = Eroms, Hans-Werner: Indikativische periphrastische Formen mit *doa* im Bairischen als Beispiel für latente und virulente syntaktische Regeln. In: P. Wiesinger (Hrsg.), Beiträge zur bairischen und ostfränkischen Dialektologie. Göppingen 1984, S. 123-135.

Fissen 1963 = Fissen, Karl: Plattdütsch läwt. Landschaft, Mensch und Sprache in Niederdeutschland. Oldenburg 1963.

Flechsig 1980 = Flechsig, Werner: Ostfälische Kurzvokale in offener Silbe. Ein lautgeschichtlicher und dialektgeographischer Überblick. In: Nd. Jb. 103 (1980), S. 129-174.

Fleischer 1969 = Fleischer, Wolfgang: Wortbildung der deutschen Gegenwartssprache. Leipzig 1969.

Foerste 1938 = Foerste, William: Der Einfluß des Niederländischen auf den Wortschatz der jüngeren niederdeutschen Mundarten Ostfrieslands. Hamburg 1938 (Neudruck Leer 1975).

Foerste 1954 = Foerste, William: Geschichte der niederdeutschen Mundarten. In: W. Stammler (Hrsg.), Deutsche Philologie im Aufriß. Bd. II. Berlin/Bielefeld 1954, Sp. 1905-2062.

Foerste 1960 = Foerste, William: Einheit und Vielfalt der niederdeutschen Mundarten. Münster 1960.

Foerste 1962 = Foerste, William: Die Herausbildung des Niederdeutschen. In: Festschrift für Ludwig Wolff zum 70. Geburtstag, hrsg. von W. Schröder. Neumünster 1962, S. 9-27.

Foerste 1963 = Foerste, William: Das Münsterländische. Das Ravensbergische. In: Nd. Wort 3 (1963), S. 29-36, 74-84.

Frehse 1867 = Frehse, Fr.: Wörterbuch zu Fritz Reuter's sämmtlichen Werken. Wismar/Rostock/Ludwigslust 1867.

Freudenthal 1906 = Freudenthal, Friedrich: En paar Wör öwer de plattdütsche Sprak. In: Niedersachsen 11 (1905/06), S. 317f.

Frings/Lerchner 1966 = Frings, Theodor/Lerchner, Gotthard: Niederländisch und Niederdeutsch. Aufbau und Gliederung des Niederdeutschen. Berlin 1966.

Frings/Müller 1966/68 = Frings, Theodor/Müller, Gertraud: Germania Romana. Bd. I. Halle/S. 1966. Bd. II. Dreißig Jahre Forschung. Romanische Wörter. Halle/S. 1968.

Fuchs 1983 = Fuchs, Vilem: Die ganze Welt des Deutschen Vaterland. Einige Anmerkungen zum nationalen Bewußtsein. Leer 1983.

Gabrielsson 1932/33 = Gabrielsson, Artur: Das Eindringen der hochdeutschen Sprache in die Schulen Niederdeutschlands im 16. und 17. Jahrhundert. In: Nd. Jb. 58/59 (1932/33), S. 1-79.

Gallée 1910 = Gallée, Johan Hendrik: Altsächsische Grammatik. Eingeleitet und mit Registern versehen von Johannes Lochner. Halle/Leiden ²1910.

Gernentz 1976 = Gernentz, Hans Joachim: Die niederdeutsche Sprache und Literatur in der Zeit der frühbürgerlichen Revolution. In: ZPSK 29 (1976), S. 107-128.

Gernentz 1980 = Gernentz, Hans Joachim: Niederdeutsch – gestern und heute. Beiträge zur Sprachsituation in den Nordbezirken der Deutschen Demokratischen Republik in Geschichte und Gegenwart. Rostock 1980.

Gernentz 1986 = Gernentz, Hans Joachim: Die Entwicklung der mittelniederdeutschen Literatursprache in der Zeit der frühbürgerlichen Revolution. In: K. Fritze/E. Müller-Mertens/J. Schildhauer (Hrsgg.), Der Ost- und Nordseeraum. Politik – Ideologie – Kultur vom 12. bis zum 17. Jahrhundert. Weimar 1986, S. 134-146.

Gesenhoff/Reck 1985 = Gesenhoff, Marita/Reck, Margarete: Die mittelniederdeutsche Kanzleisprache und die Rolle des Buchdruckes in der mittelniederdeutschen Sprachgeschichte. In: W. Besch/O. Reichmann/S. Sonderegger (Hrsgg.), Sprachgeschichte. Ein Handbuch zur Geschichte der deutschen Sprache und ihrer Erforschung. 2. Halbband. Berlin/New York 1985, S. 1279-1289.

Goltz 1984 = Goltz, Reinhard: Die Sprache der Finkenwerder Fischer. Die Finkenwerder Hochseefischerei. Studien zur Entwicklung eines Fachwortschatzes. Herford 1984.

Goossens 1971 = Goossens, Jan: Die Begrenzung dialektologischer Problemgebiete. In: ZDL 38 (1971), S. 129-144.

Goossens 1973 = Goossens, Jan (Hrsg.): Niederdeutsch. Sprache und Literatur. Eine Einführung. Bd. 1: Sprache. Neumünster 1973.

Goossens 1981 = Goossens, Jan (Hrsg.): Sprachatlas des nördlichen Rheinlands und des südöstlichen Niederlands „Fränkischer Sprachatlas" (FSA). Ortsregister – Grundkarte. Marburg 1981.

Goossens 1983 = Goossens, Jan: Sprache. In: W. Kohl (Hrsg.), Westfälische Geschichte in drei Textbänden und einem Bild- und Dokumentarband. Bd. 1: Von den Anfängen bis zum Ende des alten Reiches. Düsseldorf 1983, S. 55-80.

Gregersen 1974 = Gregersen, H.V.: Plattysk i Sønderjylland. En undersøgelse af fortyskningens historie indtil 1600 – årene. Odense 1974.

Grimm 1819 = Grimm, Jacob: Deutsche Grammatik. Göttingen 1819.

Grimm 1822 = Grimm, Jacob: Deutsche Grammatik. 1. Theil; 2. Ausgabe. Göttingen 1822.

Härd 1985a = Härd, John Evert: Morphologie des Mittelniederdeutschen. In: W. Besch/O. Reichmann/S. Sonderegger (Hrsgg.), Sprachgeschichte. Ein Handbuch zur Geschichte der deutschen Sprache und ihrer Erforschung. 2. Halbband. Berlin/New York 1985, S. 1227-1231.

Härd 1985b = Härd, John Evert: Syntax des Mittelniederdeutschen. In: W. Besch/O. Reichmann/S. Sonderegger (Hrsgg.), Sprachgeschichte. Ein Handbuch zur Geschichte der deutschen Sprache und ihrer Erforschung. 2. Halbband. Berlin/New York 1985, S. 1238-1243.

Harte 1977 = Harte, Günter: Lebendiges Platt. Ein Lehr- und Lesebuch. Hamburg 1977.

Hartig 1985 = Hartig, Joachim: Soziokulturelle Voraussetzungen und Sprachraum des Altniederdeutschen (Altsächsischen). In: W. Besch/O. Reichmann/S. Sonderegger (Hrsgg.), Sprachgeschichte. Ein Handbuch zur Geschichte der deutschen Sprache und ihrer Erforschung. 2. Halbband. Berlin/New York 1985, S. 1069-1074.

Hauer 1984 = Hauer, Johannes: Die Schreibung unserer Mundart. Mit kurzgefaßter Poetik (Versmaße, Reime, Strophen) und Hinweisen auf die Stilistik. Wels 1984.

Hauschild 1899/1900 = Hauschild, Oskar: Die Bedeutung der Assonanz und des Ablautes für die Wortbildung im Niederdeutschen. In: Nd. Kbl. 21 (1899/1900), S. 3-9.

Heinsohn 1933 = Heinsohn, Wilhelm: Das Eindringen der neuhochdeutschen Schriftsprache in Lübeck während des 16. und 17. Jahrhunderts. Lübeck 1933.

Helbig 1972 = Helbig, Gerhard: Zum Verhältnis von Grammatik und Fremdsprachenunterricht. In: DaF 9 (1972), S. 10-18.

Hellquist 1929/30 = Hellquist, Elof: Det svenska ordförrådets ålder och ursprung. En översikt. Lund 1929/30.

Heymann 1909 = Heymann, W(ilhelm): Das bremische Plattdeutsch. Eine grammatische Darstellung auf sprachgeschichtlicher Grundlage. Bremen 1909.

Hildebrandt 1976 = Hildebrandt, Reiner: Syn- und Dia-Aspekte in der Linguistik. In: Germanistische Linguistik 3-4/76, S. 6-20.

Holthausen 1921 = Holthausen, F(erdinand): Altsächsisches Elementarbuch. Heidelberg ²1921.

Holtz 1980 = Holtz, Gottfried: Niederdeutsch als Kirchensprache. In: D. Andresen/E. Arfken/J.D. Bellmann/H. Kröger/ D. Römmer (Hrsgg.), Niederdeutsch als Kirchensprache. Festgabe für Gottfried Holtz. Göttingen 1980.

Hooge 1982 = Hooge, David: Forschungsergebnisse bezüglich der niederdeutschen Sprachinseln in der UdSSR. In: Nd. Jb. 105 (1982), S. 119-129.

Huisman 1986 = Huisman, J.A.: Die Straubinger Heliandfragmente als altwestfriesische Übersetzung. In: Wortes anst – verbi gratia. Donum natalicium Gilbert A.R. de Smet. Hrsg. v. H.L. Cox/V.F. Vanacker/E. Verhofstadt. Leuven/Amersfoort 1986, S. 227-235.

Hutterer 1975 = Hutterer, Claus Jürgen: Die germanischen Sprachen. Ihre Geschichte in Grundzügen. Budapest 1975.

Hyldgaard-Jensen 1974 = Hyldgaard-Jensen, Karl: Niederdeutsche Lexikographie. In: Nd. Jb. 97 (1974), S. 88-94.

Hyldgaard-Jensen 1985a = Hyldgaard-Jensen, Karl: Die Textsorten des Mittelniederdeutschen. In: W. Besch/O. Reichmann/S. Sonderegger (Hrsgg.), Sprachgeschichte. Ein Handbuch zur Geschichte der deutschen Sprache und ihrer Erforschung. 2. Halbband. Berlin/New York 1985, S. 1247-1251.

Hyldgaard-Jensen 1985b = Hyldgaard-Jensen, Karl: Probleme des Spracherwerbs am Beispiel des Deutschunterrichts im dänisch-deutschen Grenzgebiet. In: Kopenhagener Beiträge zur germanistischen Linguistik 23 (1985), S. 117-125.

Ising 1957 = Ising, G(erhard): Die niederdeutschen Bibelfrühdrucke. Ihre Bewertung in der Geschichte der deutschen Bibelübersetzung und ihre Bedeutung für die Sprachforschung. In: PBB (H) 79 (1957), S. 438-455.

Ising 1969 = Ising, G(erhard): Zur sprachgeschichtlichen Beurteilung der Wortwahl Luthers. In: M.M. Guchman/V.N. Jarzeva/N.N. Semenjuk (Hrsgg.), Norma i sozialnaja differenziazija jasyka. Moskva 1969, S. 139-145.

Jellinghaus 1884 = Jellinghaus, Hermann: Zur Einteilung der niederdeutschen Mundarten. Ein Versuch. Kiel 1884.

Jørgensen 1934 = Jørgensen, Peter: Die dithmarsische Mundart von Klaus Groths „Quickborn". Lautlehre, Formenlehre und Glossar. Kopenhagen 1934.

Kamper 1983 = Kamper, Manfred: Plattdüütsch Beden. In: Quickborn 73 (1983), S. 214-219.

Keseling 1968 = Keseling, Gisbert: Periphrastische Verbformen im Niederdeutschen. In: Nd. Jb. 91 (1968), S. 139-151.

Keseling 1970 = Keseling, Gisbert: Erwägungen zu einer überregionalen Syntax der niederdeutschen Mundarten. In: D. Hofmann (Hrsg.) unter Mitarbeit von W. Sanders. Gedenkschrift für William Foerste. Köln/Wien 1970, S. 354-365.

Keseling/Mews 1964 = Gespräche mit plattdeutschen Autoren. Hrsg. von den Mitarbeitern des Niedersächsischen Wörterbuchs. Redaktionsleitung: Gisbert Keseling und Hans-Joachim Mews. Neumünster 1964.

Kirch 1952 = Kirch, Max S.: Der Einfluß des Niederdeutschen auf die Hochdeutsche Schriftsprache. Gießen 1952.

Klein 1977 = Klein, Thomas: Studien zur Wechselbeziehung zwischen altsächsischem und althochdeutschem Schreibwesen und ihrer sprach- und kulturgeschichtlichen Bedeutung. Göppingen 1977.

Klein 1985 = Klein, Thomas: Phonetik und Phonologie, Graphetik und Graphemik des Altniederdeutschen (Altsächsischen). In: W. Besch/O. Reichmann/S. Sonderegger (Hrsgg.), Sprachgeschichte. Ein Handbuch zur Geschichte der deutschen Sprache und ihrer Erforschung. 2. Halbband. Berlin/New York 1985, S. 1074-1078.

Kloss 1986 = Kloss, Heinz: Plautdietsch: Ein überseedeutscher Dialekt wird Bibelsprache. In: Quickborn 76 (1986), S. 11-17.

Knoll 1976 = Knoll, Lothar: Die Berücksichtigung der niederdeutschen Sprache und Literatur und ihre didaktischen Möglichkeiten im Rahmen des Deutschunterrichts. Siegburg 1976.

Kopplow 1981 = Kopplow, Christa: Zu Problemen der Syntax des späten Mittelniederdeutsch am Beispiel des niederdeutsch-russischen Gesprächsbuches des Tönnies Fenne, Pskow 1607. In: Das Niederdeutsche in Geschichte und Gegenwart. Linguistische Studien Reihe A, Arbeitsberichte 75. Berlin 1981, S. 49-57.

Koppmann 1899/1900 = Koppmann, K.: Zur Assonanz im Niederdeutschen. In: Nd. Kbl. 21 (1899/1900), S. 35-47.

Koskensalo 1984 = Koskensalo, Annikki: Arealität der von deutschen Wortstämmen abgeleiteten Verben mit dem Suffix *-ieren* in der deutschen Standardsprache und in den deutschen Mundarten und semantisch-stilistische Funktion des Suffixes *-ieren* anhand dieser Verben. Tampere 1984 (Phil. Diss.).

Kremer 1978 = Kremer, Ludger: Sprache und Geschichte im westfälisch-niederländischen Grenzraum. Ein Abriß der sprach- und kulturhistorischen Wechselbeziehungen. Vreden 1978.

Kremer 1979 = Kremer, Ludger: Grenzmundarten und Mundartgrenzen. Untersuchungen zur wortgeographischen Funktion der Staatsgrenze im ostniederländisch-westfälischen Grenzgebiet. Teil 1: Text; Teil 2: Tabellen und Karten. Köln/Wien 1979.

Kremer 1983 = Kremer, Ludger: Mundart im Westmünsterland. Aufbau, Gebrauch, Literatur. Borken 1983.

Krogmann 1970 = Krogmann, Willy: Altsächsisch und Mittelniederdeutsch. In: L.E. Schmitt (Hrsg.), Kurzer Grundriß der germanischen Philologie bis 1500. Bd. 1: Sprachgeschichte. Berlin 1970, S. 211-252.

Krüger 1983 = Die Germanen. Geschichte und Kultur der germanischen Stämme in Mitteleuropa. Ein Handbuch in zwei Bänden. Ausgearbeitet von einem Autorenkollektiv unter der Leitung von Bruno Krüger. Bd. II: Die Stämme und Stammesverbände in der Zeit vom 3. Jahrhundert bis zur Herausbildung der politischen Vorherrschaft der Franken. Berlin 1983.

Lasch 1917 = Lasch, Agathe: Plattdeutsch. In: Beiträge zur Geschichte der deutschen Sprache 42 (1917), S. 134-156 (wiederabgedruckt in Lasch 1979, S. 337-359).

Lasch 1930/31 = Lasch, Agathe: Voraltsächsische Runenschriften aus der Unterweser. In: Nd. Jb. 56/57 (1930/31), S. 163-179 (wiederabgedruckt in Lasch 1979, S. 1-17).
Lasch 1935 = Lasch, Agathe: Das altsächsische Taufgelöbnis. In: NphM 36 (1935), S. 92-133 (wiederabgedruckt in Lasch 1979, S. 18-59).
Lasch 1974 = Lasch, Agathe: Mittelniederdeutsche Grammatik. Tübingen ²1974.
Lasch 1979 = Lasch, Agathe: Ausgewählte Schriften zur niederdeutschen Philologie. Hrsg. von R. Peters und T. Sodmann. Neumünster 1979.
Laur 1975 = Laur, Wolfgang: Der Infinitiv mit 'und' statt 'zu' im Schleswigschen. In: Muttersprache 85 (1975), S. 299-309.
Lentner 1964 = Lentner, Leopold: Volkssprache und Sakralsprache. Geschichte einer Lebensfrage bis zum Ende des Konzils von Trient. Wien 1964.
Leo 1838 = Leo, Heinrich: Altsächsische und Angelsächsische Sprachproben. Hrsg. und mit einem erklärenden Verzeichniß der angelsächsischen Wörter versehen. Halle 1838.
Lerch 1971 = Lerch, Walter: Probleme der Schreibung bei schweizerdeutschen Mundartschriftstellern. Ein Beitrag zum Problem inadäquater Schreibsysteme. Frauenfeld 1971.
Leys 1985 = Leys, O(do): Zur Semantik nicht-satzwertiger Partikelinfinitive im Deutschen und im Niederländischen. In: LB 74 (1985), S. 433-456.
LGL 1980 = Lexikon der Germanistischen Linguistik. Hrsg. von H.P. Althaus, H. Henne, H.E. Wiegand. Tübingen ²1980.
Lierow 1904 = Lierow, Hartwig Georg Heinrich: Beiträge zur Syntax des Verbums in der mecklenburgischen Mundart. In: Achter Jahresbericht der städtischen Realschule mit Progymnasium zu Oschatz. Oschatz 1904, S. 3-21.
Lindow 1926 = Lindow, Max: Niederdeutsch als evangelische Kirchensprache im 16. und 17. Jahrhundert. Greifswald 1926.
Lindow 1984 = Plattdeutsches Wörterbuch. Bearbeitet von Wolfgang Lindow. Leer 1984.
Maas 1983 = Maas, Utz: Der Wechsel vom Niederdeutschen zum Hochdeutschen in den norddeutschen Städten in der frühen Neuzeit. In: Th. Cramer (Hrsg.), Literatur und Sprache im historischen Prozeß. Vorträge des Deutschen Germanistentages Aachen 1982. Bd. 2: Sprache. Tübingen 1983, S. 114-129.
Mackel 1939 = Mackel, Emil: Deutsche Mundarten. Weserostfälisch. 1. Grubenhagen-Göttingisch. 2. Ostkalenbergisch. Leipzig 1939.
Mehlem 1967 = Mehlem, Richard: Atlas der Celler Mundart. Im Blickfelde der niedersächsischen Dialekte und deren Grenzgebiete. Marburg 1967.
Menge 1985a = Menge, Heinz H.: War das Ruhrgebiet auch sprachlich ein Schmelztiegel? In: A. Mihm (Hrsg.), Sprache an Rhein und Ruhr. Dialektologische und soziolinguistische Studien zur sprachlichen Situation im Rhein-Ruhr-Gebiet und ihrer Geschichte. Wiesbaden/Stuttgart 1985 (ZDL-Beiheft 50), S. 149-162.
Menge 1985b = Menge, Heinz H.: Regionalsprache Ruhr: Grammatische Variation ist niederdeutsches Substrat. Eine forschungsleitende Hypothese. In: A. Mihm (Hrsg.), Sprache an Rhein und Ruhr. Dialektologische und soziolinguistische Studien zur sprachlichen Situation im Rhein-Ruhr-Gebiet und ihrer Geschichte. Wiesbaden/Stuttgart 1985 (ZDL-Beiheft 50), S. 194-200.
Mensing 1925/26 = Mensing, Otto: Zur Charakteristik der plattdeutschen Volkssprache. In: Quickborn 19 (1925/26), S. 34-38.
Mensing 1935 = Mensing, Otto: Vom Geschlecht plattdeutscher Wörter. In: Nd. Kbl. 48 (1935), S. 18f.
Meyer 1923 = Meyer, Gustav Fr(iedrich): Sprachgrenzen im plattdeutschen Sprachgebiet Schleswigs. In: Die Heimat 33 (1923), S. 247-249.
Meyer 1983 = Meyer, Gustav Fr(iedrich): Unsere plattdeutsche Muttersprache. Beiträge zu ihrer Geschichte und ihrem Wesen. Überarbeitet und neu hrsg. von Prof. Dr. Ulf Bichel, Kiel. Mit einer Biografie und einer Bibliografie von Gustav Friedrich Meyer geschrieben und zusammengestellt von Paul Selk, Kiel. St. Peter-Ording ²1983.
Michelsen 1980 = Michelsen, Friedrich W.: Plattdeutsche Bibliographie. In: Klaus-Groth-Gesellschaft. Jahresgabe 1980, S. 156-163.

Mihm 1982 = Mihm, Arend: Zur Entstehung neuer Sprachvarietäten. Ruhrdeutscher Kasusgebrauch und seine Erklärung. In: ZGL 10 (1982), S. 263-294.
Möhn 1973 = Möhn, Dieter: Deutsche Stadt und Niederdeutsche Sprache. In: Nd. Jb. 96 (1973), S. 111-126.
Möhn 1986 = Möhn, Dieter (Hrsg.): Die Fachsprache der Windmüller und Windmühlenbauer. Aurich 1986.
Moelleken 1987 = Moelleken, Wolfgang W.: Die linguistische Heimat der rußlanddeutschen Mennoniten in Kanada und Mexiko. In: Nd. Jb. 110 (1987), S. 89-123.
Möller 1988 = Möller, Georg: Ein Begriff zu freier Verfügung: Sprachkultur. In: Sprachpflege 37 (1988), S. 19-21.
Moser 1976 = Moser, Hugo: Karl Simrock. Universitätslehrer und Poet, Germanist und Erneuerer von „Volkspoesie" und älterer „Nationalliteratur". Ein Stück Literatur-, Bildungs- und Wissenschaftsgeschichte des 19. Jahrhunderts. Berlin 1976.
Munske 1983 = Munske, Horst Haider: Umgangssprache als Sprachenkontakterscheinung. In: W. Besch/U. Knoop/W. Putschke/H.E. Wiegand (Hrsgg.), Dialektologie. Ein Handbuch zur deutschen und allgemeinen Dialektforschung. 2. Halbband. Berlin/New York 1983, S. 1002-1018.
Mussaeus 1829 = Mussaeus, J.: Versuch einer plattdeutschen Sprachlehre mit besonderer Berücksichtigung der mecklenburgischen Mundart. Neu-Strelitz/Neu-Brandenburg 1829.
Nerger 1869 = Nerger, Karl: Grammatik des meklenburgischen Dialektes älterer und neuerer Zeit. Laut- und Flexionslehre. Leipzig 1869.
Neumann 1976 = Theoretische Probleme der Sprachwissenschaft. 2 Teilbände. Von einem Autorenkollektiv unter der Leitung von Werner Neumann. Berlin 1976.
Niebaum 1971 = Niebaum, Hermann: Zur niedersächsisch-niederfränkischen Dialektscheide. Ein Versuch anhand der ungerundeten palatalen Längen. In: Nd. Wort 11 (1971), S. 45-60.
Niebaum 1974 = Niebaum, Hermann: Zur synchronischen und historischen Phonologie des Westfälischen. Die Mundart von Laer (Landkreis Osnabrück). Köln/Wien 1974.
Niebaum 1977 = Niebaum, Hermann: Zur Dialektgeographie des Mindener Raumes. In: Nd. Jb. 100 (1977), S. 72-85.
Niebaum 1985 = Niebaum, Hermann: Phonetik und Phonologie, Graphetik und Graphemik des Mittelniederdeutschen. In: W. Besch/O. Reichmann/S. Sonderegger (Hrsgg.), Sprachgeschichte. Ein Handbuch zur Geschichte der deutschen Sprache und ihrer Erforschung. 2. Halbband. Berlin/New York 1985, S. 1220-1227.
Niekerken 1948/50 = Niekerken, Walther: Zur Lage des Niederdeutschen in unserer Zeit. In: Nd. Jb. 61/63 (1948/50), S. 337-347.
Nissen 1884 = Nissen, C.A.: Forsøg til en middelnedertysk Syntax. Kjøbenhavn 1884.
Nyman 1979 = Nyman, Lennart: Weltsprache Niederdeutsch. In: F.W. Michelsen (Hrsg.), Niederdeutsche Tage in Hamburg 1979. 75 Jahre Vereinigung Quickborn. Hamburg 1979, S. 10-24.
Öhmann 1965 = Öhmann, Emil: Die Entwicklung des grammatischen Geschlechts im Niederländischen und Niederdeutschen. In: ZdS 21 (1965), S. 131-145.
Panzer/Thümmel 1971 = Panzer, Baldur/Thümmel, Wolf: Die Einteilung der niederdeutschen Mundarten auf Grund der strukturellen Entwicklung des Vokalismus. München 1971.
Patze 1977 = Patze, Hans: Mission und Kirchenorganisation in karolingischer Zeit. In: H. Patze (Hrsg.), Geschichte Niedersachsens. 1. Bd.: Grundlagen und frühes Mittelalter. Hildesheim 1977, S. 653-712.
Peters 1976 = Peters, Robert: Nathan Chytraeus' Nomenclator latinosaxonicus, Rostock 1582. Ein Beitrag zur Erforschung der Lexikographie des 16. Jahrhunderts. Phil. Diss. Münster 1976.
Peters 1984 = Peters, Robert: Überlegungen zu einer Karte des mittelniederdeutschen Sprachraums. In: Nd. Wort 24 (1984), S. 51-59.
Peters 1985a = Peters, Robert: Soziokulturelle Voraussetzungen und Sprachraum des Mittelniederdeutschen. In: W. Besch/O. Reichmann/S. Sonderegger (Hrsgg.), Sprachge-

schichte. Ein Handbuch zur Geschichte der deutschen Sprache und ihrer Erforschung. 2. Halbband. Berlin/New York 1985, S. 1211-1220.

Peters 1985b = Peters, Robert: Die Diagliederung des Mittelniederdeutschen. In: W. Besch/ O. Reichmann/S. Sonderegger (Hrsgg.), Sprachgeschichte. Ein Handbuch zur Geschichte der deutschen Sprache und ihrer Erforschung. 2. Halbband. Berlin/New York 1985, S. 1251-1263.

Peters 1985c = Peters, Robert: Die Rolle der Hanse und Lübecks für die mittelniederdeutsche Sprachgeschichte. In: W. Besch/O. Reichmann/S. Sonderegger (Hrsgg.), Sprachgeschichte. Ein Handbuch zur Geschichte der deutschen Sprache und ihrer Erforschung. 2. Halbband. Berlin/New York 1985, S. 1274-1279.

Peters 1987a = Peters, Robert: Das Mittelniederdeutsche als Sprache der Hanse. In: P.S. Ureland (Hrsg.), Sprachkontakt in der Hanse. Aspekte des Sprachausgleichs im Ostsee- und Nordseeraum. Akten des 7. Internationalen Symposions über Sprachkontakt in Europa, Lübeck 1986. Tübingen 1987, S. 65-88.

Peters 1987b = Peters, Robert: Katalog sprachlicher Merkmale zur variablenlinguistischen Erforschung des Mittelniederdeutschen. Teil I. In: Nd. Wort 27 (1987), S. 61-93; Teil II ebd. 28 (1988), S. 75-106.

Piper 1897 = Piper, Paul: Die altsächsische Bibeldichtung (Heliand und Genesis), Stuttgart 1897.

Polenz 1986 = von Polenz, Peter: Altes und Neues zum Streit über das Meißnische Deutsch. In: A. Schöne (Hrsg.), Akten des VII. Internationalen Germanisten-Kongresses. Göttingen 1985. Bd. 4, S. 183-202.

Potthast-Hubold 1982 = Potthast-Hubold, Elke: Zum Mundartgebrauch in Siedlungen pommerscher Auswanderer des 19. Jahrhunderts in Espirito Santo (Brasilien). Eine Pilotstudie. Neumünster 1982.

Rathofer 1976 = Rathofer, Johannes: Realien zur altsächsischen Literatur. In: Nd. Wort 16 (1976), S. 4-62.

Rauch 1985 = Rauch, Irmengard: Syntax des Altniederdeutschen (Altsächsischen). In: W. Besch/O. Reichmann/S. Sonderegger (Hrsgg.), Sprachgeschichte. Ein Handbuch zur Geschichte der deutschen Sprache und ihrer Erforschung. 2. Halbband. Berlin/New York 1985, S. 1089-1093.

Rauch/Eichhoff 1973 = Eichhoff, Jürgen/Rauch, Irmengard (Hrsgg.), Der Heliand. Darmstadt 1973.

Ritter 1832 = Ritter, J.G.C.: Grammatik der mecklenburgisch-plattdeutschen Mundart. Rostock/Schwerin 1832.

Rohdenburg 1986 = Rohdenburg, Günter: Phonologisch und morphologisch bedingte Variation in der Verbalsyntax des Nordniederdeutschen. In: Nd. Jb. 109 (1986), S. 86-117.

Rooth 1949 = Rooth, Erik: Saxonica. Beiträge zur niedersächsischen Sprachgeschichte. Lund 1949.

Rooth 1957 = Rooth, Erik: Zur altsächsischen Sprachgeschichte. In: Nd. Mitt. 13 (1957), S. 32-49.

Rosenberg 1986 = Rosenberg, Klaus-Peter: Der Berliner Dialekt – und seine Folgen für die Schüler. Geschichte und Gegenwart der Stadtsprache Berlins sowie eine empirische Untersuchung der Schulprobleme dialektsprechender Berliner Schüler. Tübingen 1986.

Rosenthal 1984 = Rosenthal, Dieter: Studien zu Syntax und Semantik des Verbs BLEIBEN unter besonderer Berücksichtigung des Niederdeutschen und Niederländischen. Göteborg 1984.

Rösler 1987 = Rösler, Irmtraud: Zu sprachlichen Interferenzen in den Verhörprotokollen der mecklenburgischen Kanzleien im 16./17. Jahrhundert. In: R. Große (Hrsg.), Zur jüngeren Geschichte der deutschen Sprache. Beiträge zum internationalen Kolloquium „Sprache in der sozialen und kulturellen Entwicklung. Zum 100. Geburtstag von Theodor Frings" vom 22. bis 24. Juli 1986 in Leipzig. Leipzig 1987, S. 37-47.

Roethe 1899 = Roethe, Gustav: Die Reimvorreden des Sachsenspiegels. Berlin 1899.

Rowley 1983 = Rowley, Anthony: Das Präteritum in den heutigen deutschen Dialekten. In: ZDL 50 (1983), S. 161-182.

Rybak 1983 = Rybak, Marina: Das Modalfeld im Niederdeutschen. Eine semantisch-pragmatische Untersuchung. Staatsexamensarbeit für das Lehramt an Gymnasien. (Masch.) Göttingen 1983.

Saltveit 1976 = Saltveit, Laurits: Der Konjunktiv bei Friedrich Wilhelm Grimme. In: J. Goossens (Hrsg.), Niederdeutsche Beiträge. Festschrift für Felix Wortmann zum 70. Geburtstag. Köln/Wien 1976, S. 88-99.

Sanders 1974a = Sanders, Willy: Die niederdeutsche Sprachgeschichtsforschung. In: Nd. Jb. 97 (1974), S. 20-36.

Sanders 1974b = Sanders, Willy: Deutsch, Niederdeutsch, Niederländisch. Zu J. Goossens: Was ist Deutsch – und wie verhält es sich zum Niederländischen? In: Nd. Wort 14 (1974), S. 1-22.

Sanders 1982 = Sanders, Willy: Sachsensprache, Hansesprache, Plattdeutsch. Sprachgeschichtliche Grundzüge des Niederdeutschen. Göttingen 1982.

Sanders 1985a = Sanders, Willy: Lexikologie des Altniederdeutschen (Altsächsischen). In: W. Besch/O. Reichmann/S. Sonderegger (Hrsgg.), Sprachgeschichte. Ein Handbuch zur Geschichte der deutschen Sprache und ihrer Erforschung. 2. Halbband. Berlin/New York 1985, S. 1083-1088.

Sanders 1985b = Sanders, Willy: Die Textsorten des Altniederdeutschen (Altsächsischen). In: W. Besch/O. Reichmann/S. Sonderegger (Hrsgg.), Sprachgeschichte. Ein Handbuch zur Geschichte der deutschen Sprache und ihrer Erforschung. 2. Halbband. Berlin/New York 1985, S. 1103-1109.

Sanders 1985c = Sanders, Willy: Reflexe gesprochener Sprache im Altniederdeutschen (Altsächsischen). In: W. Besch/O. Reichmann/S. Sonderegger (Hrsgg.), Sprachgeschichte. Ein Handbuch zur Geschichte der deutschen Sprache und ihrer Erforschung. 2. Halbband. Berlin/New York 1985, S. 1115-1119.

Sanders 1986 = Sanders, Willy: Der neue „Holthausen": Altniederdeutsches Wörterbuch. In: Nd. Wort 26 (1986), S. 77-92.

Saß 1976 = Saß, Johannes: Kleines plattdeutsches Wörterbuch nebst Regeln für die plattdeutsche Rechtschreibung. Hamburg [7]1976.

Sauvagerd 1975 = Sauvagerd, Karl: Unser Grafschafter Platt. Bentheim 1975.

Scheel 1939 = Scheel, Käthe: Untersuchungen über den Satzbau der niederdeutschen Volkssprache und Kunstprosa. Hamburg 1939 (entspricht der Phil. Diss. „Wie weit entfernt sich der Satzbau der niederdeutschen Kunstprosa (insbesondere bei Joh. Hinrich Fehrs) von der niederdeutschen Volkssprache?", Hamburg 1938/39).

Scheuermann 1976 = Scheuermann, Ulrich: Paragogisches *t* nach *-er* im Niederdeutschen. In: J. Goossens (Hrsg.), Niederdeutsche Beiträge. Festschrift für Felix Wortmann zum 70. Geburtstag. Köln/Wien 1976, S. 174-190.

Scheuermann 1977 = Scheuermann, Ulrich: Sprachliche Grundlagen. In: H. Patze (Hrsg.), Geschichte Niedersachsens. 1. Bd.: Grundlagen und frühes Mittelalter. Hildesheim 1977, S. 167-258.

Scheuermann 1984 = Scheuermann, Ulrich: Von den 'drei' Grenzen des Niederdeutschen in Niedersachsen. In: Driemaandelijkse Bladen 1984. Grenzen en Grensproblemen. Een bundel studies uitgegeven door het Nedersaksisch Instituut van de R.U. Groningen ter gelegenheid van zijn 30-jarig bestaan, S. 107-115.

Scheuermann 1985 = Scheuermann, Ulrich: Die Diagliederung des Altniederdeutschen (Altsächsischen). In: W. Besch/O. Reichmann/S. Sonderegger (Hrsgg.), Sprachgeschichte. Ein Handbuch zur Geschichte der deutschen Sprache und ihrer Erforschung. 2. Halbband. Berlin/New York 1985, S. 1109-1114.

Schildhauer u.a. 1975 = Schildhauer, Johannes/Fritze, Konrad/Stark, Walter: Die Hanse. Berlin [2]1975.

Schildt 1972 = Schildt, Joachim: Die Satzklammer und ihre Ausbildung in hoch- und niederdeutschen Bibeltexten des 14. bis 16. Jahrhunderts. In: Studien zur Geschichte der deutschen Sprache. Hrsg. von G. Feudel. Berlin 1972, S. 231-242.

Schildt/Schmidt 1986 = Schildt, Joachim/Schmidt, Hartmut (Hrsgg.): Berlinisch. Geschichtliche Einführung in die Sprache einer Stadt. Berlin 1986.

Schirmunski 1962 = Schirmunski, V.M.: Deutsche Mundartkunde. Vergleichende Laut- und Formenlehre der deutschen Mundarten. Berlin 1962.

Schlaug 1962 = Schlaug, Wilhelm: Die altsächsischen Personennamen vor dem Jahre 1000. Lund/Kopenhagen 1962.

Schmidt 1984 = Schmidt, Hartmut: Luther, Adelung und das Märkische. – Zur Aussprachetradition des Hochdeutschen. In: J. Schildt (Hrsg.), Luthers Sprachschaffen. Gesellschaftliche Grundlagen. Geschichtliche Wirkungen. Referate der internationalen sprachwissenschaftlichen Konferenz Eisenach 21.-25. März 1983. Berlin 1984, S. 149-162 (Linguistische Studien, Reihe A. Arbeitsberichte 119/II).

Schmidt/Vennemann 1985 = Schmidt, Oskar/Vennemann, Theo: Die niederdeutschen Grundlagen des standarddeutschen Lautsystems. In: PBB (T) 107 (1985), S. 1-20, 157-173.

Schmitt 1966 = Schmitt, Ludwig Erich: Untersuchungen zu Entstehung und Struktur der „neuhochdeutschen Schriftsprache", I. Bd.: Sprachgeschichte des Thüringisch-Obersächsischen im Spätmittelalter. Die Geschäftssprache von 1300 bis 1500. Köln/Graz 1966.

Schnath 1979 = Schnath, Georg: Plattdeutsch im Munde welfischer Barockfürsten. In: W. Kramer/U. Scheuermann/D. Stellmacher (Hrsgg.), Gedenkschrift für Heinrich Wesche. Neumünster 1979, S. 279-285.

Schobess 1987 = Schobess, Rainer: Plattdeutsch und Popmusik. Ein Abgesang. Leer 1987.

Schöndorf 1987 = Schöndorf, Kurt Erich: Zu einigen Rechtswörtern in den mittelniederdeutschen Bibelfrühdrucken. In: Kopenhagener Beiträge zur Germanistischen Linguistik. Sonderband 3 (Hrsg. von M. Dyhr und J. Olsen): Festschrift für Karl Hyldgaard-Jensen zum 70. Geburtstag am 3.2.1987. Kopenhagen 1987, S. 227-237.

Schophaus 1971 = Schophaus, Renate: Zur Wortgeographie im niederfränkisch-niedersächsischen Grenzgebiet. Ein Vorbericht. In: Nd. Wort 11 (1971), S. 61-86.

Schröder 1987 = Schröder, Ingrid: Die Übersetzungsleistung Johannes Bugenhagens – ein exemplarischer Vergleich mit der Lutherbibel, den vorreformatorischen niederdeutschen Bibeln und der Vulgata. In: Nd. Jb. 110 (1987), S. 59-74.

Schuchardt 1928 = Hugo Schuchardt-Brevier. Ein Vademecum der allgemeinen Sprachwissenschaft. Zusammengestellt und eingeleitet von Leo Spitzer. Halle/S. ^{2}1928.

Schuppenhauer 1976 = Schuppenhauer, Claus (Bearb.): Niederdeutsch heute. Kenntnisse – Erfahrungen – Meinungen. Leer 1976.

Schuppenhauer 1984 = Schuppenhauer, Claus: Robert Burns niederdeutsch. Hinweise auf eine vergessene Literaturtradition II: Burns und die Entwicklung der neuniederdeutschen Literatur. In: Nd. Wort 24 (1984), S. 1-49.

Schwencke 1967 = Schwencke, Olaf: Gregorius de grote sünder. Eine erbaulich-paränetische Prosaversion der Gregorius-Legende im zweiten Lübecker Mohnkopf-Plenarium. In: Nd. Jb. 90 (1967), S. 63-88.

Schwencke 1977 = Schwencke, Olaf: Lubece aller steden schone. Die Bedeutung Lübecks in der Geschichte des Niederdeutschen. Bremen 1977.

Seelmann 1920 = Seelmann, Wilhelm: Altsächsische und mittelniederdeutsche Diminutive. In: Nd. Jb. 46 (1920), S. 51-57.

Seelmann 1925 = Seelmann, Wilh(elm): Das Mittelmärkische und das Havelländische. In: Nd. Jb. 51 (1925), S. 77-90.

Seidelmann 1976 = Seidelmann, Erich: Deutsche Hochsprache und regionale Umgangssprache in phonologischer Sicht. In: F. Debus/J. Hartig (Hrsgg.), Festschrift für Gerhard Cordes zum 65. Geburtstag. Bd. II: Sprachwissenschaft. Neumünster 1976, S. 354-388.

Seidensticker 1971 = Seidensticker, Peter: Das Ostfälische. In: R. Olesch/L.E. Schmitt (Hrsgg.) unter Mitwirkung von J. Göschel, Festschrift für Friedrich von Zahn. Bd. II: Zur Sprache und Literatur Mitteldeutschlands. Köln/Wien 1971, S. 59-76.

Simensen 1987 = Simensen, Erik: Der Einfluss des Mittelniederdeutschen auf das Norwegische in Urkunden des 14. Jahrhunderts. In: P.S. Ureland (Hrsg.), Sprachkontakt in der Hanse. Aspekte des Sprachausgleichs im Ostsee- und Nordseeraum. Akten des 7. Internationalen Symposions über Sprachkontakt in Europa, Lübeck 1986. Tübingen 1987, S. 271-294.

Sodmann 1985 = Sodmann, Timothy: Der Rückgang des Mittelniederdeutschen als Schreib- und Druckersprache. In: W. Besch/O. Reichmann/S. Sonderegger (Hrsgg.), Sprachgeschichte. Ein Handbuch zur Geschichte der deutschen Sprache und ihrer Erforschung. 2. Halbband. Berlin/New York 1985, S. 1289-1294.

Sonderegger 1979 = Sonderegger, Stefan: Grundzüge deutscher Sprachgeschichte. Diachronie des Sprachsystems. Bd. 1: Einführung – Genealogie – Konstanten. Berlin 1979.

Stellmacher 1968 = Stellmacher, Dieter: Niederländisches im Lautstande des Mittelmärkischen? In: LB 57 (1968), S. 119-129.

Stellmacher 1977 = Stellmacher, Dieter: Studien zur gesprochenen Sprache in Niedersachsen. Eine soziolinguistische Untersuchung. Marburg 1977.

Stellmacher 1979 = Stellmacher, Dieter: Zur Lage des Niederdeutschen in der Gegenwart. Überlegungen zu einem Forschungsvorhaben. In: W. Kramer/U. Scheuermann/D. Stellmacher (Hrsgg.), Gedenkschrift für Heinrich Wesche. Neumünster 1979, S. 319-326.

Stellmacher 1981a = Stellmacher, Dieter: Niederdeutsch – Formen und Forschungen. Tübingen 1981.

Stellmacher 1981b = Stellmacher, Dieter: Niedersächsisch. Dialekt/Hochsprache – kontrastiv. Heft 8. Düsseldorf 1981.

Stellmacher 1982 = Stellmacher, Dieter: Zur Verwendung des Niederdeutschen heute. Ein Projekt der niederdeutschen Sprachwissenschaft. Konzeption – Planung – Vortest. In: K.-H. Bausch (Hrsg.), Mehrsprachigkeit in der Stadtregion. Jahrbuch 1981 des IdS. Düsseldorf 1982, S. 149-159.

Stellmacher 1983 = Stellmacher, Dieter: Die Auseinandersetzung um das Niederdeutsche gestern in der Bewertung der Sprachwissenschaft heute. In: Blätter für deutsche Landesgeschichte 119 (1983), S. 1-14.

Stellmacher 1984 = Stellmacher, Dieter: Martin Luther und die niederdeutsche Sprachgeschichte. In: Niedersächsisches Jahrbuch für Landesgeschichte 56 (1984), S. 73-92.

Stellmacher 1985 = Stellmacher, Dieter: Sprachvariation und Sprachformenwechsel. Ein aus der Arbeit am Niederdeutschen abgeleiteter Vorschlag zur terminologischen Differenzierung. In: Kopenhagener Beiträge zur Germanistischen Linguistik 23 (1985), S. 24-32.

Stellmacher 1986 = Stellmacher, Dieter: „s-tein" – ein norddeutsches Schibboleth? In: Wortes anst – verbi grata. Donum natalicium Gilbert A.R. de Smet. Hrsg. von H.L. Cox/V.F. Vanacker/E. Verhofstadt. Leuven/Amersfoort 1986, S. 471-476.

Stellmacher 1987 = Stellmacher, Dieter: Wer spricht Platt? Zur Lage des Niederdeutschen heute. Eine kurzgefaßte Bestandsaufnahme. Leer 1987.

Stieda 1921 = Stieda, Wilhelm (Hrsg.): Hildebrand Veckinchusen. Briefwechsel eines deutschen Kaufmanns im 15. Jahrhundert. Leipzig 1921.

Stolte 1925 = Stolte, Heinrich: Wie schreibe ich die Mundart meiner Heimat? Ein Beitrag zur niederdeutschen Rechtschreibung und Mundartforschung auf der Grundlage der Ravensberger Mundart in Brockhagen und Steinhagen. Leipzig 1925.

Strempel 1956 = Strempel, Alexander: Plattdeutsche Rechtschreibung nach hochdeutschem Vorbild. Hamburg 1956.

Taeger 1979/82 = Taeger, Burkhard: Das Straubinger „Heliand"-Fragment. Philologische Untersuchungen. In: PBB (T) 101 (1979), S. 181-228, 103 (1981), S. 402-424, 104 (1982), S. 10-43.

Taubken 1985 = Taubken, Hans: Die Mundarten der Kreise Emsland und Grafschaft Bentheim. Teil 1: Zur Laut- und Formengeographie. In: Th. Penners (Hrsg.), Emsland/Bentheim. Beiträge zur neueren Geschichte. Bd. 1. Sögel 1985, S. 271-420.

Teske 1927 = Teske, Hans: Das Eindringen der hochdeutschen Schriftsprache in Lüneburg. Halle/S. 1927.
Teuchert 1958 = Teuchert, Hermann: Slawische Lehnwörter in ostdeutschen Mundarten. In: ZMF 26 (1958), S. 13-31.
Teuchert 1961 = Teuchert, Hermann: Missingsch. Eine sprachliche Untersuchung. In: PBB (H) 82 (1961), Sonderband. Elisabeth Karg-Gasterstädt zum 75. Geburtstag am 9. Februar 1961 gewidmet. S. 245-261.
Teuchert 1964 = Teuchert, Hermann: Die Mundarten der brandenburgischen Mittelmark und ihres südlichen Vorlandes. Berlin 1964.
Thiel 1981 = Thiel, Rudolf: Partizip und Infinitiv. In: Sprachpflege 30 (1981), S. 180-183.
Thiessen 1963 = Thiessen, John: Studien zum Wortschatz der kanadischen Mennoniten. Marburg 1963.
Thomas 1978 = Thomas, George: Middle Low German Loanwords in Russian. München 1978.
Thun 1985 = Thun, Harald: *Damit* für Menschen. Das Pronominaladverb im Hochdeutschen und im westfälischen Regional- und Niederdeutschen. In: W. Kürschner/R. Vogt (Hrsgg.) unter Mitwirkung von Sabine Siebert-Nemann, Grammatik, Semantik, Textlinguistik. Akten des 19. Linguistischen Kolloquiums Vechta 1984, Bd. 1, Tübingen 1985, S. 383-400.
Tiefenbach 1984 = Tiefenbach, Heinrich: Xanten-Essen-Köln. Untersuchungen zur Nordgrenze des Althochdeutschen an niederrheinischen Personennamen des neunten bis elften Jahrhunderts. Göttingen 1984.
Törnquist 1977 = Törnquist, Nils: Das niederdeutsche und niederländische Lehngut im schwedischen Wortschatz. Neumünster 1977.
Ureland 1987 = Ureland, P. Sture (Hrsg.): Sprachkontakt in der Hanse. Aspekte des Sprachausgleichs im Ostsee- und Nordseeraum. Akten des 7. Internationalen Symposions über Sprachkontakt in Europa, Lübeck 1986. Tübingen 1987.
Vachek 1966 = Vachek, Josef: The Linguistic School of Prague. Bloomington (Indiana University Press), 1966.
Veith 1986 = Veith, Werner H. (unter Mitwirkung von P. Ménière): Die deutsche Literatursprache und die sprachliche Herkunft der Literaten. Ein historischer Abriß. In: Der Deutschunterricht 38 (1986/IV), S. 74-100.
Wadstein 1899 = Wadstein, Elis: Kleinere altsächsische sprachdenkmäler mit anmerkungen und glossar. Norden und Leipzig 1899.
Wagener 1979 = Wagener, Peter: Verwendung und Funktion der gesprochenen Sprache in den elektronischen Medien – dargestellt am Beispiel eines niederdeutschen Hörspiels. In: Quickborn 69 (1979), S. 162-173.
Wagener 1985 = Wagener, Peter: Zur Dialektographie Südniedersachsens. In: Nd. Jb. 108 (1985), S. 147-163.
Walker 1983 = Walker, Alastair G.H.: Nordfriesisch – ein deutscher Dialekt? In: ZDL 50 (1983), S. 145-160.
Weinreich 1954 = Weinreich, Uriel: Is a Structural Dialectology Possible? In: Word 10 (1954), S. 388-400.
Weise 1900 = Weise, Oskar: Zu Reuters Syntax. In: ZfdM Jg. 1910, S. 291-307.
Wesche 1968 = Wesche, Heinrich: Die plattdeutsche Sprache in der veränderten Welt. In: Bericht von der 21. Bevensen-Tagung. 13.-15. September 1968, S. 12-33.
Wiese 1957 = Wiese, Joachim: Sprachgrenzen in der Mark Brandenburg (mit 9 Karten im Text). In: Jahrbuch für brandenburgische Landesgeschichte 8 (1957), S. 23-31.
Wiese 1981 = Wiese, Joachim: Probleme der Darstellung sprachgeschichtlicher Entwicklungstendenzen in niederdeutschen Wörterbüchern, dargestellt am Beispiel des Brandenburg-Berlinischen Wörterbuches. In: Das Niederdeutsche in Geschichte und Gegenwart. Linguistische Studien, Reihe A, 75/II. Berlin 1981, S. 128-134.
Wiesenhann 1977 = Wiesenhann, T(jabe): Einführung in das ostfriesische Niederdeutsch. Leer 1977 (Neudruck der Ausgabe von 1936).

Wiesinger 1983 = Wiesinger, Peter: Die Einteilung der deutschen Dialekte. In: W. Besch/U. Knoop/W. Putschke/H.E. Wiegand (Hrsgg.), Dialektologie. Ein Handbuch zur deutschen und allgemeinen Dialektforschung. 2. Halbband. Berlin/New York 1983, S. 807-900.

Wiggers 1858 = Wiggers, Julius: Grammatik der plattdeutschen Sprache. In: Grundlage der Mecklenburgisch-Vorpommerschen Mundart. Hamburg 1858.

Wirrer 1983 = Wirrer, Jan: Überlegungen zur plattdeutschen Kulturszene aus systemtheoretischer Sicht. Bericht über eine empirische Untersuchung zum Dialekttheater in Ostwestfalen-Lippe. In: Nd. Jb. 106 (1983), S. 119-142.

Wolff 1956 = Wolff, Ludwig: Missingsch im Mittelalter. Das Kräftespiel zwischen Hochdeutsch und Niederdeutsch. In: Muttersprache Jg. 1956, S. 42-47.

Wortmann 1960 = Wortmann, Felix: Zur Geschichte der langen ê- und ô-Laute in Niederdeutschland, besonders in Westfalen. In: Münstersche Beiträge zur niederdeutschen Philologie. Köln/Graz 1960, S. 1-23.

Zanni 1985 = Zanni, Roland: Wortbildung des Altniederdeutschen (Altsächsischen). In: W. Besch/O. Reichmann/S. Sonderegger (Hrsgg.), Sprachgeschichte. Ein Handbuch zur Geschichte der deutschen Sprache und ihrer Erforschung. 2. Halbband. Berlin/New York 1985, S. 1094-1102.

12. Namen- und Sachregister

Orts-, Landschafts- und Personennamen sind kursiv gesetzt.

Aachen 108
Ablaut 150f.
Aktionsform 11, 90, 92f., 96, 146, 201
altmärkisch 105, 134
altsächsisch/altniederdeutsch 14, 19ff., 23
Andrae 122
Angeln 128
Angermünde 131
Apen 121
Apokopierung 119, 123
Arndes 42
Arnsberg 152
Aurich 119
Ausgleichssprache 73, 79
Aussprache 148f.
Autozentrierung 77
Beckum 157
Beeskow 129, 133
Benrather Linie 107f.
Bentheim 157
bentheimisch 152f.
Berlin 129, 132, 136
berlinisch 135f., 176
Beschreibungsebene 147
Bibel (nd.) 63, 72, 74
Bilingualismus 11, 97
Boizenburg 129
Borchling 16, 65
Bornemann 134
Bote 43, 85
brandenburgisch 104
Brandis 75
Braunschweig 71, 138
Brechungsdiphthonge 111
Bremen 95, 99, 121, 123, 201
Bremer 104
bremisch-oldenburgisch 105
Brinckman 95, 130, 167, 196
Brokmerland 119
Buchdruck 74f., 86
Bugenhagen 73f.
Chronik 43
Chytraeus 65, 67, 80
Coesfeld 157
Colliander 66
Cordes 17, 22, 33, 37, 65
Crivitz 130

Deskription 146f.
Dessau 107
Deutscher Sprachatlas 105, 168
Dialekt 11f., 15, 89f., 92f., 94, 101, 163, 169
Dialektgebrauch 99f., 101
Dialektgeographie 104
Dialektisierung 12, 15, 69, 72, 74, 76f., 79
Dialektliteratur 17, 101, 165, 169
Diasystem 12
Diers 122, 201
Differentiation 15, 40, 66, 89
Diglossie 11, 97
Dimension 90
dithmarsisch 119, 126f., 166
Domäne 101
Dreesen 120
düdesch 39
Duisburg 108f.
Düsseldorf 108
Dyck 138
Eiderstedt 128
Eifellinie 108
Eike von Repgow 43, 64
elbostfälisch 44, 116
Emden 119
Emsland 138, 151, 168
emsländisch 105, 111, 113, 142, 152f.
Engels 17
Erfde 127
Existenzform 11f., 15, 89f., 93, 97
Fachsprache 11, 94
Fehrs 125
Fläming 129, 132
Flensburg 95f., 128
Foerste 22, 105, 115
Fontane 133
Franck 16
Frankfurt/O. 107, 129
fränkisch 22, 25
Fredemann 114
Freudenthal 189
Friedland 130
Gadebusch 130
Garbe 196
Gebrauchsweise 12
Gemeinsprache 15

233

Germanistik 15
Germersheimer Linie 107
Gesprächswort 165
Gillhoff 95
Glückstadt 174
Goldberg 130
Goltz 93
Göttingen 99, 152
göttingisch-grubenhagensch 116f.
Grammatik 146
Graphie 193
Grevesmühlen 130
Grimm, J. 13, 19, 39, 145
Grimme 114
groningisch 120
Groth 80, 127, 165, 196
Grube 123
Gruppensprache 11
Gutenberg 75
Hamburg 95, 99, 123, 138
Hannover 138
Hanse 71, 85
Hansesprache 15, 39, 41
Hattingen 110
Havelland 129
Heide 127
heideostfälisch 116, 118
Heinrich Julius 80
Heitmann 126
Heliand 21f., 23f., 26, 29, 35f., 37, 65
Heterogenität 11f.
Heterozentrierung 77
Höflichkeitsform 166
holsteinisch 105, 119, 123, 125f., 128f., 176
Holthausen/Emsland 91
Homographie 159
Honig 95
Höxter 110
Husum 128
ingwäonisch 19f., 22, 34, 37, 63, 185
Integration 15, 40, 66, 80, 89, 106
Interferenz 147
Jahn 153, 159
Janßen 180
Jellinghaus 104
Jever 121
Kant 93
Kanzlei 70
kernostfälisch 105, 116f.
Kessemeier 114
Kiel 95, 99
Kinau 124
Kleve 107f.

Komposition 11
Koordination 11
Korlén 65
Kosegarten 13
Kramer 122
Kröger 163
Krosenbrink 106
Krüger 111
Kruse 183
Kück 180
Kühl 126
Ladelund 128
Lasch 13, 21, 53f., 65
Lauremberg 15, 77, 79f.
Lautverschiebung 180
Leer 119f.
lingensch 152f.
Literatursprache 42, 97
Lübben 65
Lübeck 41f., 69, 75, 129, 138
Lueke 114
Lüken 113
Luther 72f., 74
Magdeburg 129, 134
Malchin 130
Marburg 105
märkisch-brandenburgisch 129, 131ff., 151, 168
Marne 127
Martens 98
Mecklenburg 138
mecklenburgisch-vorpommersch 104f., 129ff., 145, 152f., 154, 162, 166, 168f.
Mehrsprachigkeit 11f.
Melanchthon 86
mennonitenniederdeutsch 138
Mensing 179f.
Meppen 110, 168
Meyer 170, 174
Minden 110, 152
missingsch 94ff.
mittelmärkisch 132ff.
mittelniederdeutsch 14f., 39ff.
mittelpommersch 104, 129, 131f.
Mitzka 22
Modus 155f.
Möhn 17, 85
Morphosyntax 154f.
Much 140
Münster 99, 157
münsterländisch 105, 110ff.
Mussaeus 145
nedderlendesch 39
nederduytsch 13

nederlandsch 13
Negation 176ff.
Nerger 145
Neumann 180
Neuruppin 132
Neustadt 130
Niebüll 128
niederfränkisch 108ff., 168
niederländisch 19, 108, 120
niederpreußisch 104, 129
niedersächsisch 108
Nissen 63
Norderdithmarschen 126f.
nordhannoversch 119, 121ff., 129
Nordhorn 152
nordisch 64
nordmärkisch 132ff.
nordniederdeutsch/-niedersächsisch/nord-
    sächsisch 44, 53f., 63f., 104, 118ff.,
    129, 149f., 152, 154, 157, 162, 166,
    174, 201
Nordschleswig 139
Northeim 152
Oarstedt 128
Oldenburg 138, 151
oldenburgisch 119ff.
Olve 110
oostersch 39
Orthographie 194f.
Ortsgrammatik 106
Osnabrück 157
Osterhausen 119
Ostersachsen 73
ostfälisch 43f., 53f., 63f., 66, 73, 104,
    115ff., 118f., 123, 152f., 154, 157,
    162, 166, 168
ostfriesisch 105, 119f., 121, 123, 153, 162,
    166, 171
Ostfriesland 119f., 151, 168
ostholsteinisch 125f.
ostpommersch 104, 129
ostwestfälisch 106, 111, 114
Papenburg 119
Papenteich 117
Paul 179
Penzlin 130
Periodisierung 19, 39
Perleberg 132
Personennamen 19
plattdeutsch 13f., 17f.
plautdietsch 137
Pommern 168
Potsdam 129
Prädikat 171ff., 178

Präskription 146f.
Prenzlau 132
Preußen 138
Prolepse 176
Rathenow 129, 132
Raupach 16
Realisationsform 11, 97, 169f.
Reformation 72ff.
Reuter 94f., 130, 145, 196
Rinkel 117
ripuarisch 105, 108
Ritter 145
Rooth 22, 37
Rostock 129f., 201
Sachsen 20f., 34, 36
Saltveit 157
Sanders 26
Saß 197f.
sassesch 13, 39
Satzbauplan 172f.
Sauvagerd 106
Schenke 111
Schiller 65
Schlaug 19
Schlesien 138
Schleswig 128
schleswigsch 119, 125, 127f.
Schmidt-Barrien 150
Schottel 13
Schreibort (mnd.) 41
Schreibsprache 39, 51f.
Schuchardt 18
Schulsprache 76
Schumann 131
Schwansen 128
Schwedt 131
Schwerin 129f.
Seidensticker 124
Selk 140
Siefkes 121
Sieg 95
Simrock 24
slawisch 64
Sondersprache 11, 89f.
Sprachenwechsel 69, 72, 75
Sprachepoche 14f.
Sprachform 12, 73, 89ff., 147
Sprachgeschichte 14
Sprachinsel 137
Sprachkarte 104
Sprachsituation 102, 107
Sprachstatus 12, 14f., 40, 98, 107
Sprachwandel 12, 69
Sprechkompetenz 99

235

Standardisierung 15, 77, 148
Standardsprache 11f., 15, 40, 69, 73f., 77, 79, 89f., 95, 97, 106f., 120, 128, 148, 151, 154, 162, 165, 168, 170ff., 176, 178f., 181f., 183, 193
Stapelholm 128
Stavenhagen 130
Steffen 95f.
Stettin 131
Stillfried 95
Stippstöörken 124
Stralsund 129
Strukturkarte 105
Sturm 86
Subjekt 172
Süderdithmarschen 126f.
südholsteinisch 125f.
südmärkisch 132f., 135, 166
Südniedersachsen 166
südostfälisch 105f.
südwestfälisch 105, 111, 114, 166
Taege-Röhnisch 133
Tarnow 168
Taufgelöbnis 21, 36f.
Teltow 133, 135
ten Doornkaat Koolman 180
Teuchert 16, 180
Textsorte 22
Tolstoi 17f.
Transkription 194f.
Umgangssprache 90, 136, 183

Ürdinger Linie 107f.
van Buren 106
Vandenhoven 104
Vechta 121
Veckinchusen 42
Voß 18
Wacker 201
Wallow 131
Walther 65, 180
Weinreich 12
Wesel 152
Weserrunen 19, 36
westfälisch/westfelesch 13, 43f., 53, 63f., 66, 104, 108f., 110ff., 115, 118f., 150, 152f., 154, 156, 160, 166
westmünsterländisch 110f., 151
Widukind 20
Wiesinger 129
Wiggers 145
Wisser 176
Wittenberge 134
Wittenburg 130
Wittmund 119
Wossidlo 180
Wrede, Ferdinand 108
Wrede, Franz 118
zentralholsteinisch 125f.
zentralmärkisch 132, 136
Zumbroock 112
Zweisprachigkeit 12, 97, 103
Zweitsprache 103

Germanistische Lehrbuchsammlung

Herausgegeben von Hans-Gert Roloff (Berlin)

Abteilung I · Sprache

1 Grundbegriffe der Sprachwissenschaft. Ein Nachschlagewerk
(Hrsg. Herbert Penzl, Berkeley, und Hans-Gert Roloff, Berlin)

2 Der Weg zur deutschen Sprache. Von der indogermanischen zur Merowingerzeit
(Piergiuseppe Scardigli, Firenze)

3 Geschichte der deutschen Sprache
(Ingo Reiffenstein, Salzburg)

4 Historische Laut- und Formenlehre des Deutschen
(Alfred Kracher, Graz)

5 Historische Syntax des Deutschen I: Von den Anfängen bis 1300
(Franz Simmler, Berlin)

6 Historische Syntax des Deutschen II: Von 1300 bis 1750
(Robert Peter Ebert, Princeton/N.J.)
Bern 1986. 207 S. Brosch. sFr. 36.—

7 Althochdeutsch
(Herbert Penzl, Berkeley/CA)
Bern 1986. 209 S. Brosch. sFr. 48.-

8 Mittelhochdeutsch
(Herbert Penzl, Berkeley/CA).
Bern 1989, 190 S. Brosch. sFr. 79.—

9 Frühneuhochdeutsch
(Herbert Penzl, Berkeley/CA)
Bern 1984. 203 S. Brosch. sFr. 54.—

10 Neuhochdeutsch I: Phonetik und Phonologie des Deutschen
(Günter Lipold, Wien)

11 Neuhochdeutsch II: Formenlehre und Wortbildung
(Franz Simmler, Berlin)

12 Neuhochdeutsch III: Deutsche Syntax. Eine Einführung
(Johannes Erben, Bonn)
Bern 1984. 128 S. Brosch. sFr. 24.80

13 Wortforschung I: Semantik des Deutschen
(Marthe Philipp, Strasbourg)

14 Wortforschung II: Lexikologie des Deutschen (Lexikographie, Wortgeschichte, Wortgeographie)
(Gilbert A.R. de Smet, Gent)

15 Wortforschung III: Etymologie des Deutschen
(Helmut Birkhan, Wien)
Bern 1985. 324 S. Brosch. sFr. 98.—

16 Angewandte Linguistik des Deutschen I: Soziolinguistik
(Matthias Hartig, Frankfurt a.M.)
Bern 1985. 209 S. Brosch. sFr. 36.—

17 Angewandte Linguistik des Deutschen II: Psycholinguistik
(Els Oksaar, Hamburg)

18 Angewandte Linguistik des Deutschen III: Sprachkontakte und Mehrsprachigkeit
(Els Oksaar, Hamburg)

19 Linguistische Theorien der Moderne
(W.P. Lehmann, Austin/Texas)
Bern 1981. 173 S. Brosch. sFr. 26.—

20 Dialektologie des Deutschen
(Peter Wiesinger, Wien)

21 Namenkunde des Deutschen
(Gerhard Bauer, Mannheim)
Bern 1985. 247 S. Brosch. sFr. 75.—

22 Geschichte der deutschen Sprachwissenschaft
(Herbert Kolb, München)

23 Probleme des Übersetzens aus älteren deutschen Texten
(Bernhard Sowinski, Köln)

24 Die gotischen Sprachreste. Überblick und Einführung
(Piergiuseppe Scardigli, Firenze)

25 Die nordischen Sprachen. Übersicht und Einführung
(Ulrich Groenke, Köln)

26 Niederdeutsche Sprache
(Dieter Stellmacher, Göttingen)
Erscheint 1990

27 Jiddisch. Eine Einführung
(Josef Weissberg, Jerusalem)
Bern 1988. 290 S. Brosch. sFr. 160.—

Abteilung II · Literatur

Reihe A · Literaturgeschichte

28 Deutsche Literatur vom achten bis zehnten Jahrhundert
(Roswitha Wisniewski, Heidelberg)

29 Deutsche Literatur im elften und zwölften Jahrhundert
(Ursula Hennig, Berlin)

30 Deutsche Literatur im dreizehnten Jahrhundert
(Volker Mertens, Berlin)

31 Deutsche Literatur im vierzehnten Jahrhundert
(Dietrich Schmidtke, Berlin)

32 Deutsche Literatur im fünfzehnten und sechzehnten Jahrhundert
(Hans-Gert Roloff, Berlin)

33 Deutsche Literatur im siebzehnten Jahrhundert
(Marian Szyrocki, Wrocław)

34 Deutsche Literatur im Zeitalter der Aufklärung I: Frühaufklärung – Hochaufklärung – Empfindsamkeit (1720 bis 1770)
(Gonthier Louis Fink, Strasbourg)

35 Deutsche Literatur im Zeitalter der Aufklärung II: Sturm und Drang – Spätaufklärung (1770 bis 1795)
(Gonthier Louis Fink, Strasbourg)

36 Deutsche Literatur im klassisch-romantischen Zeitalter I: 1795 bis 1805
(Hans Eichner, Toronto)
Erscheint 1990

37 Deutsche Literatur im klassisch-romantischen Zeitalter II: 1805 bis 1830
(Helmut Koopmann, Augsburg)

38 Deutsche Literatur im neunzehnten Jahrhundert
(Gerd Müller, Kiel)
Erscheint 1990

39 Literatur der Jahrhundertwende I (1870–1910)
(Franz Norbert Mennemeier, Mainz)
Bern 1985. 275 S. Brosch. sFr. 39.—

39/II Literatur der Jahrhundertwende II (1870–1910)
(Franz Norbert Mennemeier, Mainz)
Bern 1988. 266 S. sFr. 55.75

40 Deutsche Literatur des Expressionismus
(Wolfgang Paulsen, Amherst/Mass.)
Bern 1983. 234 S. Brosch. sFr. 47.90

41 Deutsche Literatur zwischen den Weltkriegen I: Die Literatur der Weimarer Republik
(Gerhard Schmidt-Henkel, Saarbrücken)

42 Deutsche Literatur zwischen den Weltkriegen II: Literatur im Exil
(Frithjof Trapp, Berlin)
Bern 1983. 250 S. Brosch. sFr. 46.80

43 Deutsche Literatur zwischen den Weltkriegen III: Literatur im Dritten Reich
(Herbert Knust und Karl-Heinz Schoeps, Urbana/Illinois)

44 Deutsche Literatur nach 1945. Teil I: Erzählende Literatur – Teil II: Lyrik – Teil III: Dramatische Literatur
(Hrsg. von Eberhard Mannack, Kiel)

45 Germanische Heldenepik von der Urzeit bis ins Spätmittelalter
(Carola Gottzmann, Heidelberg)

46 Mittellateinische Literatur
(Fidel Rädle, Marburg/Lahn)

47 Neulateinische Literatur
(Georg Roellenbleck, Köln)

Reihe B · Literaturwissenschaftliche Grundlagen

48 Praxis der Literaturermittlung Germanistik
Teil I: Grundbegriffe und Methodik
Teil II: Systematisches Verzeichnis
(Carl Paschek, Frankfurt a.M.)
Bern 1986. Teil I: 152 S. Teil II: 268 S.
2 Bde. Brosch. sFr. 138.-

49 Germanistische Handschriftenkunde
(Petrus W. Tax, Chapel Hill/N.C.)

50 Druckkunde
(Hans A. Halbey, Mainz)

51 Buch und Verlagskunde
(Hans-Albrecht Koch, Bremen)

52 Deutsche Bibliotheksgeschichte
(Wolfgang Schmitz, Köln)
Bern 1984. 257 S. Brosch. sFr. 42.—

53 Die philologische Methode in der Germanistik
(Bernhard Sowinski, Köln)

54 Editionswesen
(Hans-Gert Roloff, Berlin/
Hans Szklenar, Göttingen)

55 Deutsche Metrik
   a) Ältere deutsche Metrik
      (Ursula Hennig, Berlin)
   b) Neuere deutsche Metrik
      (Leif Ludwig Albertsen, Aarhus)
   Bern 1984. 188 S. Brosch. sFr. 28.—
56 Rhetorik
   (Samuel Jaffe, Chicago)
57 Poetik (bis 1750)
   (Ferdinand van Ingen, Amsterdam)
58 Literaturästhetik (ab 1750)
   (Karol Sauerland, Warszawa)
59 Stilkunde
   (Richard Thieberger, Nice)
   Bern 1988. 161 S. Brosch. sFr. 38.—
60 Literarische Textanalyse
61 Rezeptionsgeschichte
   (Roland D. Heine, Hayward/CA)
62 Literarische Semiotik und
   Kommunikationstheorie
   (Ernest W.B. Hess-Lüttich, Bonn)
63 Die deutsche Artes-Literatur
   (William Crossgrove, Providence/Rhode Island)
64 Gelegenheitsdichtung
   (Joseph Leighton, Bristol)
65/I Methoden der Literaturwissenschaft
   Erscheint 1990
65/II (Walter Falk, Viktor Žmegač, Gisela Brude-Firnau)
   Bern 1989. 205 S. Brosch. sFr. 46.—
66 Grundbegriffe der Literaturwissenschaft. Ein Nachschlagewerk

Reihe C · Interdisziplinäre Aspekte

67 Literatur und Medien
   (Harry Pross, Berlin)
68 Literatur und Geschichte
   (Hinrich C. Seeba, Berkeley/CA)
69 Literatur und Politik
   (Urs Jaeggi, Berlin)
70 Literatur und Gesellschaft
   (Gerhard Sauder, Saarbrücken)
71 Literatur und Schule
   (Uwe Grund, Saarbrücken)
72 Literatur und Psychologie
   (Albert M. Reh, Amherst/Mass.)
   Bern 1986. 244 S. Brosch. sFr. 42.—
73 Literatur und Linguistik
   (W. Frier, Amsterdam)
74 Literatur und Volkskunde
   (Dietz-Rüdiger Moser, Freiburg i.Br.)
75 Literatur und Theater
   (Thomas Koebner, Köln)
76 Literatur und Kunst
   (Reingard Nethersole, Johannesburg)
77 Literatur und Musik
   (Carl Dahlhaus und Norbert Miller, Berlin)
78 Literatur und Recht
   (Heinz Müller-Dietz, Saarbrücken)
79 Literatur und Religion
   (Gert Hummel, Saarbrücken)
80 Literatur und Antike
   (Werner M. Bauer, Innsbruck)

Reihe D · Deutsche und europäische Sprache und Literatur

81 Vergleichende Literaturwissenschaft
   (Zoran Konstantinović, Innsbruck)
   Bern 1988. 206 S. Brosch. sFr. 51.70
82 Geschichte der englischen Sprache. Vom Westgermanischen zum Neuenglischen
   (Herbert Penzl, Berkeley/CA, Daniel Brink, Tempe)
83 Geschichte der niederländischen Sprache
   (H.W.J. Vekeman, Köln)
84 Deutsche Literatur des Auslandes
   (Erwin Theodor Rosenthal, São Paulo)
   Bern 1989. 170 S. Brosch. sFr. 42.—

Bitte, richten Sie Ihre Bestellung an Ihre Buchhandlung oder direkt an den Verlag Peter Lang AG, Jupiterstrasse 15, CH-3000 Bern 15